Kurt Gossweiler

Die Taubenfuß-Chronik oder Die Chruschtschowiade 1953 bis 1964

Dokumente, Kommentare, Analysen, Briefe

Band I: 1953 bis 1957

„Die Entartung kommt,
wie man zu sagen pflegt,
auf Taubenfüßen."

(Karl Schirdewan auf der
28. Tagung des ZK der SED,
November 1956)

Verlag Das Freie Buch GmbH
Tulbeckstr. 4f, 80339 München
www.VerlagDasFreieBuch.de

Herausgeber: Verein zur Förderung der
wissenschaftlichen Weltanschauung e.V.
Verlag und Vertrieb früherer Ausgaben:
Verlag zur Förderung der wissenschaftlichen
Weltanschauung – Stephan Eggerdinger Verlag
Typographische Konzeption und Satz: J. Trautwein
Umschlaggestaltung: Judith Fuchs
Erstauflage: München 2002

3. Auflage: 2022

Bildnachweis Titelseite:
UPI / UNITED PRESS / Süddeutscher Verlag - Bilderdienst
(„Tito und Chruschtschow grüßen sich", Belgrad, 22.08.1963)

ISBN 3-00-008773-7

Inhaltsverzeichnis

Vorwort

Seit dem Untergang der Sowjetunion und des Staat gewordenen Sozialismus in Europa ist die wichtigste und zugleich quälendste Frage für jeden revolutionären Sozialisten die Frage nach den Ursachen für diese Menschheitskatastrophe.

Die *wichtigste* – weil ohne ihre richtige Beantwortung kein erfolgreicher Neuanfang.

Die *quälendste* – weil ihrer allseitig sachlich abwägenden Beantwortung natürliche, mehr noch aber jahrzehntelang vorsätzlich geschürte und dadurch zu Vor-Urteilen verhärtete Emotionen im Wege stehen, Emotionen, die eine mehr urteilende und weniger verurteilende Position als „Ungeheuerlichkeit" empfinden lassen. (Das wurde besonders deutlich an der Reaktion auch von Genossen der DKP auf meinen Vortrag gegen den Anti-Stalinismus[1], gehalten am 1. Mai 1994 in Brüssel.)

Soll die kommunistische Bewegung wieder zu einer geschichtsgestaltenden Kraft werden, muß sie ihre innere Zerstrittenheit überwinden. Dazu beizutragen, erhoffe ich mir von der Veröffentlichung der in diesem Band vereinigten Aufzeichnungen. Ich meine, daß die darin festgehaltenen historischen Fakten helfen können, die tiefgehenden Differenzen in der kommunistischen Bewegung über die Ursachen der schwersten und verheerendsten Niederlage der internationalen Arbeiterbewegung zu überwinden.

Einige erläuternde Bemerkungen zum Inhalt des Bandes

Er setzt sich aus recht unterschiedlichen Elementen zusammen.

Den durchgehenden, mehrfach jedoch unterbrochenen Hauptteil bildet eine Art politisches Tagebuch, das von 1953 an über Jahrzehnte die verhängnisvolle Entwicklung in der Sowjetunion und in der übrigen sozialistischen Welt registriert und kommentiert.

Verschiedentlich unterbrochen und ergänzt wird dieses

1 in Kurt Gossweiler, Wider den Revisionismus, S. 233-34

Tagebuch von Ausarbeitungen verschiedenster Art zum modernen Revisionismus und von Briefen an Freunde, in denen ich zur Entwicklung in der Sowjetunion und in der übrigen sozialistischen Welt Stellung nahm.
Das politische Tagebuch besteht seinerseits aus zwei Hauptteilen. In Teil I – niedergeschrieben in den Monaten Dezember 1956 bis Januar 1957 – ließ ich anhand von Zeitungsnotizen noch einmal die Ereignisse vom März 1953 – vom Tode Stalins also – bis Ende 1956 Revue passieren, um einen durch die Ereignisse in Ungarn verstärkten bestimmten Verdacht, die Rolle Chruschtschows betreffend, zu widerlegen oder zu verifizieren. Diese Überprüfung führte – leider – zu dem Ergebnis, daß der Verdacht begründet war – der Verdacht nämlich, daß mit diesem „Reformer" in Wahrheit ein Antikommunist an die Spitze der Partei Lenins gelangt war – so unwahrscheinlich das auch mir erschien und allzuvielen auch heute noch erscheint, trotz vorliegender Beweise.
In Teil II verfolge ich – ausgehend von der gewonnenen Gewißheit über die wahre Rolle Chruschtschows, diese aber doch immer neu in Frage stellend und überprüfend, den weiteren Weg der KPdSU und der Länder des Sozialismus, das heißt, den jahrelangen erbitterten, aber vorwiegend verdeckten bzw. verfälschten Kampf zwischen den Kräften des modernen Revisionismus und den marxistisch-leninistischen Kräften in den kommunistischen Parteien und in den sozialistischen Ländern, bis zum endlich doch – aber viel zu spät – erreichten Sturz Chruschtschows, dieses Hoffnungsträgers der Regierenden in den Metropolen des Westens.
Die Chronik – jedoch nicht das Tagebuch selbst – schließt mit diesem hoffnungsvoll stimmenden Ereignis des Oktober 1964 ab. Wenn sie dazu beiträgt, in der kommunistischen und der Arbeiterbewegung einer einheitlichen Auffassung über die tatsächlichen Ursachen der keineswegs unausweichlichen, sondern vermeidbaren Niederlage, und darüber näherzukommen, wodurch der keineswegs unmögliche, sondern fast schon sichere, nicht mehr zurückzudrehende Sieg über den Imperialismus in diesem Jahrhundert verhindert wurde, dann hät-

te dieses Tagebuch, das ursprünglich nur der Selbstverständigung diente, doch noch einen über das Persönliche hinausreichenden gesellschaftlichen Nutzen erzielt und seine Veröffentlichung gerechtfertigt. Für die Bereitschaft, dieses Wagnis einzugehen, spreche ich Stefan Eggerdinger und dem Verlag meinen herzlichen Dank aus. Zu danken habe ich bei diesem wie bei allen meinen Büchern meiner Frau, ohne deren Geduld beim Lesen und Schreiben meiner Manuskripte ich weder dieses noch kaum ein anderes Buch zustande gebracht hätte.

Berlin, 1. Februar 1995

Einleitende Bemerkungen

Eine grundlegende Einsicht und ein fundamentaler Irrtum – das „Siamesische Zwillingspaar" dieser Chronik. Diese Chronik setzt 1953 ein und endet im Jahre 1964. Sie beginnt also mit dem Jahr, in dem N.S. Chruschtschow an die Spitze der KPdSU gelangte, und endet mit seiner Absetzung. Chruschtschow ist in der Tat der negative „Held" dieser Chronik. Die detaillierte Beobachtung, die Be- und Verurteilung seines Treibens, ist ihr Hauptinhalt.

In dieser Chronik sind eine grundlegende Erkenntnis und ein fundamentaler Irrtum engstens miteinander verwoben.

Die grundlegende Erkenntnis, deren schrittweise Erarbeitung im ersten Teil der Chronik verfolgt werden kann, verurteilte mich mitten im Kreise meiner Genossen zu einem geistigen Einzelgängerdasein, sah ich doch in dem Manne, der für sie ein hervorragender Kommunist und Marxist-Leninist war – der Führer der kommunistischen Weltbewegung und ein Friedensheld – den schlimmsten Verderber unserer Bewegung, einen verkappten Bundesgenossen aller Feinde der Sowjetunion und des Kommunismus.

Mein fundamentaler Irrtum verband mich indessen wieder mit meinen Genossen und mit all jenen Kommunisten in der ganzen Welt, die fest von der Gewißheit durchdrungen waren, daß mit der Oktoberrevolution und mit der Entstehung des sozialistischen Weltsystems der Sozialismus Positionen errungen hat, von denen er durch keine Macht der Welt mehr verdrängt werden könne, mehr noch, daß im Laufe der Zeit, womöglich noch in unserem Jahrhundert, aus der ursprünglichen kapitalistischen Umkreisung des Sozialismus unvermeidlich eine sozialistische Umkreisung des Restkapitalismus werden würde.

Deshalb finden sich in dieser Chronik einerseits ganz nüchterne – wenngleich sehr engagierte – zutreffende Analysen der Chruschtschow-Aktivitäten und der sich zumeist hinter den Kulissen abspielenden Richtungs-

kämpfe innerhalb der Führung der KPdSU, andererseits überschwengliche, die wirklichen Erfolge der Gegner Chruschtschows weit überbewertende Triumphgesänge, wo immer ich eine wirkliche oder auch nur vermeintliche Niederlage Chruschtschows erkannte oder zu erkennen glaubte.
Ich sah wohl durchaus realistisch die riesengroße Gefahr, die von den Umtrieben Chruschtschows und seiner Gruppierung in der KPdSU und in der Leitung des Sowjetstaates für das Schicksal des Sozialismus ausging; ich war aber andererseits so fest in meiner Überzeugung, daß es nach dem Sieg der Sowjetunion über den Faschismus und nach dem Sieg der Volksmacht in China keine Macht der Erde mehr gäbe, die den Sozialismus noch aus den Angeln heben könnte, daß ich lange Zeit glaubte, mit der Entmachtung Chruschtschows im Oktober 1964 sei die Gefahr der inneren Zersetzung und Aufweichung für immer gebannt.
Wenn man heute diese immer wiederkehrenden schmetternden Fanfaren der Siegesgewißheit in dieser Chronik liest, dann werden nach deren Widerlegung durch den Verlauf der Geschichte – dem nochmaligen Sieg des Imperialismus über den Sozialismus – vor allem jüngere Leser kaum noch verstehen können, wie einer sich so sehr irren konnte.
Aber: War diese Siegesgewißheit denn nicht die Grundüberzeugung und die Grundstimmung der Kommunisten in der ganzen Welt? Und war sie denn so ganz und gar unbegründet?
War es etwa nur Einbildung oder „Propaganda“, daß das kleine, arme, kommunistische Vietnam die großen, mächtigen USA im Jahre 1975, also vor gar nicht so langer Zeit, besiegt hat?
Ist es denn etwa nicht Tatsache, daß der politische Hauptinhalt der Geschichte des Zwanzigsten Jahrhunderts der Kampf der imperialistischen Mächte gegen den aufsteigenden und bis in die siebziger Jahre den Imperialismus immer weiter zurückdrängenden Sozialismus war und bleibt?
Hat der Weltimperialismus etwa nicht gegen den Sozia-

lismus Tod und Teufel, Hitler und Mussolini, Franco und Pinochet, die Atombombendrohung und die Wirtschaftsblockade ins Feld geführt, und dennoch lange Zeit Niederlage auf Niederlage einstecken müssen?
Und hat der Imperialismus etwa nicht erfahren müssen, daß seine eigenen Kräfte nicht ausreichten, daß er den – vorläufigen! – Sieg über den Sozialismus erst erringen konnte, als sich unter den kommunistischen Führern Quislinge vom Schlage Chruschtschows und Gorbatschows fanden?
In dieser Chronik sind nicht wenige Niederlagen des Imperialismus festgehalten, und es ist wichtig, daß sie nicht in Vergessenheit geraten, denn aus ihnen ist zu lernen, daß dieser scheinbar triumphale Sieger über den Sozialismus kein dauerhafter Sieger sein wird.
Dessen ungeachtet dürfen die Fehlprognosen nicht unterschlagen werden, soll diese Chronik ein unverfälschtes Zeitdokument sein, und das genau soll sie sein. Dadurch können diese Aufzeichnungen in zweifacher Weise Nutzen stiften. Sie können zum einen belegen, daß es möglich ist, selbst durch dichte Nebelschleier hindurch, beschränkt auf ein Informationsminimum, das verborgene Geschehen wenigstens in seinen wesentlichsten Zügen zu erkennen, sofern man die marxistisch-leninistischen Grunderkenntnisse konsequent als Maßstab für die Beurteilung politischen Handelns anwendet.
Sie können zum anderen aber auch lehren, daß man zu Fehleinschätzungen kommen muß, wenn man zuläßt, daß sich in die Versuche zur Analyse des Geschehens Wunschdenken einschleicht, und wenn das wachsame kritische Überprüfen der Übereinstimmung des politischen Handelns kommunistischer Parteien mit den Grundprinzipien des Marxismus erschlafft – wie bei mir nach dem Sturz Chruschtschows passiert.

Wie die „Taubenfuß-Chronik" entstand und wie sie zu ihrem Namen kam

Viele Tagebücher verdanken ihr Entstehen dem Bedürfnis ihrer Verfasser, in Konfliktsituationen auf diese Weise mit sich selbst und der Welt wieder ins Reine zu kommen, ihr seelisches Gleichgewicht wieder zu erlangen und aus der Konfliktsituation wieder herauszukommen.

Auch dieses politische Tagebuch verdankt seine Entstehung einer Konflikt-Situation, dem Konflikt nämlich, in immer größeren Widerspruch zur offiziell verkündeten Politik meiner Partei, der Sozialistischen Einheitspartei Deutschlands, zu geraten, genauer gesagt: zu ihrer offiziell verlautbarten vorbehaltlosen Zustimmung zur Politik Chruschtschows, des Nachfolgers Stalins als Generalsekretär der KPdSU.

Ich war damals – bis 1955 – Mitarbeiter des Parteikabinetts – der späteren „Bildungsstätte" – der Berliner Bezirksleitung der SED in der Französischen Straße. Als Parteifunktionär war ich gewohnt, die Ereignisse in der KPdSU und der Sowjetunion kaum weniger intensiv zu verfolgen als jene in der eigenen Partei und im eigenen Land, der DDR.

Dabei konnte ich nicht übersehen, daß sich dort, beim großen Bruder, in rascher Folge seit Stalins Tod Dinge ereigneten und in die DDR hineinwirkten, die nicht nur überraschend und unerwartet kamen, sondern fremdartig anmuteten und kaum mit bewährten Prinzipien unserer Weltanschauung in Übereinstimmung gebracht werden konnten. Ich nenne nur einige Beispiele:

Erstens: Im Frühjahr 1953 – nach Stalins Tod – wurden in der DDR von Partei und Regierung einige Maßnahmen ergriffen, die mir unbegreiflich waren, weil auf der Hand lag, daß sie nur dazu führen konnten, große Teile der Bevölkerung gegen uns aufzubringen: Normenerhöhung, Preiserhöhungen für Grundnahrungsmittel wie Zucker und Marmelade, Entzug der Lebensmittelkarten für Selbständige, Abschaffung von Fahrpreisermäßigungen bei der Reichsbahn und ähnliches mehr.

Da – wie jedermann wußte – keine wirtschaftliche oder politische Maßnahme von ernsterer Bedeutung ohne Beratung mit den sowjetischen Genossen in Karlshorst (dem Sitz der Sowjetischen Kontrollkommission – SKK –, der Nachfolgerin der Sowjetischen Militär-Administration in Deutschland – SMAD) und ohne deren Zustimmung getroffen wurde, lag auf der Hand, daß sie gegen diese Maßnahmen keine Einwände erhoben hatten, wenn sie nicht gar deren Initiatoren gewesen waren.

Zweitens: Am 11. Juni 1953 wurde urplötzlich mit dem Kommunique vom 9. Juni ein „Neuer Kurs" verkündet, und es wurden die oben erwähnten – von der Parteiführung bis dahin vehement als unumgänglich verteidigten Maßnahmen für falsch erklärt und zurückgenommen, mit Ausnahme der Erhöhung der Arbeitsnormen! Dieser schroffe und in keiner Weise vorbereitete Kurswechsel hatte trotz der Erleichterungen, die er für die Bevölkerung mit sich brachte, eine verheerende Wirkung: er untergrub das Vertrauen in die Parteiführung und lieferte gratis massenhaft Munition für die gegnerischen Kräfte zur Hetze gegen die Partei und die Regierung. Wiederum erhob sich die Frage: Wie konnten die Freunde – dafür hielt ich noch alle maßgeblichen sowjetischen Persönlichkeiten – nur ein solch verhängnisvolles, politisch dummes Dokument zulassen? Und zugleich argwöhnte ich: Sie haben das vielleicht, sogar wahrscheinlich, nicht nur zugelassen, sondern unserer Führung sehr nachdrücklich „empfohlen"! Walter Ulbricht ist doch viel zu klug und viel zu erfahren, um nicht zu wissen, daß ein solches Kommunique der Partei nur schaden kann und nur dem Gegner nützt. Wenn das aber so ist, was ist dann bei den Freunden los?[1]

Drittens: Im Juli 1953 erfolgt die nächste Erschütterung: Die Nachricht über die Entlarvung L.P. Berijas als „Volksfeind" und „Agent des Imperialismus", nachdem seit Stalins Tod der ganzen Welt das Gespann Malenkow-Molotow-Berija-Chruschtschow ständig als die einmütige und geschlossene kollektive Führung präsentiert worden war, kam wie ein Blitz aus heiterem Himmel. Das war ein weiteres beunruhigendes Symptom dafür,

1 Eine Bestätigung dieses Verdachtes erhielt ich sehr viel später durch das sogenannte Herrnstadt-Dokument, hgg. von Nadja Stultz-Herrnstadt, Reinbek bei Hamburg, 1990, S. 72 ff. Siehe auch: Kurt Gossweiler, Hintergründe des 17. Juni 1953, in: Wider den Revisionismus, S. 47-69.

daß irgendetwas in der Sowjetunion und der KPdSU nicht normal ablief. (Bald sollte sich zeigen, daß die Liquidierung Berijas nur ein erster Schritt auf dem Wege der Beseitigung der kollektiven Führung und der Herstellung der Ein-Mann-Führung Chruschtschows war.)

Viertens: Ende Mai 1955 überraschte Chruschtschow die ganze Welt, vor allem aber die sozialistische Welt, mit einer Erklärung, die er als Leiter der sowjetischen Delegation, die zu Verhandlungen mit dem „Bund der Kommunisten Jugoslawiens" nach Belgrad geflogen war, unmittelbar nach deren Ankunft noch auf dem Flughafen abgab; in dieser Erklärung behauptete er, „die schweren Anschuldigungen", die gegen die Führung des Bundes der Kommunisten Jugoslawiens seinerzeit erhoben worden waren, seien Erfindungen gewesen, „von Volksfeinden, niederträchtigen Agenten des Imperialismus, fabriziert".[2]

Daß dies nicht stimmen konnte, mußte eigentlich jedem Genossen klar sein. Denn keine Erfindung von irgendwem, sondern allbekannte Tatsache war es doch, daß „Marschall Tito" sein Land in den imperialistischen Balkan-Pakt geführt hatte, dem es gemeinsam mit den NATO-Mächten Griechenland und Türkei angehörte, und daß Jugoslawien – gewissermaßen als Belohnung für diesen klaren Übertritt ins Lager des Imperialismus – mit Waffen aus den USA beliefert wurde.

Aber – so unglaublich dies auch ist – alle Genossen, mit denen ich sprach und die ich auf diese Tatsache hinwies, blieben steif und fest dabei: „Wenn der führende Mann der KPdSU erklärt, daß alle Vorwürfe auf Fälschungen beruhen, dann muß das auch so sein. Es ist doch undenkbar, daß er die Partei und die Menschen belügt! Warum sollte er denn so etwas behaupten, wenn es nicht stimmt?"

Ja, das war in der Tat die Frage, die ich mir auch stellte. Ich war ja mit den Genossen völlig einer Meinung, daß

2 „Für dauerhaften Frieden, für Volksdemokratie", Bukarester Organ des Informationsbüros der Kommunistischen und Arbeiterparteien, Nr. 21 v. 27. Mai bis 2. Juni 1955, S. 1.

ein kommunistischer Parteiführer die Partei und die Massen nicht belügen darf. Im Unterschied zu ihnen war ich aber nicht bereit, mit Händen zu greifende Tatsachen als nicht existent zu betrachten, nur weil irgendjemand – und sei es auch die höchste Autorität für einen Kommunisten, der erste Mann der Partei Lenins – ihre Existenz leugnete. Wenn er dies tat, dann mußte es dafür allerdings auch triftige Gründe geben. Da ich noch weit davon entfernt war, Chruschtschow andere als kommunistische Beweggründe zuzutrauen, konnte es sich meiner Ansicht nach nur um ein taktisches Manöver handeln, das mir zwar als sehr zweifelhaft und als eher unzulässig erschien, was aber vielleicht nur daran liegen mochte, daß es gewichtige, mir jedoch unbekannte Umstände gab, die einen solch ungewöhnlichen Schritt ausnahmsweise doch zu unternehmen erlaubten. Vielleicht, so dachte ich, ist die Situation in Jugoslawien und im BdKJ derart, daß Tito und die Seinen bereit sind, ins Lager der sozialistischen Staaten wieder voll und ganz zurückzukehren, wenn wir ihnen erlauben, „das Gesicht zu wahren".

Ich konnte zwar einen solchen Kompromiß nicht als richtig anerkennen, aber eine andere Erklärung als die, daß es Chruschtschow um die Wiederherstellung der Einheit des sozialistischen Lagers ging, war für mich zu dieser Zeit noch undenkbar. Ich hatte jedoch große Bedenken, ob ein taktisches Manöver solcher Art wirklich zum erstrebten Ziel einer echten Einheit auf prinzipieller marxistisch-leninistischer Grundlage führen würde.

Noch betroffener aber machte mich die Erfahrung, daß es möglich war, Kommunisten, Anhänger der wissenschaftlichsten Weltanschauung, die es ja gab, einer Weltanschauung, deren höchste Instanz nichts anderes als die Tatsachen sein konnten, einfach durch eine Behauptung einer autoritativen Persönlichkeit, millionenfach und geschlossen dazu zu bringen, dieser Behauptung mehr zu vertrauen als ihren eigenen Wahrnehmungen der Wirklichkeit.

Ein solcher geistiger Zustand in der kommunistischen Bewegung war natürlich nicht nur Ausdruck einer weithin verbreiteten menschlichen Neigung zum Glauben, wo rationale Erklärung versagt, sondern auch Ergebnis einer bestimmten Erziehung zur Autoritätsgläubigkeit und des Versäumnisses, nicht nur den kapitalismuskritischen Geist des Marxismus wach und lebendig zu halten, sondern auch seinen Geist der permanenten Selbstkritik. Hier ist in der Stalin-Periode eine Haltung eingeübt worden, die es seinem Nachfolger erleichterte, sich die Gefolgschaft der Parteimitglieder und sogar der meisten anderen kommunistischen Parteien auf dem Wege zu erhalten, der von der proletarischen Klassenlinie immer weiter wegführte bis zum schließlichen Bruch mit ihr.

Fünftens: Der XX. Parteitag der KPdSU. Bereits der offizielle Teil dieses Parteitages gab eine Orientierung, die ich in mancherlei Hinsicht nicht akzeptierte. Die überaus starke Betonung der Möglichkeit, auf friedlichem, sogar parlamentarischem Weg zum Sozialismus zu gelangen, war meiner Ansicht nach bei einer realistischen Analyse der Stärke, der Ziele und der Strategie des Imperialismus in keiner Weise gerechtfertigt. Für genauso verfehlt hielt ich die nachdrückliche Feststellung von den verschiedenen Wegen zum Sozialismus. Das lief auf eine bedenkliche Abschwächung, wenn nicht gar Ablehnung der Marxschen und Leninschen Erkenntnis hinaus, daß, so unterschiedlich die nationalen Bedingungen und Besonderheiten auch sein mögen, der Sozialismus überall nur unter Beachtung bestimmter allgemeingültiger Gesetzmäßigkeiten errichtet werden kann.
Chruschtschows These von den „vielen Wegen zum Sozialismus" stellte in meinen Augen eine direkte Unterstützung des von Tito propagierten „besonderen Weges" des „Nationalkommunismus" dar und eine Legitimierung aller möglichen Abweichungen vom Marxismus-Leninismus, die nur schädlich sein konnte.
Diesen revisionistischen Elementen der Parteitags-Orientierung standen allerdings im Bericht Chruschtschows weit überwiegend Feststellungen gegenüber, in denen die erprobten und bewährten marxistisch-leninistischen Grundsätze bestätigt und bekräftigt wurden.

Insgesamt aber gab mir gerade diese widersprüchliche Mischung Grund zur Besorgnis und zu der Frage: Was geht da eigentlich vor? Wo will dieser Chruschtschow eigentlich hin?

Diese Frage wurde noch viel dringlicher, nachdem mir der Inhalt seiner „Geheimrede" bekannt geworden war. Schon die äußeren Umstände ihrer Veröffentlichung waren geradezu suspekt: Veröffentlicht wurde der Wortlaut durch Geheimdienstquellen der USA. Nachdem sie auf diese Weise in die Öffentlichkeit lanciert worden war, bekannten sich aber weder Chruschtschow noch die KPdSU zu dieser Rede. Einige kommunistische Parteien des Westens sahen sich veranlaßt, sich öffentlich bei der KPdSU-Führung zu beschweren, daß ihre Mitglieder diesen brisanten Text nur aus der bürgerlichen Presse statt über den normalen Weg, über die Parteibeziehungen, erfahren konnten.[3] Das war ein in der Geschichte der kommunistischen Bewegung beispielloser Vorgang!

Noch viel mehr traf dies für den Inhalt der Geheimrede zu. Sie hatte nichts, aber auch gar nichts zu tun mit einem seriösen Bericht, zu dem ja auf jeden Fall nicht nur die Information, sondern auch eine marxistische Analyse gehört. Chruschtschows „Abrechnung mit Stalin" trug jedoch eindeutig den Charakter eines der kommunistischen Bewegung bis dato fremden „Enthüllungs"-Berichtes im Stile der bürgerlichen antikommunistischen Sensationspresse, der, um die gewünschte Wirkung zu erzielen, auch nicht vor dick aufgetragenen Lügen und Erfindungen zurückschreckte – so etwa, wenn Chruschtschow davon faselte, Stalin habe Hitler „vertraut", oder wenn er, um Stalin als Dummkopf hinzustellen, zusammenlog, dieser habe militärische Operationen am Globus vorbereitet.

Als ich diesen primitiven, zugleich aber auch bösartigen, voraussehbar nicht Festigung, sondern Erschütterung des Vertrauens zur Partei bewirkenden Bericht gelesen hatte, war ich überzeugt davon, daß dieser Auftritt

3 Bayrisches Volksecho v. 22.6.1956. – Chronik S. 65.

Chruschtschows niemals die Billigung des Politbüros der KPdSU erhalten hatte, sondern daß Chruschtschow den dort vereinbarten Text einfach beiseitegelegt und statt dessen dieses Machwerk vorgetragen hatte in der Gewißheit, daß niemand den Skandal wagen würde, ihn mitten in seiner Rede vom Podium zu holen[4]. Damit er-

4 In seinem Buch „Pamjatnie Sapiski" (Erinnerungen) gibt Lasar Kaganowitsch eine Schilderung, aus der hervorgeht, daß Chruschtschow den Parteitag nach Erledigung der Tagesordnung mit der Forderung überrumpelte, eine von ihm vorbereitete, bislang nicht beratene Stellungnahme zum Personenkult Stalins anzuhören. Kaganowitsch schreibt: „Der XX. Parteitag ging seinem Ende entgegen. Plötzlich wird eine Pause eingelegt. Die Mitglieder des Präsidiums werden in den hinteren Raum, der zum Ausruhen bestimmt ist, zusammengerufen. Chruschtschow stellt die Frage, auf dem Parteitag seinen Vortrag über den Persönlichkeitskult Stalins und dessen Auswirkungen anzuhören. Gleichzeitig wurde uns der Entwurf des Vortrages in einem rotgebundenen maschinenschriftlichen Büchlein verteilt. Die Sitzung ging unter anormalen Bedingungen vor sich – in einer Enge – manche saßen, andere standen. Es war schwierig, in kurzer Zeit dieses umfangreiche Heft durchzulesen und seinen Inhalt zu durchdenken, um entsprechend den Normen der innerparteilichen Demokratie einen Beschluß zu fassen. Alles das in einer halben Stunde, denn die Delegierten saßen im Saal und erwarteten etwas für sie Unbekanntes, da die Tagesordnung des Parteitages bereits erledigt war. ... Schon vor dem XX. Parteitag hatte das Präsidium die Frage ungesetzlicher Repressalien und begangener Fehler behandelt. Das Präsidium des ZK bildete eine Kommission, die beauftragt wurde, die Angelegenheiten von Repressierten an Ort und Stelle zu untersuchen ... und konkrete Vorschläge zu formulieren. Nach der Beratung dieser Fragen im Präsidium war vorgesehen, nach dem XX. Parteitag ein ZK-Plenum einzuberufen, um den Vortrag der Kommission mit entsprechenden Vorschlägen anzuhören. Genau dazu sprachen die Genossen Kaganowitsch, Molotow, Woroschilow und andere zur Begründung ihrer Einwände. Außerdem sagten die Genossen, daß wir einfach außerstande seien, den Vortrag (Chruschtschows) redaktionell zu bearbeiten und Korrekturen anzubringen, die unbedingt nötig seien. Wir sagten, daß selbst ein flüchtiges Bekanntmachen zeigt, daß das Dokument einseitig und falsch ist. Die Tätigkeit Stalins könne auf keinen Fall nur von einer Seite beleuchtet werden, notwendig sei eine objektive Beleuchtung aller seiner positiven Seiten, damit die Werktätigen verstehen und allen Spekulationen der Feinde unserer Partei und unseres Landes eine Abfuhr erteilen. Die Sitzung zog sich hin, die Delegierten (im Saal) erregten sich, und deshalb wurde ohne jede Abstimmung die Sitzung beendet und wir begaben uns in den Saal. Dort wurde die Ergänzung der Tagesordnung verkündet: den Vortrag Chruschtschows über den Persönlichkeitskult Stalins anzuhören. Nach dem Vortrag fand keinerlei Aussprache statt, der Parteitag beendete seine Arbeit." (Lasar Kaganowitsch, Pamjatnie Sapiski, Wagrius, Moskwa 1996, S. 508 f., Übers. K.G.)

klärte sich für mich auch – und erklärt sich bis heute –, daß das Politbüro der KPdSU, solange wirkliche Kommunisten in ihm noch etwas zu sagen hatten, diesen Bericht niemals als seinen Bericht anerkannt hat.
Da ich auch mit meiner Skepsis gegenüber der Seriosität dieses Berichtes ziemlich alleine stand, war es mir eine tiefe Freude und Genugtuung, als ich die – im Grunde vernichtende – Kritik Palmiro Togliattis an diesem Bericht zu lesen bekam.[5]
Was mich aber am meisten diesem XX. Parteitag gegenüber zu immer größerer Reserve veranlaßte, war der Umstand, daß alle offenen und verkappten Feinde des Sozialismus ihn freudig begrüßten und sich bei ihren feindlichen Ausfällen gegen die Sowjetunion auf Chruschtschows Parteitags-Auftritt beriefen und leider auch berufen konnten. Chruschtschow wurde auf einmal aus einem finsteren Bolschewikenführer zu einer strahlenden Lichtgestalt, zu einem Hoffnungsträger und Helden in der westlichen Welt.
Es machte mich auch stutzig und argwöhnisch, daß im Ergebnis dieses XX. Parteitages und mit Chruschtschows Hilfe solch offenkundig antileninistische „Kommunisten", wie Gomulka in Polen und Imre Nagy in Ungarn, an die Spitze der dortigen Parteien manövriert wurden, während ein solch kampferprobter und standhafter Marxist-Leninist wie Mathias Rákosi als Führer der ungarischen Kommunisten gestürzt und als Mörder und Blutsäufer verleumdet und geächtet wurde.

Sechstens: Die letzten Schranken, die mich vor der Erkenntnis der schrecklichen Wahrheit zurückschrecken ließen, zerbrachen dann die Ereignisse der ungarischen Konterrevolution im Herbst 1956, als der weiße Terror sich – wie einst nach der Niederschlagung der ungarischen Räterepublik – zu entfalten begann und Kommunisten gejagt, erschlagen und an den Bäumen aufgehängt wurden – und dies alles bei Anwesenheit sowjetischer Panzer! Soviel Verzweiflung und Wut habe ich vorher in meinem ganzen Leben noch nicht empfunden wie bei

5 Bayrisches Volksecho v. 30.6.1956. – Chronik S. 61.

den Nachrichten in diesen Stunden und Tagen. Und die Wut galt mehr noch als den weißen Konterrevolutionären jenen Verantwortlichen in Moskau, die es so weit hatten kommen lassen und die jetzt den sowjetischen Kommandeuren Befehl gegeben hatten, untätig zuzusehen, wie ihre ungarischen Genossen umgebracht wurden. Wer dafür der Hauptverantwortliche war, daran konnte kein Zweifel bestehen, das war der Mann an der Spitze – Chruschtschow!

Als dann endlich, endlich doch noch die sowjetischen Panzer dem Wüten der von Imre Nagy entfesselten Konterrevolution ein Ende bereiteten, blieb doch die bohrende Frage: wie kann eine solche Situation erklärt werden, daß die Führung der KPdSU nicht nur für Stunden, sondern für Tage untätig einer faschistischen Kommunistenjagd zusieht und sie gewähren läßt?

Im Grunde gab es dafür nur eine Erklärung – aber noch wagte ich nicht, sie selbst zu geben – zu abenteuerlich erschien es mir, das für möglich zu halten, zu ungeheuerlich die Konsequenzen, die sich ergeben konnten, wenn das die Erklärung wäre!

Bis mir ein guter Freund und Genosse von einem Gespräch mit einem namhaften französischen Genossen erzählte, in dem dieser fast mehr beiläufig, als spreche er etwas allgemein Bekanntes aus, die Bemerkung fallen ließ, über die Haltung Chruschtschows brauche man sich doch nicht zu wundern – der sei doch Trotzkist. Er habe das so gesagt, daß daraus zu schließen sei, daß dies nicht nur seine persönliche Ansicht war, sondern eine in der französischen KP zumindest offen ausgesprochene und weithin geteilte Meinung.

Die Mitteilung dieser Äußerung hatte bei mir die Wirkung eines Blitzeinschlages, der die letzten Reste einer Denksperre zerbrach: Wenn in der Partei von Maurice Thorez und Jacques Duclos das Undenkbare gedacht, das Unmögliche für möglich, ja sogar für eine Tatsache gehalten wurde – nämlich, daß an die Spitze der KPdSU, der Partei Lenins, ein Feind vorgedrungen war –, dann durfte, ja mußte auch ich eine solche Erklärung, zu der mich all die erwähnten Unerklärlichkeiten mehr und mehr gedrängt hatten, die ich aber dennoch für möglich zu halten mich gesträubt hatte, wenigstens als eine Möglichkeit gedanklich durchspielen und überprüfen, das heißt, noch einmal die Ereignisse der letzten drei Jahre – seit Stalins Tod – Revue passieren lassen und überprüfen, ob die Unerklärlichkeiten mit der „französischen" Erklärung rational erklärbar wären und ihren rätselhaften Charakter verlieren würden.

So entstand bei mir der Entschluß, neben – und zeitweilig sogar statt – der Arbeit an meiner Dissertation die Ereignisse in der Sowjetunion und in der kommunistischen Bewegung der letzten drei Jahre anhand der mir zur Verfügung stehenden Quellen – Zeitungen und Zeitschriften – daraufhin zu überprüfen, ob sie eine solche Sicht zuließen und bestätigten oder nicht. Ich begann diese Untersuchung im Dezember 1956 und schloß sie am 16. Januar 1957 ab.

Dieser analytische Rückblick auf die Jahre 1953 bis 1956 bildet den ersten Teil dieser Chronik. Zu welchem Ergebnis ich gelangt bin, ist dort im Einzelnen nachzulesen und lautet zusammengefaßt: Ja, das Undenkbare, für unmöglich Gehaltene hat sich tatsächlich ereignet; an die Spitze der Partei Lenins hat sich ein als ergebener Schüler Lenins und Stalins getarnter Feind, ein ferngelenkter Langzeitagent des Imperialismus, emporzulavieren und hochzuputschen verstanden, der nichts Geringeres betreibt, als über die Verwandlung der bolschewistischen Partei in ein Werkzeug der Destruktion der Diktatur des Proletariats die Sowjetmacht zu untergraben und das Land reif zu machen für die Restauration des Kapitalismus. Wer an dieser Stelle geneigt ist, naserümpfend festzustellen: Na ja, die alte Agententheorie! –, den möchte ich daran erinnern, daß ihr Schöpfer kein anderer war als N.S. Chruschtschow. Nur hat er als Agenten des Imperialismus auf dem Juli-Plenum der KPdSU im Juli 1953 L.P. Berija, damals Innenminister und Chef der sowjetischen Staatssicherheit, vorgeführt; was diesem als todeswürdige Verbrechen vorgeworfen wurden – wie z.B. die Absicht, die Beziehungen zu Tito-Jugoslawien zu normalisieren –, wurde von ihm selbst in die Tat umgesetzt, sobald er dafür fest genug im Sattel saß. Dort auf dem Juli-Plenum 1953 wurde konstatiert, mit Berija sei ein Agent des Imperialismus „bis ins Herz unserer Partei und bis zur Führung unseres Landes vorgestoßen".[6] Und dort, auf diesem Plenum, wurden auch jene Handlungen und Absichten benannt, an denen einer als Agent des Imperialismus zu erkennen und zu überführen ist. Darauf ist später noch einmal zurückzukommen. Im übrigen wird fast mit jeder Erinnerungsschrift von Insidern sowohl der DDR als auch der BRD-Gegenseite immer deutlicher erkennbar, welch große Rolle das Zusammenspiel von sogenannten „Reformkräften" in den sozialistischen Ländern mit Partnern auf der imperialistischen Gegenseite bei der Vorbereitung des ökonomischen und politischen Kollaps der sozialistischen Staaten Europas gespielt hat.

Es ist bezeichnend genug, daß die führenden „Reformer", die heute größtenteils offen zugeben, daß ihr Ziel von Anfang an die Rückkehr zu bürgerlich-kapitalistischen Verhältnissen war,[7] damals diese Absicht vor den Massen verbargen und statt dessen als ihr Ziel die Verbesserung des Sozialismus ausgaben. Mit erfreulicher Offenheit hat Gorbatschow den Grund dafür in seinem berüchtigten Spiegel-Interview ausgesprochen: „Man konnte doch nicht Dinge ankündigen, für die das Volk noch nicht reif war!"[8]

Doch zurück zu Chruschtschow.

So wenig Zweifel über dessen wahre Rolle nach meinem Studium der Ereignisse der letzten drei Jahre übrig geblieben waren, so sicher war ich mir, daß er sich damit übernommen hatte und daß er mit Schimpf und Schande früher oder später – ich war ziemlich sicher, daß dies früher sein würde – davongejagt oder noch besser, vor Gericht gestellt würde. Ich war davon überzeugt: weder

6 Der Fall Berija. Protokoll einer Abrechnung. Das Plenum des ZK der KPdSU Juli 1953. Stenographischer Bericht. Hg. Viktor Knoll und Lothar Kölm, Berlin 1993, S. 186 f.

7 So Ota Šik, einer der führenden Exponenten des „Prager Frühlings" von 1968, in „Die Welt" vom 5.11.1990.

8 Der Spiegel, Nr. 3/1993, S. 127.

die erprobten Führer der KPdSU noch die von Lenin und Stalin erzogenen, mit den Lehren von Marx, Engels, Lenin und Stalin aufgewachsenen Massen des Sowjetvolkes werden eine solche Figur lange an ihrer Spitze dulden.
Und in der Tat: für jeden, der sich nicht von den offiziellen Bekundungen der Einheit und Geschlossenheit der Führung der KPdSU und der anderen kommunistischen Parteien täuschen ließ, war ja erkennbar, daß sich hinter der Fassade der „Einheit" innerhalb der KPdSU und ebenso in der bislang einheitlichen kommunistischen Weltbewegung ein erbitterter Kampf entfaltete, ein Kampf, in dem die konsequenten Marxisten-Leninisten – von den bürgerlichen Medien alsbald als „Orthodoxe" oder „Falken", als „Betonköpfe" und „Stalinisten" betitelt – gegen die revisionistische Entartung der kommunistischen Parteien, wie sie von Chruschtschow im Verein mit Tito, Gomulka, Imre Nagy und – nach dessen Sturz – seinem Nachfolger Kadar (der, was den wenigsten bekannt wurde, Mitglied im Kabinett Imre Nagys gewesen war), betrieben wurde, ankämpften, gegen Leute also, die von den Westmedien liebevoll als „gemäßigte" Kommunisten, als „Tauben" und „Reformer" gestreichelt wurden.
Unerschütterlich davon überzeugt, daß dieser Kampf nur einen Ausgang haben konnte – den Sieg der Marxisten-Leninisten über die Demagogen des modernen Revisionismus – war ich der Meinung, diese meine Chronik bald abschließen zu können. Ich hielt es aber für sehr notwendig, den Verlauf des Kampfes festzuhalten. Denn nach soviel Täuschung über den wahren inneren Zustand der kommunistischen Bewegung würden unvermeidlich viele Fragen an die Parteiführer gestellt werden: Wie konnte es überhaupt geschehen, daß dem Feind ein solcher Einbruch gelang? Warum – wenn Ihr, die Führer, das schon früher gesehen und gewußt habt – habt Ihr geschwiegen, statt uns die Wahrheit zu sagen?
In einer solchen Situation schien es mir dann wichtiger zu sein, mit handfesten Fakten zu antworten, als mit theoretischen Erklärungen. Zu den Fakten, die dann zur Hand sein mußten, gehörten nach meiner Ansicht vor

allem auch solche, die zeigten, wie von den Chruschtschow-Leuten versucht wurde, aus der SED-Führung die standhaftesten Marxisten-Leninisten, vor allem Walter Ulbricht und Hermann Matern, herauszuschießen, und wie umgekehrt die Ulbrichtsche Führung sich bemühte, die Auswirkungen der Chruschtschowschen Schädlingspolitik von der DDR fernzuhalten oder sie wenigstens so stark als möglich zu begrenzen; und wie sie darüber hinaus mithalfen, aus der kommunistischen Bewegung die antileninistischen, revisionistischen Kräfte wieder herauszudrängen.

Die Weiterführung der Chronik diente also mehreren Zwecken: natürlich nach wie vor der Überprüfung der eigenen Ansichten anhand der weiteren Ereignisse; zum anderen aber auch der Materialsammlung für die notwendige Aufklärungsarbeit in der Zeit „danach", für die Zeit nach dem erhofften und für sicher gehaltenen baldigen vollständigen Sieg über die revisionistischen Usurpatoren.

Drittens aber war die Chronik für mich ein Ventil, das mir mangels anderer Gelegenheiten die Möglichkeit gab, meinen Haß gegen die Chruschtschowsche Verräterbande und meine Wut über ihre Verbrechen ebenso von innen nach außen gelangen zu lassen wie meine Freude und meinen Triumph über ihre Niederlagen, gab es doch nur ganz wenige Freunde und Genossen, denen gegenüber ich ganz offen mein Herz ausschütten konnte.

Nachdem ich mich entschlossen hatte, die Chronik weiterzuführen, suchte ich nach einer passenden Überschrift; in Anlehnung an ein 1949 im Verlag „Volk und Welt" erschienenes, damals viel gelesenes Buch zweier amerikanischer Autoren, Michael Sayers und Albert Kahn, „Die große Verschwörung" (im Original „The Great Conspiracy against Russia"), das den Zeitraum der Oktoberrevolution bis 1945 behandelte, nach dem XX. Parteitag aber – weil weitgehend auf die Materialien der Moskauer Prozesse sich stützend – als „unseriös" abgetan und quasi auf den Index gesetzt worden war, wählte ich als Überschrift: „Die große, ungeheuerliche

Verschwörung und ihre Liquidierung" – gemäß meiner festen Überzeugung, daß die Verschwörer niemals ans Ziel kommen würden, und ich die Chronik in absehbarer Zeit mit dem Bericht über die erfolgreiche Liquidierung aller Versuche, den Kapitalismus in den sozialistischen Ländern zu restaurieren, abschließen könnte.
Dies war also von da an meine Überschrift für eine etwaige Veröffentlichung der Chronik. Sie hatte aber einen Nachteil: Sie war zu lang. Eine Tagung des ZK der SED im November 1956 lieferte mir ganz unerwartet einen treffenden Kurztitel. Karl Schirdewan als Berichterstatter auf diesem Plenum sprach nämlich über die revisionistischen Aufweichungserscheinungen und benutzte dabei ein mir sehr treffend erscheinendes Bild: die revisionistische Entartung, sagte er, komme „auf Taubenfüßen". Damit hatte er mir meinen Kurztitel geliefert, „Taubenfuß-Chronik"!
Dieser Titel gefiel mir so gut, daß ich ihn auch dann beibehielt, als sich einige Monate später herausstellte, daß Schirdewan selbst ein Gefolgsmann des obersten „Taubenfüßlers" in Moskau, Chruschtschows[9] war, den dieser als Hebel zum Sturze Walter Ulbrichts einzusetzen gesucht hatte, eine Aufgabe, der Schirdewan aber in keiner Weise gewachsen war.
Soviel zur Entstehung dieser Chronik und ihres Namens.
Wie aus dem Vorwort zu ersehen, sollte die Chronik bereits im Jahre 1995 in den Druck gehen. Gedacht war, die gesamte Chronik in einem Bande zu veröffentlichen. Inzwischen hat es sich aber herausgestellt, daß es notwendig ist, sie wegen allzu großen Umfanges in mindestens zwei Bände aufzuteilen. Der vorliegende Band enthält also nur den Teil I, überschrieben: „Verunsicherung und Suche nach Gewißheit, 1953 bis Ende 1956" und den Beginn des Teils II, ursprünglich überschrieben „Das schwierige und langwierige Werk der Liquidierung der großen, ungeheuerlichen Verschwörung der Tauben-

9 Siehe dazu jetzt: Karl Schirdewan, Aufstand gegen Ulbricht, Berlin 1994, S. 122 f., 128 f.

füßler", jetzt aber „Weiterer Aufstieg und endlicher Sturz des N.S. Chruschtschow".
Der Autor und der Verlag werden alles daran setzen, den verbliebenen Teil der Chronik bald nachfolgen zu lassen.

Kurt Gossweiler, Berlin 1997

Teil I

Verunsicherung und Suche nach Gewißheit

1953

14. Januar Neues Deutschland
„Prawda" zur Entlarvung einer terroristischen Ärztegruppe in der Sowjetunion
In diesem Artikel hieß es u.a.:
„Indem Genosse Stalin die opportunistische Theorie über das ‚Erlöschen' des Klassenkampfes entsprechend dem Anwachsen unserer Erfolge entlarvt, stellt er warnend fest, daß dies nicht nur eine faule, sondern auch eine gefährliche Theorie ist, denn sie schläfert unsere Menschen ein, führt sie damit in eine Falle, gibt jedoch dem Klassenfeind die Möglichkeit, wieder Kräfte für den Kampf gegen die Sowjetmacht zu sammeln. ... Gerade diese verkappten Feinde, die von der imperialistischen Welt unterstützt werden, werden auch in Zukunft ihre Schädlingstätigkeit durchführen. ... Was die Inspiratoren dieser gedungenen Mörder angeht, so mögen sie davon überzeugt sein, daß die Vergeltung sie nicht vergessen, sondern den Weg zu ihnen finden wird, um mit ihnen abzurechnen. ... Um also die Schädlingsarbeit zu beseitigen, muß mit der Vertrauensseligkeit in unseren Reihen Schluß gemacht werden."

5. März Genosse Stalin gestorben

9. März Malenkow, Berija, Molotow halten als engste Mitarbeiter Stalins die Reden auf der Trauerkundgebung auf dem Roten Platz.

14. März Klement Gottwald gestorben. Wie mitgeteilt wurde, starb er an den Folgen einer Erkältung, die er sich bei den Trauerfeierlichkeiten in Moskau zugezogen hatte.

14. März *Plenum des ZK der KPdSU*
Malenkow als Sekretär des ZK entbunden, da als Ministerpräsident vorgesehen. Wahl des Sekretariats: Chruschtschow, Suslow, Pospelow, Schatalin, Ignatjew.

15. März *IV. Tagung des Obersten Sowjets*
Schwernik als Vorsitzender des Präsidiums durch Woroschilow abgelöst. Berija schlägt Malenkow als Ministerpräsidenten vor. Erste Stellvertreter des Ministerpräsidenten: Berija, Molotow, Bulganin, Kaganowitsch; Stellvertreter Mikojan.

21. März Zapotocki als Nachfolger Gottwalds zum Präsidenten der CSR gewählt.

4. April *Mitteilung in der Sowjetpresse,* daß Beschuldigungen gegen die Ärztegruppe eine Provokation.

6. April *Leitartikel in der Prawda:* „Die sowjetische sozialistische Gesetzlichkeit ist unantastbar."
Wiederholung der Beschuldigung, daß Prozeß gegen die Ärztegruppe auf Fälschung beruhte. Schwere Vorwürfe gegen alle beteiligten Stellen. In dem Artikel heißt es: „Wie konnte es geschehen ...? Der ehemalige Minister für Staatssicherheit, S. Ignatjew, legte politische Blindheit und Gafferei an den Tag und befand sich am Gängelband solcher verbrecherischer Abenteurer wie des ehemaligen Stellvertretenden Ministers und Chefs der Untersuchungsinstanzen Rjumin, der die Untersuchung unmittelbar leitete und nunmehr verhaftet ist. Rjumin wirkte als verkappter Feind unseres Staates, unseres Volkes."
Beweismaterial für diese Beschuldigungen ist bis heute noch nicht vorgelegt worden.
Im Zusammenhang mit dieser Sache wurden die Spitzen der Untersuchungsbehörde von den Leuten gesäubert, die das Vertrauen Stalins besessen hatten.
Gleichzeitig damit wurde durch diese Feststellungen der erste Schlag gegen das Vertrauen des Volkes zu Stalin und seinen engsten Mitarbeitern geführt.
Unter den rehabilitierten Ärzten befand sich u.a. W.Ch. Wassilenko.

17. Juni Konterrevolutionärer Putsch in Berlin

Einiges zur Vorgeschichte dieses Putsches

Dezember 52 bis Januar 53 Versorgungsschwierigkeiten, organisiert von der Bande um den ehemaligen Minister für Handel und Versorgung, Hamann.

April Verschärfung der Maßnahmen, die zu empfindlicher Senkung der Lebenshaltung unserer Bevölkerung führten, besonders bei der Arbeiterklasse und den am schlechtesten gestellten Schichten. Ferner Maßnahmen rigoroser Repressalien gegen die kapitalistischen Elemente in Stadt und Land, sowie überhaupt gegen selbständige

Mittelständler; Preiserhöhungen (Fleisch, Zuckerwaren, insbesondere Marmelade).

Abbau von Vergünstigungen: Keine Preisermäßigungen für Arbeiter und Schüler bei der Reichsbahn, *Verschlechterungen in der Sozialversicherung,* Verstärkung der Kampagne zur Lohnsenkung durch *Normerhöhung,* Entzug der Lebensmittelkarten für Selbständige, Diskriminierung der Selbständigen, die nicht mehr als Haus- und Straßenvertrauensleute tätig sein durften.

11. April Leitartikel im „Neuen Deutschland": „Ein weiterer Schritt zur Hebung des Lebensstandards der Bevölkerung," in dem die offensichtlichen Verschlechterungen als Verbesserungen hingestellt wurden, z.B.:

„Die Neuregelung der Lebensmittelkartenversorgung ist ein weiterer Schritt auf dem Wege zur Abschaffung des Kartensystems." Die Wirkung konnte gar nicht anders sein als Empörung über die Haltung der Partei, die zum Schaden noch den Spott hinzufügt. Bereitung eines günstigen Bodens für Angriffe auf die Partei.

Wer hat unser ZK so schlecht beraten??? [1]

Mai Steigerung der Kampagne zur Erhöhung der Normen. Wachsende Unruhe in den Betrieben.

14. Mai Beschluß der 13. Tagung des ZK zur Erhöhung der Normen (bis 1. Juni um mindestens 10%).

28. Mai Entsprechender Beschluß des Ministerrates (Termin für zehnprozentige Erhöhung auf 30. Juni festgelegt; notwendige, unvermeidliche Folge: administrative Durchsetzung der Normerhöhung).

In gleicher Sitzung des Ministerrates bereits Teilkorrektur: Wiederbewilligung von Lebensmittelkarten ab 1. Juli an einen großen Teil derjenigen Personen, die nach der Verordnung vom 9. April 53 vom Bezug von Lebensmittelkarten ausgeschlossen waren.

1 Meine Überzeugung, daß diese Maßnahmen und der spätere „Neue Kurs" von „Karlshorst", von der Sowjetischen Kontrollkommission (SKK), gebilligt, wenn nicht gar veranlaßt, worden waren, fand ich Jahrzehnte später in den Akten bestätigt (Siehe dazu meinen Artikel „Hintergründe des 17. Juni 1953" in: Wider den Revisionismus, München 1997, S. 47 ff).

11. Juni Neues Deutschland
Kommunique des Politbüros des ZK der SED vom 9. Juni 53
Schroffe, in keiner Weise vorbereitete Wendung. Feststellung, daß seitens Partei und Regierung in der Vergangenheit eine Reihe von Fehlern begangen wurde. Vorschläge zur Aufhebung all der Maßnahmen, für deren Verteidigung und Propaganda die gesamte Partei wochenlang bis zum 10. Juni auf den Beinen war. Die Vorschläge sind natürlich richtig und dringend notwendig. Aber die Form, in der sie erfolgten, hatte zur Folge:
1. Verlust an Ansehen unserer Genossen, die von heute auf morgen der Bevölkerung erklären mußten, daß all das, was sie gestern noch hartnäckig für richtig und notwendig erklärt hatten, nichts als Fehler gewesen seien. Wasser auf die Mühlen der gegnerischen Verleumdung, Kommunisten, SED-Mitglieder seien nur Befehlsempfänger ohne eigene Meinung.
2. Günstiger Boden für die verstärkte Hetze der Feinde: Wer so schwerwiegende Fehler gemacht hat, muß zur Verantwortung gezogen werden!
Also: Statt Festigung des Vertrauens als Folge „bolschewistischer Selbstkritik“ – gewaltige Einbuße an Autorität von Partei und Regierung, Unsicherheit in den Reihen der Partei.

11. Juni *Ministerrat faßt Beschlüsse entsprechend den Vorschlägen des Politbüros.* Aber diese Vorschläge und die Beschlüsse des Ministerrates hatten eine überraschende Lücke: sie enthielten kein Wort über die Korrektur der falschen Maßnahmen in Bezug auf die Normerhöhungen. D.h., der gefährlichste Zündstoff, der Zündstoff in den Betrieben, wurde nicht beseitigt, den Forderungen der Klasse, deren Macht unser Staat verkörpert, wurde am allerwenigsten Rechnung getragen.
Wer hat unser ZK und die Regierung so schlecht beraten???

14. Juni *Provokatorischer Artikel im „Neuen Deutschland“:*
„Es ist Zeit, den Holzhammer beiseite zu legen!“
Dieser Artikel putscht direkt die Bauarbeiter der Stalinallee, indirekt alle Arbeiter, gegen die Partei auf. Sehr

geschickt gemacht, als Vertretung der berechtigten Kritik an Holzhammermethoden. Aber das Ziel ist Erregung von Feindseligkeiten gegen den Parteiapparat.
„Aber auch das selbstherrliche und überhebliche Auftreten des Genossen Müller (Parteisekretär) kommt nicht von ungefähr ..., denn noch nie wurde er von seiner Parteiorganisation kritisiert. Ja, auch die Bezirksleitung hat bisher keinen Anstoß daran genommen. Im Gegenteil, Müller wird in seiner ‚Methode' noch gestärkt, wenn Genosse Baum als Mitglied des Sekretariats der Bezirksleitung Groß-Berlin der SED auf einer Besprechung mit Parteifunktionären der Berliner Bauindustrie am 27. Mai erklärt, daß es bei Vorfällen, wie sie sich auf der Baustelle G-Nord ereignet haben, auch einmal notwendig sei, ein Exempel zu statuieren. Man müsse eine der Bauarbeiterbrigaden, die die Arbeitsdisziplin auf der Baustelle gestört haben, fristlos entlassen."
Das Zentralorgan der Partei putscht also Arbeiter gegen Maßnahmen der Partei auf! Diese Methode begegnet uns 1956 noch einmal – diesmal woanders.

16. Juni *Bauarbeiter der Stalinallee gehen auf die Straße.*
Schon bei dieser Demonstration wird unter die Losung „Weg mit den Normerhöhungen!" die Losung „Weg mit der Regierung!" eingestreut.

17. Juni Bekannt.
Deutlich spürbar in diesen Tagen und Wochen: ZK nicht voll aktionsfähig; Ursache: Fraktionstätigkeit der Gruppe Zaisser-Herrnstadt.

21. Juni *14. Plenum des ZK*

26. Juni *15. Plenum des ZK.* Erst jetzt führt die Auseinandersetzung mit der Zaisser-Herrnstadt-Gruppe zu ihrem Ausschluß aus dem ZK. Welches ist die politische Position dieser Fraktion gewesen?
„Nach der Verkündung des neuen Kurses und besonders nach dem faschistischen Putschversuch am 17. Juni, tat Genosse Herrnstadt alles, um Fehler der Partei hervorzuheben und aufzubauschen, während er gleichzeitig die großen historischen Erfolge der Partei verschwieg." (Neues Deutschland vom 22.8.53) Auch diese Methode treffen wir später woanders wieder! „In Besprechungen

mit seinen Mitarbeitern vertrat Genosse Zaisser den kapitulantenhaften Standpunkt, die DDR könne sich in eine bürgerliche Republik verwandeln." (ebd.)[2]
Auf dem 15. Plenum wurde deutlicher gesagt, daß Zaisser es für möglich hielt, eine solche Entwicklung unter bestimmten Umständen als notwendig anzuerkennen, um den Frieden zu erhalten. Das erinnert schon sehr deutlich an die Konzeption und Praxis Imre Nagys in Ungarn 1956! Darin ist – allerdings noch ängstlich verborgen und unausgesprochen – eine antisowjetische Konzeption enthalten, die von anderen Leuten in anderen Ländern 1956 offen ausgesprochen und zum Hauptprogrammpunkt erhoben wurde.
„Nach der Verkündung des neuen Kurses und nach dem faschistischen Putschversuch ... hielten Zaisser und Herrnstadt die Zeit für gekommen, einen Angriff auf die Parteiführung zu unternehmen, um sie an sich zu reißen. In einer vom Politbüro eingesetzten Kommission machten sie den Vorschlag, die Parteiführung so zu ändern, daß sie, Zaisser und Herrnstadt, den uneingeschränkten Einfluß haben sollten. Genosse Zaisser schlug weiter vor, Genossen Herrnstadt als 1. Sekretär des ZK zu wählen. Herrnstadt quittierte diesen Vorschlag mit der Bemerkung: ‚Ich weiß, daß der Parteiapparat in Front gegen mich steht, aber die Massen stehen hinter mir.'... Dieser parteifeindliche Standpunkt kam besonders kraß in dem Entwurf einer Entschließung zum Ausdruck, den Genosse Herrnstadt kurz danach im Politbüro vorlegte. In diesem Entwurf forderte er die ‚Er-

2 Zaisser, Chef des DDR-Staatssicherheitsorgans, vertrat hier die Position seines sowjetischen Pendants Berija. Der damalige Außenminister der Sowjetunion, Molotow, berichtet über eine Beratung im Politbüro der KPdSU kurz nach Stalins Tod über die deutsche Frage; in dieser Beratung habe das Außenministerium seine Ansicht in die Formel gefaßt: „keine forcierte Politik des Aufbaus des Sozialismus in der DDR durchzuführen". Berija aber, so Molotow, „schlug vor, das Wort ‚forcierte' zu streichen, ... so daß herauskommen würde: ‚keine Politik des Aufbaus des Sozialismus in der DDR durchzuführen'. Wir fragten: ‚Warum das?' Er antwortete: ‚Weil wir nur ein friedliches Deutschland brauchen, ob dies nun sozialistisch ist oder nicht, kann uns egal sein.'" (In: Felix Tschujew, Hundertvierzig Gespräche mit Molotow, Moskau 1991, Verlag Terra, S. 332 f, russisch; Übersetzung vom Autor.)

neuerung' der Partei. Er erklärte, die Partei müsse der Diener der Massen sein, nicht ihr Führer. Er appellierte an die parteilosen Massen, gegen die Partei aufzutreten, wenn diese nicht den Auffassungen der rückständigsten Schichten Rechnung trage, wie Herrnstadt dies forderte. In der Plattform wurde aufgefordert, die Sozialistische Einheitspartei Deutschlands in eine Volkspartei aller Klassen zu verwandeln. ... Als organisatorische Maßnahmen forderte Genosse Herrnstadt:
1. Die Erneuerung der Parteispitze.
2. Die Erneuerung des zentralen Parteiapparates.
... Tatsächlich liefen diese Forderungen auf eine Zerschlagung der Partei hinaus." (Alle Zitate aus Neues Deutschland, a.a.O.)
All das ist uns heute, nach den Ereignissen in Polen und Ungarn, schon sehr gut bekannt. Nur ist dieses Programm bei uns damals gescheitert.
Die jugoslawische „Borba" zum faschistischen Putsch des 17. Juni:
„Die Massen wurden den Verrat ihrer Führer gewahr, die, statt den Sozialismus aufzubauen, ein System der Ausbeutung im Dienste der Sowjetunion aufbauten." (Krise unter den Satelliten, in New Statesman and Nation vom 13. Oktober 1956)
Fazit: Angriff an allen Fronten abgeschlagen, aber Vertrauen innerhalb und außerhalb der Partei ernsthaft angeknackst. Hintergründe der ganzen Angelegenheit bleiben weitgehend im Dunkel, viele Fragen bleiben offen. Dieser erste Stoß gegen die Autorität der unter der Führung Stalins herangewachsenen Führer der Kommunistischen und Arbeiterparteien nicht auf DDR beschränkt, sondern im ganzen Lager der europäischen Volksdemokratien erfolgt, unter der Losung der Korrektur begangener Fehler. Besonders heftig in Ungarn, mit Hauptstoßrichtung gegen Rákosi.

27.-28. Juni *Plenum des ZK der Partei der Ungarischen Werktätigen.* Referat Rákosi und Imre Nagy. Neues Politbüro („Verstärkung der Kollektivität der Leitung"): Rákosi, Gerö, Hegedüs, Nagy u.a.

2. Juli *Rücktritt der ungarischen Regierung;* Ministerpräsident der neuen Regierung: Imre Nagy. Stellvertreter: Gerö und Hegedüs.
Imre Nagy wird zum Hauptvertreter des „Neuen Kurses" in Ungarn. Kennzeichnend für die Einleitung des „Neuen Kurses" bei uns und in anderen Ländern: es wurden bei den Massen Hoffnungen auf rasche und gewaltige Verbesserung der Lebenshaltung geweckt, von denen sich nach kurzer Zeit zeigt, daß sie nicht erfüllt werden können. Bereits Ende 1954, Anfang 1955 in gewissem Maße Rückkehr zum „Alten Kurs", in einigen Ländern (Ungarn, Polen) sogar recht drastisch.

17.-23. Juli Inform-Zeitung 29/1953
Informatorische Mitteilung über ein Plenum des ZK der KPdSU
Malenkow berichtet über „verbrecherische partei- und staatsfeindliche Handlungen Berijas". Beschluß, Berija als Feind der KPdSU und des Sowjetvolkes aus der KPdSU auszuschließen.
Gleiche Ausgabe der Inform-Zeitung:
„Aus dem Präsidium des Obersten Sowjets"
Das Präsidium des Obersten Sowjets hat nach Erörterung der Mitteilung des Ministerrates beschlossen:
1. Berijas Amtsentsetzung als Innenminister
2. Übergabe seiner Angelegenheiten an den Obersten Gerichtshof

9. Juli *Thesen: 50 Jahre KPdSU*
Eröffnung des Kampfes gegen den Personenkult, ohne Stalin direkt zu nennen (so allgemein, daß manche noch gar nicht merkten, wo das hinzielt)

5.-8. August *V. Tagung des Obersten Sowjets.* Scharfe Kritik an Mängeln in der Arbeit der Staats- und Wirtschafts-Organe. Referate Swerew und Malenkow. Bestätigung des Erlasses des Präsidiums über Berija.

18.-24. September Inform-Zeitung 38/1953
Informatorische Mitteilung über ein Plenum des ZK der KPdSU.
1. Referat Chruschtschows über Landwirtschaft. 2. Wahl Chruschtschows zum 1. Sekretär. (In dieser Nummer der umfangreiche Beschluß über die Landwirtschaft. In

der folgenden die Rede Chruschtschows zur gleichen Frage. – Beginn der „Abrechnung" mit Stalins „Fehlern" in der Landwirtschaft)

2.-8. Oktober Inform-Zeitung 40/1953
Beschlüsse des Ministerrates und des ZK der KPdSU:
1. zur Viehwirtschaft
2. zur Steigerung der Kartoffel- und Gemüseerzeugung
3. zur Arbeit der MTS

16.-22. Dezember Inform-Zeitung 50/1953
Artikel D'Onofrios über Kollektivität der Leitung in der italienischen Partei. Versteckter Angriff auf Togliatti.

17. Dezember Prawda: *„Von der Staatsanwaltschaft der UdSSR"*
Mitteilung über die Ergebnisse der Untersuchung gegen Berija usw., „Erzfeind des Volkes", imperialistischer Agent seit dem Bürgerkrieg, usw. usf.
Unwillkürliche Reaktion: Wie konnte Stalin einem solchen Menschen vertrauen?

18.-23. Dezember *Tagung des Sondergerichts des Obersten Gerichtshofes der UdSSR,* Richter: Marschall Konjew, Schwernik u.a., Verhandlung unter Ausschluß der Öffentlichkeit.
Mitteilung: Alle Ergebnisse der Voruntersuchung bestätigt, Angeklagte haben gestanden.
Urteil: Tod durch Erschießen, am 23.12. vollstreckt.
Im Gegensatz zu den Trotzkistenprozessen, dem Kostoff-, Rajk- und Slansky-Prozeß, sind die Materialien des Berija-Prozesses bis heute nicht veröffentlicht.

1954

26.-28. Januar Prozeß gegen Svermova u. Co. in der CSR. Mit den letzten Helfershelfern Slanskys aufgeräumt.

12.-18. März Inform-Zeitung 11/1954
Mitteilung über ein ZK-Plenum. Bericht Chruschtschows über Steigerung der landwirtschaftlichen Produktion und Neulandaktion (Chruschtschow – der Mann, der dem Volk Brot gibt!).

10. März *Eröffnung des II. Parteitages der Polnischen Arbeiter-Partei*
Zu dieser Zeit noch keinerlei Anzeichen für die wirtschaftliche und politische Entwicklung, wie sie 1956 zutage tritt. Partei noch einheitlich und geschlossen. Leiter der sowjetischen Delegation: Chruschtschow.

1. Mai Preissenkung in Polen.

24. Mai *III. Parteitag der ungarischen Partei*
Beschlüsse über weitreichende Maßnahmen zur Verbesserung der Lebenshaltung. Referat Rákosi, warnt vor demagogischen Forderungen, für deren Erfüllung keine Grundlage. Leiter der sowjetischen Delegation: Woroschilow.

11.-15. Juni *X. Parteitag der KPC*
Bericht Novotnys. Leiter der sowjetischen Delegation: Chruschtschow.

2.-8. Juli Inform-Zeitung 27/1954
Bericht über ZK-Plenum der KPdSU: Ergebnisse der Frühjahrsbestellung usw.

17. August *Veröffentlichung des ZK-Beschlusses über Neulandgewinnung.*

22. November Genosse Wyschinski an den Folgen eines Herzanfalles *plötzlich verstorben.*

Anfang März Inform-Zeitung 9/1954
Letzte Meldung kritischen Inhalts über Jugoslawien.

8.-14. Oktober Inform-Zeitung 41/1954
Erste positive Meldung über Jugoslawien.
(Die jugoslawische Presse über die Wiederherstellung der legitimen Rechte der Chinesischen Volksrepublik in der UNO)

22.-28. Oktober	Inform-Zeitung 43/1954 *Zweite positive Meldung über Jugoslawien.* (Kranzniederlegung an den Gräbern jugoslawischer und sowjetischer Soldaten, die in den Kämpfen um Belgrad gefallen sind, unter Teilnahme Pijades, Rankovics u.a.)
3.-9. Dezember	Inform-Zeitung 49/1954 *Dritte positive Meldung:* Nationalfeiertag der jugoslawischen Völker. In diesem Artikel wird an ein Telegramm Titos aus der Kriegszeit an Stalin erinnert. Mitgeteilt, daß die Regierung der SU Normalisierung der Beziehungen zwischen der SU und Jugoslawien vorgeschlagen hat, da die Feindseligkeiten nur den Gegnern des Sozialismus nutzten. Jugoslawische Regierung hat sich dazu bereit erklärt. Grundstein gelegt. Frage: Welche Bedingungen hat Tito für die Normalisierung gestellt? (Vielleicht Zurücknahme der Vorwürfe der Inform-Entschließungen?) Darüber hat es – natürlich – keine Mitteilungen gegeben.
30. November bis 7. Dezember	*Unionsberatung über Verbesserungen im Bauwesen.* Rede Chruschtschows gegen Verschwendung, unnützen Prunk etc. in der Architektur.

1955

21.-24. Januar *3. Plenum des ZK der Polnischen Partei*
Referat Bierut. Richtung: Hebung des Lebensstandards. Überwindung des Zurückbleibens der Landwirtschaft. „Unsere Politik der Einschränkung der Kulaken setzt sich in der jetzigen Etappe nicht das Ziel, die Produktion der Kulakenwirtschaften einzuschränken, sondern lediglich Schiebertum zu verhindern und Versuche zu durchkreuzen, sich den Pflichten gegenüber dem Staat zu entziehen. ... Produktionsgenossenschaft, Mechanisierung der Landwirtschaft, moderne Agrotechnik – das ist der einzige Weg zum Aufbau des Sozialismus auf dem Lande. ... Die Frage der ... Anleitung der Arbeit der Staatlichen MTS und der gebührenden Hilfe für die bestehenden Produktionsgenossenschaften muß jetzt in den Mittelpunkt der Fragen gerückt werden. ..."
Verbesserung der Parteiarbeit (Kritik von unten, Kollektivität usw.).
„Ernste Schwierigkeiten entstanden 1954 im Kohlenbergbau. Es sei jedoch festgestellt, daß im zweiten Halbjahr eine merkliche Verbesserung in der Arbeitsdisziplin und der Arbeitsorganisation eintrat, die es gestattete, die Kohleförderung pro Tag gegenüber dem ersten Halbjahr bedeutend zu steigern."
Beschlüsse:
1. Über strikte Einhaltung der Leninschen Prinzipien des Parteilebens und der Kollektivität der Leitung.
2. Über die Überwindung bürokratischer Verzerrungen in der Arbeit der Partei und des Staatsapparates.
3. Über die Arbeit der Organe der Sicherheit und die Verstärkung der Kontrolle der Partei über die Tätigkeit dieser Organe.
4. Über die wichtigsten wirtschaftlichen Aufgaben 1955 und Verbesserungen der Methoden der Leitung der Volkswirtschaft.
Zum Vorsitzenden des Komitees für Angelegenheiten der Öffentlichen Sicherheit ernannt: Wladyslaw Dworakowski, bisher Sekretär des ZK. Neu ins Sekretariat gewählt: Wladyslaw Matwin, Jerzy Morawski.

25.-31. Januar *Plenum ZK der KPdSU*
Bericht Chruschtschows über Steigerung der Produktion von Erzeugnissen der Viehzucht. Entsprechender Beschluß.

Ende Januar *II. Kongreß des ZMP (Jugendverband Polens)* „Im Zeichen großen patriotischen Elans"

3. Februar *Gemeinsame Sitzung des Sowjets der Union und des Sowjets der Nationalitäten*
Bitte Malenkows um Entbindung vom Posten des Ministerpräsidenten, „weil dieser Aufgabe nicht gewachsen. Mangelnde Erfahrung in der Wirtschaftspraxis, mitverantwortlich für Zurückbleiben der Landwirtschaft".
Damit – nach Berija – der zweite engere Mitarbeiter Stalins zurückgedrängt, diskreditiert.
Bulganin von Chruschtschow im Namen des ZK als Ministerpräsident vorgeschlagen. Shukow folgt Bulganin als Verteidigungsminister, Malenkow als Minister für Kraftwerke.
Referat Molotows über Außenpolitik. Billigung der Außenpolitik durch den Obersten Sowjet. Schepilow wird Vorsitzender der Kommission für Auswärtige Angelegenheiten des Sowjets der Nationalitäten.

2.-4. März *ZK-Plenum der ungarischen Partei*
Referat Rákosi: Aufdeckung der schädlichen Wirtschaftspolitik Imre Nagys und seiner ideologischen Feindarbeit.
„Die Beschlüsse, die das ZK im Juni 1953 faßte, haben sich als absolut richtig erwiesen. Aber neben dem erfolgreichen Kampf für die Verwirklichung dieser richtigen Beschlüsse wurden bei ihrer Verwirklichung Fehler und Fehlkalkulationen zugelassen; darüber hinaus haben einige diese Beschlüsse im opportunistischen und antimarxistischen Sinne entstellt, was zu schädlichen rechten Fehlern, zu einer rechten Abweichung, führte. ... Diese schädlichen rechten Anschauungen zeigen sich in folgendem: vor allem in der Entstellung der richtigen Politik der sozialistischen Industrialisierung (Verneinung der Priorität der Entwicklung der Schwerindustrie. – K.G.). Von einer Hebung des Lebensstandards sprechen und zur gleichen Zeit nicht für die Gewährleistung der hier-

für notwendigen ökonomischen Voraussetzungen sorgen, sind in Wirklichkeit billige Demagogie, Irreführung des Volkes! ... Wer versichert, daß die Hauptmasse der Klein- und Mittelbauern als Einzelbauern einen großen Wohlstand erzielen kann, daß unsere aus hunderttausenden Einzelbauern bestehende Landwirtschaft gedeihen und zu einer fortgeschrittenen Landwirtschaft werden kann, ohne daß die Produktionsgenossenschaften entwickelt werden, betrügt die werktätigen Bauern. ...
Die größer gewordene rechte, opportunistische Abweichung zeigte sich auch in der Unterschätzung der führenden Rolle der Partei. Einige negierten die führende Rolle der Partei in der Vaterländischen Volksfront. ...
Mit diesen rechten Anschauungen wollte man im Grunde die marxistisch-leninistische Lehre von der Diktatur des Proletariats einer Revision unterziehen. Das Wichtigste in der volksdemokratischen Ordnung ist die unbedingte Gewährleistung der führenden und richtunggebenden Rolle der revolutionären Partei der Arbeiterklasse. Ohne Gewährleistung dieser Rolle gibt es keine Volksdemokratie! ... Einige wollten in der Partei eine Lage schaffen, daß die Beschlüsse der Parteiführung nicht für alle Parteiorganisationen bindend wären. ...
Die rechte Gefahr ist in der spießbürgerlichen, anarchistischen Entstellung der kommunistischen Kritik und Selbstkritik zum Ausdruck gekommen. Das Zentralkomitee hält es für falsch, sogar geradezu schädlich, daß die rechten Elemente in letzter Zeit unter dem Vorwand der Kritik verleumderisch über die historischen Erfolge hergefallen sind, die die Arbeiterklasse und das ganze werktätige Volk unter Führung der Partei in Ungarn erzielt haben. ... Eine der gefährlichsten Erscheinungsformen der rechten Abweichung ist der Nationalismus und Chauvinismus. Das Zentralkomitee hält es für absolut notwendig, einen schonungslosen ideologischen Kampf gegen alle Erscheinungen des Nationalismus und Chauvinismus zu führen. ...

Die rechten Anschauungen in unserer Partei und in unserem Staat sind so gefährlich geworden, weil Genosse Imre Nagy in seinen Reden und Artikeln diese antimar-

xistischen Ansichten unterstützte, ja, mehr noch, sie am eifrigsten predigte. ...
Ein Hauptmerkmal der rechten Linie des Genossen Imre Nagy zeigte sich darin, daß er die von der Partei erzielten großartigen Siege leugnete und unterschätzte und die Erfolge regelmäßig verschwieg."
Als Beispiel wird ein Artikel Nagys in Szabad Nep vom 20. Oktober 1954 angeführt.
„Die rechten Elemente außerhalb und innerhalb der Partei betrachteten diesen Artikel als Signal und begannen, die richtige Politik der Partei zerstörend anzugreifen. Solche Erscheinungen gab es in den Reaktionen vieler Zeitungen, darunter auch der ‚Szabed Nep' sowie auf dem Gebiet der Literatur. ... Genosse Nagy und einige andere Genossen in den Ministerien haben mit billigen demagogischen Versprechungen in der Presse (vor allem in der Szabed Nep) die Arbeiterklasse mitunter irregeführt, in der Arbeiterklasse die Stimmung der Selbstberuhigung, den Geist des Nichtstuns verbreitet, sich den rückständigsten Schichten der Arbeiter angepaßt und dadurch gewisse Elemente der Zersetzung in die Arbeiterklasse hineingetragen. Darin liegt die Hauptursache für die nicht zufriedenstellende Arbeit in der Industrie im Jahre 1954."
Nach der Rolle, die der Petöfi-Kreis und Imre Nagy im Oktober 1956 gespielt haben, kann es keinen Zweifel darüber geben, daß dieser Kampf Rákosis und des ZK gegen die rechte Gefahr berechtigt und notwendig war. Das schließt nicht aus, daß in der Folge linke Überspitzungen vorkamen. Aber es weist bereits darauf hin, daß es falsch wäre, in den Fehlern Rákosis die Erklärung für die Ereignisse in Ungarn zu sehen, weil es deutlich macht, daß es bereits damals eine organisierte Schädlingsarbeit gab.

4.-10. März Inform-Zeitung 9/1955
Kein Wort zu Stalins Todestag!

4. April 10. Jahrestag der Befreiung Ungarns. Als großes Volksfest begangen.

14. April *Plenum des ZK der ungarischen Partei*
Beschluß: Ausschluß Imre Nagys aus Politbüro und ZK,

Enthebung von allen Funktionen, die er im Auftrag der Partei bekleidet (Ministerpräsident).
Im Beschluß heißt es: „Genosse Imre Nagy hat im Interesse der Verwirklichung seiner rechtsopportunistischen Politik zu parteifeindlichen und sogar zu Fraktionsmethoden gegriffen, die mit der Disziplin und der Einheit der marxistisch-leninistischen Partei unvereinbar sind."
Wegen Unterstützung der falschen Anschauungen Nagys wird Mihaly Farkas aus Politbüro und Sekretariat des ZK abberufen, Istvan Kovacs und Josef Nekis zu Mitgliedern und Lazslo Piro zum Kandidaten des Politbüros gewählt. Mit diesem Plenum wird der Vorstoß gegen die alte Parteiführung, der 1953 eingeleitet worden war, zurückgewiesen, den Machenschaften der Rechten zunächst ein Ende bereitet.

21.-31. März *Nationalkonferenz der KP Chinas*
Resolution über den Fünf-Jahr-Plan der Entwicklung der Volkswirtschaft. Resolution über den parteifeindlichen Block Kao-Kang – Jao-Schu-schi. Kao-Kang (trotz bekannter Fehler!) 1953 zur Arbeit in die Zentralorgane berufen.
In der Resolution heißt es: „... daß sich Kao-Kang seit 1949 verschwörerisch betätigt hat und die Macht in Partei und Staat an sich reißen wollte. ... Er streute zahllose verleumderische Gerüchte gegen das Zentralkomitee der Partei aus ... mit dem Ziel, Unzufriedenheit mit den führenden Genossen im Zentralkomitee der Partei auszulösen; er arbeitete darauf hin, die Partei zu spalten, und bildete seine parteifeindliche Gruppierung. ... Jao-Schu-schi war der Hauptverbündete Kao-Kangs. Es ist restlos erwiesen, daß er in den zehn Jahren von 1943 bis 1953 die Partei wiederholt frech betrogen hat mit dem Ziel, die Macht zu ergreifen."
Auch er wurde 1953 (als Leiter der Org-Abteilung!) ins ZK berufen. Zu dieser Zeit Bildung des parteifeindlichen Blockes mit Kao-Kang.
In der Resolution heißt es weiter:
„Andererseits verstärken mit dem Fortschritt der Sache des Sozialismus in unserem Lande die Überreste der Konterrevolution und der reaktionären bürgerlichen

Elemente ... ihre konterrevolutionäre Verschwörertätigkeit. ... Seine größte Hoffnung setzt unser Feind darauf, daß sich die Kommunistische Partei Chinas spalten und daß sie entarten könnte. ...
Gerade in dieser Situation haben Kao-Kang, Jao-Schuschi u.a. einen parteifeindlichen Block geschaffen, eine Offensive gegen das Zentralkomitee der Partei und vor allem gegen das Politbüro des ZK begonnen und versucht, den erprobten führenden Kern des Zentralkomitees der Partei mit Mao Tse-tung an der Spitze zu beseitigen, um in der Partei und im Staat die Macht an sich zu reißen. Ihre parteifeindliche Tätigkeit entsprach zweifelsohne den Wünschen des Imperialismus und der bürgerlichen Konterrevolutionäre. Faktisch sind sie zu Agenten der Bourgeoisie innerhalb unserer Partei geworden."
Zur Vernichtung des Blockes wird gesagt: „Dies ist einer der entscheidenden Siege der Partei im Kampf für die Sache des Sozialismus in China und im ganzen Verlauf der Entwicklung der Partei. ... Solange es innerhalb des Landes und in der ganzen Welt Klassenkampf gibt, werden die Klassenfeinde nicht aufhören zu versuchen, die labilen und unzuverlässigen Elemente in unserer Partei wankend zu machen, um sie zu beeinflussen. Erscheinungen, die dem parteifeindlichen Block Kao-Kang ... ähnlich sind, können sich auch in Zukunft wiederholen."
Die These von der Verschärfung des Klassenkampfes ist also nicht das Monopol Stalins.
Die chinesischen Genossen rufen 1955 auf Grund ihrer Erfahrungen zur Verstärkung der Wachsamkeit, lenken die Aufmerksamkeit auf die Verschwörertätigkeit des Klassenfeindes!
Klingt das alles nicht wie eine Warnung vor dem, was sich später in Ungarn und Polen offenbarte?

20. April *Festsitzung in Moskau zum 85. Geburtstag Lenins.* Festansprache: Schepilow.

24. April Preissenkung in Polen.

11.-14. Mai *Warschauer Konferenz, Abschluß des Warschauer Paktes.*

15. Mai *Unterzeichnung des Staatsvertrages mit Österreich.* Neutralität. Abzug aller Besatzungstruppen. „Einleuch-

tende" Begründung: „Modellfall" für Lösung der deutschen Frage.

20.-26. Mai Inform-Zeitung 20/1955
„Zum bevorstehenden Treffen von Vertretern der UdSSR und Jugoslawiens in Belgrad."
Zitiert Prawda-Artikel vom 18.5.: Meinungsverschiedenheiten, aber gleiche „Grundinteressen".

16.-18. Mai *Unionskonferenz von Vertretern der Industriebetriebe und Ministerien.* Reden Bulganins und Chruschtschows. Chruschtschow endet noch mit: Marx-Engels-Lenin-Stalin.

26. Mai *Ankunft der sowjetischen Delegation in Belgrad.*
Ansprache Chruschtschows auf dem Flugplatz:
„Teurer Genosse Tito! ...
Wir bedauern aufrichtig, was geschehen ist und fegen entschlossen alles beiseite, was sich in dieser Periode abgelagert hat. Unsererseits rechnen wir zu diesen Ablagerungen ohne Zweifel die provokatorische Rolle, die die nunmehr entlarvten Volksfeinde Berija, Abakumow und andere in den Beziehungen zwischen Jugoslawien und der UdSSR gespielt haben. Wir haben eingehend die Materialien überprüft, auf denen die schweren Anschuldigungen und Beleidigungen beruhten, die damals gegen die Führer Jugoslawiens erhoben wurden. Die Tatsachen zeigen, daß diese Materialien von Volksfeinden, niederträchtigen Agenten des Imperialismus, fabriziert waren, die sich durch Betrug in die Reihen unserer Partei eingeschlichen hatten."
Näheres darüber, welche Dokumente gefälscht sind, wurde nie veröffentlicht.
Obwohl diese Behauptung, daß die kommunistische Weltbewegung, mit so erfahrenen Genossen wie Stalin, Dimitroff, Togliatti, Thorez, usw., sich durch die Fälschungen einer Gruppe von Provokateuren zu einer vollkommen falschen Einschätzung der Situation eines Landes habe verleiten lassen; daß die kommunistische Bewegung mit der KPdSU an der Spitze im Unrecht, Tito dagegen der Mann sei, der im Recht ist; obwohl eine solche Situation das Allerunwahrscheinlichste ist, genügte für viele diese eine, durch nichts bewiesene Behauptung, um sie für Tatsache zu nehmen und von nun ab in Tito

den „teuren Genossen“, dem bitter Unrecht geschehen ist, zu sehen. – Hier zeigt sich tatsächlich eine der wirklich gefährlichen und schädlichen Folgen des Personenkultes!

Wer aber nicht blind gläubig war, für den wurden auch durch diese Erklärung eine Reihe von Tatsachen nicht aus der Welt geschafft, die es einfach unmöglich machen, in Tito einen wirklichen Kommunisten zu sehen, dem man vertrauen kann:

1. Dem ersten Beschluß des Inform-Büros vom Juni 1948 ging ein Briefwechsel voraus zwischen der KPdSU und den anderen Kommunistischen Parteien einerseits und der jugoslawischen Partei andererseits, wobei erstere an einigen Maßnahmen und Äußerungen der jugoslawischen Genossen Kritik übten und vorschlugen, über die Meinungsverschiedenheiten auf einer Sitzung des Inform-Büros zu beraten. – Ob diese Darstellung stimmt oder nicht, darüber kann auch die geschickteste Fälschung Berijas die beteiligten Parteien wohl kaum täuschen! Tito lehnte aber solche Aussprachen ab, weil die jugoslawischen Genossen dabei „in einer nicht gleichberechtigten Lage“ seien.

2. Der erste Inform-Beschluß vom Juni 1948 enthält eine sehr maßvolle, wenn auch prinzipielle Kritik an der Führung der KPJ. Diese Kritik beruhte auf völlig eindeutigem, auch heute noch nachprüfbarem Material und bewies, daß die Führung der KPJ u.a. vom proletarischen Internationalismus abweicht, zum Nationalismus abgleitet; daß „die jugoslawischen Führer die Außenpolitik der UdSSR mit der Außenpolitik der imperialistischen Mächte gleichzusetzen begannen und sich der UdSSR gegenüber ebenso benahmen, wie den bürgerlichen Staaten gegenüber“, – um nur den Vorwurf zu nehmen, dessen Berechtigung Tito (ohne Inform-Beschlüsse und Berija-Provokationen!) in letzter Zeit so eindeutig unter Beweis stellte.

3. Es ist ebenso keine Erfindung, sondern Tatsache, daß in Jugoslawien die sogenannten kominform-treuen Kommunisten verfolgt wurden, aus der Partei ausgeschlossen wurden, ins Gefängnis kamen, emigrieren muß-

ten. Und das nicht erst nach der 2. Resolution! Schon vor der ersten Resolution waren zwei ZK-Mitglieder, Zujovic und Hebrang, aus der Partei ausgeschlossen und verhaftet worden, aus eben solchen Gründen.
4. Bereits nach der ersten Resolution begann die Außenpolitik Jugoslawiens sich auf die imperialistischen Staaten auszurichten, worüber ebenfalls authentische Dokumente vorliegen.
5. Die Prozesse, die in den Volksdemokratien durchgeführt wurden, waren ebenfalls keine Provokationen Berijas, sondern beruhten auf den in diesen Ländern aufgedeckten Tatsachen. Die Ergebnisse all dieser Prozesse führten zu dem gleichen Urteil über die Rolle Titos. Allerdings wurden die meisten dieser Prozesse später ebenfalls für ungerechtfertigt erklärt. Aber damit ergibt sich eine ganz seltsame Lage: Der Kostoff-Prozeß in Bulgarien wird nachträglich für ungültig erklärt, der Rajk-Prozeß in Ungarn ebenfalls, der Slansky-Prozeß in der CSR „nur, soweit er sich auf Jugoslawien bezieht". Der Prozeß gegen Dzodze in Albanien wird ausdrücklich als zu Recht geführt bestätigt!
Was den Rajk- und den Kostoff-Prozeß angeht, so ist bis heute noch nichts darüber gesagt, was dort eigentlich gefälscht sein sollte.
Was den Slansky-Prozeß angeht, so ist es für jeden, der sich mit ihm beschäftigte, völlig klar, daß man unmöglich einen Teil dieses Prozesses für ungültig erklären kann, ohne dabei den ganzen Prozeß als Fälschung zu erklären. Hält man umgekehrt nur einen Teil des Prozesses aufrecht, sagt man damit, daß alle seine Teile stimmen. Hier ist also völlig klar, daß diese teilweise Ungültigkeitserklärung nur deshalb erfolgte, weil nach der Rehabilitierung Titos durch die KPdSU auch die übrigen Volksdemokratien einen entsprechenden Schritt unternehmen mußten (warum, darüber später).
Die Albanische Partei hat aber – als einzige! – diesen Schritt nicht mitgemacht! Sie blieb dabei: Dzodze ist zu Recht verurteilt und hingerichtet worden, d.h. er war ein Tito-Agent, der Albanien an Jugoslawien ausliefern wollte.

Ja, aber: entweder ist Tito ein „teurer Genosse", und dann gibt es keine Tito-Agenten, auch nicht in Albanien; oder es gab Tito-Agenten in Albanien; aber dann ist Tito kein „teurer Genosse". Und dann ist nicht einzusehen, weshalb es nicht auch in Bulgarien, Ungarn, in der CSR und Polen Tito-Agenten gegeben haben soll.
6. Ferner war die zersetzende, antisowjetische Tätigkeit der Tito-Leute auch bei uns und vor allem in Westdeutschland, in der KPD spürbar.
7. Schließlich ist es auch keine Erfindung Berijas, daß in Jugoslawien der „Sozialismus" mit amerikanischen Anleihen aufgebaut werden soll, und daß Jugoslawien seit Jahren Mitglied des imperialistischen Balkan-Paktes ist, und es sogar noch nach der Aussöhnung mit der SU und den Volksdemokratien blieb. D.h. sie blieben auf der anderen Seite der Barrikade. Unsere Seite – das war und ist der Warschauer Pakt.
Früher einmal, da war es jedem Kommunisten klar, daß, wer mit den Imperialisten und gegen die SU geht, kein Kommunist sein kann. Heute kann einer uns in den Rücken fallen und offen erklären, daß sein Ziel darin besteht, alle kommunistischen Parteien zu zersetzen, wie es Tito in der Pula-Rede tat, und wird dennoch von Kommunisten als Kommunist betrachtet!
Aber wieso dann die Erklärung Chruschtschows in Belgrad?
Die einzige Erklärung, die es möglich machte, diesen Schritt zu billigen, ja, ihn für einen kühnen Schachzug zu halten, war die: die inneren und äußeren Schwierigkeiten Titos sowie die Tatsache, daß sich Tito als Kommunist ausgibt, zu benutzen, um ihn beim Wort nehmend, Jugoslawien ins sozialistische Lager zurückzuziehen. Und um ihm von vornherein jede Möglichkeit einer Ausflucht zu nehmen, nehmen wir es sogar auf uns, die Schuld für den Bruch zu übernehmen. Damit – so konnte man sich sagen – wird auch den gesunden Kräften in der jugoslawischen Partei wieder eine Basis des offenen Auftretens gegeben.
Das war allerdings eine sehr gewagte, fast zu listige Taktik. Aber sie schien zunächst so überraschend erfolg-

reich, daß es schon erklärlich ist, daß sich die Genossen in Bulgarien und Ungarn überzeugen ließen und sich dazu bereit fanden, den weiteren Erfolg nicht zu hindern, sondern durch die Ungültig-Erklärung der Prozesse zu fördern.

Aber dann – im Oktober 1956 – zeigte sich plötzlich:

Mit dieser Taktik wurde nicht die Bewegungsfreiheit der internationalistischen Kräfte in der jugoslawischen Partei wiedergewonnen; von Rehabilitierung der „Kominformtreuen" in Jugoslawien hat man nichts gehört. Tito hatte das ja auch gar nicht nötig, war ihm doch bestätigt worden, daß alle, die ihn beschuldigten, im Unrecht waren.

Dagegen aber waren alle bereits unschädlich gemachten titoistischen Kräfte wiederbelebt und aktiviert worden! Nicht die Einheit des sozialistischen Lagers war auf diese Weise wiederhergestellt und gefestigt worden, sondern dem Einbruch des Feindes in unser Lager war der Weg geebnet worden.

Eine andere Wirkung der Erklärung Chruschtschows: auch sie war ein Schlag gegen die Autorität Stalins, der, wie jeder wußte, bei der Verurteilung Titos eine entscheidende Rolle gespielt hatte. Vorbereitung der folgenden Schläge.

3.-9. Juni Inform-Zeitung 22/1955

Deklaration UdSSR-Jugoslawien

Auf der Rückreise hatte die sowjetische Regierungsdelegation in Sofia Unterredung mit den bulgarischen Genossen über die Ergebnisse der Reise nach Jugoslawien. „Volle Übereinstimmung" (?). Ferner machte die sowjetische Regierungsdelegation Halt in Bukarest, wo sie eine entsprechende Unterredung mit den Vertretern Rumäniens, Ungarns (Rákosi und Hegedüs) und der CSR (Novotny, Hendrych) hatte. (Kommuniques darüber in Inform-Zeitung 23/1955)

7. Juni *Nehru in der Sowjetunion.*

Zum Besuch Nehrus in der Sowjetunion:

Auf der Freundschaftskundgebung in Moskau erklärte Nehru: „Wir haben uns die Aufgabe gestellt, in unserem

Lande auf friedlichem Wege eine Gesellschaft sozialistischen Charakters zu schaffen."
Bulganin hatte dazu erklärt: „Die Sowjetmenschen verfolgen mit starkem Interesse und Mitgefühl die Anstrengungen, die das große indische Volk macht, um in seinem Land eine Gesellschaft nach sozialistischem Muster zu schaffen, und begrüßen seine Erfolge bei der Hebung der Wirtschaft und bei der Entwicklung der nationalen Industrie."
Die Antwort Bulganins enthält zwar keine Bestätigung, daß der Weg, den Nehru geht, ein Weg zum Sozialismus sei, da er vom Kampf des indischen Volkes um den Sozialismus spricht. – Aber dieser Unterschied ist so fein und so diplomatisch, daß ihn selbst geschulte Genossen bei uns übersehen haben, und allen Ernstes es für möglich hielten, daß Nehru einen indischen Weg zum Sozialismus gefunden habe und beschreite. Um wieviel mehr konnte Nehru in Indien vor die Massen treten und ihnen sagen: Seht ihr, die sowjetischen Kommunisten haben erkannt, daß wir auf dem richtigen Wege sind, um den Sozialismus in Indien zu errichten. Nur unsere indischen Kommunisten sehen das noch nicht ein, weil sie unbelehrbare Sektierer sind. Und genauso trat und tritt er gegenüber der KP Indiens auf (mitgeteilt von Prof. Ruben, Indologe an der Humboldt-Universität).

7.-8. Juni *ZK-Plenum der ungarischen Partei*
1. Hegedüs über Landwirtschaft.
2. Rákosi über Meinungsaustausch zwischen den Vertretern der KPdSU, Rumäniens, Ungarns und der CSR in Bukarest. Billigung des Berichtes, Annahme einer entsprechenden Resolution.

17.-23. Juni Inform-Zeitung 24/1955
Artikel Hegedüs' über sozialistische Umgestaltung des Dorfes. Ein Drittel des landwirtschaftlich genutzten Bodens = Boden der Genossenschaften (Normal).

22. Juni Gemeinsame Erklärung Bulganin-Nehru

15.-18. Juni II. Kongreß des Verbandes der Ungarischen Jugend. Rákosi spricht. Verhältnis noch gesund.

25. Juni *Nehru in Polen.* Gemeinsame Erklärung Cyrankiewicz-Nehru.

4.-12. Juli ZK-Plenum der KPdSU
1. Bericht Bulganins über Aufschwung der Industrie;
2. über Landwirtschaftsfragen;
3. Bericht Chruschtschows über Ergebnisse der sowjetisch-jugoslawischen Verhandlungen.

15.-21. Juli Inform-Zeitung 28/1955
Artikel von Bela Szalai, Mitglied des Polit-Büros der Ungarischen Partei: Für Freundschaft zwischen den Völkern Ungarns und Jugoslawiens. Darin hieß es: „Zur Verschlechterung der ungarisch-jugoslawischen Beziehungen trug in großem Maße die provokatorische Tätigkeit des ehemaligen Leiters der Verwaltung für Staatssicherheit Ungarns, Gabor Peter und seiner Bande bei. Diese niederträchtigen Subjekte erhielten die verdiente Strafe. Sie wurden entlarvt und verurteilt, was uns half, Kurs auf die Wiederherstellung der gesunden, aufrichtigen Beziehungen mit der FVJR und ihren Völkern zu nehmen."
Aber von Rehabilitierung Rajks und Genossen ist noch nicht die Rede.

16. Juli Prawda-Artikel: Für die Entwicklung freundschaftlicher Beziehungen zwischen Sowjetunion und Jugoslawien
Dieser Artikel beschwichtigt die Bedenken der Genossen über Jugoslawien. Er stellt zu aller Überraschung fest, daß in Jugoslawien Arbeiter und Bauern an der Macht seien, daß wirtschaftliche Grundlage das gesellschaftliche Eigentum, daß Jugoslawien trotz Auslandsanleihen der imperialistischen Staaten mit Erfolg seine Unabhängigkeit verteidigt habe.
Doppelte Wirkung dieses Artikels:
1. Der berechtigte Argwohn gegenüber einem „Kommunisten", der sich in verdächtiger Weise zwischen den Klassenfronten hin- und herbewegt, wurde weitgehend beseitigt.
2. Empörung darüber, daß wir in der Vergangenheit, wie man nun annehmen mußte, so unglaublich belogen wurden in all den Berichten über Jugoslawien. Damit verbunden wachsendes Mißtrauen gegen unsere Presse, die uns „nicht objektiv informiert".
Im Gegensatz zu früher gab es jetzt aber keine Artikel

über Jugoslawien mehr, die sich im Einzelnen, z.B. mit der dortigen Wirtschaft, mit dem Umfang der Auslandsanleihen, usw. usf., beschäftigten.

18.-23. Juli Genfer Konferenz der Großen Vier.
Die Entspannung schreitet voran ...

24. Juli Sowjetische Regierungsdelegation in Berlin.

29. Juli Leitung der KP Japans veröffentlicht nach der VI. Nationalkonferenz der Partei die Mitteilung, daß Kjuitai Tokuda, Führer der KP Japans, am 14. Oktober 1953 in China nach langwieriger Krankheit an Gehirnblutung gestorben. Gleichzeitig wird bekanntgegeben, daß Rizu Ito aus der Partei ausgeschlossen wurde. Dazu keine nähere Erläuterung.

3. August Archiv der Gegenwart
Tito-Erklärung am 27. Juli:
„Am 27. Juli forderte Tito in einer Rede in Karlovac, dass auch die Führer in Ungarn und in der Tschechoslowakei ihre gegenüber Jugoslawien begangenen Fehler bekennen, so wie dies die sowjetischen Führer anläßlich des Besuches der sowjetischen Staatsmänner in Jugoslawien getan hätten. Er verlange hierbei insbesondere eine Revision der seinerzeitigen Prozesse gegen Laszlo Raik vom September 1949 in Budapest, gegen Traitscho Kostoff vom Dezember 1949 in Sofia und gegen Rudolph Slansky und Vladimir Clementis in Prag."

4. August Tagung des Obersten Sowjets.
Bericht Bulganins über Genfer Konferenz. Jugoslawische Parlaments-Delegation anwesend.

12.-18. August Inform-Zeitung 32/1955
„Anwachsen der Polnischen Vereinigten Arbeiterpartei. Von Oktober 1953 bis Dezember 1954 217 000 neue Kandidaten." Kein schlechtes Zeichen! Oder?
Inform-Zeitung 32/1955
„Für die Festigung der tschechoslowakisch-jugoslawischen Freundschaft im Interesse der Sache des Friedens und des Sozialismus." Artikel des Chefredakteurs der „Rude Pravo", Vladimir Koucki. Bei weitem zurückhaltender als der Artikel von Bela Szalai in Nr. 28.

23. August bis	Inform-Zeitung 35/1955
1. September	„Im Interesse des Friedens, des polnischen Volkes und der Völker Jugoslawiens." Artikel von Adam Rapacki.
1. September	Sowjetisch-jugoslawische Wirtschaftsverhandlungen. 30 Millionen Dollar Kredit in freier Währung (!). 54 Millionen Dollar Warenkredit an Jugoslawien. Hilfe und Kredite beim Bau von Betrieben.
9.-13. September	Adenauer zu Verhandlungen in Moskau.
16.-22. September	Inform-Zeitung 37/1955 Artikel von Janos Baltolczi über Entwicklung der landwirtschaftlichen Produktionsgenossenschaften in Ungarn. Im Kampf gegen rechte Abweichung nach zwei Jahren Stillstand neuer Zustrom zu den Genossenschaften. Seit Frühjahr bis August 1955 43.000 neue Mitglieder, 220 neue LPGs (insgesamt 4.600). MTS verfügen über 12.000 Traktoren. Maßnahmen zur Förderung der Landwirtschaft: Erhöhung der Preise für vertraglich angepflanzte Nutzpflanzen; kostenlose tierärztliche Behandlung; Senkung der MTS-Tarife und des Ablieferungssolls; 600 Millionen Forint Schulden erlassen. Gegenüber Kulaken strenge Maßnahmen. Zahl ihrer Wirtschaften auf die Hälfte reduziert.
17.-20. September	Verhandlungen SU-DDR. Abschluß eines Vertrages.
14.-20. Oktober	Inform-Zeitung Nr. 41/1955 „Die Verwirklichung des Leninschen Genossenschaftsplanes in Polen." Artikel von Jerzy Tepicht. Gut, zeigt die Schwierigkeiten und den sozialistischen Ausweg!
10.-16. November	Der norwegische Ministerpräsident Einar Gerhardsen in der SU.
27. Oktober bis 16. November	Genfer Außenministerkonferenz
18. November bis 1. Dezember	Bulganin und Chruschtschow in Indien. Der neue außenpolitische Kurs Chruschtschows feiert Triumphe.
7.-14. Dezember	Besuche auch in Birma und Afghanistan. *Zum Indienbesuch von Bulganin und Chruschtschow.* Dieser Besuch hat eine gewaltige positive Seite: Er hat die Autorität der SU gewaltig gehoben, den Haß gegen

die Kolonialmächte vertieft, der gesamten antikolonialistischen Befreiungsbewegung neue Impulse vermittelt. Er hat aber auch eine negative Seite, die allerdings gegenwärtig den positiven Ergebnissen noch untergeordnet ist:

Er hat gleichzeitig die Autorität, das Ansehen und Prestige Nehrus gewaltig gehoben in den Augen der indischen Massen, was ihm natürlich den Kampf gegen die KP Indiens erleichtert, die es zur Zeit sehr schwer hat, denn sie kann Nehrus Politik im Innern nicht vorbehaltlos unterstützen, sondern muß sie dort bekämpfen, wo sie gegen die Interessen der Massen gerichtet ist. Dieser Kampf ist naturgemäß durch die Demonstration herzlichen Einvernehmens und enger Freundschaft der sowjetischen Genossen zu Nehru nicht leichter geworden. Dies umso weniger, als nun auch Chruschtschow – wie schon beim Moskau-Besuch Nehrus im Juni Bulganin – eine Erklärung abgab, die Nehru erlaubte, seine kommunistischen Kritiker mit Chruschtschow in die Schranken zu weisen:

„Der Ministerpräsident Indiens, Herr Nehru, erklärte, daß auch Indien den sozialistischen Weg gehen wird. Das ist gut. Natürlich verstehen wir die Frage des Sozialismus auf verschiedene Weise. Aber wir begrüßen eine solche Erklärung und eine solche Richtung."[1]

Hier mag noch ein Vorgriff folgen: Der XX. Parteitag zu Ghandi: Auf dem Parteitag hatte Kuusinen zur Außenpolitik der SU gesprochen. Dabei hatte er zur Rolle Ghandis und der nationalen Bourgeoisie Stellung genommen. Dabei stellte er fest, daß Chruschtschow und Bulganin mit Recht in ihren Reden in Indien „auf die hervorragende Rolle hinwiesen, die Mahatma Ghandi in der Geschichte des indischen Volkes gespielt hat".

Und wörtlich wird dann gesagt: „Damit haben die Genossen Chruschtschow und Bulganin faktisch die Initiative ergriffen, um jene sektiererischen Fehler zu korrigieren, die in den vergangenen Jahren in einigen Reden und Äußerungen sowjetischer Orientalisten und in Ver-

1 N. A. Bulganin, N. S. Chruschtschow, Reden während des Besuches in Indien, Burma und Afghanistan, Berlin 1956, S. 71.

öffentlichungen der Kommunistischen Internationale zum Ausdruck gekommen waren. Ausschließlich von der Kritik der philosophischen Anschauungen Ghandis ausgehend (? K.G.), die bekanntlich mit den Anschauungen des Marxismus-Leninismus bei weitem nicht übereinstimmen, äußerten sich einige unserer Publizisten derartig einseitig, daß sie die positive historische Rolle Ghandis negierten."
Möglich, daß es in der Einschätzung Ghandis auch Sektierertum gab. Aber selbst Nehru äußert sich in seinem Buche zur praktischen Tätigkeit Ghandis kritischer als der Kommunist Kuusinen auf dem Parteitag der KPdSU. Mir scheint, daß hier aus taktischen Erwägungen heraus bereits eine Grenze überschritten wurde, die Kommunisten nicht überschreiten dürfen; daß hier bereits Ansätze zur Praxis der ideologischen Koexistenz vorhanden sind, die unausweichlich zu ideologischer Verwirrung führen müssen (und ja bereits geführt haben), deren gefährliche Folgen nicht sofort, aber später möglicherweise um so heftiger zur Auswirkung kommen.

16.-22. Dezember Inform-Zeitung 50/1955
Beschluß des ZK der ungarischen Partei: „Die rechten Fehler im literarischen Leben Ungarns überwinden."
In diesem Beschluß heißt es: „Einige Schriftsteller, auch Parteimitglieder, ... haben die Perspektive des Sozialismus verloren. ... Pessimismus und Verzweiflung haben von ihnen Besitz ergriffen. ... All das legten sie als etwas ‚Neues', als einen Sieg über den Schematismus dar. ... Sie sind, ob sie wollen oder nicht, zu Herolden ... der absterbenden Klassen und der rückständigen Anschauungen geworden. ... Einige Schriftsteller (Tibor Dery, Zoltan Selk, Tamas Aczel u.a.) haben den Beschluß des März-Plenums des ZK (gegen Imre Nagy; K.G.) abgelehnt oder sich nur nach außen hin einverstanden erklärt. ... Der rechte Opportunismus kommt zur Zeit in der gefährlichsten, offensten und organisiertesten Form in der Literatur zum Ausdruck."

23.-29. Dezember Inform-Zeitung 51/1955
Stalin-Bild zum 76. Geburtstag.

1955

23.-28. Dezember *II. Parteitag der Rumänischen Partei.* Nochmalige Bekräftigung der Verurteilung der Rechtsabweichler. „Gerade unter diesen Bedingungen entstellte die von A. Pauker angeführte parteifeindliche fraktionelle Gruppe der Rechtsabweichler, welcher der später als alter Siguranta-Agent[2] entlarvte V. Luca und Theohari Georgescu angehörten, ... in grober Weise die Linie und die Beschlüsse der Partei. ... Es war klar, daß die Feinde sich weitgehende Ziele gesteckt hatten, daß sie unsere Partei von innen heraus erschüttern wollten. Die Partei mit ihrem Zentralkomitee an der Spitze hat im Jahre 1952 mit aller Entschiedenheit die abweichlerische, parteifeindliche und staatsfeindliche Tätigkeit der fraktionellen Gruppe als für das Werk des sozialistischen Aufbaus gefährlich zerschlagen und die Abweichler aus der Parteileitung entfernt."

2 Die Siguranta war die politische Polizei im alten Rumänien.

1956

20.-21. Januar *Beratung sowjetischer Komsomolzen* und Jugendlicher aus den Neulandgebieten. Rede Chruschtschows.

25. Januar Übergabe Porkalla Udds an Finnland.

10.-16. Februar Inform-Zeitung 6/1956
Ein Drittel der Anbaufläche Ungarns ist sozialistischer Sektor (durchaus nicht übertrieben groß!).

12. Februar Chruschtschow empfängt den Außerordentlichen und Bevollmächtigten Botschafter Jugoslawiens, Vidia, zu einer Unterredung.

14. Februar L'Humanité teilt Ausschluß Pierre Hervés aus der KP Frankreichs wegen parteifeindlicher, antikommunistischer Schrift mit (ehemals leitendes Mitglied).

14.-25. Februar **XX. Parteitag der KPdSU, Geheimrede Chruschtschows**

Die positiven Seiten des Parteitages sind zur Genüge bekannt: Analyse der internationalen Situation, neue Perspektiven; sechster Fünfjahrplan, 7-Stunden-Tag usw.; Kampf gegen Personenkult, Dogmatismus, Erstarrung des marxistischen Denkens, Einschränkung der sozialistischen Demokratie, u.a.
Aber es gab auch andere Erscheinungen auf diesem XX. Parteitag.
Schon vor längerer Zeit war Molotow, der dritte der engsten Mitarbeiter Stalins, öffentlich recht kräftig kritisiert worden, weil er in einer Rede davon gesprochen hatte, in der SU seien die Grundlagen des Sozialismus errichtet. Das sei eine Herabsetzung der historischen Errungenschaften des Sowjetvolkes, das nicht nur die Grundlagen, sondern den Sozialismus selbst errichtet habe und auf dem Weg zum Kommunismus sei. – Es dürfte wohl kaum einen Menschen gegeben haben, der den „falschen Zungenschlag" Molotows als Angriff auf die Errungenschaften des Sozialismus angesehen hätte. –
Auf dem XX. Parteitag erfolgten weitere Kritiken, die auf Molotow zielten: Die Kritik an der bisherigen Außenpolitik. Molotow selbst hat glücklicherweise keine Asche auf sein Haupt gestreut, sondern nur sehr maß-

voll und wohlausgewogen festgestellt: „Wir leiden noch oft an der Unterschätzung der neuen Möglichkeiten, die sich in der Nachkriegszeit ergeben haben. Dieser Mangel zeigte sich auch in der Arbeit des Ministeriums für Auswärtige Angelegenheiten, worauf das Zentralkomitee unserer Partei rechtzeitig hingewiesen hat."
Im übrigen fällt bei Molotows Rede auf, daß er – sicher nicht zufällig – mehrmals aus Stalins Reden bekannte Wendungen gebraucht und daß er vor der Illusion warnt, „als ob man die Imperialisten durch wohlgesetzte Reden und Friedenspläne überzeugen könnte". Es ist ferner bekannt, daß auf diesem Parteitag über Stalin sehr viel Böses, manchmal direkt Gehässiges (Mikojan, Kaganowitsch) gesprochen wurde. Es war einzig und allein Thorez, der sich nicht scheute, von der „Treue zu den großen Ideen von Marx, Engels, Lenin und Stalin" zu sprechen. Ansonsten wurde Gericht gehalten über Stalin.
In peinlichem Gegensatz dazu steht es, wenn wir lesen: Nach der Verlesung des Grußschreibens Titos an den Parteitag „Stürmischer, anhaltender Beifall. Alle erheben sich von den Plätzen."
Und schließlich die Chruschtschow-Geheimrede über Stalin. Die stärksten Vorwürfe gegen den Genossen Stalin lassen sich auf folgende kurze Formeln bringen:
1. Stalin hat alles selbst entschieden.
2. Stalin duldete keinen Widerspruch.
3. Stalin war grausam, erhielt seine Macht durch blutigen Terror aufrecht, indem er tausende Unschuldiger verhaften und ermorden ließ.
4. Stalin war feige. Im zweiten Weltkrieg war er nie an der Front.
5. Stalin litt an Verfolgungswahn.
6. Stalin war größenwahnsinnig.
7. Stalin war ein militärischer Ignorant. Der zweite Weltkrieg wurde nicht durch ihn, sondern trotz seiner gewonnen.
Abgesehen davon, daß er, wenn es stimmt, daß er alles allein entschied, dann nicht nur für die Rückschläge zu Beginn des Kriegs, sondern auch für die militärischen

Pläne, die zum Siege führten verantwortlich zeichnet – (und Stalingrad wird für alle Zeiten das Muster einer genial geplanten Vernichtungsschlacht bleiben), läuft all das auf eine nachträgliche Bestätigung der jahrzehntelangen Hetze der Trotzkisten und des anderen Gesindels hinaus.

Wenn heute bei vielen Kommunisten, ganz zu schweigen von den anderen Menschen, sich mit dem Namen Stalin in erster Linie Gefühle der Ablehnung, ja des Abscheus äußern, dann geht das auf den XX. Parteitag zurück. Und wenn es heute gelingt, in die kommunistische Bewegung Verwirrung zu tragen mit der falschen Frontstellung – Kampf gegen die Stalinisten –, dann wäre das ohne die Art und Weise, wie auf dem XX. Parteitag der Kampf gegen den Personenkult geführt wurde, auch kaum möglich geworden!

Es ist auffällig und bemerkenswert, daß gerade von den Parteien, die anerkanntermaßen am besten verstanden haben, sich im eigenen Volk eine Massenbasis zu schaffen, die Proportionen zwischen Verdiensten und Fehlern Stalins genau umgekehrt dargestellt wurden und werden, als dies der XX. Parteitag tat: KP Chinas, KP Frankreichs, KP Italiens.

Togliatti in der Zeitschrift Nuovi Argumenti über die vom XX. Parteitag gestellten Probleme (Aus Bayrisches Volksecho, KPD, vom 30.6.1956)

Zur Frage der Mitverantwortung der gesamten politischen Führergruppe für die Fehler Stalins:

„Man muß notgedrungen zugeben, daß die Fehler, die Stalin beging, entweder der großen Masse der Führerkader des ganzen Landes und somit dem Volke unbekannt waren – was aller Wahrscheinlichkeit entbehrt – oder aber, daß diese Masse der Kader und somit die von ihnen orientierte und geführte öffentliche Meinung sie nicht als Fehler betrachtete. Wie man sieht, schließe ich die Erklärung aus, die Unmöglichkeit eines Wechsels sei nur durch das Vorhandensein eines Militär-, Polizei- und Terrorapparates verursacht worden, der mit seinen Mit-

teln die Lage kontrolliert habe. ... Sehr viel richtiger scheint es mir, anzuerkennen, daß Stalin trotz der von ihm begangenen Fehler die Zustimmung eines sehr großen Teils des ganzen Landes, vor allem aber seiner Führerkader und auch der Massen besaß. War das die Folge davon, daß Stalin nicht allein Fehler machte, sondern auch viel Gutes leistete, ‚sehr viel für die Sowjetunion tat, der überzeugteste der Marxisten und unerschütterlich fest im Glauben an das Volk' war? Dies ist gerade vom Genossen Chruschtschow in den früher erwähnten Erklärungen anerkannt worden, wodurch er in etwa das seltsame, doch verständliche Versäumnis wieder gutmachte, das sich, wie ich es sehe, der XX. Parteitag zuschulden kommen ließ, indem er diese Verdienste Stalins mit Schweigen überging. ...
Und hier muß offen ohne weiteres zugegeben werden, daß ... die Stellungnahme des Parteitages hinsichtlich der Irrtümer Stalins und der Ursachen und Umstände, die sie möglich machten, ... nicht als befriedigend gelten kann.
Die Ursache für alles soll im ‚Personenkult' liegen, im Kult einer Persönlichkeit, die bestimmte, sehr ernste Fehler hatte, der es an Bescheidenheit fehlte, die nach persönlicher Macht strebte und zuweilen aus Unfähigkeit etwas falsch machte, in ihrem Umgang mit anderen Führern nicht ehrlich war, größenwahnsinnig und übertrieben selbstherrlich und äußerst argwöhnisch war, und endlich durch Ausübung der persönlichen Macht zur Loslösung vom Volke, Vernachlässigung ihrer Arbeit gelangte und sogar in eine offensichtliche Form des Verfolgungswahnes verfiel.
Die gegenwärtigen sowjetischen Führer haben Stalin weit besser gekannt als wir (vielleicht werde ich ein andermal Gelegenheit finden, von einigen persönlichen Zusammenkünften mit ihm zu reden), und wir müssen ihnen daher glauben, wenn sie ihn uns heute so schildern. Wir können nur unter uns denken, daß sie, wie die Dinge nun einmal lagen, ... hätten wenigstens vorsichtiger mit der öffentlichen, feierlichen Verherrlichung der Tu-

genden dieses Mannes sein können, an die sie uns nachgerade gewöhnt hatten.
Allerdings kritisieren sie sich heute, und das muß ihnen hoch angerechnet werden, aber mit dieser Kritik geht zweifellos etwas von ihrem Ansehen verloren. Aber ganz abgesehen davon: Solange man dabei stehen bleibt, im Grunde für alles die persönlichen Fehler Stalins verantwortlich zu machen, bleibt man im Bereich des ‚Personenkults'. Früher kam alles Gute von den übermenschlichen positiven Eigenschaften dieses Mannes; jetzt wird alles Böse seinen ebenfalls außergewöhnlichen, uns sogar verblüffenden, Fehlern zugeschrieben. Im einen wie im anderen Falle sehen wir uns außerhalb der dem Marxismus eigenen verstandesgemäßen Urteilskraft."

29. September *Auch die Genossen der KP Chinas* stellten von Anfang an die Verdienste Stalins in den Vordergrund. Im Artikel der Pekinger Volkszeitung vom 29. September 1956 „Weitere Bemerkungen über die historischen Erfahrungen der Diktatur des Proletariats" wird noch einmal eine umfassende Analyse der Verdienste und Fehler Stalins gegeben und als Schlußfolgerung gesagt:
„Bekanntlich war das Leben Stalins, obwohl er in seinen letzten Jahren einige schwere Fehler beging, doch das eines großen marxistisch-leninistischen Revolutionärs. ... Alles in allem war Stalin immer dem Strom der Geschichte voraus und lenkte den Kampf; er war ein unversöhnlicher Feind des Imperialismus. Stalins Fehler schadeten der Sowjetunion. ... Dennoch machte die sozialistische Sowjetunion in der Zeit der Führung Stalins große Fortschritte. Diese unwiderlegbare Tatsache bestätigte nicht nur die Stärke des sozialistischen Systems, sondern zeigt auch, daß Stalin dennoch ein aufrechter Kommunist war. Betrachtet man Stalins Denken und Handeln im ganzen, so muß man sowohl seine positiven als auch seine negativen Seiten sehen, seine Verdienste wie auch seine Fehler. Prüft man die Frage allseitig, so kann ‚Stalinismus', wenn dieser Begriff schon gebraucht werden soll, in erster Linie nur Kommunismus und Marxismus-Leninismus bedeuten; das ist der Hauptaspekt; erst in zweiter Linie hat dieser Begriff gewisse,

äußerst ernste Fehler zum Inhalt, die dem Marxismus zuwiderlaufen und gründlich korrigiert werden müssen. Obgleich es zuweilen notwendig ist, auf diese Fehler hinzuweisen, um sie zu korrigieren, ist es ebenso notwendig, diesen Fehlern ihren richtigen Platz zuzuweisen, um so eine genaue Einschätzung zu geben und eine Irreführung der Menschen zu verhindern. Nach unserer Meinung nehmen die Fehler Stalins hinter seinen Verdiensten den zweiten Platz ein." (Aus Presse der Sowjet-Union, 6. Januar 1957, Nr. 2/57)
Das ist ganz offensichtlich auch eine sehr bestimmte Kritik an jenen sowjetischen Genossen, die es zuließen und forderten, daß nicht „zuweilen", sondern ständig und ausschließlich von den Fehlern Stalins gesprochen, geschrieben, gedichtet wurde.

Aber der befremdlichen Dinge, die mit dem XX. Parteitag in Zusammenhang stehen, gibt es noch mehr.
18. Juni Am 18. Juni 1956 faßte das Politbüro der KP Frankreichs einen Beschluß, in dem es u.a. heißt:
„Die bürgerliche Presse veröffentlicht einen Bericht, der dem Genossen Chruschtschow zugeschrieben wird. Dieser Bericht, der zu den bereits bekannten Irrtümern Stalins die Aufzeichnung sehr ernster Fehler hinzufügt, die durch ihn begangen wurden, löst eine gerechtfertigte Aufregung unter den Mitgliedern der französischen Kommunistischen Partei aus. ... Das Politische Büro bedauert, daß auf Grund der Bedingungen, unter denen der Bericht des Genossen Chruschtschow vorgelegt und enthüllt wurde, die bürgerliche Presse in der Lage war, Tatsachen zu veröffentlichen, die die französischen Kommunisten nicht kannten. Eine solche Gegebenheit ist nicht günstig für die normale Diskussion dieser Probleme in der Partei. Sie begünstigt im Gegenteil die Spekulationen und die Manöver der Feinde des Kommunismus.
Die bis zur Stunde gegebenen Erklärungen über die Fehler Stalins, ihre Herkunft, die Bedingungen, unter welchen sie sich ereigneten, sind nicht befriedigend. Eine tiefgehende marxistische Analyse ist unentbehrlich. ... Es war falsch, zu Lebzeiten Stalins ihm überschwengli-

ches Lob und das ausschließliche Verdienst für alle Erfolge zuzusprechen. ... Heute ist es nicht richtig, Stalin allein alles zuzusprechen, was negativ in der Tätigkeit der KPdSU war."
Zum Schluß heißt es, daß zur Vorbereitung des Parteitages der KP Frankreichs „das Politbüro vom Zentralkomitee der Kommunistischen Partei der Sowjetunion den Text des Berichts (verlangte), von dem die Mitglieder gewisser Kommunistischer und Arbeiter-Parteien Kenntnis erhielten." (Bayrisches Volksecho, 22.6.1956)

Daraus geht also hervor, daß die Parteien der kapitalistischen Länder den Text des Chruschtschow-Berichtes auf dem XX. Parteitag nicht erhielten, sondern ihn erst durch die Veröffentlichung des USA State Departments in der bürgerlichen Presse zu Gesicht bekamen. In der Tat höchst bedauerlich – und merkwürdig!
Eine im Inhalt ähnliche Erklärung wurde um die gleiche Zeit auch von der KP Italiens abgegeben. Selbst wenn man annimmt, daß die Darstellung Stalins durch Chruschtschow in allen Punkten zutrafen – (aus den Ausführungen Togliattis kann man entnehmen, daß er über diese Schilderung „verblüfft" ist und Stalin anders erlebt hat), bleibt noch zu prüfen, ob es im Interesse der Kommunistischen Bewegung gelegen hätte, sie in der Form und dann noch unter so merkwürdigen Umständen zu geben. Diese Frage läßt sich heute auf Grund der Wirkung, die von dieser Erklärung ausging, exakt beantworten.

Wirkung

1. Über die Wirkung auf die Kommunistischen Parteien in den kapitalistischen Ländern war schon im Beschluß der KP Frankreichs die Rede. Fügen wir hinzu, daß auch der Einfluß der KP Italiens durch all dies geschwächt und die Aktionseinheit mit der Nenni-Partei zumindest gelockert wurde auf Grund des Mißtrauens gegen die SU, das durch die Chruschtschow-Erklärung günstigeren Boden fand. Dazu kommt, daß in zahlreichen Parteien diese Erklärung das plötzliche Auftreten parteifeindlicher, trotzkistischer Elemente ermuntert hat, ganz besonders nach den Ereignissen in Ungarn, aber auch schon

vorher, die sich gegen jene Führer wandten, die schon zu Lebzeiten Stalins an der Spitze der Partei standen.

2. Besonders gefährlich und verhängnisvoll war die Auswirkung auf die Jugend, die erzogen war, in Stalin die Verkörperung des Besten eines Revolutionärs zu sehen, und die ihn – ich spreche von der fortschrittlichen Jugend – liebte und verehrte von ganzem Herzen, wie nur Jugend lieben und verehren kann. Sie traf die Chruschtschow-Erklärung wie ein vernichtender Keulenschlag. Viele von ihnen hatten erlebt, wie sich ein Ideal, an das sie ebenso fest geglaubt hatten, der Nazismus, als Lüge, Heuchelei und Verbrechen enthüllt hatte. – Und jetzt wurde ihnen gesagt, daß sie wieder ihre Verehrung, ihre Begeisterung einem Unwürdigen zugewandt hatten. Sie mußten sich betrogen fühlen; sie fühlten sich betrogen, irregeführt, verhöhnt. Die unvermeidliche Reaktion: nichts mehr glauben, niemandem mehr vertrauen, allem mißtrauen, was mit dem Anspruch auf absolute Wahrheit auftritt!

Verlust des Vertrauens nicht nur zu Stalin, sondern zu den Führern, die sie gelehrt hatten, in Stalin das Vorbild zu sehen. Das war das Schlimmste; diese Erklärung hat das Vertrauen der Jugend zur Partei untergraben, hat sie in eine Stimmung der erbitterten Opposition gegen die Partei und deren Führer getrieben, hat sie dazu geführt, in dem, was der Feind sagt, auch eine Quelle der Wahrheitsfindung zu sehen, denn, nicht wahr, der hat das ja schon seit Jahren gesagt, was jetzt Chruschtschow bestätigt hat, und hätten wir früher darauf gehört, dann wäre uns diese Enttäuschung jetzt erspart geblieben. Ein zweites Mal soll uns das nicht passieren! – Verlust des Gefühls dafür, wer Feind, wer Freund. Abgleiten in Zynismus und alles verneinende Skepsis – all dem wurde der Boden bereitet, und das war der Zustand, der in Ungarn und Polen die Jugend in die Arme von Demagogen, gegen die Partei, trieb.

Wirkung auf die Intelligenz

Ähnlich wie bei der Jugend. Der Intelligenz gegenüber waren die gröbsten Fehler gemacht worden. Der notwendige Kampf gegen Individualismus, Eigenbrötelei, kleinbürgerlich-anarchistische Stimmung war mit Methoden der dogmatischen „Belehrung", der Gängelei, der Einengung des schöpferischen individuellen Schaffens und mit deutlich zum Ausdruck gebrachtem Mißtrauen gegen jeden, der „aus dem Rahmen fiel", geführt worden. Die Ausgangsstimmung war hier also umgekehrt wie bei der Jugend – eine schon lange aufgestaute Erbitterung über all das. Die Reaktion auf die Erklärung mußte aber gerade deshalb ähnlich sein. Die Erklärung war die Bestätigung dafür: Sie, die Intelligenz war im Recht, die Partei hatte ihr Unrecht getan, die Partei hat sich überhaupt nicht um unser Schaffen zu kümmern, sie hat uns keine Vorschriften zu machen, sie versteht nichts davon. Der Drang war riesengroß, jetzt all die aufgestaute Erbitterung herauszuschreien, mit all den längst empfundenen Fehlern der Vergangenheit gründlich aufzuräumen, damit sie nie, nie wiederkehren konnten. Das wurde zur Hauptsorge: so gründlich abrechnen, daß restlos und für immer Schluß ist damit. Dabei übersahen viele, daß die Hauptsorge die alte geblieben war; das was wir erreicht hatten – und das war doch bei allen Mängeln etwas ganz Gewaltiges, in Deutschland, Ungarn, Polen noch nie Dagewesenes – das zu schützen und zu verteidigen gegen den immer auf der Lauer liegenden Feind. Die Partei hat das gesagt – aber viele glaubten ihr nicht, weil sie argwöhnten, dahinter verberge sich nur der Unwille, die Fehler der Vergangenheit wirklich zu liquidieren, und weil sie viele Zusammenhänge nicht sahen, die die Führung sah, aber nicht mitteilen konnte. Und sie glaubten auch deshalb nicht, weil sie nach der Chruschtschow-Erklärung in ihrem Vertrauen zur Partei erschüttert waren. Und so gerieten viele ehrliche Intellektuelle an die falsche Front, wie sich in Ungarn zeigte.

Weitere Wirkungen: Große Einbuße an Autorität der KPdSU

Ganz selbstverständlich drängte sich die Überlegung auf: Eine Partei, an deren Spitze jahrzehntelang ein solcher Mann stehen konnte, wie er durch Chruschtschow charakterisiert worden war – eine Partei, die unfähig ist, sich von ihm rechtzeitig zu befreien –, die kann nicht mit dem Anspruch auftreten, mit dem sie bisher aufgetreten ist. So hat diese Erklärung auch den Boden bereitet für antisowjetische Stimmungen, für die Losungen der sogenannten Nationalkommunisten. Nicht umsonst berufen sie sich auf den XX. Parteitag. Sie wissen, was sie ihm verdanken!

Diese Erklärung rief hervor bzw. verstärkte enorm eine Feindschaft gegen den Partei- und Staatsapparat. Die Theorien, nach denen der „Apparat" (und nicht etwa die historischen Bedingungen) die Quelle für das Gedeihen des Personenkults sein sollten, fanden breiten Anklang. Die Losung der „Demokratisierung" wurde alsbald bei vielen gleichbedeutend mit Kampf gegen den „Apparat". Er wurde nicht mehr als der eigene Apparat, den man verbessern muß, schlagkräftiger machen muß, sondern als der Feind, der Gegner betrachtet, der liquidiert werden muß.

All diese Dinge zusammengenommen, die ohne Zweifel eine günstige Situation für einen Vorstoß der Konterrevolution schufen, hätten ohne die Chruschtschow-Erklärung, so wie sie gegeben wurde, niemals solch günstige Wachstumsbedingungen finden und der Kampf gegen sie hätte niemals so schwierig werden können. Aber das Ziel, die Überwindung des Dogmatismus usw., hätte sich ohne Zweifel nicht nur auch, sondern besser ohne die Anwendung dieser „Schock-Therapie" erreichen lassen. Wir fragten uns damals: Ist es denn nötig, das Pendel jetzt wieder ganz bis ans andere Ende schlagen zu lassen?

Es war nicht nur nicht nötig, es war falsch und schädlich. Dazu kommt noch eine weitere Wirkung: eine gewisse ideologische und politische Demobilisierung, hervorgerufen durch die Feststellung, daß durch die übertriebene Wachsamkeit Tausende gute Kommunisten unschuldig verurteilt worden waren. Diese Abschwächung der Wachsamkeit wurde noch erheblich verstärkt durch die Erklärungen der verschiedenen Parteien, daß die Prozesse gegen Rajk, Kostoff usw. unkorrekt waren, daß also Leute als Agenten verurteilt wurden, ohne es zu sein. Logische Folge: solche Fehler, die dazu führen, unschuldigen Leuten Unrecht zu tun, ja sie hinzurichten, wollen wir nie wieder machen. Also Schluß mit der Agentenfurcht und Agentenriecherei! Ergebnis: Im Oktober 1956 hat der Feind gezeigt, daß er nach wie vor da ist, daß es Agenten des Feindes in den eigenen Reihen gibt, und daß sie nicht zuletzt durch unsere Vertrauensseligkeit so aktiv werden konnten.

Chruschtschows Geheimrede in der Wiedergabe im „Archiv der Gegenwart“ vom 18. März 1956, Folge 11/1956 (Diese Veröffentlichung wurde mir erst im November 1957 zugänglich. Meine Kommentare stammen demzufolge aus dieser Zeit.)
„Vertrauliche Anklagerede Chruschtschows gegen Stalin auf dem XX. Parteitag; Demonstrationen in Georgien für Stalin“

1. *Inhaltsangabe der Rede von Chruschtschow*

Die Agentur Reuter berichtete über ein Referat, das der erste Sekretär der KPdSU, N.S. Chruschtschow, am 25. Februar 1956 vor dem XX. Parteitag in einer vertraulichen Sitzung unter dem Titel „Der Persönlichkeitskult und seine Konsequenzen“ gehalten haben soll. Die Rede, die 3 1/2 Stunden gewährt haben soll, soll folgenden Inhalt haben:

Mord, Folter und Säuberungen

Chruschtschow habe erklärt, Stalin habe die Kommunistische Partei durch Säuberungen, besonders in den Jahren 1936 bis 1938, dezimiert.
Fünftausend der besten russischen Offiziere seien in dem Blutbad, das auf den Geheimprozeß gegen Marschall Tuchatschewski folgte, „ermordet“ worden. Stalin

habe durch seine Taten am Vorabend des Krieges und durch die Säuberungen, die zum „Massenmord" an unschuldigen Leuten führten, die wirtschaftliche Struktur des Landes „schwer geschwächt". Die Säuberungsopfer Stalins seien gefoltert worden, darunter auch Kinder.
Als Stalin und Shdanow im Jahre 1936 auf der Krim in den Ferien weilten, sandte Stalin an den jetzigen Außenminister Molotow, an Malenkow, der nach Stalins Tod im März 1953 Ministerpräsident wurde, sowie an andere in der Hauptstadt verbliebene Führer ein Telegramm. In diesem Telegramm hieß es, Stalin und Shdanow hätten festgestellt, daß Jagoda als Chef des NKWD, das die Sicherheitspolizei kontrollierte, ungeeignet sei und durch Jeschow ersetzt werden sollte. Kurz darauf übernahm Jeschow das NKWD von Jagoda, der hingerichtet wurde, und führte die dann folgenden Säuberungen durch. Zwei Jahre später wurde er selbst gesäubert.
Auf das erwähnte Telegramm sei wenig später ein chiffriertes Telegramm Stalins mit dem Befehl gefolgt, die „Opposition physisch zu vernichten" – eine von Stalin bevorzugte Redewendung. Damit begannen die großen Säuberungen. Weiter erklärte Chruschtschow, es besteht der Verdacht, daß Stalin auch in die Ermordung Sergej Kirows verwickelt gewesen sei, des Leningrader Parteichefs, die im Jahre 1934 erfolgte, nachdem Kirow selbst eine Serie von Säuberungen vorgenommen hatte. Ordshonikidse, ebenfalls ein Georgier und enger Freund Stalins, der in jener Zeit starb, sei vor die Wahl gestellt worden, ermordet zu werden oder Selbstmord zu begehen. Er wählte den Selbstmord und erhielt ein Staatsbegräbnis. Nikolai Wosnessenski, der Wirtschaftsplaner, sei ebenfalls ohne Prozeß – und sogar ohne Kenntnis seiner Kollegen vom Politbüro – erschossen worden. Etwa drei Viertel der Delegierten des 17. Parteikongresses, von denen viele gegen Stalin gesprochen hätten, seien kurz nach dem Kongreß erschossen worden.
Nach dem Tode Lenins habe Stalin dessen Witwe, die Krupskaja, beleidigt und bedroht. Er habe ihr gesagt, wenn sie weiter öffentlich gegen ihn spreche, dann würde er eine Erklärung herausgeben, wonach sie nie Lenins

Gattin gewesen sei, und jemand anderen an ihre Stelle setzen.
Zum Prozeß gegen Bucharin und andere „Oppositionsgruppen" habe Chruschtschow lediglich gesagt, diese seien durch Stalin hingerichtet worden; er selbst, Chruschtschow, sei gegen die Erschießung der Oppositionellen gewesen.

Der Pakt mit Hitler

Vor dem deutschen Angriff gegen Rußland im Jahre 1941 habe jedermann gewußt, was komme, nur Stalin nicht, der dies nicht geglaubt habe, weil er durch einen Freundschaftsvertrag mit Hitler verbunden gewesen sei. Er setzte sich über die Warnungen von Churchill und Stafford Cripps, den damaligen britischen Botschafter in Moskau, hinweg, ebenso über die Warnungen des sowjetischen Militärattachés in Berlin, Oberst Perebeschtschik, der das genaue Datum des bevorstehenden deutschen Angriffs kannte und Moskau darüber informierte. Als der Angriff dann kam, habe Stalin den Truppen zuerst befohlen, nicht zurückzuschießen. Sein Glaube an Hitler sei so groß gewesen, daß er die Rote Armee dahin informierte, bei dem Angriff handle es sich um nichts anderes als um „Disziplinlosigkeit" seitens gewisser Hitlereinheiten; die sowjetischen Grenztruppen seien wohl imstande, mit der Lage fertig zu werden.

Stalin im Krieg

Bei Kriegsausbruch habe, wie Chruschtschow weiter berichtet haben soll, in der Ukraine, wo er Parteiführer war, ein verzweifelter Mangel an Gewehren geherrscht. Er, Chruschtschow, habe in Moskau telefonisch mehr Gewehre verlangt und Stalin sprechen wollen. Statt Stalin habe Malenkow geantwortet und gesagt, Stalin sei nicht anwesend. Stalin sei aber im selben Raum anwesend gewesen und habe Malenkow angewiesen, zu sagen, er (Stalin) sei nicht erreichbar und Gewehre seien nicht da. Später habe dann Stalin ihm, Chruschtschow, erklärt, alle Gewehre seien nach Leningrad geschickt worden. Auf die Frage, was die Ukraine tun solle, habe Stalin geantwortet: „Tue das Beste, was du kannst!" Als die Deutschen die Außenbezirke von Moskau erreichten, sei Stalin geflohen. „Wir haben alles verloren, was Lenin schuf", habe Stalin vor dem Verlassen Moskaus erklärt. „Stalin kontrollierte die Operationen während des Krieges an einem Schulglobus, ohne zu wissen, was eine eigentliche Landkarte ist."

Der Terror der Nachkriegszeit

Nach dem Krieg sei dann Stalin besonders mißtrauisch geworden. In der späteren Periode seines Lebens habe eine „Atmosphäre der Furcht und des Terrors" geherrscht. Sogar die Mitglieder des Politbüros hätten sich gefürchtet, wenn sie von Stalin zusammengerufen wurden; sie hätten nie gewußt, ob sie zurückkehrten. Marschall Bulganin habe ihm, Chruschtschow, einmal gesagt, er sei in die Datscha (Landhaus) Stalins gerufen worden und wisse nun nicht, ob er zu einem Empfang oder ins Gefängnis komme. Untergebene seien von Stalin angeschrien worden. Leute, die er in sein Büro berief, habe er, um sie einzuschüchtern, wie folgt angesprochen: „Warum blicken Sie mich so an? Warum blicken Sie mir nicht in die Augen? Fürchten Sie sich davor, mir in die Augen zu sehen?" Gegen sein Lebensende habe Stalin Marschall Woroschilow als britischen Spion betrachtet und sich geweigert, ihn an der Arbeit des Politbüros, dessen Mitglied er war, teilnehmen zu lassen. In derselben Periode sei Molotow unter Hausarrest gestellt und als Außenminister durch Wyschinski ersetzt worden, obwohl er den Titel eines Vizeministerpräsidenten beibehielt. Lange Zeit sei Frau Molotow unter Arrest gewesen.

Verfolgungs- und Größenwahn

Stalins unmittelbare Zukunftspläne hätten darin bestanden, Molotow, Chruschtschow und andere führende Persönlichkeiten loszuwerden. Stalin sei auch, kurz vor seinem Tode, der Mann im Hintergrund des „Ärztekomplotts" gewesen. Bald nach dem Krieg habe Stalin

ihn, Chruschtschow, bei einem Empfang in Anwesenheit ausländischer Gäste gedemütigt, indem er ihn zwang, einen schwierigen ukrainischen Tanz vorzuführen. Stalin habe gleichzeitig an Verfolgungs- und Größenwahn gelitten; im Garten seiner Datscha habe es von eigenen Büsten gewimmelt, die Stalin zu bewundern pflegte.
Stalins Biographie wurde von Chruschtschow als „widerliches Buch" bezeichnet; Stalin habe vor der Veröffentlichung Phrasen wie „der wahre Arbeiterführer" und „scheuer und bescheidener Mensch" eingeflochten. Weiter soll Chruschtschow Stalin als scharfen Nationalisten und Antisemiten bezeichnet haben. „Ihr begreift, Genossen, daß wir dies alles dem Volke nicht auf einmal sagen können. Es könnte entweder plötzlich oder allmählich geschehen, und ich glaube, es wäre richtiger, es allmählich zu sagen."
Als Chruschtschow einige der schlimmsten Aspekte von Stalins Terror schilderte, sollen einige Delegierte ausgerufen haben: Wie hielten Sie das aus? Warum haben Sie ihn nicht getötet?" Worauf Chruschtschow erwiderte: „Was konnten wir tun? Es bestand eine Herrschaft des Terrors. Man brauchte ihn nur schief anzusehen, und am nächsten Tag verlor man seinen Kopf."

2. *Kommentar*

Diese Inhaltswiedergabe der Rede Chruschtschows auf dem XX. Parteitag stimmt mit dem überein, was Genosse Ulbricht auf der geschlossenen Sitzung der 3. Parteikonferenz mitteilte. Ich selbst habe dies aber jetzt (8. November 1957) zum ersten Male schriftlich in dieser Konzentration vor Augen gehabt. Danach kann es gar nicht zweifelhaft sein, daß Walter Ulbricht schon nach Kenntnis sich darüber klar war, wer dieser Chruschtschow war. Die Äußerung des Genossen Ulbricht über Stalin nach seiner Rückkehr vom Parteitag, die so große (und völlig berechtigte) Erregung hervorrief, entsprang also dem Bewußtsein, daß es jetzt darauf ankam, dieser Bande keinerlei Handhabe zu bieten, unserer Führung irgendwelche Versuche zur Verteidigung Stalins nachzuweisen.

Aber unbegreiflich bleibt, wie der XX. Parteitag diese Sammlung trotzkistischer Lügen und Verleumdungen hinnahm, wie er das Risiko hinnahm, einen offenkundigen Feind und Agenten an der Spitze der Partei zu lassen. Es ist auch ausgeschlossen, daß das Politbüro oder das ZK die Rede so, wie sie gehalten wurde, vorher gebilligt hat. Die Westpresse hat ganz bestimmt Recht, wenn sie „vermutet", Chruschtschow sei in dieser Rede viel weiter gegangen, als vereinbart.[1]
Erstaunlich auch, wie rasch die Westpresse im Besitz des Wortlauts der Rede war. Aber eigentlich nicht erstaunlich, wenn man sich erinnert, daß zwei Tage vor Eröffnung des Parteitages Chruschtschow den Besuch des jugoslawischen Botschafters hatte, und im übrigen ja die Jugoslawen einen Ehrenplatz auf diesem Parteitag einnahmen!

21. Februar Neues Deutschland
Erklärung der KPdSU, der PVAP, KP Italiens und KP Finnlands über die Auflösung der KP Polens 1938:
„Wie jetzt ermittelt worden ist, beruhte diese Beschuldigung auf gefälschten Materialien von Provokateuren, die später entlarvt wurden."
Wiederum keine näheren Angaben; welche Materialien waren gefälscht, wer waren die Provokateure?
Wirkung auf die polnische Partei? Kaum anzunehmen, daß es zur Festigung des Vertrauens zur KPdSU und zur SU beitrug, sondern vielmehr Wasser auf die Mühlen jener war, die eine nationalistische, antisowjetische Linie verfolgten. Gleichzeitig Rehabilitierung in Bausch und Bogen für jene, die von diesem Beschluß seinerzeit betroffen waren.

22. Februar Neues Deutschland
Aus der „Prawda", Artikel von E. Varga zum 70. Geburtstag Bela Kuns übernommen. „Bela Kun wird in den Herzen des ungarischen Volkes ... für immer ein lichtes Gedenken bewahrt bleiben."
Wie war die Wirkung dieser Nachricht, daß Bela Kun unschuldig hingerichtet worden ist, auf die ungarische

1 Siehe Anmerkung 5, Seite 18.

Partei und Bevölkerung? Hat sie mit zu der antisowjetischen Stimmung und der Stimmung gegen Rákosi beigetragen?

27. Februar *ZK-Plenum der KPdSU, Wahl der leitenden Organe.*
Präsidium des ZK: Bulganin, Woroschilow, Kaganowitsch, Kiritschenko, Malenkow, Mikojan, Molotow, Perwuchin, Saburow, Suslow, Chruschtschow.
Sekretariat des ZK: 1. Sekretär Chruschtschow; Aristow, Beljaew, Breschnew, Pospelow, Suslow, Furzewa, Schepilow.
Vorsitzender des Komitees für Parteikontrolle: Schwernik.

28. Februar Neues Deutschland
Eine Reihe wegen Straftaten in Ungarn verurteilter Geistlicher begnadigt.

3. März Neues Deutschland
Ministerpräsident Hansen, Dänemark, zu sowjetisch-dänischen Verhandlungen in der SU.

29. Februar Inform-Zeitung 10/1956, 9.-15. März
Rede Edward Kardeljs in Nowisad am 29. Februar über Ergebnisse des XX. Parteitages
„Der XX. Parteitag der KPdSU ist zweifellos ein großes Ereignis, das sich mehrere Jahre lang auswirken wird und dessen *wirkliche* Bedeutung in *vollem* Ausmaß erst *in Zukunft* eingeschätzt werden kann. Die Bedeutung dieses Parteitages besteht ... vor allen Dingen in den Prozessen, deren Entwicklung er einleitete oder beschleunigte." (Hervorhebung K.G.)
Wie bei allen Äußerungen der jugoslawischen Führer zu Parteifragen erinnern diese Ausführungen an das Orakel von Delphi oder die Antworten der Sphinx. Der naive Kommunist, der dies liest, meint, der das sagt, meint genau das gleiche wie er, wenn er von „Prozessen" spricht, die der XX. Parteitag einleitete. Aber – wie Titos Haltung zur Konterrevolution in Ungarn und seine Pula-Rede beweisen, verstehen die jugoslawischen Führer ganz andere Prozesse darunter, nämlich die Umwandlung der Kommunistischen Parteien in Parteien nach dem Vorbild des jugoslawischen „Bundes der Kommunisten".
Die jugoslawischen Führer sprechen immer nach zwei Richtungen, an zwei Adressen mit ein und denselben

Worten. Die einen sollen sie mißverstehen, die anderen den wahren Sinn hinter den Worten dechiffrieren. Dafür wird es noch weitere Beispiele geben!
Aufschlußreich für die Erfolge des „Jugoslawischen Weges" zum Sozialismus und seine kolossalen „Erfolge" ist die Feststellung Kardeljs:
„So befindet sich gegenwärtig bei uns eine bedeutende Anzahl von Traktoren und anderen landwirtschaftlichen Großmaschinen im Privatbesitz. Das gibt einzelnen Leuten die Möglichkeit, sich auf Kosten der gesellschaftlichen Arbeit (?) zu bereichern. Wir haben wiederholt diese Praxis grundsätzlich verurteilt, aber die Traktoren gelangen nach wie vor in die Hände von Privatproduzenten."
In der Tat ein überzeugender Beweis der Überlegenheit des jugoslawischen Weges über den „stalinistischen" der Sowjetunion!

4. März Neues Deutschland
Britische Sozialistin Barbara Castle fordert auf Tagung des Generalrates der Sozialistischen Internationale positive Reaktion auf Chruschtschows Vorschläge.

7.-8. März *Demonstrationen für Stalin in Georgien*
Die Times berichtete aus Moskau, daß westliche Diplomaten, die in Georgien auf Besuch weilten, in Tiflis am 7. und 8. März Demonstrationen für Lenin und Stalin, welch letzterer Georgier war, sahen.
Der dritte Todestag Stalins, der 5. März, sei auch in Georgien wie in der übrigen Sowjetunion nicht gefeiert und in der Presse nicht erwähnt worden. Am 9. März habe offenbar unter dem Eindruck der Demonstrationen eine Zeitung in Tiflis Bilder und eine Würdigung von Lenin und Stalin veröffentlicht und angekündigt, daß Gedenkversammlungen in den Betrieben abgehalten würden. Etwa 15 000 Agitatoren seien von Georgien entsandt worden, um der Bevölkerung die Änderung der Haltung gegenüber Stalin begreiflich ... zu machen.

8. März Neues Deutschland
„Jugoslawien wahrt seine Unabhängigkeit." Antwort Außenministers Popovics auf Frage eines USA-Korrespondenten:

„Wer verstehen will, dem bietet unsere Politik schon so, wie sie ist, genügend ‚Sicherheit' hinsichtlich der Tatsache, daß unser Grundziel darin besteht, unsere Unabhängigkeit zu wahren und zu festigen."
Wieder eine Antwort des Orakels von Belgrad!

12. März Inform-Zeitung 11/1956, 16.-22. März
Boleslaw Bierut an Herzmuskelinfarkt in Moskau gestorben.
Das Gutachten der Ärztekommission über die Todesursache ist an erster Stelle unterschrieben von W. Wassilenko, einem der rehabilitierten Ärzte des Ärzteprozesses.

12. März Plenum des ZK der ungarischen Partei. Referat Rákosi (Lehren des XX. Parteitages). Sehr ernste Feststellungen.
„Im ersten Planjahrfünft konnten keine (?) Maßnahmen zur Hebung der Lebenshaltung verwirklicht werden."
Hemmung der Hebung des Volkswohlstandes auch durch die verantwortungslose und demagogische Wirtschaftspolitik der Rechtsabweichler unter Imre Nagys Ministerpräsidentschaft.
„Unsere rechten Elemente erhofften für sich vom XX. Parteitag, daß er sie rechtfertigen werde. Jetzt ist für jedermann klar, daß sich diese Hoffnungen nicht erfüllt haben."
Rákosi sagt, daß „sich bei einigen Genossen unter dem Einfluß zeitweiliger Schwierigkeiten das Gefühl einer gewissen Perspektivlosigkeit, einer Passivität bemerkbar macht".

15. März Neues Deutschland und Inform-Zeitung 11/1956, 16.-22. März
Tagung des ZK des Bundes der Kommunisten Jugoslawiens. Rede Titos und Rankovics.
Aus der Rede Titos ist zu entnehmen, daß der „Bund" 600 000 Mitglieder hat. Ferner stellt Tito fest, „viele Kommunisten ... seien in das Extrem verfallen, nur zu kommandieren". (Nanu, das gibt es sogar in Jugoslawien?)
Ein wichtiger Schritt zur Überwindung der dadurch aufgetretenen Mängel sei die Dezentralisierung der staatlichen Verwaltung in Jugoslawien. (Das war im März.

Und jetzt – Oktober 1956 – stellen sie fest, daß man zur Zentralisierung zurückkehren muß – wahrhaftig eine schöne ‚Linie'!)
Am interessantesten Rankovic:
Er verwies darauf, daß die Praxis der letzten Jahre die Richtigkeit der Beschlüsse des im Herbst 1952 in Zagreb abgehaltenen VI. Parteitages bestätigt hat. Die Aufgaben der Mitglieder gründen sich auf die Leitsätze dieses Parteitages, „die namentlich lauten, daß der Bund der Kommunisten kein unmittelbarer operativer Führer ist und auch nicht sein kann, daß er keine Organisation darstellt, die im wirtschaftlichen, staatlichen und öffentlichen Leben Anordnungen erteilt. Der Bund der Kommunisten Jugoslawiens wirkt und erstrebt die Annahme seiner Linie durch seine Politik, durch seine ideologische Einwirkung und in erster Linie durch Überzeugung."
Es dürfte sehr schwer fallen, diese seltsame Interpretation der Aufgaben der Partei mit der Lehre Lenins über die Rolle der Partei in der Diktatur des Proletariats in Übereinstimmung zu bringen!

Zur ZK-Tagung der Tito-Partei:

Sehr bezeichnend, daß diese Aufgabenstellung für die Partei, wie sie Rankovic nennt, offenbar Kadar zur Vorlage gedient hat für den Beschluß, der auf dem Plenum des Provisorischen ZK der USAP Anfang Dezember 1956 gefaßt wurde, und in dem es heißt:
„Die Partei gewährleistet ihre Rolle als politischer und ideologischer Führer in der Arbeit der staatlichen Organe und der anderen gesellschaftlichen Organisationen der Werktätigen nicht durch Weisungen und Beschlüsse, die als verbindlich erklärt werden, sondern durch richtige Bestimmung der Ziele und Aufgaben, durch Vorschläge, die der Aufwärtsentwicklung des werktätigen Volkes und des Landes dienen. ..." usw.
Das ist pure Spiegelfechterei. Als ob ein Gegensatz bestünde zwischen „Weisungen und Beschlüssen" einerseits und „richtiger Bestimmung der Ziele und Aufgaben" andererseits. In Wirklichkeit wird richtige Bestim-

mung der Ziele und Aufgaben erst dann einen praktischen Wert haben, wenn sie verbindlich sind für die Arbeit der Staatsorgane.

Wenn man allerdings seine Existenz darauf aufbaut oder aufzubauen beabsichtigt, viel und schön über den Aufbau des Sozialismus zu schwatzen in seiner Eigenschaft als Parteiführer und gleichzeitig praktisch alles zu unterlassen – in der Eigenschaft als Staatsmann –, was den Aufbau des Sozialismus voranbringen würde, dann allerdings braucht man eine solche Partei, wie sie hier gekennzeichnet ist, denn dann kann man immer sagen, wenn die Sache nicht vorankommt: Aber bitte, haben wir etwa nicht richtige Vorschläge gemacht, die Ziele und Aufgaben nicht richtig bestimmt? Also! Was können wir mehr tun? Unsere Partei ist doch eine demokratische Partei und keine stalinistische, wir befehlen nicht und geben keine Weisungen. Wenn die Sache also nicht voran geht, kann es nur daran liegen, daß die Mitglieder der Partei nicht aktiv genug gekämpft haben.

Dafür werden wir noch ein jugoslawisches Beispiel kennenlernen.

15. März Neues Deutschland

Leitartikel der Trybuna Ludu, (Polen) „Über den Personenkult und seine Folgen“. Richtige parteimäßige Stellung zu Stalins Verdiensten und Fehlern. Noch nichts von der späteren Entartung zu spüren.

16. März Neues Deutschland

Rede Duclos vor den Parteifunktionären von Paris am 9. März. Stellung zum XX. Parteitag, zum Personenkult. Sehr gut, sehr viel besser als bei uns.

17. März Neues Deutschland

Togliatti über den XX. Parteitag. Ebenso.

16. März *Trauerkundgebung anläßlich der Beisetzung Bieruts.* Ansprachen Cyrankiewizc, Chruschtschow, Vukmanovic-Tempo u.a.

22. März Neues Deutschland

Bericht über das 6. Plenum des ZK der polnischen Partei (20. März). Gedenken an Bierut. Edward Ochab einstimmig zum Ersten Sekretär gewählt.

Mitglieder des Sekretariats: Jerzy Albrecht, Vorsitzender des Präsidiums des Warschauer Volksrates; Edward Gierek, bisher Leiter der Abteilung Schwerindustrie im ZK.

22. März *Jugoslawische Parteidelegation zu Besprechungen in Prag* (Vukmanovic-Tempo u.a.).

23.-25. März *ZK-Plenum der rumänischen Partei.* Referat Gheorhin Dej; Lehren des XX. Parteitages. Unterstreicht die positiven Leistungen Stalins, bevor er zu den Fehlern Stellung nimmt. Erwähnt, daß ZK der rumänischen Partei bereits 1952 die Praxis verurteilte, die führenden Genossen über die Partei zu stellen. Auf dem August-Plenum 1953 erneut Stellung gegen den Personenkult.

24.-30. März *III. Parteikonferenz der SED*

Konzentration auf Fragen der wirtschaftlichen Perspektive, konkrete Maßnahmen zur Demokratisierung. Sehr sparsame Kritik.

Im Gegensatz zu den unverständlich schroffen Äußerungen Walter Ulbrichts über Stalin (die mehr als alles andere in der Partei eine Stimmung gegen ihn schufen) gab Genosse Schirdewan eine sehr gut ausgewogene Erklärung über den Personenkult, die sich sehr stark den Erklärungen der französischen und italienischen Parteien annäherte.

Wirkung der Parteikonferenz: In weiten Teilen der Partei Enttäuschung über fehlende „Abrechnung" mit den Fehlern der Vergangenheit. Diese Enttäuschung war unvermeidlich, da der XX. Parteitag und die Diskussion in anderen Ländern die Erwartungen gerade in diese Richtung gelenkt hatten.

In dieser Situation veröffentlichte Trybuna Ludu einen Artikel, der den Ablauf der Parteikonferenz wegen des Mangels an Kritik und Selbstkritik bemängelt. Auf dem Umweg über die Westsender wird schnell genug bekannt: die polnischen Kommunisten kritisieren die SED. Die Tatsache dieser Kritik ist allein schon merkwürdig genug und bisher zwischen kommunistischen Parteien nicht üblich gewesen. Wenn kritisiert wurde, dann auf anderem Wege, nicht aber sozusagen aus dem Hinterhalt.

Wie ist dieser Artikel einzuschätzen? Lediglich als private Meinungsäußerung eines polnischen Genossen, oder vielleicht schon als Teil jenes „gemeinsam mit den polnischen Genossen" zu führenden Kampfes gegen die „stalinistischen Führer gewisser Parteien", wie er von Tito später offen proklamiert wurde? Wenn es das war, dann war es äußerst geschickt gemacht:

1. traf die Kritik ziemlich genau die Stimmung breiter Teile der Mitglieder der SED und bestärkte sie in dieser Stimmung.

2. Wie sollte die Parteiführung reagieren? Ihn veröffentlichen, hätte geheißen, mit den polnischen Genossen in eine Kontroverse zu geraten, die nicht zuletzt um der polnischen Partei willen zu vermeiden war. – Ihn aber nicht veröffentlichen, mußte erst recht den Eindruck verstärken, daß unsere Parteiführung willens ist, Kritik rücksichtslos abzuwürgen, sogar wenn sie von Bruderparteien kommt. Aber wer hat das damals so gesehen, so sehen können?

27. März *Artikel Thorez' in der L'Humanité* „Über einige vom XX. Parteitag der KPdSU gestellte Hauptfragen".
Würdigung der Bedeutung des XX. Parteitages. Gleichzeitig bemerkenswerte Feststellungen: Weist darauf hin, daß die KP Frankreichs bereits im November 1946 andere Wege des Vormarsches Frankreichs zum Sozialismus umriß als den Weg, den 30 Jahre davor die russischen Kommunisten gegangen waren. Thorez spricht weiter vom Vermächtnis Lenins, „an das Stalin so oft erinnerte".
„Was die Kommunisten betrifft, so nimmt es sie nicht wunder, wenn sie erneut auf das klassische Manöver der Trotzkisten und anderer Agenten der Reaktion stoßen: eine begründete Kritik, die im Zusammenhang mit einer richtigen Generallinie geübt wurde, dazu auszunutzen, um erneut diese Linie in ihrer Gesamtheit anzuzweifeln."

27. März *Rede Rákosis auf einer Sitzung des Parteiaktivs* einer ungarischen Stadt. Teilt dort mit, daß der Rajk-Prozeß überprüft worden sei. Das Ergebnis sei die Feststellung, daß der Prozeß eine feindliche Provokation und unberechtigt gewesen sei. Das Oberste Gericht habe Rajk

und die mit ihm Verurteilten rehabilitiert. Weitere Verfahren werden revidiert. Die unschuldig Verurteilten werden rehabilitiert, andere amnestiert. Das gilt auch für früher verurteilte Sozialdemokraten (zu ihnen gehörte auch der jetzige Minister der Kadar-Regierung, Marosan; K.G.; Neues Deutschland vom 30. März 1956).
Welche Wirkung das auslösen mußte, ist nicht schwer auszumalen. Der bisher schwerste Schlag gegen die Autorität Rákosis. Von jetzt ab war er Zielscheibe für den Vorwurf: Mörder Unschuldiger. Gleichzeitig damit alle Tito-Leute als Märtyrer glorifiziert.

29. März Neues Deutschland
Prawda-Artikel: Warum ist der Personenkult dem Geist des Marxismus-Leninismus fremd? Über Stalin: persönliche Beweihräucherung, von ihm selbst in jeder Weise gefördert, nicht selten Eigenlob; dagegen Marx, Engels, Lenin.

1. April Preissenkung in der CSR.
Neues Deutschland: Polen
Auf Antrag Cyrankiewizcs wurde der bisherige Vorsitzende des Ausschusses für Staatssicherheit, Wladyslaw Dworakowski, abberufen, weil ins ZK berufen; Nachfolger Edmund Pszczolkowski.

2.-6. April *ZK-Plenum der bulgarischen Partei.* Über XX. Parteitag. Über Schäden des Personenkults in Bulgarien. Anklagen gegen Kostoff und in anderen Prozessen erfunden und hinfällig. Inhaftierte freigelassen.

5. April Neues Deutschland
Bericht über ZK-Plenum mit ZKK der KP Griechenlands. Absetzung des Generalsekretärs Zachariadis wegen ernster politischer (sektiererischer) Fehler.

6.-12. April Inform-Zeitung Nr. 14/1956
Artikel Jerzy Morawskys „Lehren des XX. Parteitages der KPdSU".
„Wenn wir vom polnischen Weg zum Sozialismus sprechen, so geben wir diesem Begriff einen anderen Inhalt, als es die Gomulka-Leute taten. ... Falsch war der Klasseninhalt, den die Gomulka-Clique in diese Losung legte, nämlich den Prozeß der revolutionären Umgestaltung aufzuhalten, das Verhältnis der Klassenkräfte im

Dorf unverändert beizubehalten. Das war dem Wesen nach nicht eine Abart des sowjetischen Weges, sondern sein Gegenteil; subjektiv bedeutete das überhaupt die Verneinung des Weges zum Sozialismus." (Meldung Anfang Januar 1957: von 10 000 LPGs in Polen 8 000 liquidiert! K.G.)

6. April *Jugoslawische Parteidelegation unter Leitung von Mosche Pijade in Sofia.*

Neues Deutschland:

Kurze Wiedergabe eines Artikels aus der Pekinger Volkszeitung „Über die historischen Erfahrungen der Diktatur des Proletariats".

Artikel zum Personenkult, der den XX. Parteitag ebenfalls in der Richtung korrigiert, daß die Verdienste Stalins gebührend gewürdigt werden, und die historischen Bedingungen, unter denen seine Fehler möglich wurden. (Voller Wortlaut des Artikels in: Presse der SU Nr. 46/56 vom 15. April)

8. April Neues Deutschland

Parteiaktivtagung der polnischen Partei in Warschau über den XX. Parteitag (7. April). Referat Ochab.

In der Wirtschaftspolitik große Erfolge, aber auch Mängel, Fehler und Entstellungen, die das Bündnis der Arbeiter und Bauern und das Vertrauen der Massen in die revolutionäre Gesetzlichkeit geschwächt hätten.

Die Aufgaben auf dem Gebiet der landwirtschaftlichen Produktion und der Lohnerhöhungen nicht erfüllt. Der II. Parteitag brachte bereits spürbare Verbesserungen.

1955 – Verbrauch an wichtigsten Lebensmitteln um ein Vielfaches über Vorkriegsniveau.

Ab 1. Mai – Mindestlöhne werden auf 500 Zloty erhöht.

Ab Juli – Erhöhung der Alters- und Witwenrenten; Beschränkung der Investitionen, Einsparung der Verwaltungs- und Verteidigungsausgaben.

„Es kann gesagt werden, daß wir den Lebensstandard auf die Höhe gehoben haben, die von den Werktätigen gewünscht wird, und so schnell, wie wir selbst es einst erwartet hatten."

Bessere Information der Massen nötig, bisher zuviel Vorsicht. Schwierige Lage im Kohlenbergbau durch lange

Frostperiode. Verbrauch 700 000 Tonnen mehr, Förderung 300 000 Tonnen weniger als geplant.
Rehabilitierung von grundlos verurteilten Personen bei einer Anzahl verzögert durch die falsche Theorie, die Autorität der Partei könne gefährdet werden, wenn man feststellt, daß hohe Organe der Volksmacht und sogar der Parteiführung mit Vorwürfen gegen Menschen auftraten, die sich nicht als schuldig erwiesen haben. In Wirklichkeit habe die Autorität gerade durch die nicht energisch genug betriebene Rehabilitierung gelitten. (Die weitere Entwicklung hat allerdings das Gegenteil bewiesen! Die Rehabilitierung von zu Recht Verurteilten hat der Autorität der Führung einen gefährlichen Schlag versetzt, weil sie zielbewußt zur Untergrabung dieser Autorität und zur Irreführung und Verhetzung der Massen mißbraucht wurde! K.G.)
Der Kampf gegen die von Gomulka vertretene opportunistische und nationalistische Abweichung in der Partei hatte große Bedeutung für die sozialistische Entwicklung des Landes und für die leninistische Erziehung der Partei. ... In einem breiten und offenen ideologischen Kampf hat die Partei die Anschauungen der Gomulka-Gruppe besiegt. Die Gomulka-Gruppe stellte ihre nationalistischen Bestrebungen den Traditionen der polnischen Arbeiterbewegung gegenüber und trat für die Aufrechterhaltung des damaligen gesellschaftlichen und ökonomischen Kräfteverhältnisses in Polen ein. Das war die politische Seite des gerechten Kampfes gegen die Gomulka-Gruppe. Aber die Verhaftung 1951 in der Atmosphäre des Prozesses gegen Rajk sei unrichtig und unbegründet gewesen.
(Im Rajk-Prozeß hatte der ehemalige Mitarbeiter des jugoslawischen UED Brankow ausgesagt:
„Ich erinnere mich, daß damals, als sich in Polen der Fall Gomulka ereignete, große Hoffnungen gehegt wurden, daß Gomulka die Gedankengänge Titos in Polen verwirklichen werde. Man nahm einen abwartenden Standpunkt ein. Ich erinnere mich auch daran, daß man nicht unmittelbar eingreifen, sich nicht einschalten wollte, man war der Meinung, daß diese Aktion Gomulka

in der polnischen Kommunistischen Partei gelingen würde. Aber wie bekannt, führte Gomulka sein Vorhaben nicht durch, er gab zu, eine unrichtige Linie verfolgt zu haben, und Rankovic beklagte sich einmal darüber, daß in Polen alles von vorne begonnen werden müsse." Laszlo Rajk und Komplizen vor dem Volksgericht, S. 156)

Weiter Ochab: Der Vorwurf der Diversionstätigkeit war ungerecht und täuschte die Öffentlichkeit. Nach Untersuchungen über Unregelmäßigkeiten im Staatssicherheits-Ministerium sei Gomulka freigelassen worden (also bereits im März, spätestens Anfang April! K.G.).

Bereits Anfang März waren voll rehabilitiert worden: Wazlaw Komar, Szczesny Dubrowalski, Josek Kuropieska.

Der damalige Chef und einige Offiziere der Hauptverwaltung Information der Polnischen Armee, die für die Angelegenheit Komar verantwortlich waren, wurden ihrer Ämter enthoben und zur Verantwortung gezogen. Aus alledem ist ersichtlich, daß die Rehabilitierung nicht auf Entschluß der polnischen Genossen beruht, sondern daß sie wegen der Folgen besorgt waren, daß sie aber „überzeugt wurden", daß diese Besorgnis „falscher Theorie" entspringt, d.h., daß die Rehabilitierung im Interesse der gesamten vom XX. Parteitag verfolgten Linie notwendig sei. – Die polnischen Genossen bemühten sich dennoch, die unvermeidlichen Gefahren, die aus diesen Rehabilitierungen erwachsen mußten, zu paralysieren, indem sie die politische Verurteilung der Gomulka-Gruppe voll und ganz aufrecht erhielten. – Wie sich zeigte, vermochte das die Situation nicht zu retten.

5. April Inform-Zeitung 14/1956, 6.-12. April

Prawda-Artikel vom 5. April 1956:

„Die Kommunistische Partei siegt durch ihre Treue zum Leninismus."

Dieser Artikel muß sich mit dem Auftreten parteifeindlicher Stimmungen und Äußerungen in Parteiversammlungen in der SU beschäftigen.

„... Einzelne, von Fäulnis befallene Elemente versuchen, Kritik und Selbstkritik zu den verschiedensten verleum-

derischen Ausfällen und parteifeindlichen Behauptungen zu benutzen." Erwähnt werden Mitarbeiter eines wissenschaftlichen Laboratoriums. Und weiter:
„Auf einer Parteiversammlung der Statistischen Verwaltung des Moskauer Gebietes gab L. Jaroschenko (ganz Recht, derselbe, der von Stalin nicht ganz sanft, aber zu recht kritisiert worden war! K.G.) provokatorische, parteifeindliche Erklärungen ab. Solche Reden sind dem Wesen nach ein Nachbeten fremder Stimmen, eine Wiederholung der abgedroschenen verlcumderischen Hirngespinste der ausländischen reaktionären Propaganda."
Und dann sieht man sich gezwungen, gegen jene Stellung zu nehmen, die auf Grund der Kritik an Stalin die Richtigkeit der Politik der Partei in Zweifel ziehen.
„Die Politik der Partei war in allen Perioden eine leninsche Politik und bleibt es. Diese Politik ist von der Partei, von ihrem Zentralkomitee im Kampf für den Sieg des Sozialismus ausgearbeitet worden, sie verkörpert in sich die kollektive Weisheit der Partei."
Diese Erklärung ist sehr notwendig und erfreulich, aber daß sie überhaupt notwendig wurde, geht auf die Darstellung der Situation in der Partei in den letzten 20 Jahren zurück, wie sie von Chruschtschow gegeben wurde. Denn es ist nicht zufällig, daß nach dieser Erklärung Chruschtschows bei uns, und sicher nicht nur bei uns, von Genossen gesagt wurde: aber dann hätte man ja Stalin, wenn er noch lebte, erschießen müssen, oder mindestens aus der Partei ausschließen. – Und daß bei einer solchen Darstellung der Dinge dann die Frage sich aufdrängt: Ja, aber war denn dann die Politik der Partei überhaupt noch richtig, konnte sie mit diesem Mann an der Spitze überhaupt noch richtig sein? – Darüber braucht sich eigentlich niemand zu wundern.
Wenn aber jetzt so entschieden erklärt wurde, daß die Politik der Partei immer eine leninistische war, weil diese Politik immer das Ergebnis eines Kollektivs war, was bleibt dann eigentlich von der Feststellung übrig, daß es in den letzten 20 Jahren keine kollektive Leitung mehr gab, sondern nur noch die Einzelentscheidungen Stalins?!

Schon zu diesem Zeitpunkt zeigte sich also:
1. Die Erklärungen über Stalin, die auf dem XX. Parteitag gegeben wurden, bewirkten eine Belebung und Aktivierung aller parteifeindlichen Kräfte, während sie auf die Masse der ehrlichen Mitglieder einfach niederschmetternd und deprimierend wirkten.
2. Sie enthielten zahlreiche Widersprüche und ließen schwerwiegende Fragen offen. Der offenkundigste Widerspruch ist oben erwähnt.
3. Daraus (vielleicht aber nicht nur daraus) ergibt sich in den Veröffentlichungen und Verlautbarungen der sowjetischen Genossen ein eigenartiges Hin- und Herpendeln zwischen Verdammung und teilweiser Zurücknahme dieser Verdammung. Und es ist das erstemal in der Geschichte der KPdSU überhaupt, daß eine marxistische Analyse ihrer eigenen Geschichte, in diesem Fall eben des Zeitabschnitts unter Stalins Führung, nicht von ihr selbst gegeben wird, sondern von ausländischen Genossen. Denn es waren zuerst die chinesischen Genossen, und dann Togliatti, die sich nicht darauf beschränkten, von den Fehlern Stalins zu sprechen, sondern die zugleich mit den subjektiven Wurzeln auch die objektiven, historischen Ursachen dieser Fehler aufzeigten. Und erst auf das Drängen der ausländischen Genossen entstand schließlich der Beschluß vom 30. Juni 1956.

9. April *Versammlung der Grundorganisation (GO) Geschichte an der Humboldt-Universität.*
Dieter Fricke über Chruschtschows „Geheimrede“ auf dem XX. Parteitag (Mitschrift)

„Chruschtschows Anklagen gegen Stalin: Übermensch, Unfehlbarkeit, Gottähnlichkeit. Weiß alles. Denkt für alle.
Lenin verwirklichte Kollektivität, sprach nicht nur davon. Lenins Testament von 1923. XIII. Parteitag: Stalin hat unerhörte Macht konzentriert, ungewiß, ob er diese Macht immer im Interesse der Partei benutzen wird. Kein Gefühl für Kader. Lenin schlug einen solchen Genossen vor, der alle positiven Seiten ohne die Mängel Stalins besitze.

XIII. Parteitag wählte Stalin. Zehn Jahre lang die negativen Seiten nicht zutage getreten. Bei Zerschlagung der Trotzkisten positive Rolle, ebenso gegen rechte Abweichung. Danach Lenins These umgekehrt. Lenin schlug die Gegner im ideologischen Kampf. Lenins Schreiben von 1920 über Aufgaben der ZPKK: Hauptaufgabe = den Verwirrten Hilfe zu leisten.
Stalin aber – nach Vernichtung der Feinde – Repressalien und Terror (1935-1939). Zuerst gegen die parteifeindlichen Gruppen, dann auch gegen ehrliche Kommunisten. Stellte These von der Verschärfung des Klassenkampfes auf, zwang (!!!) sie dem ZK 1937 auf. Stalin wurde zum Despoten. Wer gegen ihn, wurde ausgeschlossen und moralisch und physisch vernichtet. Nach dem XVII. Parteitag ging er zum Terror über. Dadurch die Sicherheitsorgane nicht mehr kontrollierbar. Erpreßte Geständnisse, Beweis war nur noch das Geständnis der Angeklagten. Tausende verbannt. Bei Stalin regierte nicht Weisheit, sondern rohe Kraft. Die Abstände zwischen den Parteitagen wurden immer länger. Das ZK tagte immer weniger. Beschlüsse wurden im Politbüro gefaßt, nur noch im Umlauf. Im Kriege überhaupt keine ZK-Tagung. Zu Beginn des Krieges eine Tagung einberufen, aber Stalin kam nicht. Nach XVII. Parteitag Willkür immer stärker, ab 1936 Massenterror.
XVII. Parteitag: Parteitag der Sieger des Oktobers. Wählte richtiges ZK. Nach der Wahl „Doppelzüngler". Die Mehrheit ohne Befragung der anderen Genossen ausgeschlossen. Stalin erkannte die Meinung der anderen nicht mehr an.
1936/1937: Starke Beschleunigung des Tempos. Stalins These: NKWD hat vier Jahre Verzögerung bei Entlarvung der Volksfeinde. Obwohl Trotzkismus keine ernsthafte Gefahr mehr (???!), Massenterror. Postyschew (Sekretär des ZK) äußerte Zweifel an der Richtigkeit des Massenterrors – erschossen.
Nach Stalins Tod Kommissionen eingesetzt. 1936-38 viele Kader der Partei vernichtet. 1938 Januar-Plenum, gewisse Gesundung.
Stalin ängstlich und krankhaft mißtrauisch (Kunststück

– bei solchen Mitarbeitern wie Chruschtschow!). Ohne all dies schnellere Entwicklung des Sozialismus. Besonders schädlich im Kriege (??!!). Stalin prahlte über die militärische Stärke der SU. Hat aber zur Stärkung nichts getan (!!!). Die Darstellung, daß die SU überrumpelt durch Faschisten, ist falsch. Bei rechtzeitiger Vorbereitung weniger Opfer. 3. und 10. April 1941, Churchill hat gewarnt. Stalin glaubte nicht an Überfall. Nicht genug Gewehre, weil (unleserlich). Gab Anweisung, am ersten Tag nicht zurückzuschießen, weil nur Provokation.
Stalin befahl Massen-Frontalangriff. Laufend Fehlentscheidungen, deshalb große Verluste.
Hervorragende Militärführer waren liquidiert. Stalin hat nie Fehler zugegeben. Dem Volk wurde alles gefälscht dargestellt.
Der Leningrader Prozeß von 1946: Wosnessenski und Kusnezow unschuldig hingerichtet auf Grund von Verleumdungen durch Berija. Stalin entschied alles selbst. Kein ZK-Mitglied konnte Einfluß nehmen (??!!).
Ärzte-Affäre 1952: Es gab keine Ärzte-Schädlinge. Das Ganze ein Willkürakt Stalins. Die Ärzte blieben am Leben, weil Stalin starb.
Zu Jugoslawien: Keine ernsthaften Gründe für den Bruch (?!). Jugoslawen haben Fehler gemacht, von Stalin aufgebauscht (!!!).
Zur Landwirtschaft: 1952 ernste Lage, nötig war, die Steuern zu senken. Kommissionen eingesetzt. Stalin setzte sich darüber hinweg, verlangte Steuererhöhungen auf 40 Mrd. Rubel, bei nur 26 Mrd. Einnahmen.
Stalin förderte den Kult um seine Person. Höhepunkt die Stalinbiographie.
Das ZK hat beschlossen, die Hymne der SU zu ändern. Stalins Name wird nach und nach verschwinden, auch der von lebenden Funktionären.
Stalin war krankhaft mißtrauisch, riß die ganze Macht an sich, fühlte sich als Genie, verlangte Nachplappern, mißachtete Lenin (!!!), versuchte, ihn zu verkleinern. Nach dem Kriege noch schlimmer. Diese Situation von Berija ausgenutzt. Frühe Anzeichen für seine Schädlingstätigkeit. Im Frühjahr 1937 beschuldigt Kaminskij Berija

als Agent. Wird erschossen. Die Tragödie besteht darin, daß Stalin alles für nötig hielt zur Verteidigung des Sozialismus. Davon war er überzeugt.
Soweit Frickes Ausführungen.
Fragen aus der Versammlung: Wie konnte es zum Personenkult kommen? Weshalb hat die Führung nicht schon früher den Kampf geführt? Fricke selbst beantwortet die Fragen mit einem Zitat aus der „Trybuna Ludu" von Jerzy Novacki.
Weitere Fragen: Wieso gab es ähnliches auch in den Volksdemokratien? (Rajk u.a.) Was soll ich den Parteilosen sagen? Warum bei uns so wenig Kritik? (3. Parteikonferenz)

8. April Neues Deutschland
Bericht über ZK-Tagung der KPC: Lehren des XX. Parteitags. Nichts dergleichen wie in Polen und Ungarn an Selbstbeschuldigungen (dabei ist zu berücksichtigen, daß es in Bezug auf die KPC auch keine so schwerwiegenden Beschlüsse und Feststellungen gegeben hatte, wie in Bezug auf Polen und Ungarn, Feststellung über Auflösung der KPP. Rehabilitierung Bela Kuns und Rajks).

9.-10. April *ZK der SP Italiens* nimmt positiv zum XX. Parteitag Stellung, Bekräftigung der Aktionseinheit mit KPI.

16. April *Außerordentliche Tagung der Bulgarischen Volksversammlung.* Jugoslawische Parlaments-Delegation unter Leitung Moshe Pijades anwesend, vom Vorsitzenden des Parlaments herzlich begrüßt. Pijade: In Zukunft bestimmt keine Unstimmigkeiten mehr.
Rücktrittsgesuch Tscherwenkoffs als Ministerpräsident. Begründung: Fehler. Nachfolger der bisherige Stellvertreter Jugoff. Tscherwenkoff bleibt stellvertretender Ministerpräsident. Die Regierungserklärung Jugoffs macht klar, daß die bulgarische Partei einheitlich und geschlossen ist und den eingeschlagenen Weg weitergeht:
Auch in Zukunft wird die richtige Politik der Partei – sozialistischer Aufbau und Freundschaft mit den Ländern des Sozialismus – weitergeführt. Der Aufbau des Sozialismus in der Landwirtschaft wird in kurzer Zeit zu Ende geführt; 75% der Bodenfläche sind bereits genossenschaftlicher Boden. Strenge Wahrung der sozialisti-

schen Gesetzlichkeit, keinen Augenblick die Wachsamkeit abschwächen!

19. April Neues Deutschland

Daniel Mayer, SP Frankreichs, begrüßt XX. Parteitag, nachdem er von einem einwöchigen Aufenthalt in Jugoslawien zurückkehrte.

„Meine Unterhaltungen mit führenden jugoslawischen Persönlichkeiten waren sehr lebhaft, herzlich und fruchtbar. Ich hatte darin den Eindruck, daß der XX. Kongreß der KPdSU – wenn man das Gesagte verwirklicht und auf diesem Wege weitergeht – eines der bedeutendsten Ereignisse in der Geschichte der wirtschaftlichen Beziehungen zwischen Ost und West wie der Geschichte der Beziehungen zwischen den verschiedenen Arbeiterbewegungen sein wird."

Wenn Daniel Mayer den XX. Parteitag begrüßt, dann mit Sicherheit nicht aus den gleichen Gründen wie wir! Besonders dann nicht, wenn ihm die Perspektiven dieses Parteitages nach deren Belgrader Interpretation anziehend und begrüßenswert erscheinen. – Aber vielleicht erklären die Hoffnungen, die solche Leute auf die „Verwirklichung des Gesagten" setzten, zu einem Teil die oft geradezu verblüffende Bereitwilligkeit zur Kontaktaufnahme mit der SU, die nun einsetzte und die in so schroffem Gegensatz steht zu der eisigen Ablehnung einer Weiterführung der „Politik des Lächelns" jetzt (Oktober 1956), nachdem ihre Hoffnungen in Ungarn und Ägypten zerbrochen sind.

18. April *Beginn des Besuches Chruschtschows und Bulganins in England.*

20. April Neues Deutschland

Besucherstrom im Lenin-Museum. Viele neue Bilder, Plakate usw., darunter eine Fotokopie eines Funkspruches an Bela Kun.

17. April Inform-Zeitung 16/1956

Letzte Nummer mit Mitteilung über Auflösung des Inform-Büros.

Wenige Monate, ja Wochen später wurde offenbar, daß ein Kontaktorgan der Kommunistischen und Arbeiterparteien noch nie so dringend nötig war wie gerade jetzt!

– Bereits im Oktober wird von verschiedenen Parteien die Schaffung eines neuen Kontaktorganes vorgeschlagen.

Zur Auflösung des Inform-Büros

Bulganin auf der Pressekonferenz in Neu Delhi am 14. Dezember 1955:
„Manchmal stellt man die Frage, ob man denn die ‚Kominform' nicht irgendwie liquidieren könne. Doch aus welchem Grunde sollten die kommunistischen Parteien eigentlich auf eine allgemeingültige Form des internationalen Verkehrs und Zusammenwirkens verzichten? ... Die Tätigkeit dieser Organisation ... beunruhigt alle, die das alte, überlebte System der Ausbeutung des Menschen durch den Menschen zu einer bleibenden Erscheinung machen wollen."
Chruschtschow vor dem Obersten Sowjet der UdSSR über die Reise der Regierungsdelegation nach Indien, 29. Dezember 1955: „Ausländische Journalisten in Indien fragten uns sehr oft: Warum lösen Sie das Kominform nicht auf? Wir haben darauf geantwortet: Warum schlagen Sie nicht vor, die Sozialistische Internationale aufzulösen? ... Natürlich gefällt den Gegnern des Kommunismus das Kominform nicht. ..." (Aus: N.A. Bulganin, N.S. Chruschtschow. Reden während des Besuches in Indien, Birma und Afghanistan. Dietz, 1956, S. 141 und 285)
Weshalb wurden dann die westlichen Wünsche so prompt erfüllt?

21. April Neues Deutschland
Veränderungen im polnischen Staatsapparat. In Verbindung mit Aufdeckung ernster Mängel in der Tätigkeit der Generalstaatsanwaltschaft bei der Kontrolle der Untersuchungstätigkeit der Staatssicherheitstruppe wurde der Generalstaatsanwalt Stefan Katinowski abgesetzt. Nachfolger Marian Rybicki, bisher Sekretär des Staatsrates.
Wegen Unregelmäßigkeiten in der Tätigkeit der Militärstaatsanwaltschaft und Vernachlässigung der Aufsichtspflicht wird der Militärstaatsanwalt General Stanislaw

Zanakowski auf Anweisung des Ministers für Nationale Verteidigung (Rokossowski) seines Postens enthoben.

23. April *Eröffnung der 8. Tagung des polnischen Sejm.* Erklärung Cyrankiewiczs. Verstärkung der Rolle des Parlaments. Festigung der Gesetzlichkeit. Wer sich des Rechtsbruches schuldig gemacht hat, wird zur Rechenschaft gezogen. Aber weiterhin harter Kampf gegen Agenten ausländischer Spionagedienste. Amnestie, Rehabilitierung. Wirtschaftliche Hauptaufgabe: Hebung des Lebensstandards, im zweiten Fünjahrplan um 30% vorgesehen. Presse und Rundfunk müssen über Maßnahmen der Regierung besser und schneller informiert werden.

Entwurf des Staatshaushaltes für 1956:

Vorschlag: Senkung der Lohnsteuer, 35% des Haushalts für Entwicklung der Volkswirtschaft, Bau neuer Werke, Modernisierung der alten. 13 Milliarden Zloty für die Landwirtschaft, starke Förderung der Genossenschaften. 2,5 Milliarden Zloty für Lohnerhöhungen 1956. 74 Millionen Zloty weniger für Verteidigung.

Trybuna Ludu zur Sejm-Debatte: „Im polnischen Parlament ist etwas Neues im Gange, was das ganze öffentliche Leben beeinflussen kann."

Ministerrat hat beschlossen, ab 1. April Gehälter der Angestellten der Ministerien und Zentralverwaltungen zu erhöhen. Der ehemalige Stellvertretende Minister für Staatssicherheit, Roman Romkowski, und der ehemalige Abteilungsleiter dieses Ministeriums, Anatol Fejgin, wurden am 23. April verhaftet, Untersuchung eingeleitet, wegen Freiheitsberaubung unschuldiger Personen und Anwendung unzulässiger Untersuchungsmethoden.

26. April Arbeitszeit-Verkürzung in Bulgarien.

27. April Neues Deutschland

Bericht über Beschlüsse eines ZK-Plenums der KPC. Verbesserung der Leitung der Volkswirtschaft, Einschränkung des Staatsapparats, weitere Dezentralisierung. Richtlinien für Verbesserung der Arbeit der Staatsanwaltschaft (ohne diffamierende Feststellungen). Maßnahmen zur Hebung der Rolle des ZK. Verstärkung der Rolle der Massenorganisationen, vor allem der Gewerkschaften.

Alexej Cepicka wegen Schwächen und Fehlern in der Ausübung von Staats- und Parteifunktionen als Mitglied des Politbüros ausgeschieden und als 1. Stellvertreter des Ministerpräsidenten und Verteidigungsminister abberufen. Nachfolger Bohumir Lomsky, bisher Stellvertretender Verteidigungsminister.

27. April *Amnestiegesetz in Polen.* Unter das Gesetz fallen u.a. Verfehlungen staatsfeindlichen Charakters, Verfehlungen von Emigranten, falls sie bis 27. Juli 1957 zurückkehren. Personen, die mit den Okkupanten zusammenarbeiteten oder sich vor dem September 1939 faschistisch betätigten.

Umbesetzungen: Skrzeszewski als Außenminister abgelöst, wird Sekretär des Staatsrates. Nachfolger Rapacki, bisher Minister für Hochschulwesen; sein Nachfolger Zolkiewski, bisher Leiter der Abteilung Kultur und Kunst im ZK.

Swiatkowski als Justizminister abgelöst, Nachfolgerin Zofia Wasilkowska, bisher Sekretärin des Zentralrates der Gewerkschaften. Henryk Cieslak als stellvertretender Justizminister amtsenthoben.

28. April Neues Deutschland

Plenum des ZK der ungarischen Partei. Richtlinien für den zweiten Fünfjahrplan. Erhöhung des Realeinkommens um 25%. Ab 1. Mai Preissenkung in Ungarn um 25%.

2. Mai *Tagung des Nationalkomitees der KP der USA über den XX. Parteitag der KPdSU, Referat Eugen Dennis:* „Die Partei hat schon 1947 die nach dem Zweiten Weltkrieg entstandene neue internationale Situation berücksichtigt und anerkannt, daß nicht in allen kapitalistischen Ländern beim Übergang zum Sozialismus der Bürgerkrieg unvermeidlich ist."

4. Mai Neues Deutschland

Ochab in der Prawda: Leninsche Normen des Parteilebens unbedingt einhalten.

„Dabei muß man wachsam darauf achten, daß die Freiheit der Kritik nicht zum Schaden der Partei ausgenutzt und nicht gegen die Einheit der Partei gerichtet wird. In einigen Organisationen der PVAP sind Tatsachen festzu-

stellen, die von der ideologischen Unstabilität einzelner Gruppen der Parteimitglieder zeugen, es werden Versuche gemacht, die Freiheit der Kritik zu Verletzungen der Einheit des Handelns der Partei und zu Angriffen zu mißbrauchen, die gegen die politische Linie der Partei gerichtet sind. ... Unter einem Teil der kleinbürgerlichen Elemente in Polen wird der XX. Parteitag, ebenso wie in einigen anderen Ländern, in einem ... parteifeindlichen Geist kommentiert, was eine Folge der politischen Unstabilität dieser Elemente ist, sowie des Angriffs der feindlichen, bürgerlichen Propaganda, die danach strebt, die Aufmerksamkeit der Massen auf die Fehler J.W. Stalins zu konzentrieren und das Vertrauen zur Richtigkeit der politischen Linie der Kommunistischen Partei der SU zu untergraben.
Auch einige Zeitungen und Zeitschriften in Polen waren nicht frei von solchen Schwankungen. In der im allgemeinen fruchtbaren und schöpferischen breiten Diskussion kam es hier und da zu opportunistischen, schädlichen und zuweilen einfach parteifeindlichen Ausfällen und Äußerungen, denen von einigen Redaktionen nicht die erforderliche Abfuhr erteilt wurde. ..."
Die Partei führte den Kampf um Beschlüsse des XX. Parteitages an zwei Fronten. Vor allem gegen bürokratischen Konservatismus usw.
„... gleichzeitig gegen die kleinbürgerliche Wankelmütigkeit und Prinzipienlosigkeit, gegen die Versuche, die Freundschaft des polnischen und sowjetischen Volkes zu unterwühlen. ... Die PVAP ließ sich in ihrer ganzen Tätigkeit konsequent vom zuverlässigen Kompaß des Marxismus-Leninismus leiten. Die Generallinie unserer Partei war und bleibt richtig, die polnisch-sowjetische Freundschaft war und bleibt das Fundament unserer Politik."

4.-5. Mai *Delegation der SP Frankreichs unter Führung Commins bei Chruschtschow und Mikojan.* Aussprache mehrere Stunden, freundschaftliche Atmosphäre. Wie es scheint, wachsen die Aussichten auf Aktionseinheit im Eiltempo. Allerdings – auf nationaler Ebene – gegenüber der

Kommunistischen Partei Frankreichs, bleibt man so ablehnend wie eh und je.

7. Mai Vorwärts:
ZK der polnischen Partei analysierte Fehler. Tätigkeit des Genossen Jakub Berman kritisch eingeschätzt. Aus Politbüro und als Stellvertretender Vorsitzender des Ministerrates zurückgetreten.

7. Mai *Abreise Titos nach Paris.* Offizielle Besprechungen mit Mollet und Pineau. Abschluß der Besprechungen mit sehr positivem Kommuniqué. Merkwürdigerweise scheint sich der Kommunist Tito mit den französischen Sozialisten (die immerhin die Politik der französischen Imperialisten durchführen) viel besser zu verstehen als mit den französischen Kommunisten.

Mai 1956 Hochkonjunktur in internationalen Kontakten. Das Eis des kalten Krieges scheint für immer dahinzuschmelzen wie durch ein Wunder.

13. Mai Neues Deutschland
Mollet und Pineau reisen in die SU. Nach den zitierten Äußerungen Daniel Mayers über seine Besprechungen mit den jugoslawischen Führern ist die Vermutung immerhin naheliegend, daß zwischen dem Besuch Titos in Paris bei Mollet und dem jetzigen Besuch Mollets in der Sowjetunion ein gewisser Zusammenhang besteht.[2]

13. Mai Neues Deutschland
Bericht über Rede Sirokys auf Tagung des ZK der KP der Slowakei über die Politik der KPC. Hauptlinie: Den

2 Guy Mollet selbst über seine damaligen Aktivitäten: „Als ich an der Macht war, habe ich gegen die Tschechoslowakei eine ebenso starke und vielleicht besser organisierte Widerstandsbewegung als die in Ungarn zusammengeschmiedet. Wir haben eine Hundertschaft des SDECE (Geheimdienst) geschickt, um die tschechoslowakischen illegalen Bewegungen zu unterstützen. ... All dies sollte seinen Platz haben in einer breiten Liberalisierung der kommunistischen Welt, die für Ende des Jahres 1956 vorgesehen war." Die Zeitung der DKP, „Unsere Zeit" vom 16. April 1993 dazu: „Dies erklärte der frühere französische Sozialistenführer Guy Mollet gegenüber der französischen Historikerin Georgette Elgey. Bisher wurde eine direkte geheimdienstliche Unterstützung antikommunistischer Umsturzbestrebungen in Ungarn, der CSSR und anderen sozialistischen Ländern von kommunistischer Seite behauptet, von der westlichen Seite jedoch bestritten." (Unsere Zeit, DKP, vom 16. April 1993, Überschrift „Geheimdienste" – „spätes Geständnis" von Guy Mollet)

Feinden keine Angriffsmöglichkeiten eröffnen. Kritik an Fehlern sehr klug abgewogen. Vor allem nicht zugelassen, daß das Vertrauen der Bevölkerung in die Sicherheitsorgane des Staates erschüttert werden kann (im Gegensatz zu Ungarn und Polen, wo sich in Posen und dann im Oktober zeigte, welche blutigen Früchte es trug, daß man die Diffamierung und Hetze gegen die Sicherheitsorgane duldete und dieser Hetze sogar den Schein der Berechtigung geliefert hatte durch die dramatischen Rehabilitierungen).

Siroky erklärte, daß für die Verstöße gegen die Gesetzlichkeit Slansky verantwortlich war. Slansky habe Personen in die Sicherheitsorgane eingeschleust, die bereitwillig seine Wünsche und Befehle ausführten und Gewalt- und Druckmethoden anwendeten. Gleichzeitig mahnt Siroky nachdrücklich zu erhöhter Wachsamkeit. Zum Slansky-Prozeß sagte er, das Zentralkomitee betrachte den Teil des Slansky-Prozesses als unkorrekt, der sich auf die Anschuldigungen gegen führende Vertreter Jugoslawiens bezieht.

23. Mai Neues Deutschland

„Abfuhr für Morgan Philipps"

Antwort Veljko Vlahovic, Mitglied des ZK des Bundes der Kommunisten Jugoslawiens, auf einen Brief Morgan Philipps. Wenn diese Antwort das Ziel hatte, das Vertrauen der kommunistischen Parteien, ihrer Mitglieder, zu den führenden Leuten Jugoslawiens zu erhöhen, dann war sie sehr geschickt gemacht. Anlaß war die mysteriöse Verurteilung Djilas', gegen die Philipps protestierte. Diese Einmischung wird entrüstet und ironisch zurückgewiesen. Auf die Bedenken Philipps, daß Jugoslawien auf den schlechten Weg zurückkehren könnte, antwortet Vlahovic: „Hier handelt es sich darum, daß Herr Philipps nicht sieht, daß in der Arbeiterbewegung der Gegenwart etwas Großes, Ernsthaftes, qualitativ Neues vor sich geht. Es handelt sich hier nicht um ‚eine Rückkehr auf einen schlechten Weg', sondern um einen neuen Prozeß der Vorwärtsbewegung auf der breiten Entwicklungsfront der sozialistischen Kräfte." Wieder einmal das Orakel von Belgrad!

15. Mai Neues Deutschland
Abschluß-Kommuniqué zu den Besprechungen zwischen Pierre Dommin, Generalsekretär der SFIO, und der KPdSU. Darin wird versichert, in den ZKs beider Parteien werde die Fortsetzung der hergestellten Kontakte erörtert.

16. Mai Neues Deutschland
Beginn der gemeinsamen Besprechungen SU-Frankreich (Mollet, Pineau). Abschluß am 20. Mai mit gemeinsamer Erklärung, die bestes Wetter verheißt.

19. Mai *Rákosi vor dem Budapester Parteiaktiv.* Über Lage und Aufgaben der Partei im Lichte des XX. Parteitages. Darlegungen an ungarischen Beispielen, daß Stalins These von der Verschärfung des Klassenkampfes mit wachsenden Erfolgen falsch und schädlich sei. (Gerade das ungarische Beispiel legt nahe, die Korrektur dieser These selbst einer Korrektur zu unterziehen. K.G.) Selbstkritische Einschätzung seiner Arbeit und seines Verhaltens zu bestimmten Fragen.

19. Mai *Beschluß in Ungarn:* Ab 1. Juni Gehaltserhöhung für die niedrigsten Gehaltsgruppen, mindestens 650 Forint; Arbeitszeitverkürzung in gesundheitsschädlichen Betrieben.

20. Mai Neues Deutschland
Cyrankiewicz empfing polnische Journalisten. Fragen der breiteren Information der Presse über die Tätigkeit der Regierung erörtert.

23. Mai Neues Deutschland
CTK über den Besuch tschechoslowakischer Delegationen nach Jugoslawien.

25.-27. Mai Neues Deutschland
III. Parteitag der Partei der Arbeit Albaniens
Enver Hodscha begrüßt in seiner Rede die Verständigung zwischen SU und Jugoslawien, die auch zur Wiederherstellung der Beziehungen zwischen Albanien und Jugoslawien geführt habe. Es gäbe jetzt nichts, was das neue Verhältnis zwischen den beiden Ländern trüben könnte. Gleichzeitig erklärte er aber, daß die Beschuldigungen und die Urteile gegen die parteifeindliche Gruppierung Kotschi Dzodze vollkommen berechtigt waren, da Dzodze und seine Anhänger eine Politik betrieben,

die die Spaltung und die Liquidierung der Partei zum Ziele hatte.

Wenn die Genossen in Ungarn und Polen glauben konnten, die Rehabilitierung der als Parteifeinde Verurteilten verkraften zu können, so war es für Albanien von vornherein eine Frage von Sein oder Nichtsein: Eine Rehabilitierung Dzodzes wäre der erste Schritt zur Einverleibung Albaniens durch Jugoslawien gewesen. Im übrigen hat es sich gezeigt, daß eben auch die ungarische und die polnische Partei diese Rehabilitierungen nicht verkraften konnten, sondern den Möglichkeiten, die diese Erklärungen für Angriffe auf die Parteiführung eröffneten, zum Opfer fielen. Wenn das in Bulgarien anders lief, dann deshalb, weil erstens die Parteiführung einheitlich war und blieb, frei war von falschen Elementen, und zweitens der Versuch, im bulgarischen Volk antisowjetische Stimmungen hervorzurufen, weit weniger Aussicht auf Erfolg hat als in irgendeinem anderen Land der Volksdemokratie. Aber der Nationalismus und Antisowjetismus spielten bei der Aufwiegelung der Massen in Ungarn und Polen die Hauptrolle. Schließlich drittens, weil die bulgarische Partei, die Partei Dimitroffs, politisch viel reifer und gefestigter war, und auch schon vor der Befreiung über größeren Einfluß verfügt hatte, als die Partei in Ungarn oder gar in Polen.

Und Rumänien? Sie waren in der günstigen Lage, ihre wegen rechter Abweichungen verurteilten Leute (Luca, Pauker u.a.) nicht rehabilitieren zu müssen, da in ihrer Angelegenheit kein Vorwurf titoistischer Umtriebe erhoben worden war. Und so fuhr denn Gheorghiu Dej nach Jugoslawien und nahm den Kontakt mit Tito wieder auf, ohne auch nur im geringsten im Lande selbst einer neuen Aktivität von Elementen, die auf Jugoslawien orientiert sind, Raum zu geben. (Derselbe Gheorghiu Dej hatte auf der Beratung des Inform-Büros das Referat gehalten: Die Jugoslawische Partei in der Hand von Mördern und Spionen.)

27. Mai Neues Deutschland

McCloy bekennt sich zur Oder-Neiße-Grenze. (Eigentlich hätte man sich bei dieser Meldung schon sagen müssen: dann muß in Polen irgend etwas nicht stimmen!)

28. Mai Neues Deutschland
Prawda zum Jahrestag der Belgrader Deklaration:
„Es wurde eine dauerhafte Grundlage für die Wiederherstellung und die Weiterentwicklung der brüderlichen Freundschaft und für eine allseitige Zusammenarbeit zwischen den Völkern der SU und Jugoslawiens geschaffen, die 1948 vorübergehend unterbrochen worden waren."

28.-30. Mai Togliatti in Belgrad.

2. Juni Neues Deutschland
Molotow als Außenminister von Schepilow abgelöst, das Willkommensgeschenk an Tito.

7. Juni *Ankunft Titos in Moskau.*

6. Juni Neues Deutschland
Durch Amnestie in Polen bisher 28000 aus der Haft entlassen.

6. Juni Beginn der Verhandlungen der SPI mit den Saragat-Sozialisten.

9. Juni Neues Deutschland
Suslow besucht Rákosi (am 7. Juni in Budapest eingetroffen). Gibt es zwischen diesem Besuch und der Moskau-Reise Titos einen Zusammenhang?

9. Juni Neues Deutschland
Genosse Ulbricht aus dem Urlaub, den er *in der CSR* verbrachte, zurückgekehrt.

8. Juni ZK-Tagung der SPI. Aktionseinheit mit KPI bleibt.

8.-15. Juni Nationalkongreß der KPC.

10. Juni Neues Deutschland
L.W. Kaganowitsch von seiner Pflicht als Vorsitzender des Komitees für Arbeit und Löhne entbunden; Nachfolger A.P. Wolkow.

11. Juni *Rede des USA-Außenministers John Foster Dulles*
Das „Archiv der Gegenwart" berichtet über den Inhalt der Rede: „Dulles sieht eine Befreiung der Satellitenstaaten für möglich an. Dulles sagt voraus, daß Kräfte der Freiheit, die nun hinter dem Eisernen Vorhang am Werke seien, sich als unwiderstehlich erweisen, und daß sie die internationale Szenerie bis zum Jahre 1965

umändern könnten. Die Anti-Stalin-Kampagne und ihr Liberalisierungsprogramm hätten eine Kettenreaktion ausgelöst, die auf lange Sicht nicht aufzuhalten sei." (Archiv der Gegenwart, 1956, S. 5878 [11. Juli 1956])

12. Juni Neues Deutschland
„Führender polnischer Emigrant kehrt zurück."
Stanislaus Mackiewicz, ehemaliger Ministerpräsident der Londoner Exilregierung, gibt seine Absicht bekannt, am 23. Juni nach Polen zurückzukehren.

13. Juni Neues Deutschland
Wiedergabe der Rede Novotnys auf dem Parteitag der KPC.
Die Generallinie der Partei war richtig. Bei der Durchführung Fehler und Mängel.
„Es muß klar ausgesprochen werden, daß die in der Vergangenheit gegenüber Jugoslawien erhobenen Beschuldigungen auf falschen, konstruierten Unterlagen beruhten."
Wirtschaftliche Maßnahmen: ab Oktober Arbeitszeitverkürzung auf 46 Stunden; Rentenerhöhung; Weiterentwicklung der Genossenschaften.
Zum Slansky-Prozeß: „Die Überprüfung des Falles Slansky ergab, daß sich Slansky auch eine ganze Reihe von Straftaten zuschulden kommen ließ, die in der Anklage nicht enthalten waren. So wollte er die Macht im Staat und in der Partei an sich reißen. Es besteht keine Ursache zur Rehabilitierung Slanskys."
Das war der entscheidende Damm gegen die Möglichkeit einer Reaktivierung der Parteifeinde, ein Damm, der in Polen und Ungarn eingerissen worden war!
„Die im Slansky-Prozeß gegen Jugoslawien erhobenen Beschuldigungen treffen nicht zu." Im Zusammenhang mit der vorangegangenen Erklärung kam dieser Feststellung lediglich formale Bedeutung zu, ohne praktische Rückwirkungen auf die Politik der Partei und Regierung.

15. Juni Neues Deutschland
„Borba weist USA-Hetzkampagne zurück." Aus der Meldung geht hervor, daß Djilas, der im Januar 1955 zu 1 1/2 Jahren Gefängnis mit Bewährung verurteilt wor-

den war, erneut Artikel im Ausland veröffentlichte (in der USA-Presse), die der „Borba" Gelegenheit gaben, gegen die „reaktionären Kreise" loszulegen. Eine ziemlich durchsichtige Inszenierung!

14. Juni Ollenhauer, Mellies und Wehner beim sowjetischen Botschafter Sorin. „Die ausgedehnte Unterhaltung fand in einer aufgeschlossenen und angeregten Stimmung aller Beteiligten statt." Dazu allerdings, daß die SPD gegen das KPD-Verbot auftrat, hat auch diese Unterredung nichts beigetragen!

14. Juni Der polnische Exilpolitiker Mackiewicz aus London in Warschau eingetroffen.

Juni 1956 Schepilow in den Ländern des Nahen Ostens.

20. Juni Neues Deutschland
Erklärung Togliattis und der KP Frankreichs über XX. Parteitag und Personenkult.

20. Juni *Gemeinsame Erklärung der Regierung der SU und der jugoslawischen Regierungsdelegation.* Erklärung über die Beziehungen der beiden Parteien von den Parteiführern unterzeichnet. (Darin war allerdings nicht die Rede davon, daß die jugoslawischen Parteiführer ihre Aufgabe darin sehen, in den kommunistischen Parteien „dem Geist zum Siege zu verhelfen, der von Jugoslawien seinen Ausgang nahm".)

24. Juni *Zwischenstation Titos in Bukarest* auf der Rückreise aus Moskau. Ergebnis: zwei gemeinsame Erklärungen (Regierungen- und Parteien-Erklärungen).

25. Juni Vorwärts
„Edens Absage an den kalten Krieg." (Überschrift zur Wiedergabe seiner Rede in Warwick. Wie friedliebend sie doch alle waren, die Edens und Mollets. ...)

25. Juni Der Schah von Iran in Moskau.

28. Juni *Faschistischer Putsch in Poznan.*
Bei der Vorgeschichte ist bemerkenswert, daß die notwendige Massenstimmung bei den Arbeitern der Zispo-Werke dadurch erzielt wurde, daß ihre gerechten Forderungen mit einer Kaltschnäuzigkeit sondergleichen mißachtet und abgegebene Versprechen nicht eingehalten wurden, was in krassem Gegensatz steht zu der doch gerade in Polen so besonders erfolgreich vorangetrieben

sein sollenden Demokratisierung. Die Machart erinnert an die psychologische Vorbereitung des 17. Juni bei uns 1953.

28. Juni Neues Deutschland
„In den letzten Tagen kehrte der frühere Mitarbeiter des ungarischen Rundfunks, Dr. K. Molnar, aus Belgien nach Ungarn zurück."

28. Juni Neues Deutschland
Umbenennung der Moskauer Stalin-Automobilwerke in Lichatschow-Werke.

28.-30. Juni Besprechungen Chruschtschows und anderer Führer der KPdSU mit einer Delegation der KP Frankreichs (Fajon, Waldeck-Rochet u.a.).

29. Juni Neues Deutschland
Ansprache Titos bei seiner Rückkehr in Belgrad: eine Minderheit der Stimmen im Ausland lege die Moskau-Reise böswillig „als eine besondere abermalige Gruppierung der kommunistischen Kräfte gegen die, wie sie sagen, freie Welt, aus. Ich glaube, daß jeder, der unsere Außenpolitik einige Jahre verfolgt hat, dies für absurd hält." Hier ist das Belgrader Orakel einmal etwas deutlicher. In der Tat, wer diese Außenpolitik verfolgt hat, der weiß, daß es absurd ist, von Tito kommunistische Kampfsolidarität zu erwarten.

29. Juni Neues Deutschland
Schepilow in Athen.

30. Juni *„Borba" zum Poznaner Putsch:*
Ein Versuch polnischer und ausländischer reaktionärer Kräfte, die Entwicklung eines positiven Programms in Polen zu verhindern und Zweifel an der Richtigkeit eines solchen Programms hervorzurufen.
„Polen gehört zu den Ländern Ost-Europas, die die größten Fortschritte in der Demokratisierung in allen Bereichen des Lebens zu verzeichnen haben." Ein vielsagendes Lob aus Belgrad!

30. Juni Neues Deutschland
Über zehntausend Emigranten seit September 1955 nach Polen zurückgekehrt.

30. Juni Neues Deutschland
Pineau für Beendigung des kalten Krieges (auf dem Parteikongreß der französischen Sozialisten in Lille).

4. Juli Neues Deutschland
Togliatti in der Unita vom 3. Juli zum Putsch in Poznan.
„Der Feind existiert. Er ist stark, aktiv und kennt keine Gnade. Die Ereignisse in Polen erinnern uns mit besonderer Eindringlichkeit daran. Wieviel Gewehre und Maschinengewehre kann man in Funktion treten lassen, wenn man 125 Millionen Dollar jährlich ausgibt. Der Feind existiert also. Er arbeitet jedoch auch an anderen Stellen, um uns von unserem Wege abzubringen, um zu verwirren und zu zersetzen, um die Wirklichkeit zu entstellen und mit allen Mitteln die Fortschritte des Sozialismus zu hemmen. ..."
Dagegen Gomulka auf dem 8. Plenum im Oktober 1956:
„Es wäre sehr naiv, wollte man den hoffnungslosen Versuch unternehmen, die bittere Tragödie von Poznan als das Werk imperialistischer Agenten und Provokateure hinzustellen."
Und die Wroclawer „Arbeiterstimme" vom 5. Dezember 1956:
Über die Ursachen des Poznaner Putsches: „Weisen wir hier von vornherein die sinnlose Version von den Agenten und den hundert Millionen zurück."
Also zwei Linien: eine, die ohne die eigenen Fehler zu vertuschen, die Aufmerksamkeit der Arbeiterklasse auf die Umtriebe des Klassenfeindes richtet, um sie zu befähigen, ihn zu schlagen; die andere, die die Tatsache von Fehlern dazu benutzt, um dem Feind eine Tarnhaube aufzusetzen, die Klassenwachsamkeit abzutöten.

4. Juli Parteidelegation der KP Italiens in der SU (Pajetta, Negarville, Pellegrini).

13. Juli Neues Deutschland
Verhandlungen zwischen Regierungsdelegationen der CSR und Polens in Warschau. Sehr gute gemeinsame Erklärung: Für Warschauer Vertrag; Unterstützung der DDR im Kampf um Einheit, noch engere wirtschaftliche Zusammenarbeit usw.

12. Juli Nasser in Belgrad eingetroffen.

12. Juli Neues Deutschland
Wiedergabe einer Entschließung des ZK der ungarischen Partei, die zeigt, daß die ungarische Parteiführung zäher und hartnäckiger als in Polen gegen die immer massiveren feindlichen Angriffe kämpft. Es wird festgestellt, daß nach dem XX. Parteitag eine fruchtbare Diskussion, aber „diese gesunde Entwicklung wird durch demagogische Reden gegen die Partei und Volksdemokratie in Frage gestellt. Solche Reden wurden im Petöfi-Klub gehalten. ..."
Die Diskussion verlief zunächst positiv, aber wurde dann von einer bestimmten Gruppe gegen die Partei gelenkt. „Solche Reden gegen die Partei und die Volksdemokratie werden hauptsächlich von einer bestimmten Gruppe organisiert, die sich um den ehemaligen Ministerpräsidenten Imre Nagy gebildet hat."
Verurteilung dieser Reden, Entschlossenheit, dessen ungeachtet die Demokratie weiter zu entwickeln.

13.-18. Juli Nehru in Bonn.

16./17. Juli Vorwärts und Neues Deutschland
Spanienwoche in Berlin. Delegationen von Spanienkämpfern u.a. auch aus Jugoslawien.

19. Juli Neues Deutschland
ZK-Plenum der ungarischen Partei (18. Juli)
Gerö verliest Rákosis Brief mit Bitte, ihn von der Funktion als 1. Sekretär zu entbinden. Begründung: Fehler, Krankheit. Rákosi gibt Erklärung dazu.
Gibt es einen Zusammenhang zwischen dem Besuch Titos in Moskau (20. Juni), dem Besuch Suslows bei Rákosi (9. Juni) und Rákosis Rücktritt?

13. Oktober *The New Statesman and Nation*
Artikel: Krise unter den Satelliten:
„Es ist sicher, daß Tito den Kopf Rákosis als Preis für die Versöhnung gefordert hat."
Tito selbst in der Pula-Rede (15. November 1956):
„Gerade weil unsere staatliche Politik und ebenso sehr auch unsere Parteipolitik gegen eine Einmischung in die Angelegenheiten anderer sind, und damit wir nicht von neuem mit den sowjetischen Genossen in Konflikt gerieten, haben wir uns bei den sowjetischen Staatsmän-

nern nicht genügend (!) dafür eingesetzt, ein solches Gespann, wie es Rakosi und Gerö sind, abzusetzen."
Diese ganze Sache gehört mit zu den dunkelsten Kapiteln der Kommunistischen Bewegung.
Rákosi sah, welche Gefahr hier heraufzog. Er wußte, welche Kräfte im Petöfi-Kreis wirkten, er kannte Imre Nagy. Er kannte das alles, denn er wußte, wie es damals, 1948, von Rajk organisiert worden war. Und er kämpfte, er kämpfte verbissen, zäh, mit aller Kraft, deren ein Rákosi fähig war. Er kämpfte um die Partei. Er wußte, wohin die Beschuldigungen, das Lamentieren über „Fehler" zielten.
Den ersten Angriff, der 1953 mit der Wendung zum neuen Kurs erfolgte, hatte er nach zwei Jahren wieder zurückgeschlagen: Als in der SU im Februar 1955 der Schlag gegen Malenkow geführt wurde und die Abkehr vom neuen Kurs zurück zur forcierten Entwicklung der Schwerindustrie erfolgte, führte Rákosi den Schlag gegen Imre Nagy und trieb die bereits frech gewordenen Parteifeinde für einige Zeit wieder in die Mäuselöcher. Aber dann kam die „Versöhnung" mit Tito, und damit hatte es Rákosi nicht mehr allein mit den Imre Nagys zu tun. Mit ihnen allein fertig zu werden, war die Partei stark genug.
In dem Moment, wo sie, die Nagys, in der KPdSU Unterstützung fanden, kämpften Rákosi und Gerö und all die guten Genossen der ungarischen Partei einen verzweifelten, aber hoffnungslosen Kampf.
Rákosi, das ist die tragischste Gestalt der revolutionären Kommunistischen Bewegung. Es wird sich einmal ein sozialistischer Shakespeare finden, um die Menschen zu erschüttern mit der Darstellung der Tragödie dieses Mannes, den eine 16-jährige Haft in den Kerkern des Horthy-Faschismus nicht zu zerbrechen vermochte und der am Ende seines Lebens gefällt wurde nicht im offenen Kampf, sondern von einer Verschwörung, die er selbst sah, ohne von ihr sprechen zu können; der sich selbst beschuldigen mußte, obwohl er die wahren Schuldigen kannte; der bereit war, als Revolutionär, der er immer war, selbst seine revolutionäre Ehre zu opfern, in der

Hoffnung, dadurch das Verhängnis aufhalten zu können. Das ungarische Volk wird ihm noch einmal Denkmale setzen als einem seiner Größten. —
Auf dem Plenum wird Ernö Gerö zum 1. Sekretär gewählt – der letzte Versuch, die Partei vor der Zersetzung durch die Nagy-Leute zu bewahren. Aber auf dem gleichen Plenum wird Kadar ins ZK kooptiert.
Auf dem gleichen Plenum muß Gerö sagen: „Wir beabsichtigen, einen Brief an den Bund der Kommunisten zu senden, in dem wir feststellen: Wir bedauern tief, was geschehen ist. Wir ziehen unsere Verleumdungen zurück, mit denen wir in der gespannten internationalen Lage die Föderative Volksrepublik Jugoslawien und ihre Leiter bedachten. Wir schlagen vor, Verhandlungen zu beginnen. ..."

17. Juli Trybuna Ludu gegen KPD-Verbots-Urteil in Karlsruhe.

18. Juli Neues Deutschland
Der Generalstaatsanwalt der Volksrepublik Polen, Marian Rybicki zu Posen: Staatsanwaltschaft untersucht alle Umstände, die zu den Ereignissen beitrugen.

16.-17. Juli *Moskauer Verhandlungen DDR-UdSSR.*
Abschlußempfang am 17. Juli; gemeinsame Erklärung. Ansprachen Bulganin, Chruschtschow u.a.
Chruschtschow: „Einige verstehen unter dieser Frage (des nationalen Weges, K.G.) ein Auseinandergehen der Länder des sozialistischen Lagers, eine Isolierung unserer Kräfte, ... wodurch die Imperialisten mit ihnen einzeln leichter fertig werden. Wir müssen die brüderliche Solidarität zwischen den Kommunistischen und Arbeiterparteien, die auf der Grundlage des Marxismus-Leninismus stehen, festigen."
Dieses ist ein erneuter Hinweis auf das Anwachsen nationalistischer Strömungen in manchen Kommunistischen Parteien. Leider ist die Verurteilung so allgemein und unkonkret, daß keine wirkungsvolle Zurückweisung der nationalistischen Elemente.

19. Juli Neues Deutschland
Polen ändert Rentengesetz ab 1. Juli. Mindestrenten auf 260 Zloty erhöht.

20. und 21. Juli Neues Deutschland
Kommuniqué über die Besprechungen Tito-Nasser-Nehru auf Brioni. Regelmäßiger Gedankenaustausch vereinbart.

22. Juli Neues Deutschland
Ministerrat der UdSSR übergibt Polen Dokumente aus polnischen Archiven aus den Jahren 1894-1939 (vielleicht auch solche über die Durchsetzung der KP Polens mit Polizeispitzeln?!).

24. Juli Neues Deutschland
Bericht über die ZK-Tagung der ungarischen Partei vom 18.-21. Juli (Ergänzung). Das ZK wurde erweitert, in das Politbüro die Rehabilitierten Kiss, Kadar, Marosan und Revai gewählt. Mitgeteilt, daß bisher 474 rehabilitiert wurden, darunter: Ferenc Donath, Janos Kadar, György Marosan, Laszlo Rajk, Tibor Szönyi, Zoltan Horvath, Gyulia Kallai, György Palffi, Pal Schiffer, Imre Vajda.
Als eine der wichtigsten Maßnahmen der letzten Zeit die Beseitigung der technischen Sperren an der ungarisch-österreichischen Grenze erwähnt!
Am letzten Tag des Plenums noch einmal Gerö: Unter den Arbeitern bedauern viele, daß Genosse Rákosi aus dem Politbüro ausschied und nicht mehr Erster Sekretär des ZK ist. – Rákosi bleibt Mitglied des ZK und wird im Präsidialrat der Nationalversammlung arbeiten.

22. Juli *Veröffentlichung des Beschlusses der ungarischen Partei, Mihaly Farkas aus dem ZK auszuschließen.* Begründung: Farkas war zur Zeit des Rajk-Prozesses im ZK für die Arbeit der Staatssicherheitsorgane verantwortlich. Aller Parteifunktionen enthoben. Vorschlag an den Präsidialrat der Nationalversammlung, Farkas seine militärischen Ränge abzuerkennen. Bedeutung: Gerö und seine Genossen kämpfen auch nach Rákosis Rücktritt als Erster Sekretär weiter. Wir erinnern uns, daß Farkas bereits im April aus dem Politbüro und dem Sekretariat des ZK abberufen wurde, weil er die Auffassungen Nagys teilte!

18.-21. Juli AdiA[3] 3/1956 vom 11. August
Rede Thorez (Auszug) an den 14. Parteitag der KP Frankreichs (18.-21. Juli). Für Aktionseinheit, gegen Sektierer-

3 Zeitschrift „Aus der internationalen Arbeiterbewegung"

tum gegenüber sozialistischen Arbeitern. Für feste, unerschütterliche Freundschaft zur SU. Für Wiederaufnahme der Beziehungen zur jugoslawischen Partei.
Gegen feindliche Stimmen in den eigenen Reihen: „Manche haben zum Beispiel gefordert, in der Partei sollte eine ständige Diskussion über ausnahmslos alle Fragen stattfinden, als wären wir ein Klub, als wären wir nicht eine Partei der Tat, eine Partei, die sich auf ihre revolutionären Aufgaben vorbereitet. ... Was wäre aus unserer Partei geworden, ... hätten wir den Doriots und den anderen Renegaten die Freiheit gegeben, in unseren Reihen nach ihrem eigenen Wunsch und Willen unter dem Vorwand der ‚Meinungsfreiheit' vorzugehen?"

24. Juli Neues Deutschland
Bericht über die Rede Bulganins auf der Festveranstaltung anläßlich des Jahrestages der Befreiung Polens in Warschau.
Ein großer Teil seiner Rede der Verurteilung des Mißbrauchs des Kampfes gegen den Personenkult und der Kritik an feindlichen Vorstößen in der polnischen Presse gewidmet.
„Sie möchten uns entzweien, um dann zuerst mit einem der sozialistischen Länder, dann mit dem zweiten, dem dritten usw. einzeln fertig zu werden." Die Einheit des sozialistischen Lagers ist heilig.
„Feindselige und opportunistische Elemente (sind) zu neuem Leben erwacht, unsichere und schwankende Elemente in unseren eigenen Reihen melden sich zum Wort." Irregeführt von feindlicher Propaganda, unrichtiger Interpretation einzelner mit dem Personenkult verknüpfter Thesen; Niederschlag dessen in gewissen Presseorganen, auch in Polen.
„Es ist bekannt geworden, daß Elemente, die unserer Sache feindlich gegenüberstehen, sich der Presseorgane der sozialistischen Länder bedient haben, um ihre giftige Saat zu säen. Gewisse Leiter dieser Organe gerieten unter feindlichen Einfluß. ... Wir können jedoch nicht die Versuche übersehen, die internationalen Verbindungen des sozialistischen Lagers unter dem Deckmantel einer vermeintlichen ‚Erweiterung der Demokratie' zu

unterwühlen. ... Eine der wichtigsten Aufgaben, ... Überwindung der opportunistischen Schwankungen."
Bulganin erinnert an Felix Dzierzynski, Boleslaw Bierut. – Warnt vor feindlichen kapitalistischen Elementen und deren Agenten in den Volksdemokratien, die Mängel und Fehler auszunutzen versuchen. Mahnung zu hoher politischer Wachsamkeit, Stärkung aller Organe der proletarischen Diktatur.
Man sieht: Lange vor den Oktoberereignissen in Polen und Ungarn sind die Symptome der Krankheit klar erkannt, wurde vor der Krankheit gewarnt. Warum blieb diese Warnung so völlig ohne Wirkung? Weil die Bazillenträger nicht beim Namen genannt wurden. „Gewisse Elemente", „feindliche Elemente", das trifft niemanden, hat diese Elemente nicht im geringsten in ihrer Tätigkeit gestört.
Früher war das so, daß bei den Auseinandersetzungen in der Partei nicht nur die feindlichen Auffassungen, sondern auch deren Träger beim Namen genannt und bekämpft wurden. Warum war das jetzt auf einmal anders? Um der heiligen Einheit willen. Man hätte sonst gerade die „Elemente" beim Namen nennen müssen, die soeben erst – nicht ohne Zutun einzelner Führer der KPdSU – rehabilitiert worden waren!
Heute (Januar 1957) ist die Frage angebracht: Ist durch all das die Einheit im sozialistischen Lager gefestigt worden? Es ist offensichtlich, daß diese Einheit – sowohl innerhalb der einzelnen Parteien wie im sozialistischen Lager als Ganzem – empfindlich geschwächt wurde.

25. Juli Neues Deutschland
Polnischer Empfang in Westberlin. Der Leiter der polnischen Militärmission in Westberlin gab am 23. Juli aus Anlaß des Nationalfeiertages der Volksrepublik Polen einen Empfang.

28. Juli Neues Deutschland
Mikojan besucht Rumänien, Jugoslawien, Bulgarien und Ungarn.

29. Juli Neues Deutschland
Lohnerhöhung in Ungarn ab 1. Juli vom Ministerrat beschlossen.

31. Juli Neues Deutschland
Bericht vom 7. Plenum der polnischen Partei. Jakub Berman aus Politbüro ausgeschieden. Ins Politbüro gewählt Edward Gierek, Roman Nowak, Adam Rapacki. Kandidaten des Politbüros: Stefan Jendrichowski, Eugenius Stawinski. Beschluß: März 1957 – III. Parteitag.

Ende Juli AdiA 3/1956 vom 11. August
Rede Ochabs auf dem 7. Plenum des ZK der PVAP (drei Wochen nach Poznan).
Über die Vorgänge in der Partei, die dem Plenum vorausgingen, sowie über den Verlauf des Plenums selbst ist bei uns sehr wenig bekannt. Die Rede Ochabs zeigt nur, daß die Richtung, die später auf dem 8. Plenum das Bild beherrschte, bereits auf dem 7. Plenum weitgehend die Richtung der Schlußfolgerungen aus dem Putsch in Poznan bestimmte. Wie bei uns dem 17. Juni, so war dem Posener 28. Juni in noch viel stärkerem Maße eine Diskussion über „Fehler" vorausgegangen. Aber während bei uns der Putsch Anlaß dafür war, die Fehlerdiskussion abzustoppen (was viele damals nicht verstanden, mich eingeschlossen) und mit voller Wucht herausgestellt wurde, daß es sich um einen faschistischen Putsch handelte, von den imperialistischen Agenturen organisiert, nahm das 7. Plenum, offenbar unter dem Druck einer Richtung, die in etwa die Rolle spielte wie bei uns die Herrnstadt-Zaisser-Gruppe, eine entgegengesetzte Haltung ein: der Hauptton wurde auf die eigenen Fehler und Versäumnisse gelegt. Und wieder zeigte sich das gleiche wie bei uns: dieses offene „Eingeständnis" eigener Fehler führte nicht zu einer Festigung der Autorität und des Vertrauens der Massen zur Führung, sondern zum Gegenteil – weil es in demagogischer Weise zu Angriffen auf die alte Führung mißbraucht wurde.

13. Oktober *The New Statesman and Nation zum PVAP-Plenum:*
„Auf dem letzten Juli-Plenum wurde offenbar, daß eine Fraktion innerhalb der Partei existiert."

4. November *Vorgriff: Gomulka auf der Gesamtpolnischen Parteiaktivtagung am 4. November 1956*
Über die verschiedenen Richtungen in der Partei, sagt Gomulka, zirkulierten unter den Mitgliedern nur Ge-

rüchte, „Gerüchte, die bis zum heutigen Tage für viele noch unvollständig dechiffriert sind, daß sich nämlich in der Parteiführung zwei politische Richtungen bzw. zwei Gruppen geformt hätten, von denen die eine Natolin-Gruppe und die andere Pulawy-Gruppe genannt würde".

Gomulka bestreitet nicht die Existenz dieser Gruppen, sondern versucht, ihre Hauptdifferenzen darzustellen.

Gomulka: „Die zwei politischen Strömungen, die in der früheren Parteiführung und in einem Teil des Parteiaktivs zu verzeichnen waren, gelangten vorher ausdrücklich nicht an die Oberfläche des Lebens, sondern gruben sich darunter ihr Bett. Eine dieser Strömungen zeigte sich in ihrer ganzen Ausdehnung erst auf dem 8. Plenum." Das ist zwar immer noch in „Chiffre" gesprochen, aber immerhin aufschlußreich genug.

Es ist nicht ganz zutreffend, daß sich beide Strömungen ihr Bett unterirdisch gruben. Die eine hatte das nicht nötig, denn sie war die offizielle Richtung, die Richtung der Partei, seit Gomulka als Generalsekretär abgelöst war. Unterirdisch grub sich nur die andere Strömung ihr Bett. Das ist in der Geschichte der Kommunistischen Parteien nun ganz und gar nichts neues. Politische Strömungen, die in der Partei im offenen Kampf geschlagen wurden, haben sehr oft, wenn man ihren Vertretern dazu die Möglichkeit ließ, nachdem diese offiziell ihre Fehler „eingesehen" hatten, sich „unterirdisch" ihr Bett gebahnt. Für die Charakteristik solcher Tätigkeit gibt es in der Kommunistischen Bewegung ganz bestimmte Termini. Schlicht und einfach gesprochen handelt es sich darum, daß Gomulka, kaum daß er aus dem Gefängnis heraus war, sehr aktiv, wenn auch zunächst unterirdisch, seine Gruppe wieder sammelte und organisierte, auf der gleichen politischen Basis, deren Fehlerhaftigkeit er 1948 selbst eingestanden hatte. Diese politische Basis hatte Bulganin auf dem Jahrestag der Befreiung sehr treffend charakterisiert; wir erinnern uns, daß sie auch von Ochab noch im Frühjahr des Jahres gelegentlich der Freilassung Gomulkas verurteilt worden war. Aber im Gegensatz zu 1948 fand diese Gruppe 1956 sehr günstige Wachstumsbedingungen vor, so daß sie auch sehr bald „an die Oberfläche des Lebens", vor allem in die Presse, gelangen konnte. Es ist interessant, wie Gomulka selbst die diese Strömung fördernden Umstände einschätzt:

„Zu einem mächtigen Faktor, der dazu beitrug, diesen Prozeß immer schneller zu entwickeln, wurden der XX. Parteitag der KPdSU und insbesondere die Rede des Ersten Sekretärs der KPdSU, des Genossen Chruschtschow, auf der geschlossenen Sitzung des XX. Parteitages. Keinen geringen Einfluß auf die Entwicklung dieses Prozesses übte auch die Rehabilitierung der Kommunistischen Partei Polens aus. ..."

Und genau so war die Wirkung offenbar auch beabsichtigt!

31. Juli Beginn der Verhandlungen zwischen der SU und Japan.

2. August Neues Deutschland

Neues Verfahren gegen den ehemaligen Leiter der Untersuchungsabteilung im ehemaligen Ministerium für Staatssicherheit Polens, Rozanski. Hatte fünf Jahre Haft erhalten. Vom Staatsanwalt als zu gering angefochten.

3. August Neues Deutschland

Abkommen UdSSR-DDR-Jugoslawien über Zusammenarbeit beim Aufbau der jugoslawischen Aluminium-Produktion.

10. August Neues Deutschland

Adam Sokolowski, bisher Mitglied des sogenannten Rates der Polnischen Republik in London, nach Polen zurückgekehrt. Er habe in diesem Jahr immer mehr erfreuliche Nachrichten aus Polen erhalten und beabsichtige jetzt, in Polen zum Wohle seines Vaterlandes zu arbeiten. ...

26. August Neues Deutschland

Zum neuen Kommandeur der polnischen Sicherheitstruppen wurde der kürzlich rehabilitierte General Wazlaw Komar ernannt!

28. August Neues Deutschland

Zusammenkunft zwischen Nenni und Saragat.

28. August Neues Deutschland

Besprechung zwischen Delegation der polnischen Partei

und des jugoslawischen Bundes der Kommunisten in Belgrad.

28. August Neues Deutschland
Grubenunglück in Polen; 29 Kumpel umgekommen; durch Brand verursacht.

29. August Neues Deutschland
Sukarno, Staatspräsident Indonesiens, in Moskau.

22. September AdiA 6/1956
Bericht über Diskussion in der italienischen Kommunistischen Partei zur Vorbereitung des Parteitages. Offener Vorstoß Onofris gegen Togliatti. Antwort Togliattis darauf.

13. Oktober AdiA 7/1956
Beschluß des ZK der ungarischen Partei „zu einigen Fragen der Politik gegenüber der Intelligenz". Der Beschluß kritisiert einige sektiererische Überspitzungen im Verhalten gegenüber der Intelligenz, insbesondere ungerechtfertigtes Mißtrauen. Ausdruck der Bemühung, der recht erfolgreichen demagogischen Hetze gegen die Partei unter der Intelligenz durch positive Maßnahmen entgegenzuwirken. Zahlreiche praktische Maßnahmen zugunsten der Intelligenz vorgeschlagen.

2. September Neues Deutschland
Grubenbrand in CSR; vier Todesopfer.

2. September Neues Deutschland
Eisenbahnunglück in Polen. Lokomotive fährt auf in Bahnhof haltenden Personenzug; dreizehn Schwerverletzte.

4. September Neues Deutschland
Nenni: Zusammenarbeit mit Kommunisten bleibt.

4. September Neues Deutschland
Abschlußkommuniqué der polnisch-jugoslawischen Parteibesprechungen in Belgrad; Notwendigkeit, die Zusammenarbeit weiter zu entwickeln.
Austausch von Delegationen. Die polnische Delegation unterrichtet sich u.a. über Fragen der Wirtschaftsordnung in Jugoslawien, der Arbeiterselbstverwaltung u.a.

5. September Neues Deutschland
Kaganowitsch Minister für Brennstoffindustrie.

6. September Neues Deutschland
Jules Moch in Moskau.

7. September Neues Deutschland
46-Stunden-Woche in CSR.

8. September Neues Deutschland
Erklärung Cyrankiewicz' vor dem Sejm. Unterstreicht die erreichten Erfolge. Betont Bedeutung der weiteren Demokratisierung. Über Presse: „... trotz einer Reihe von Fehlern in weniger als zwei Jahren zu lebhafter, kühner und schöpferischer Kritik und der Beteiligung an der Formung des politischen Denkens in Polen übergegangen". Über das Programm: Bekräftigung der Stellungnahme des 7. Plenums. Prozesse wegen Poznan werden öffentlich geführt.
Unverbrüchliche Freundschaft zur SU und zu Volksdemokratien.

8. September Neues Deutschland
Internationale Lenin-Preise anstelle des Stalin-Preises.

9. September Neues Deutschland
Lohnerhöhung in SU; Mindestlohn in Städten 300 Rubel, auf dem Land 270; bis 370 Rubel steuerfrei.

10.-11. September *Sitzung einer Kommission des USA-Repräsentantenhauses „für Angelegenheiten der Länder Südosteuropas",* über „Perspektiven der Befreiung Ungarns" (Neues Deutschland vom 21. Dezember 1956).

12. September Neues Deutschland
„Um sozialistische Einheit in Italien." Artikel von G.Z. (Guido Zamis), aus dem zu entnehmen, daß Aktionseinheit KPI-SPI gefährdet.

13. September Neues Deutschland
Rentenerhöhung in Polen.

13. September Neues Deutschland
Sukarno in Jugoslawien.

13. September Neues Deutschland
Abschluß der Verhandlungen DDR-CSR in Prag. Wichtige Abkommen, u.a. langfristige Warenlieferungsabkommen.

14. September Unglück in der Grube Odra in CSR. Förderseil gelokkert, drei Tote.

15.-27. September *Mikojan auf dem VIII. Parteitag der KP Chinas:*
„Die in China zur Anwendung gelangenden eigentümlichen Methoden der Umwandlung der privatkapitalistischen Betriebe in staatskapitalistische bei Vorhandensein eines immer stärker werdenden und anwachsenden sozialistischen Sektors der Industrie führen den Klassenkampf in der Stadt in neue, für das Proletariat sehr günstige Formen über, erleichtern wesentlich die Errichtung der materiellen Basis des Sozialismus. So bekräftigt die theoretisch wie praktisch wertvolle chinesische Erfahrung die Schlußfolgerungen Lenins, daß der Übergang zum Sozialismus auch über den Staatskapitalismus (?) möglich ist, wenn die Macht im Staat in den Händen der Arbeiterklasse liegt, und daß die Bezahlung eines großen Tributs an den Staatskapitalismus (?) uns nicht nur nicht vernichten, sondern auf zuverlässigem Wege zum Sozialismus führen wird!
Es ist festzustellen, daß die chinesischen Kommunisten, die sich die grundlegende Umgestaltung der sozialen Verhältnisse im Dorf zum Ziel gesetzt haben, ihre eigene Taktik anwenden, ein eigenes Herantreten an diese Aufgabe haben, ... wobei sie Wendigkeit zeigen, die Kulaken und die Gutsherren entsprechend ihrer Einstellung zur sozialistischen Umgestaltung des Dorfes zu differenzieren. Ist das schlecht oder gut? Nichts Schlechtes liegt darin, umgekehrt – es ist sehr gut."
Mikojan möchte die KP Chinas gerne als Musterbeispiel des Nationalkommunismus propagieren, aber er ist da entschieden an die falsche Adresse gekommen! Heute hat er Zahnweh von den vielen Ohrfeigen, die ihm gerade die chinesischen Genossen verabreicht haben! (Zitat Mikojan aus: Archiv der Gegenwart, 1. Oktober 1956, S. 6000)

15. September Neues Deutschland
Warum Noel Field in Ungarn blieb. Erklärung des amerikanischen Staatsbürgers in Szabad Nep: „Meine Erklärung vom Dezember 1954, in der ich meinen Entschluß, in Ungarn zu bleiben, mitteilte, hat damals im Ausland Verwunderung hervorgerufen; obwohl ich eines der Opfer der ungesetzlichen Verfolgungen und falschen Be-

schuldigungen war, habe ich diese Erklärung als Beweis meiner Sympathie für das sozialistische Lager abgegeben. Für jene, die wie ich seit vielen Jahren glauben, daß die Arbeiterbewegung eine historische Kraft ist, die imstande ist, Freiheit, Frieden und allgemeinen Wohlstand zu erringen, für jene, die wie ich niemals am Sieg der Gerechtigkeit und der sozialistischen Gesetzlichkeit gezweifelt haben, waren die Ereignisse der letzten Jahre ein Beweis für die Richtigkeit ihrer Hoffnungen und ihrer Vorstellungen. Zum Zeitpunkt meiner Inhaftierung waren die sozialistische Gesetzlichkeit und die Demokratie ernsthaft verletzt. Aber als ich frei wurde, war eine Wendung in Richtung auf eine Festigung des Humanismus bereits vollzogen, und der Fortschritt, der dieser Wendung gefolgt ist, verspricht eine Entfaltung der Demokratie, der Gesetzlichkeit, der Gerechtigkeit und des allgemeinen Wohlstandes, wie sie noch niemals dagewesen ist. Es stimmt, daß unsere Freude auch mit Schmerz und Bedauern gemischt ist, denn unschuldige Menschen haben gelitten und andere sind zugrunde gegangen, deren Leben für die Sache des Sozialismus wertvoll war. Aber die Erinnerung an diese Opfer muß uns die Kraft geben, in unserer Entschlossenheit, die Fehler der Vergangenheit wieder gutzumachen, nicht nachzulassen." Noel H. Field unterstreicht, daß er seinem Vaterland, den USA, nicht den Rücken gekehrt habe. Er sei Amerikaner und werde es immer bleiben. Er hoffe und sei überzeugt, daß der Tag kommen wird, da er ebenfalls in den Reihen der fortschrittlichen Kräfte Amerikas kämpfen kann.

Kommentar: Noel Field war während des Zweiten Weltkrieges und danach erwiesenermaßen Mitarbeiter von Allen Dulles. Steht seine Erklärung im Zusammenhang mit der Sitzung der Kommission des USA-Repräsentantenhauses (10.-11. September)???

Was tat Field vor und während der Konterrevolution in Ungarn?

19. September Neues Deutschland

Tagung des ZK der bulgarischen Partei. Ergebnisse im Kampf gegen den Personenkult. Verbesserung des Le-

bensstandards. Weitere Festigung der Partei als leitender und lenkender Kraft auf allen Gebieten des Lebens. Festigung und Entwicklung der volksdemokratischen Ordnung.
Kostoff und alle mit dem Kostoff-Prozeß zusammenhängenden Personen rehabilitiert, Parteimitgliedschaft wiederhergestellt.

19.-27. September *Chruschtschow auf Urlaub in Jugoslawien.*

25. September *Tito und Chruschtschow an Bord einer Jacht nach Brioni.*

28. September Neues Deutschland
Tito und Chruschtschow auf der Krim.

2. Oktober Tito trifft auf der Krim mit Ernö Gerö zusammen. Später schließt sich Bulganin an.

19. Oktober Vorgriff:
Tito über diese Urlaubsreisen (Pula-Rede):
„Sie wissen, daß Chruschtschow auf Urlaub in Jugoslawien war. Dabei haben wir uns auch hier (in Pula, K.G.) unterhalten, noch viel mehr aber in Belgrad. ... Die Gespräche wurden auf der Krim fortgesetzt. Wir haben gesehen, daß die Angelegenheit in Bezug auf andere Länder ziemlich schwer gehen würde. ... (nämlich, ihnen den gleichen Status der ‚Unabhängigkeit' zuzugestehen wie Jugoslawien, K.G.) Aber wir haben das nicht so tragisch genommen, denn wir haben gesehen, daß das nicht die Haltung der gesamten Sowjetführung ist, sondern nur eines Teiles, der diese Haltung dem anderen Teil bis zu einem gewissen Grade aufgezwungen hatte. Wir haben gesehen, daß diese Haltung von den Leuten aufgezwungen wurde, die ziemlich stark auf den Stalinschen Positionen standen und auch heute noch immer stehen, daß es aber noch immer die Möglichkeit gibt, daß in der Führung der Sowjetunion in einer inneren Evolution die Elemente siegen, die für eine kraftvollere und schnellere Entwicklung in Richtung auf eine Demokratisierung, für eine Aufgabe aller Stalinschen Methoden und für die Schaffung neuer Beziehungen unter den sozialistischen Staaten sind. ..."
In jeder Hinsicht äußerst aufschlußreich und instruktiv! Wir sind jetzt offenbar zur Quelle der von Bulganin er-

wähnten Versuche vorgestoßen, die internationalen Verbindungen des sozialistischen Lagers unter dem Deckmantel sogenannter nationaler Besonderheiten zu schwächen, die Versuche, die Macht eines volksdemokratischen Staates unter dem Deckmantel einer vermeintlichen „Erweiterung der Demokratie" zu unterwühlen.
Und wir gehen sicher nicht fehl in der Annahme, daß die in der „westlichen Welt" in den letzten Monaten mehrfach teils offen, teils durch die Blume ausgesprochenen Hoffnungen auf eine „innere Evolution" in der SU durch die Informationen aus sozusagen „erster Quelle", d.h. aus Belgrad, genährt wurden!
Aber noch etwas anderes ist es, was hier interessiert. Bei aller gebotenen Vorsicht gegenüber Informationen von dieser Seite besteht leider kein Anlaß dazu, daran zu zweifeln, daß Tito den Gesprächsgegenstand seiner Unterhaltungen mit Chruschtschow richtig dargestellt hat, d.h., daß Titos Wünsche über die weitere Entwicklung in den Ländern der Volksdemokratie, besonders in Ungarn, zur Verhandlung standen. Und wir armen Naivlinge glaubten, die Gespräche drehten sich darum, Jugoslawien fester und zuverlässiger an das sozialistische Lager zu binden!
Nachdem die Entwicklung soweit verfolgt, lassen sich bereits folgende Feststellungen treffen:
1. Es werden sich in der Zeit bis 1953 kaum Beispiele dafür finden lassen, daß der Einfluß der KPdSU als der führenden der Kommunistischen Parteien so stark geltend gemacht wurde zur Bestimmung der Politik und der Führung anderer Kommunistischer Parteien wie in den zurückliegenden drei Jahren.
2. Noch viel weniger dürfte es möglich sein, Beispiele dafür zu finden, daß der Einfluß der KPdSU in der Richtung geltend gemacht wurde, andere Kommunistische Parteien zu veranlassen, erwiesene Parteifeinde zu rehabilitieren und erprobte Genossen aus der Führung zu beseitigen.
3. In der Vergangenheit war es üblich, daß die KPdSU Schritte, die die ganze internationale Arbeiterbewegung betrafen, erst nach Beratung mit den betroffenen Partei-

en unternahm (Beschlüsse des EKKI; Beschlüsse des Inform-Büros über KP Jugoslawiens, usw.). Seit 1953 trat an die Stelle dieser Gepflogenheit mehr und mehr der Brauch, die anderen Parteien auch bei schwerstwiegenden Beschlüssen vor vollendete Tatsachen zu stellen und erst danach mit ihnen zu beraten (Versöhnung mit Tito, Chruschtschow-Erklärung zum Personenkult).
Im vermeintlichen Interesse der Einheitlichkeit und Geschlossenheit des sozialistischen Lagers mußten diese Parteien diese Schritte nachträglich sanktionieren und selbst entsprechende Schritte unternehmen, selbst auf die Gefahr hin, daß sich für sie daraus nachteilige Folgen ergaben.

24. September Vorwärts
100-Millionen-Rubel-Anleihe der SU für Polen für Güter zur Entwicklung der polnischen Volkswirtschaft. Tilgung der früheren Kredite auf 4-5 Jahre ausgesetzt. Schulden aus den Jahren 1947-1949 sind durch Warenlieferungen zu begleichen.

26. September Neues Deutschland
Jugoslawische Parlamentsdelegation in Bonn (Leiter Moshe Pijade).

26. September Neues Deutschland
Sejm-Wahlen für 16. Dezember festgelegt.

27. September Beginn der Prozesse in Poznan gegen Teilnehmer des Putsches.

29. September *Der Pressechef der jugoslawischen Regierung, Branko Draskovic,* erklärte laut Reuter am 29. September (1956) in Belgrad in einer Pressekonferenz *zu den Gesprächen zwischen Tito und Chruschtschow:*
„Zu Zeitungsmeldungen, daß Chruschtschow ein vertrauliches Schreiben an die Kommunistischen Parteien des Ostblocks herausgeben ließ, das davor warnte, bei dem eigenen Weg zum Sozialismus das jugoslawische Beispiel nachzuahmen, da Belgrad außenpolitisch eine prowestliche Linie verfolge, erklärte Draskovic, er glaube an die Existenz eines solchen Rundschreibens, obwohl er dessen Inhalt nicht kenne und die jugoslawische Partei kein Exemplar erhalten habe (Merkwürdig, daß er für nötig hält, das zu erwähnen!). Draskovic sagte: Nach

unserer Auffassung ist es normal und nichts Außergewöhnliches, daß die sowjetische Parteiführung auf diese Weise ihre Mitglieder über ihre Ansichten zu verschiedenen Fragen, die gegenseitigen Beziehungen zwischen Jugoslawien und der Sowjetunion inbegriffen, informiert. Es ist aber auch normal und das Recht der Jugoslawen, ihre eigenen Ansichten zu haben, die nicht immer mit den Meinungen auf der anderen Seite übereinzustimmen brauchen." (Abgesprochene Spurenverwischung!)

4. Oktober Neues Deutschland
Polen aus aller Welt kehren heim. Als führende Exilpolitiker, die zurückkehrten, werden genannt: zwei ehemalige Ministerpräsidenten der Londoner Exilregierung, Hanke und Mackiewicz.

6. Oktober Neues Deutschland
Preissenkung für Industriewaren in Polen; 15-40% (mit sowjetischem Kredit)!
Beratungen KPI-SPI unter Teilnahme Togliattis und Nennis.

5.-15. Oktober Delegation der KP Italiens unter Leitung Luigi Longos in Belgrad eingetroffen.

9. Oktober Neues Deutschland
Aussprache beim ZK der KPdSU (Mikojan und Suslow) mit Gerö, Kadar, Hidas.
Urteil im 1. Posener Prozeß: 4 bis 4 1/2 Jahre.
Besprechungen zwischen Vertretern des ZK der bulgarischen Partei und des Bundes der Kommunisten Jugoslawiens. Beschluß künftiger Zusammenarbeit.

10. Oktober Neues Deutschland
Lohnsteuersenkung in Polen ab 1. Januar 1957 beschlossen (30%).
Hilary Minc als Politbüro-Mitglied der polnischen Partei zurückgetreten. Wie gesagt wird, „aus Gesundheitsrücksichten". Dazu „New Statesman and Nation" vom 13. Oktober (also vor dem 8. Plenum)! „Der Rücktritt von Hilary Minc soll Gomulka den Weg freimachen ins Politbüro." Wie gut sie informiert waren!
Und über die weiteren Entwicklungen in der polnischen Partei wird gesagt:
„Gomulka scheint beschlossen zu haben, sein Gewicht

mit Cyrankiewicz und dem progressiveren Flügel zusammenzuwerfen. ... Gomulkas Rückkehr in das Politbüro wird wahrscheinlich konsequente Veränderungen nach sich ziehen – vielleicht im Politbüro selbst, nahezu sicher im Zentralsekretariat."

Aber „New Statesman" ist besorgt. Und zwar deshalb, weil er meint, Tito sei eventuell nicht bereit, Gomulka zu unterstützen. New Statesman kommt zu dieser (durchaus unbegründeten) Besorgnis, weil der Nachfolger Rákosis nicht Nagy, sondern Gerö wurde. Er schreibt: „Jugoslawische Quellen, die Titos Ansichten wiedergeben, haben offen ihre Unzufriedenheit darüber geäußert, daß der Nachfolger Gerö und nicht Nagy war, der immer Titos Wahl darstellte. ... Titos Einwilligung, Gerö zu akzeptieren, läßt vermuten, daß Tito sich mit Chruschtschow einverstanden erklärt hat, das Tempo der Demokratisierung zu bremsen. Warum? Es liegen überzeugende Berichte vor, daß Chruschtschow im sowjetischen ZK einer starken Kritik ausgesetzt ist . ... Tito und Chruschtschow ... haben deshalb beschlossen, das Tempo des Prozesses zu bremsen, um ihre Ziele zu sichern und ihre persönliche Stellung zu befestigen. ... Die Gefahr für die Polen liegt zutage. Ohne Titos aktive Unterstützung sind sie isoliert."

13. Oktober *Politbüro der ungarischen Partei beschließt Wiederaufnahme Imre Nagys in die Partei.* Gibt es einen Zusammenhang zwischen dieser Maßnahme und den Besprechungen Gerös, Kadars, Hidas mit Mikojan und Suslow? Am gleichen Tage Mihaly Farkas, ehemaliger Verteidigungsminister, wegen Verletzung der sozialistischen Gesetzlichkeit, verhaftet. (Die ungarischen Genossen kämpfen mit unglaublicher Zähigkeit und begleiten jedes Zugeständnis nach rechts, das ihnen empfohlen wird, mit einem Schlag nach rechts; daraus erklärt sich zum Teil der andere Verlauf der Entwicklung in Ungarn im Vergleich zu Polen. In Polen bahnte sich frühzeitig ein Kompromiß zwischen den beiden Richtungen an, so daß die Rechten wohl die „alte" Politik angriffen, aber mit persönlichen Angriffen auf Vertreter dieser „alten" Politik sehr vorsichtig waren. In Ungarn dagegen wurde seit

langem zuerst gegen Rákosi, dann gegen Gerö ein wahrer Hetzfeldzug geführt, eben weil sie dem Vordringen der Nagy-Leute Widerstand bis zum letzten entgegensetzten (Siehe auch oben, 22. Juli 1956).

15. Oktober Neues Deutschland

100-Millionen-Rubel-Kredit an Ungarn von SU, davon 40 Millionen in freier Valuta.

16. Oktober Neues Deutschland

Imre Nagy wieder Mitglied der Partei.

Am 13. Oktober beschloß das Politbüro des ZK der ungarischen Partei, Imre Nagys Gesuch im Brief vom 4. Oktober zu entsprechen. In dem Brief Nagys wird gesagt, er wolle wieder in den Reihen der Partei für die Verwirklichung der vor dem Lande stehenden großen und wichtigen Aufgaben arbeiten. Die Ungeklärtheit seiner Parteiangelegenheit und die damit verbundene Ungewißheit erschwerten die einheitliche Aktionsfähigkeit der Partei und teilten die Kräfte der Demokratie. Er erklärte sich mit der politischen Hauptlinie der Partei einverstanden, namentlich damit, daß die ganze Volkswirtschaft im Geiste des Marxismus-Leninismus und unter Berücksichtigung der Eigenheit der ungarischen Verhältnisse beim Aufbau des Sozialismus geleitet wird. Er erkenne auch die prinzipielle Zielsetzung des ZK-Beschlusses vom Juli dieses Jahres für sich als verpflichtend an und kämpfe für seine Verwirklichung, obwohl er in zahlreichen Fragen des Beschlusses anderer Auffassung sei. Seinen Ausschluß aus der Partei bezeichnete er als eine Verletzung der innerparteilichen Demokratie und des Parteistatuts. Er habe der Partei seit 40 Jahren angehört und in ihren Reihen für die Sache des Volkes und des Sozialismus gekämpft. Er ersuche daher das ZK, seine Angelegenheit zu überprüfen und ihn in seine Parteirechte wieder einzusetzen, um dadurch zur Lösung der großen Aufgaben der Partei und des Landes beizutragen.

Im Beschluß des ZK wird gesagt, daß der Beschluß vom November 1955 über den Ausschluß von Imre Nagy aus der Partei außer Kraft gesetzt wird. Obwohl Nagy politische Fehler begangen habe, hätten diese den Ausschluß nicht gerechtfertigt. Beim Zustandekommen des Ausschließungs-Beschlusses habe die persönliche Voreingenommenheit des Genossen Matyas Rákosi eine bedeutende Rolle gespielt.

16. Oktober Delegation der ungarischen Partei unter Führung Gerös in Jugoslawien.

19. Oktober Neues Deutschland
Besprechungen in Belgrad zwischen ungarischer und jugoslawischer Parteidelegation beendet. Rankovic erklärte zu diesen Besprechungen, ihr Ergebnis werde zu einer weiteren Festigung der Beziehungen und der Zusammenarbeit zwischen den beiden Parteien führen. Er betonte noch einmal die kameradschaftliche Atmosphäre zwischen den beiden Parteien.
Vorgriff: *Tito in der Pula-Rede zu diesen Besprechungen*
„Wir wollten beweisen, daß wir nicht rachsüchtig sind, daß wir nicht engherzig sind, und wir waren einverstanden, mit Gerö und einer Delegation der Ungarischen Partei der Werktätigen, die nach Jugoslawien kommen sollte, zu sprechen. Wir wollten Beziehungen zur Ungarischen Partei der Werktätigen herstellen, denn wir hofften, daß wir so, indem wir die ungarische Partei nicht isolierten, leichter auf deren richtige innere Entwicklung einwirken könnten."
Wiederum ein klassisches Beispiel für die Titosche Auffassung von der „Nichteinmischung" in die inneren Angelegenheiten anderer Parteien!

19. Oktober CSR erhöht Altersrente.

20. Oktober Rumänische Parteidelegation unter Leitung Gheorghiu Dejs nach Jugoslawien.

20. Oktober Neues Deutschland
Nagy erhält Lehrstuhl für Landwirtschaftswissenschaften an der Karl-Marx-Universität in Budapest.

19.-21. Oktober AdiA 8/1956
8. Plenum der PVAP
Gomulka, Marian Spychalski, Ignacy Loga-Sowinski und Zenon Kliczko werden ins ZK kooptiert. Gomulka spricht als erster zu den Beschlußentwürfen des Politbüros; er wird – soeben erst ins ZK kooptiert – zum Ersten Sekretär gewählt.

Die Westpresse hatte das bereits vorhergesagt, als die meisten Genossen bei uns noch völlig ahnungslos waren. Bei der Neuwahl des Politbüros wird Rokossowski nicht mehr gewählt. Auch das wurde im Westen schon vorher als sicher gemeldet.

20. Oktober Sowjetische Delegation in Warschau eingetroffen: Chruschtschow, Kaganowitsch, Mikojan, Molotow. Besprechungen mit polnischen Vertretern: Cyrankiewicz, Gomulka u.a. Kommuniqué sehr lakonisch, Ankündigung einer polnischen Delegation nach SU.
„Die Welt" schreibt zu diesem Besuch:
Chruschtschow habe Molotow mit nach Warschau genommen, um ihn an Ort und Stelle davon zu überzeugen, daß man die Dinge laufen lassen müsse. ...
Was im übrigen bei diesen Besprechungen behandelt wurde, kann man nur vermuten.
Die ganze Sache war sehr geschickt arrangiert. Dem ausländischen Beobachter, der keinen Überblick über die Entwicklung der Dinge seit dem XX. Parteitag hatte, mußte es so scheinen, als ob Gomulka der Mann war, der in letzter Minute eine Entwicklung verhindert hat, wie sie in Ungarn kurz danach vor sich ging. Gomulka, so schien es, war der Mann, der die Unzufriedenheit der Massen, die angeblich einzig und allein die Folge der Mißwirtschaft und Verbrechen der früheren Führung war, auffing und ihre Entladung in gewaltsamen Aktionen verhinderte. In Wirklichkeit lagen die Dinge genau umgekehrt: mit allen Mitteln der Demagogie, Verleumdung und nationalistischer Verhetzung wurde eine Volksstimmung erzeugt, die es Gomulka ermöglichte, sich an die Spitze der Partei zu schwingen. Das war um so leichter, als von Seiten der KPdSU dieser Hetze nicht wirkungsvoll entgegengetreten wurde, so lange es noch Zeit war. Als man sich zum Eingreifen entschloß, in allerletzter Minute, war dieses Eingreifen Öl ins Feuer:

1. der Prawda-Artikel vom 20. Oktober über antisozialistische Äußerungen in der polnischen Presse;

2. der Besuch der sowjetischen Delegation während des 8. Plenums.

Für die bei der nationalistischen Verhetzung angewandte bodenlose Demagogie nur ein Beispiel: Monatelang wurde den Polen erzählt, daß es ihnen wirtschaftlich so schlecht ginge, daran habe vor allem die Sowjetunion Schuld, weil sie die Steinkohlen, die Polen an sie liefern müsse, weit unter Weltmarktpreis bezahle. Erst später, nach den Moskauer Verhandlungen, wurde dem Volk die Wahrheit über diese Kohlenlieferungen gesagt. Aber zu diesem Zeitpunkt waren die Ziele, die man mit Hilfe dieser und vieler anderer Lügen erreichen wollte, zum großen Teil erreicht: Gomulka und seine Leute hatten in der Parteiführung das Übergewicht erreicht; Parteiwahlen hatten stattgefunden, bei denen auch bis unten hin die sogenannten Stalinisten, d.h. die Internationalisten, aus den Leitungen herausgewählt worden und weitgehend durch nationalistische Elemente ersetzt worden waren.

Jetzt, am 29. November, auf einer Konferenz, verrät Gomulka, daß diesen polnischen Kohlelieferungen ein Abkommen zugrunde lag, das am 16. August 1945 abgeschlossen worden war (also noch zu der Zeit, als er selbst Generalsekretär der Partei war)!

„Bei diesem ungewöhnlichen Handelsabkommen (es fällt ihm schwer, auf antisowjetische Spitzen zu verzichten, K.G.) ging es um folgendes: Die Sowjetunion erhob zu Gunsten Polens keinerlei Ansprüche auf deutsches Vermögen auf dem ehemaligen deutschen Territorium, das an Polen gefallen ist. Polen verpflichtete sich, diesen Verzicht durch Kohlelieferungen auszugleichen." (Presse der SU, Nr. 146/1956)

So also ist das! Und das ist noch nicht einmal alles! Schon etliche Tage vorher hatte Cyrankiewicz vor dem Sejm erklärt, die SU habe von sich aus 1948 die zu liefernde Kohlenmenge um 50% herabgesetzt, und sie 1953, wiederum von sich aus, gänzlich gestrichen! Dem polnischen Volk aber hatte man monatelang die Dinge so dargestellt, als ob diese Lieferungen bis zuletzt liefen, und nicht zuletzt damit die antisowjetische Woge provoziert.

Die Tatsachen sehen also so aus: Der SU verdankt das

polnische Volk, daß es seine jetzigen Westgebiete mit der entwickelten ober- und niederschlesischen Industrie und den reichen Kohlevorkommen erhält. Die SU als einzige Großmacht schützt und garantiert Polen diesen Besitz. Die SU läßt sich für den Verzicht auf Reparationen aus den polnischen Westgebieten durch Kohlenlieferungen entschädigen, die sie nicht etwa umsonst entgegennimmt, sondern lediglich nicht zum Weltmarktpreis bezahlt. Der Vertrag wurde 1945 abgeschlossen, zu einem Zeitpunkt, als die Westgebiete der SU nicht weniger zerstört waren als Polen, und das fernere Schicksal aller sozialistischen Staaten von der raschesten Wiederherstellung der Wirtschaft der SU abhing. In dem Maße, wie die SU mit ihren wirtschaftlichen Schwierigkeiten fertig wurde, ermäßigte sie von sich aus alle Ansprüche, die sie an andere Länder zu stellen hatte, ob das nun die Reparationen Finnlands und der DDR oder die Kohlenlieferungen Polens waren.
Aber Gomulka und seine Leute reden nicht davon. Er spricht wie ein eingefleischter bürgerlicher Nationalist: „Dieses Abkommen war für Polen nicht vorteilhaft."
Erwähnen wir nur noch, daß die SU sich im Potsdamer Abkommen verpflichtet hatte, den Reparationsanteil Polens aus ihrem eigenen Anteil an den Reparationen zu befriedigen, und das auch getan hat, dann dürfte die Verlogenheit und Verwerflichkeit der nationalistischen Hetze gegen die SU zur Genüge gekennzeichnet sein.
Es ist angesichts all dessen kein Wunder, daß die imperialistische Presse für Gomulka des Lobes voll war, (was taktisch übrigens sehr unklug war und inzwischen auch geändert wurde), während die Parteien, deren Führer konsequent auf dem Boden des proletarischen Internationalismus standen, sich seiner Wahl zum Ersten Sekretär gegenüber sehr zurückhaltend verhielten. Seine Rede auf dem 8. Plenum strotzte von antisowjetischen Ausfällen, Verunglimpfungen der in Polen erzielten Erfolge, Verleumdungen über die Tätigkeit der Sicherheitsorgane und Anbiederung an die rückständigsten Gefühle und Stimmungen in den Massen.
Es war eine Rede, über die der Feind begeistert war, und

die andererseits keine kommunistische Zeitung bringen konnte, ohne gegen viele der darin geäußerten Thesen in schärfster Form zu polemisieren. Damit waren wir wieder in einer ähnlichen Lage wie bei dem Trybuna-Ludu-Artikel über die 3. Parteikonferenz. Da wir diese Polemik nicht eröffnen konnten, konnten wir nur die Teile bringen, denen man zustimmen konnte. Umso mehr bemühte sich das Ostbüro und andere „Volksfreunde", diese Rede unter die Leute zu bringen, durch „Sonderdrucke" für die Bevölkerung der „Zone". Womit die politische Qualität dieser Rede gemäß dem Prinzip: Wem nützt es? zur Genüge gekennzeichnet ist.

3. Zur Resolution des 8. Plenums:
Diese Resolution enthält zum größten Teil gute und richtige Vorschläge und Feststellungen. Der Angriff auf die Grundlagen der volksdemokratischen Ordnung ist auf den Abschnitt über die Landwirtschaft beschränkt. Es heißt dort:
„Deshalb ist es ratsam:
a) allmählich die ländlichen Maschinenausleih-Stationen als staatliche Stellen zu beseitigen und ihre Maschinen und Ausrüstungen an Bauerngruppen, Maschinenpartnerschaften oder LPGs zu verkaufen, und diesen nötigenfalls für diesen Zweck die erforderlichen Kredite zur Verfügung zu stellen." Die Zuwendungen für die MAS sollen bis zu ihrer Auflösung vermindert werden, „und für ihre Dienstleistungen ist eine Bezahlung einzuführen, die ihren Unterhaltskosten entspricht".
b) MAS in Gebieten mit vielen LPGs, mit ausreichender materieller und technischer Basis sind zu erhalten. Diese sollen rentabel werden (d.h. die Tarife erhöhen).
MAS in Gebieten mit wenigen LPGs, wo ihre Arbeit unrentabel und sehr kostspielig ist, werden in Reparationswerkstätten für Landmaschinen von LPGs und Einzelbauern sowie in Stätten umgewandelt, die Kombines und andere schwere Maschinen ausleihen.

4. Beseitigung von Verzerrungen gegenüber den bessergestellten Teilen der Mittelbauern und Kulaken.

5. „Um das Besitzgefühl der Bauern zu verstärken (seit

wann ist das ein kommunistisches Ziel??? K.G.), sind die Beschränkungen hinsichtlich des Verkaufes und des Erbrechts für Land – darunter Land, das die Bauern im Rahmen der Bodenreform und der Ansiedlungskampagne in den westlichen Gebieten erhalten haben – aufzuheben."

Also ein ganzes abgerundetes System von Maßnahmen zur Wiederbelebung des Kapitalismus in der Landwirtschaft, zur Liquidierung der bereits eroberten sozialistischen Positionen!

Was wurde doch gleich Gomulka 1948 vorgeworfen? Er wolle das Verhältnis der Klassenkräfte, wie es damals war, beibehalten. – Kaum an der Spitze, erfolgt der erste Schritt, um das damalige Verhältnis der Klassenkräfte wiederherzustellen! Zufall? Nur durch die „Überspitzungen" notwendig geworden? Es gehört große Naivität dazu, das anzunehmen und nicht zu sehen, daß das Vorbild für diese Art „nationalen Weg zum Sozialismus in der Landwirtschaft" in Jugoslawien ausgebrütet wurde.

Der Übergang zur sozialistischen Landwirtschaft ist nicht möglich, ohne daß jahrelang die Genossenschaften allseitige materielle und finanzielle Hilfe erhalten. Die Rückständigkeit des Dorfes, hervorgerufen durch die jahrhundertelange Ausbeutung des Dorfes durch die Stadt, kann nicht überwunden werden, ohne daß Jahre, vielleicht Jahrzehnte, umgekehrt ein Strom der Hilfeleistung aus der Stadt ins Dorf fließt.

Naturgemäß beginnen nicht die wirtschaftlich stärksten, sondern die schwächsten Bauern, sich zu Genossenschaften zusammenzuschließen.

Wenn also proklamiert wird, daß der Staat keine Zuschüsse mehr leistet, die MTS rentabel arbeiten sollen, so heißt das, daß die Genossenschaft den schwachen Bauern keine Perspektive mehr bietet. Wenn man gleichzeitig „das Besitzergefühl" stärkt, indem man den reichen Bauern die Möglichkeit gibt, den Boden der schwachen Bauern aufzukaufen, dann ist es selbstverständlich, daß kein Mittelbauer mehr daran denkt, der Genossenschaft beizutreten. die Bauern kommen nicht von sich aus, spontan, zur sozialistischen Form der Landwirtschaft. Sie bedürfen dazu der Führung durch die Arbeiterklasse. Wenn die Partei der Arbeiterklasse so demonstrativ, wie das hier geschieht, ihr Desinteresse an der Weiterentwicklung der Genossenschaftsbewegung zu verstehen gibt, braucht sich niemand zu wundern, daß sich in Polen von 10000 bereits 8000 LPGs aufgelöst haben. Das ist kein Beweis dafür, daß diese 8000 LPGs auf ungesunder Basis, durch Zwang usw. entstanden sind, sondern ein Beweis für eine falsche, liquidatorische Politik.

Oktober **Aus Gomulkas Rede auf dem 8. Plenum**

(Archiv d. Gegenwart, 27. Oktober 1956, S. 6046ff., erst im November 1957 im Wortlaut zugänglich geworden).

Aus der Rede geht hervor, daß er sich darum bemüht hatte, schon auf dem 7. Plenum anwesend zu sein, aber damals der Widerstand noch zu groß war. („Entgegen meinem Wunsch habe ich an dieser Sitzung nicht teilnehmen können. Viele von Ihnen haben mich erwähnt und die Möglichkeit und die Notwendigkeit besprochen, daß ich in die Parteiarbeit zurückkehre. Dies wurde von meinen Ansichten über die Resolution abhängig gemacht, die in dieser Plenarsitzung angenommen wurde.")
Und dann legt er los, in einer Weise, als wäre er bereits der 1. Sekretär, obwohl formal noch nicht einmal geklärt war, ob er überhaupt zur Parteiarbeit zurückkehren dürfe. – Das zeigt, wie weit die ganze Sache seit *Monaten*, schon vor dem 7. Plenum gedeichselt war.
Nach einer doppelzüngigen Erklärung, „Ich bin weit davon entfernt, irgendwelche unter den Errungenschaften unseres Landes zu verkleinern", schildert er jetzt die (durchaus schwierige) Wirtschaftslage in den allerschwärzesten Farben, übertreibt sie noch maßlos, um zu der Schlußfolgerung zu kommen, nur eine grundsätzliche Änderung der Wirtschaftspolitik könne Wandel schaffen. Das ist das Wichtigste für ihn, darauf zielte seine Argumentation (der die Tätigkeit seiner Gruppe in den letzten Monaten den Boden bereitet hatte) ab.
Er stellt fest, Polen sei seinen Kreditgebern gegenüber in

die „Situation eines insolventen Bankrottiers" gekommen, der um Zahlungsaufschub bitten muß. (Als ob das schon eine besonders dramatische Angelegenheit zwischen sozialistischen Ländern wäre!)

Interessant ist aber folgende Feststellung:
„Inzwischen ist ein beträchtlicher Teil dieser Investitions-Kredite noch nicht in Form von Maschinen und Einrichtungen in der Produktion verwendet worden. Das wird auch für lange Jahre noch nicht der Fall sein. Einen großen Teil dieser Maschineneinrichtungen muß man als unrettbar verlorene Werte betrachten."
Frage: Wieso konnte es denn dahin kommen? Wer hat denn die richtige Verwendung der Kredite hintertrieben? – Um diese Frage richtig zu beantworten, muß einmal festgestellt werden, wo und wieviel Anhänger Gomulkas schon vor dem 8. Plenum in verantwortlichen Positionen saßen!
Gomulka wirft der Resolution des 7. Plenums Schönfärberei vor und sagt:
„Es muß klar gesagt werden, daß die ganze Nation für die schlechte Wirtschaftspolitik zu zahlen hat, und an erster Stelle die Arbeiterklasse. Das ZK der Partei hat zumindest versäumt, in der Partei die notwendigen Konsequenzen zu ziehen hinsichtlich derjenigen, die die Verantwortung für diesen Stand der Dinge tragen."
Hier wird ganz deutlich, worum es eigentlich geht. Es geht *nicht* um die Korrektur von Mängeln, sondern es geht um die Beschuldigung, Diffamierung und Ausschaltung jener Führer, die prinzipielle Meinungsverschiedenheiten mit der Gomulka-Clique haben, die den marxistisch-leninistischen Standpunkt gegenüber den Angriffen der „Nationalkommunisten" verteidigen.
Da es unmöglich ist, sie ideologisch zu schlagen, mußte man eine Situation schaffen, die es ermöglichte, sie nicht nur schwerer Fehler, sondern sogar der Begehung von Verbrechen zu bezichtigen. Diese Situation wurde von ihrem Komplizen Chruschtschow geschaffen,
a) durch die Rehabilitierung der Tito-Bande und damit all derjenigen, die damals in den verschiedenen Ländern als Titoisten verurteilt wurden,

b) durch die Beschuldigungen gegen Stalin, die selbstverständlich alle jene Führer der Kommunistischen Parteien kompromittieren mußten, die in der Vergangenheit am engsten mit Stalin zusammengearbeitet hatten, dagegen jene als die „besten Kommunisten" erscheinen lassen mußten, die unter dem „Regime des Stalinismus" „verfolgt" worden waren, also die ganze dreckige Bande der trotzkistischen Agenten wie Gomulka!

c) durch das Geschwafel über „Verletzungen der sozialistischen Gesetzlichkeit", dessen Hauptzweck ebenfalls darin bestand, eine Handhabe zu bieten, um die für diese „Verletzungen" Verantwortlichen „zur Rechenschaft zu ziehen", d.h. kaltzustellen.

An dem, was Gomulka aus dem XX. Parteitag machte, ist exakt abzulesen, wie die Bande ihr Unternehmen geplant hatte.

Jetzt, November 1957, nachdem alles gescheitert ist, nachdem sie allesamt an die Wand gedrückt sind, jetzt (z.B. auf dem 10. Plenum des ZK der polnischen Partei) ist bei Gomulka nicht mehr die Rede davon, die Wirtschaftspolitik vor dem 8. Plenum habe das Land in die Katastrophe geführt, jetzt, unter dem doppelten Druck der Offensive der Marxisten-Leninisten von außen und von innen, und der Tatsache, daß er von Chruschtschow keine Hilfe mehr erhalten kann, schlägt er sich selbst ins Gesicht, indem er genau das Gegenteil von dem erklärt, was er auf dem 8. Plenum so herausfordernd und siegessicher von sich gegeben hatte. – Aber wieso sich darüber wundern? Waren die Trotzkisten nicht schon immer Doppelzüngler? –

Das Hauptgewicht legt er in seiner Rede auf dem 8. Plenum auf die Kritik an der „Kollektivierung". Seine Vorschläge bedeuten die Liquidierung des sozialistischen Sektors in der Landwirtschaft und die Schaffung von „Ersatz"-Genossenschaften, die von den Kulakenelementen beherrscht werden. Hier, in den Fragen der Landwirtschaft, entlarvt er sich am deutlichsten als Feind des Sozialismus, als Diversant und Schädling.

„Seit 1949, also während der vergangenen sechs Jahre, begann die Partei mit ihrer Kampagne für die Kollekti-

vierung der landwirtschaftlichen Produktion. Während dieser Zeit sind einige zehntausend landwirtschaftliche Genossenschaften gebildet worden, die etwa sechs Prozent der bäuerlichen Betriebe erfassen."
Mit diesen sechs Prozent steht Polen ziemlich am Ende in der Reihe der sozialistischen Länder! Und da will uns Gomulka einreden, diese sechs Prozent seien in ihrer Mehrzahl durch unzulässigen Druck entstanden! Viel eher dürfte das Gegenteil der Fall sein: daß nämlich antisozialistische Elemente durch Druck die Bauern vom Eintritt in die Genossenschaften abhielten!

„Polen kann seine Bevölkerung nur durch Vermehrung der Hektarerträge ernähren."
Und nun kommt à la Vieweg eine „Berechnung", die „beweist", daß die Hektarerträge und die Ablieferung der Einzelwirtschaften höher liegen als die der Genossenschaften.
„Die Produktion der Einzelfarmen (ist) um 37% höher als die der Staatsfarmen."

Die Steuern sind „für die Genossenschaften geringer als für die Einzelbetriebe... . Dieser Unterschied bedeutet in Wirklichkeit eine Staatshilfe für die Genossenschaften." Und damit ist Gomulka eben nicht einverstanden! (Zwar haben sowohl Engels als auch Lenin von der Notwendigkeit der Hilfe des sozialistischen Staates für die Genossenschaften gesprochen, aber für einen Gomulka sind ja nicht Marx, Engels und Lenin die Autoritäten, sondern Tito!)

„Eine ähnliche Lage ergibt sich durch die zusätzlichen Zahlungen für Dienstleistungen der staatlichen Maschinenstationen auf den Genossenschaftsbetrieben. Diese zusätzlichen Zahlungen erreichten in den Jahren 1952 bis 1955 einen Betrag von rund 1,7 Mrd. Zloty."

Man denke nur! 1,7 Mrd. in drei Jahren für die Festigung des Bündnisses zwischen Arbeiter- und Bauernklasse! Welche Verschwendung! – Solches Geschwätz zielt zu deutlich darauf ab, den Egoismus der Arbeiter zu erwekken, Arbeiter und Bauern gegeneinander auszuspielen:

Es könnte uns viel besser gehen, wenn wir nicht den Bauern, d.h. den Genossenschaften, das Geld in ihren unersättlichen Rachen werfen würden! Und wofür? Dafür, daß sie uns noch weniger Lebensmittel liefern als der Einzelbauer! Also Schluß mit diesen kostspieligen Genossenschaften! –

Weiß Gott, die Bourgeoisie hat sich in Fragen des Bündnisses nicht so knausrig gezeigt wie dieser Herr Gomulka! (Man denke nur an die „Osthilfe" im Deutschland der Weimarer Zeit!)

Aber die Partei hat sich nach Gomulkas Ansicht noch ganz anderer Fehler schuldig gemacht: Damit auch die schwachen Genossenschaften in der Lage waren, ihren Mitgliedern ein Lohnminimum zu zahlen, erhielten sie vom Staat einen Kredit!

„Auf diese Weise wurde das verfügbare Einkommen der Genossenschaftsbetriebe künstlich erhöht."
„Unabhängig von dieser Form staatlicher Hilfe erhielten die Kollektivgüter bedeutende staatliche Kredite. ... Es kann hinzugefügt werden, daß die Genossenschaftsbetriebe sich einer bevorzugten Behandlung bei der Versorgung mit Kunstdünger erfreuten."

Wie weit muß es mit einer Kommunistischen Partei gekommen sein, wenn solche Selbstverständlichkeiten, solche unabdingbaren Maßnahmen des sozialistischen Aufbaus in der Landwirtschaft zu *Anklagepunkten* gegen die dafür Verantwortlichen gemacht werden können! Wenn daraus eine solche Schlußfolgerung gezogen werden kann:
„Das ist in kurzen Worten die wirtschaftliche Lage der Kollektivgüter. Es ist ein trauriges Bild. Trotz großer Ausgaben hatten sie geringere Erträge und höhere Produktionskosten, vom politischen Aspekt dieses Problems ganz zu schweigen." (?!)

Sehr bemerkenswert, was er über die Bedeutung des XX. Parteitages zu sagen weiß:
„Der XX. Parteikongreß der KPdSU wurde eine Wende im politischen Leben unseres Landes. (!) Eine belebende,

gesunde (!) Bewegung ging durch die Masse der Partei, die Arbeiterklasse und die gesamte Gesellschaft. Die Haltung begann sich zu versteifen. Die schweigenden (!), versklavten (!!) Gemüter begannen das Gift der Lüge (!), Falschheit (!) und Heuchelei (!!!) auszuscheiden."

So also kennzeichnet Gomulka auf dem 8. Plenum die Volksmacht in Polen! (Er, der Oberlügner, Großmeister der Falschheit und Heuchelei!) Sehr interessant zu lesen, wie anders er die Dinge heute einschätzt – z.B. auf dem 10. Plenum! Wann hat er nun eigentlich seine wahre Meinung gesagt – auf dem 8. oder auf dem 9. und 10. Plenum?
Am wichtigsten aber ist das Eingeständnis: Erst der XX. Parteitag gab ihm die Möglichkeit, seine „gesunde Bewegung" durch die Masse gehen zu lassen! (Und das nennt man einen „Parteitag der Rückkehr zu Lenin" !!!)

Dann geht Gomulka zu Fragen des Staates und der Leitung der Industrie über:
„Es gibt keine Flucht vor der Wahrheit. Doch die Parteiführung schrak davor zurück. Einige hatten Angst vor der Verantwortung für die Ergebnisse ihrer Politik, andere fühlten sich stärker mit ihren bequemen Posten verbunden als mit den Werktätigen, denen sie diese Posten doch nur verdanken. ..."
(Also schon im Oktober 1956 seitens Gomulkas die gleichen Verleumdungen, die später Chruschtschow gegen Malenkow und Genossen vom Stapel läßt!)
„Der Verlust des Vertrauens der Werktätigen bedeutet den Verlust der moralischen Grundlage für die Macht."
Immer wieder: Es geht um die Eroberung der Positionen für die Parteigänger der Gomulka-Banditen! Und daß diese Herrschaften so großen Wert auf die Verbreitung dieser Rede z.B. auch bei uns legte und dabei die eifrigste Hilfe des Ostbüros der SPD hatten, beweist, daß diese Ausführungen nicht nur gegen die Marxisten-Leninisten im eigenen Lande, sondern auch in den anderen sozialistischen Ländern, ganz besonders aber gegen die Führung unserer Partei gerichtet waren!

„Die Arbeiterklasse könnte ihr Vertrauen gewissen Personen entzogen haben. Das ist normal. Und es ist auch normal, daß solche Personen ihren Posten verlassen. ... Um aus unserem politischen und wirtschaftlichen Leben alle die Mißstände zu beseitigen, die seine Entwicklung gehemmt und die sich Jahre hindurch angehäuft haben, ist es notwendig, bedeutende Teile unseres Regierungssystems zu ändern, in der Organisation unserer Industrie, in den Methoden der Arbeit im Staat und im Parteiapparat. Es ist nötig, binnen kurzem alle schlechten Teile unseres Modells des Sozialismus durch bessere Ersatzteile (!) zu verbessern und ihm unsere eigenen noch vollkommeneren (!) Prägungen zu geben. ..."

„Das Problem der Änderung der Organisation der Industrie hat zutiefst strukturellen Charakter. Worauf es hier in erster Linie ankommt, ist, die gegenwärtige Form des Sozialismus zu verbessern. Das Problem der Arbeiterselbstverwaltung, so häufig diskutiert von den Arbeitern in den Betrieben und von den verschiedenen Partei- und Staatsorganen, kommt im Endeffekt auf das hinaus, was ich über Produktion und Lebensstandard gesagt habe. ..."

„Man sollte mit großem Verständnis die Initiative der Arbeiterklasse für die Verbesserung der industriellen Planung und für die Teilnahme der Arbeiter an der Arbeitsplanung begrüßen. ..."

„Die besten Bedingungen zum Experimentieren (!) sind in der Grundstoffindustrie (!) zu finden und in Betrieben, die den gesamten Produktionsprozeß vom Beginn bis zum Ende vollenden, schließlich auch in Fabriken, die keine Versorgungsschwierigkeiten haben, wenn sie auch mit anderen Unternehmen zusammenarbeiten. In diesen Betrieben sollte man ohne Verzug mit Experimenten beginnen. Nach meiner Meinung sollte man eine erschöpfende Forschung betreiben und entscheiden, ob, beispielsweise im Bergbau, größere materielle Anreize, die streng an eine größere Förderleistung gebunden sein müssen, angewandt werden können. ..."

„Diese Anreize könnten darin bestehen, daß jede Tonne Kohle, die über den Plan hinaus gefördert wird, auf geeignete Weise zwischen den Arbeitern der betreffenden

Grube und dem Staat als Grubenverwalter (?) geteilt wird. ..."
„Dieses Beispiel, das sich ausgezeichnet für die Grubenindustrie eignet, illustriert den Grundgedanken, welcher der Idee der Arbeiterselbstverwaltung und Zusammenarbeit bei der Organisation eines entsprechenden Betriebes zugrundeliegen muß."
(In der Praxis kam in Polen ein System heraus, das z.B. den Arbeitern einer Grube, eines Betriebes Mittel in die Hand gab, mit denen sie selbständig einführen konnten, was sie und der Betrieb für wünschenswert erachteten. Damit wurde erstens das Außenhandelsmonopol des Staates durchbrochen, zweitens auf legale Weise der Spekulation die notwendigen Waren zugeführt, drittens das Klassenbewußtsein der Arbeiterklasse systematisch untergraben. Es ist für alle diese Titos und Gomulkas charakteristisch, daß ihre „Experimente" darauf hinauslaufen, aus dem Arbeiter einen Krämer und Spekulanten zu machen, d.h. die Arbeiterklasse zu zersetzen. Es ist dies das Gegenstück (unter den Bedingungen des sozialistischen Staates) zur „Gewinnbeteiligung" und zur „Volksaktie" unter kapitalistischen Bedingungen.)

Sodann versucht Gomulka seine Angriffe auf Grundprinzipien der sozialistischen Wirtschaftsführung „theoretisch" zu untermauern. (Die jugoslawische Quelle wird hier ganz deutlich):
„Der springende Punkt ist die falsche Ansicht, daß in den Verhältnissen der sozialistischen Produktion das Gesetz vom Wert nicht mitspielt." (Wer hat das jemals behauptet?) „Daher werden im Güterumsatz zwischen den Staatsunternehmen die Preise nach Gutdünken fixiert, oft sogar unter den Produktionskosten.
Unsere Wirtschaftspolitik ist falsch. Das Preissystem, das wir haben, sollte geändert werden, und die Preise sollten dem Wert angeglichen werden."
Das ist mal eine Weisheit! Natürlich können einzelne Preise falsch festgesetzt sein. Aber daß der sozialistische Staat das Wertgesetz ausnützt, gerade indem er nicht alle Preise entsprechend ihrem Wert festsetzt, sondern entsprechend den ökonomischen und politischen Gege-

benheiten, ist ein ABC der marxistischen Wirtschaftspolitik. Sonst bräuchte man keine Planung, sondern könnte die Preise sich nach Angebot und Nachfrage auspendeln lassen. Und tatsächlich ist das ja auch die Konsequenz, die aber Gomulka noch nicht ziehen kann, ohne über das (vorläufige) Ziel hinauszuschießen.
„Unsere sozialistische Wirtschaft sollte die Notwendigkeit einer Autonomie sozialistischer Betriebe berücksichtigen, während sie gleichzeitig alle Notwendigkeiten zentraler Planung beachtet."
Wie man das macht – Betriebsautonomie und gleichzeitig zentrale Planung –, das hat Gomulka in einem Jahr nicht fertiggebracht zu zeigen! Klar ist an der ganzen Sache nur, daß sie einen Angriff auf die zentrale Leitung der Volkswirtschaft und eine Spekulation auf die rückständigsten, kleinbürgerlichen Stimmungen in der Arbeiterklasse darstellt.

In diesem Zusammenhang wird Gomulka nun auch in Bezug auf die Landwirtschaft ganz konkret, und er entwickelt ohne Scheu ein ausgesprochenes Kulakenprogramm:
„Auch die Agrarpolitik braucht gewisse Korrekturen. Was die Genossenschaften angeht, so sollte nur den gesunden unter ihnen mit zurückzahlbaren Investitionskrediten geholfen werden, und alle Arten von staatlichen Subventionen sollten abgeschafft werden." (Das ist das Todesurteil für die Genossenschaftsbewegung!)
„Eine Zukunft (!) für die Genossenschaftsbewegung sehe ich nur unter folgenden Bedingungen:
1. Der Beitritt zur Genossenschaft ist freiwillig. Das heißt, daß nicht nur Drohungen oder psychologischer Zwang ausgeschlossen sind, sondern auch ökonomischer Zwang. Steuerliche Maßnahmen und die Festsetzung der Höhe der Ablieferungsquoten wären ebenfalls als Zwangsmittel anzusehen."
(Kein Wunder, daß vom polnischen Kulaken bis zu Dulles alle Feinde des Kommunismus über einen solchen „Kommunisten" begeistert waren!)
„2. Die Mitglieder der Genossenschaften verwalten sich(!) selbst. Sie sind nichts anderes als sich selbst verwalten-

de landwirtschaftliche Produktionsbetriebe." (Und wir dachten bisher, sie wären sehr viel mehr: nämlich die Pioniere der sozialistischen Umgestaltung der Landwirtschaft!) „Der Vorstand wird von den Mitgliedern frei gewählt." („Freie Wahlen" – das Zauberwort aller Pseudosozialisten!)

„Die Verwaltung der Genossenschaftsmittel sollte ebenfalls nach dem Willen der Mitglieder geschehen." (Also kein Musterstatut, das die sozialistische Entwicklung der Genossenschaft gewährleistet, sondern freie Bahn den wirtschaftlich „starken" Bauern für die Eroberung der Genossenschaften von innen!)

„3. Die Genossenschaften haben das Recht, aus eigenen Mitteln oder mit Hilfe von staatlichen Krediten (!) alle Maschinen zu kaufen, die sie für die Landwirtschaftsproduktion oder für die Hilfsbetriebe brauchen. Die staatlichen Maschinenstationen sollten auf dem Prinzip der vollen Rentabilität als Reparaturwerkstätten gegründet sein. (!!!) Sie können eine gewisse Anzahl von landwirtschaftlichen Großmaschinen besitzen als Hilfsreserve für Genossenschaften und Einzelfarmen.

4. Der Staat gewährt den Genossenschaften unbedingt nötige Kredithilfe für Investitionszwecke, räumt ihnen Priorität ein beim Abschluß von Kaufverträgen, bei der Ablieferung landwirtschaftlicher Grundstoffe oder bei der Lieferung von Kunstdünger." (Wie großzügig!)

Aber das alles, dieses konterrevolutionäre Kulakenprogramm genügt Gomulka noch nicht. Offenbar befürchtet er, in der Partei könnten sich doch noch genügend Gegenkräfte finden, um seiner Verwirklichung entgegenzuarbeiten. Und so fügt er diesem Programm einen zweiten, noch skandalöseren Teil hinzu:

„Um Genossenschaftsbetriebe aufzubauen, brauchen wir schöpferisches und fortschrittliches Denken, welches nicht das Monopol einer Partei oder eines einzelnen ist.

Auf dem Gebiet der Hebung der genossenschaftlichen Landarbeit auf ein höheres Niveau, bei der Suche nach den besten Formen der Gemeinschaftsarbeit ist ein weites Feld gegeben für eine Konkurrenz (!) zwischen unserer Partei und der Bauernpartei und zwischen allen denen, die eine Stärkung des sozialistischen Systems wollen, des Systems sozialer Gerechtigkeit. Warum sollte nicht, um ein Beispiel zu nennen, die Katholische Fortschrittliche Bewegung mit uns in der Verwirklichung von Formen landwirtschaftlicher Genossenschaften konkurrieren? Es ist eine schlechte Idee zu behaupten, daß nur Kommunisten den Sozialismus aufbauen können, nur Leute also mit materialistischen sozialistischen Anschauungen." (Na, wem das nicht reicht!!! Und nach dieser Rede konnte der Kerl 1. Sekretär werden!!!)

Dann folgt eine Verleumdung der bisherigen Genossenschaftspolitik der Partei, die angeblich von „der Voraussetzung (ausging), daß der Sozialismus auf der Basis der Armut und des Niedergangs des bäuerlichen Besitzes aufgebaut werden könnte. Dogmatischer Gesinnung war es unfaßbar, daß unter dem volksdemokratischen System alle Arten der Zusammenarbeit auf dem Lande zum Sozialismus führen, daß diese Arten dabei helfen, den Sinn für die Produktionsgemeinschaft zu heben, daß der Sozialismus sich gerade auf der Basis der Prosperität des arbeitenden Landvolkes (!) am besten entwickeln kann." (Siehe da, die wunderbare Wieder-Auferstehung Bucharins!) „Nichts ist richtiger, als solche freiwilligen Arten ländlicher Gemeinschaften zu entwickeln. Verschiedene Arten von Produktionsgemeinschaften: das ist unser Weg zum Sozialismus auf dem Lande!"
(Dieser „polnische Weg" ist ein ganz ordinärer Abklatsch des „jugoslawischen Weges". Und die „verschiedenen ländlichen Gemeinschaften" haben sehr viel mehr Ähnlichkeit mit den großbäuerlichen „Raiffeisen-Genossenschaften" als mit dem Sozialismus!)

Aber es kommt noch schöner:
„Ebenso gedankenlos ist die Vorstellung, die man immer noch hört, es sei die positive Wirkung der in der Vergangenheit betriebenen Agrarpolitik, daß der ruinierte Kulak sich der Macht des Volkes unterworfen habe. Diese Art von Unterwerfung hätte jederzeit erreicht werden können, und es gab keine Notwendigkeit für eine jahre-

lange Politik der sogenannten Einschränkung der Kulaken, die in Wirklichkeit nicht eine Politik der Einschränkung von Ausbeutung, sondern eine Politik der Ruinierung des Hofes der Kulaken war."
Hier steht der Kulakenadvokat einmal ganz ohne Maske da! Schreit über die „Ruinierung des Hofes der Kulaken" und verlangt die Beseitigung der staatlichen Unterstützung der Produktionsgenossenschaften! In der Tat, welch ein „Kommunist"!
„Ich beabsichtige die Abschaffung der Ablieferungsquoten, die kein System und kein wirtschaftlicher Zug unseres Systems sein können. Ablieferungsquoten sind eine Erscheinung, die eher für Kriegsverhältnisse charakteristisch sind." (Daß in der SU die Ablieferungspflicht beibehalten wurde und wird, ist für Gomulka natürlich erst recht ein Beweis dafür, daß sie für den „polnischen Weg" unbrauchbar ist!)
Im übrigen aber: ICH beabsichtige ..., diese Wendung kennzeichnet den ganzen Kerl, diesen „Vorkämpfer" gegen den Personenkult, der sich von da an wochen- und monatelang als den „Helden des polnischen Oktobers", als „Retter des Vaterlandes" in widerwärtig überschwenglicher Weise feiern ließ. Aber als er diese Rede hielt, war er noch gar nichts, hatte keinerlei Parteifunktion inne, fühlte sich aber schon in der Rolle des „Führers": „ICH beabsichtige ..."!

Und was beabsichtigt er weiter?
„Es existieren in unserem Lande bedeutende Möglichkeiten, die landwirtschaftliche Produktion durch die drei Arten von Farmern (genossenschaftlich, Kulaken und staatlich) zu heben. Sie hängen erstens von einer korrekten und weitschauenden Landwirtschaftspolitik, zweitens von der Lieferung geeigneter Landwirtschaftsmaschinen an jeden Farmertyp (also auch an die Kulaken!?!) durch die Industrie, besonders auch von Kunstdünger, und drittens von der Hebung der Qualifikation eines jeden Bauern ab."

Danach geht Gomulka zur Diffamierung der Partei über. Anknüpfungspunkt ist ihm auch dabei der XX. Parteitag. Zunächst eine „theoretische" Begründung des „Nationalkommunismus".

„Was am Kommunismus konstant ist, findet seinen Niederschlag in der Abschaffung der Ausbeutung des Menschen durch Menschen. Die Straßen zur Erreichung dieses Ziels können verschieden sein und sind es. Das Modell des Sozialismus kann ebenso variieren. Es kann so sein wie jenes, das in der Sowjetunion geschaffen wurde, es kann auch in einer Weise gestaltet sein, wie wir es in Jugoslawien sehen, und es kann auch noch anders sein." (Z.B. wie das Modell von Schumacher und Ollenhauer?)

„Angesichts der ungeheuren Schwierigkeiten, welche die Umgestaltung des Systems eines zaristischen Rußlands in ein sozialistisches System in jeder Hinsicht begleiteten, begann man während der Periode der Führung der Partei durch Stalin damit, in immer unbarmherzigerer Weise den formalen Widerstreit der Ansichten über Probleme, die das Leben hervorbrachte und die sich zu Lenins Lebzeiten innerhalb der Partei begegneten, zu liquidieren. Die zuvor von der innerparteilichen Diskussion eingenommene Stelle wurde, während diese Diskussion mehr und mehr ausgerottet wurde, durch den Persönlichkeitskult usurpiert. Das Abstecken des russischen Weges zum Sozialismus ging nach und nach aus den Händen des ZK in diejenigen einer noch kleineren Gruppe von Leuten über und wurde schließlich das Monopol Stalins. Dieses Monopol umfaßte auch die Theorie des wissenschaftlichen Sozialismus. Der Persönlichkeitskult ist ein bestimmtes System der Machtausübung, ein bestimmter Weg vorwärts in Richtung auf den Sozialismus, (nur „in Richtung auf den Sozialismus"? Also war er in der SU noch nicht aufgebaut???!) aber unter Anwendung von Methoden, die in Widerspruch stehen zum sozialistischen Humanismus, zur sozialistischen Konzeption von der Freiheit des Menschen und von der Gesetzlichkeit."

(Was unterscheidet diesen Gomulka eigentlich von Schumacher und Ollenhauer???)

„Die gegenseitigen Beziehungen zwischen den Parteien

und Staaten des sozialistischen Lagers sind kein Grund und dürfen keiner sein für irgendwelche Komplikationen. Dies ist einer der Hauptbestandteile des Sozialismus. Diese Beziehungen müssen gestaltet werden nach den Prinzipien der internationalen Solidarität der Arbeiterklasse, gegründet auf gegenseitigem Vertrauen und Gleichheit der Rechte, auf der Gewährung gegenseitiger Hilfe und, insofern eine solche nötig wird, auf gegenseitiger freundschaftlicher Kritik, auf einer vernünftigen Lösung aller Gegensätzlichkeiten im Geiste der Freundschaft und des Sozialismus. Im Rahmen solcher Beziehungen müßte jedes Land völlige Unabhängigkeit haben, und die Rechte jeder Nation auf eine souveräne Regierung in einem unabhängigen Lande müßte gegenseitig voll respektiert werden. So müßte es sein, und, so meine ich, fängt es nun an zu sein. Stalin als Führer der Partei und der Sowjetunion anerkannte der Form nach all die oben aufgestellten Prinzipien, wie sie die Beziehungen zwischen den Ländern des sozialistischen Lagers kennzeichnen müßten. Er erkannte sie nicht nur an, sondern proklamierte sie sogar. Tatsächlich aber konnten diese Prinzipien in der Atmosphäre, die der Personenkult schuf, nicht gedeihen."
Pharisäische Heuchelei! Ausgerechnet von jenen, die sich zum Ziel gesetzt haben, sich auf das Gröblichste in die inneren Angelegenheiten derjenigen kommunistischen Parteien einzumischen, deren Führungen nicht bereit waren, es Gomulka nachzumachen! –
Man vergleiche im übrigen seine Darstellung der Haltung der SU zu den übrigen sozialistischen Ländern mit dem, was darüber auf der 40-Jahr-Feier gesagt wurde!

Und jetzt die gemeinste antikommunistische Hetze, die bisher nur in der trotzkistischen, rechtssozialistischen und überhaupt imperialistischen Presse beheimatet war:
„Der Persönlichkeitskult kann nicht allein auf die Person Stalins begrenzt werden. Er ist ein bestimmtes System" – (so auch bei Tito) – „welches in der Sowjetunion die Oberhand gewann und dann wahrscheinlich in alle kommunistischen Parteien verpflanzt wurde, sowie auch

in eine Anzahl von Ländern des kommunistischen Lagers, einschließlich Polen. Das Wesen dieses Systems besteht in der Tatsache, daß eine individuelle hierarchische Leiter von Kulten geschaffen wurde. Ein jeder solcher Kult umfasste einen bestimmten Raum, in dem er wirkte. Im Block der sozialistischen Staaten war es Stalin, der auf der Spitze dieser hierarchischen Leiter von Kulten stand. All jene, die auf niedrigeren Sprossen der Leiter standen, beugten ihr Haupt vor ihm. Das waren nicht nur die Führer der Kommunistischen und Arbeiterparteien in den Ländern des sozialistischen Lagers. Die nächsten, das sind die Ersten Sekretäre der Zentralkomitees der Parteien der verschiedenen Länder, die auf der zweiten Sprosse der Leiter des Persönlichkeitskultes standen, trugen ihrerseits die Roben der Unfehlbarkeit und Weisheit. Aber ihr Kult wurzelte nur in dem Lande, wo sie an der Spitze der nationalen Kultleiter standen. Dieser Kult könnte als ein bloß reflektierter Glanz, als ein geborgtes Licht bezeichnet werden. Sein Leuchten glich dem des Mondes. Nichtsdestoweniger war es sehr machtvoll innerhalb seiner Aktionssphäre. So gab es in jedem Land eine vielstufige Leiter von Kulten. Der Träger des Persönlichkeitskultes war allwissend, er wußte, wie alles getan, gelöst, geleitet und entschieden werden mußte innerhalb seiner Aktionssphäre. Er war der intelligenteste, unbeschadet seines persönlichen Wissens, seiner Fähigkeiten oder anderer persönlicher Qualitäten. Das wäre gar nicht so übel, wenn ein vernünftiger und maßvoller Mann mit den Roben des Kultes bekleidet wäre. Aber ein solcher Man fühlt sich gewöhnlich nicht wohl in dieser Aufmachung. Man kann sagen, daß er sich ihrer schämen würde und nicht den Wunsch hätte , sie zu tragen," (siehe den Gomulka-Kult nach dem Oktober in Polen!) „wenn er sie auch nicht vollständig abstreifen könnte. Denn kein Führer einer Parteiorganisation könnte normal arbeiten, selbst wenn er mit dem ganzen Führungsgremium kollektiv arbeitet, weil in einem solchen politischen System des Personenkultes die Bedingungen für eine solche Arbeit nicht gegeben waren. Aber noch schlimmer war es und sogar von Übel,

wenn die Ämter der Macht und damit das Recht auf Kult von einem mittelmäßigen Mann eingenommen wurden, einem stumpfsinnigen Handlanger oder einem dreckigen Streber. Solche Leute gruben dem Sozialismus gedankenlos, aber sicher das Grab."
Wie muß ein Mann den Kommunismus und die kommunistischen Parteien hassen, um sie so unglaublich beschimpfen und verleumden zu können, um so vorsätzlich und absichtlich sie jeder Autorität zu berauben und den Haß und die Verachtung der Massen auf sie zu lenken! Und welch unglaublicher Heuchler muß ein solcher Mann sein, der heute ohne mit der Wimper zu zucken das genaue Gegenteil von all dem von sich gibt, was er damals, im Vollgefühl des Triumphes über die verhaßten „Stalinisten", d.h., echten Leninisten, so siegessicher verkündete. Heute prügelt er diejenigen, die sich von ihm nur dadurch unterscheiden, daß sie auch im Oktober 1957 noch das wiederholen, was er selbst im Oktober 1956 proklamiert hatte, als „Revisionisten" und ist offenbar so einfältig zu glauben, er könne damit seine eigenen Spuren verwischen.

Die Methodik der Schaffung einer Stimmung zur Bewerkstelligung des konterrevolutionären Umsturzes:
„In Polen sind tragische Dinge geschehen, als unschuldige Menschen in den Tod geschickt wurden. Viele andere, darunter Kommunisten, sind oft lange Jahre unschuldig ins Gefängnis geworfen worden. Viele haben bestialische Folterungen erleiden müssen. Terror und Demoralisierung herrschten. Auf dem Boden des Personenkultes wuchsen Phänomene auf, die den tiefsten Sinn der Volksmacht verletzten und sogar zunichte machten. Wir haben diesem System ein Ende bereitet, ein für allemal. Dem zwanzigsten Parteikongreß der KPdSU muß großer Dank geschuldet werden, da er uns bei der Liquidierung des Systems" (eine Sprache, wie bei den Nazis: „14 Jahre Systemzeit ...") „geholfen hat." (!!!)

Gomulka fordert dann eine Kommission der Parteiführung zur Untersuchung der Verantwortung der „polnischen Berijas". Das Ziel ist klar: Solange nicht alle „Sta-

linisten" aus der Führung hinausgesäubert sind, ist der Sieg Gomulkas nicht endgültig gesichert, ist die Verwandlung der polnischen Partei in eine pseudokommunistische, eine Tito-Partei, nicht abgeschlossen und nicht fest verankert.
Inzwischen ist schon klar geworden, daß auch diese Kommission nicht geholfen hat, das angestrebte Ziel zu erreichen.

Über die wichtigsten Parteiprinzipien, die es jetzt in die Wirklichkeit umzusetzen gelte, sagte Gomulka:
„An erster Stelle unter diesen Grundsätzen muß die Frage der Parteiautorität, der Öffentlichkeit des Parteilebens (was soll das sein?) und das Recht rangieren, eigene Ansichten zu wahren, jedoch unter Achtung des Prinzips, daß die Beschlüsse der Mehrheit für alle Parteimitglieder bindend sind. Dieses letztere Prinzip ist im gegenwärtigen Zeitpunkt von besonderer Bedeutung." (Kunststück! Solange seine Clique nicht an der Macht war, praktizierte er das Gegenteil! Die Trotzkisten sind nur dort Anhänger der Freiheit der Fraktionsbildung, wo sie die Partei-„Opposition" bilden. Sie sind die eifrigsten Verfechter der „Einheit der Partei" und des Kampfes gegen jede abweichende Strömung dort, wo sie an die Spitze gelangt sind und den Parteikurs bestimmen.)

Verkündung des Prinzips, daß die Partei (faktisch) nicht die führende Kraft sein soll, durch demagogische Gegenüberstellung von „regieren" und „führen": (vgl. das Statut der jugoslawischen und der ungarischen Partei!)
„Das Prinzip, daß die Partei und der Parteiapparat nicht regieren, sondern nur führen, daß die Regierungsaufgaben dem Staat und seinem Apparat zustehen, muß konkrete Gestalt gewinnen und in der praktischen Arbeit zum Ausdruck kommen, und nicht nur in Worten . ..."

Über die „Demokratisierung": Einer der Hauptpunkte sei die Verstärkung der Rolle des Sejm. In Wirklichkeit ein Versuch, soweit als überhaupt möglich zu Methoden des bürgerlichen Parlamentarismus zurückzukehren, die Rolle der Partei im Sejm und überhaupt bei der Ge-

setzgebung zurückzudrängen und wieder einen Typ von „Berufsparlamentariern" heranzuzüchten.
„Es ergibt sich, ... daß ein Teil der Abgeordneten seine Aufgaben auf hauptberuflicher Basis ausüben sollte. ..."
„Der Erlaß von Dekreten durch den Staatsrat" (dessen Vorsitz Alexander Zawadzki führt!) „sollte auf dringende Probleme beschränkt werden; außerdem sollte dem Plenum das Recht zugestanden werden, diese Dekrete zu ändern oder zu annullieren. Das Parlament sollte ferner eine ausgedehnte Kontrolle über die Arbeit der Regierung und der anderen staatlichen Organe haben."

„Die oberste Kammer für Staatskontrolle, die dem Sejm untergeordnet ist, sollte wiedererrichtet werden. ....
Der Sejm hat ferner die Aufgabe, die Arbeit der Regierung zu beurteilen, und es gehört zu seinen Kompetenzen, Entscheidungen zu treffen hinsichtlich solcher Personen, die es an der angemessenen Erfüllung ihrer Aufgaben fehlen lassen. Eine vernünftige Definition der Befugnisse des Sejm und sogar eine Ausdehnung dieser Befugnisse über die Grenze hinaus, die ihm in der Verfassung zugewiesen sind, begleitet von einer vernünftigen Definition der Aufgaben der Partei gegenüber dem Staatsapparat führt nicht zu einer Kollision zwischen dem Sejm und der These von der führenden Rolle der Partei.
Die Wahlen werden auf der Grundlage des neuen Wahlgesetzes stattfinden, welches dem Volk erlaubt, wirklich zu wählen und nicht nur seine Stimme abzugeben."
(Und für diese völlig *bürgerlich-parlamentarische* Auffassung von „Demokratie" haben sich sogar hiesige Genossen als für *den* Schlüssel zur Demokratisierung *unseres* Lebens begeistert! Im übrigen wurde dann vor den Wahlen von *allen* Parteien dazu aufgerufen, von dem Recht der Streichung *keinen* Gebrauch zu machen. Wozu dann also das ganze Theater?!)
„Es ist klar, daß jene, die sich nicht des Vertrauens weiter Kreise der Wähler erfreuen, nicht in den künftigen Sejm gewählt werden. ..."

Soweit aus Gomulkas Rede. Weiter über das 8. Plenum (nach Archiv der Gegenwart, 27. Oktober 1956, S. 6054).

Am 21. Oktober wurden nach einer langen, stürmischen Debatte vom Plenum des ZK das Politbüro und das Sekretariat nach PAP (polnische Presseagentur) wie folgt ausgewählt:

Wiederwahl bisheriger Mitglieder:
Cyrankiewicz (73 von 75 Stimmen; „Er wurde als Führer des liberalen Flügels bezeichnet.")
Ochab (mit allen 75 Stimmen. Soll nach Pressestimmen in den letzten Wochen vom stalinistischen zum liberalen Flügel übergeschwenkt sein.)
Rapacki (mit 73 von 75 Stimmen. Seit April 1956 Außenminister.)
Roman Zambrowski (56 Stimmen. Minister für Staatskontrolle.)
Zawadzki (56 Stimmen. Staatspräsident. Gilt als Stalinist.)

Wahl neuer Mitglieder:
Gomulka (74 Stimmen.)
Jedrychowski (August 1956 Kandidat des Politbüros, seit Juli stellvertretender Ministerpräsident und Vorsitzender der staatlichen Plankommission)
Loga-Sowinski (gehört zur rehabilitierten Gomulka-Gruppe)
Jerzy Morawski (als Chefredakteur der „Trybuna Ludu" nach dem Putsch in Posen abgesetzt, weil er Streikrecht der Arbeiter bejaht hatte)

Ausgeschieden aus dem Politbüro:
Rokossowski (26 Stimmen. Um seine Position vor allem ging die Debatte zwischen den Anhängern Gomulkas, die von der Cyrankiewicz-Gruppe unterstützt wurden, und der „stalinistischen Natolin-Gruppe".)
Zenon Nowak (stellvertretender Ministerpräsident. Für Landwirtschaft verantwortlich. „Politisches Haupt der Natolin-Gruppe")
Franciczek Mazur (seit Enthebung Jakub Bermans für Kulturfragen zuständig. Auch aus Parteisekretariat ausgeschieden. Bleibt aber Vizepräsident des Sejm)
Wl. Dworakowski (ehemaliger Leiter des Staatssicherheitskomitees)

Fr. Jozwiak-Witold (ehemaliger Leiter der Parteikontrollkommission)
Roman Nowak (im Juli ins Politbüro gewählt)
Ferner schieden aus dem Pol-Büro aus: Hilary Minc, Edward Gierek.

Zusammensetzung des Sekretariats:
Gomulka, 1. Sekretär. – Ochab, Zambrowski, Jerzy Albrecht, Edward Gierek, Witold Jarosinski, Wl. Matwin. (Ochab, Matwin und Zambrowski schon im alten Sekretariat)

Umbildung der Regierung:
Von den acht Stellvertretenden Ministerpräsidenten wurden fünf entlassen, und zwar: Tadeusz Gede, Stefan Jedrychowski (der aber Leiter der staatlichen Wirtschaftsplanung bleibt), Fr. Jozwiak-Witold, Stan. Lapot, Eug. Stawinski (der aber Minister für Leichtindustrie bleibt).

Zenon Nowak, bisher 1. Stellvertretender Ministerpräsident ist nur noch Stellvertretender Ministerpräsident.

Der Vorsitzende der Vereinigten Bauernpartei, Stefan Ignar, wurde Stellvertretender Ministerpräsident.

Roman Zambrowski – auf eigenen Wunsch von Funktion als Minister für Staatskontrolle entbunden. Das Ministerium wird nicht neu besetzt. Statt dessen soll Kontrollorgan geschaffen werden, das „demokratisch" zusammengesetzt sein soll.

General Kazimierz Witaszewski, bisher Stellvertretender Verteidigungsminister – amtsenthoben.

Marian Spychalski – sein Nachfolger (Gomulka-Gruppe!!). Später an Stelle Rokossowskis – Verteidigungsminister. (Der polnische Shukow!)

Kommodore Wisniewski – übernahm von dem sowjetischen Admiral das Kommando über die polnische Flotte.

„Gerüchte über sowjetische Truppenverschiebungen sowie polnische und sowjetische Zusicherungen über deren Verbleib in ihren Standorten.
Bereits am 20. Oktober hatten laut UP polnische Sicher-

heitsstreitkräfte unter Führung des vor kurzem rehabilitierten Generals Wazlaw Komar den Schutz wichtiger öffentlicher Gebäude in Warschau übernommen und Stellungen in der Umgebung der Stadt bezogen.
Der Sekretär des Warschauer Parteikomitees und stellvertretendes Mitglied des ZK Stefan Staszewski, erklärte in einer Versammlung im Warschauer Polytechnikum am 20. Oktober, das ZK sei benachrichtigt worden, daß sich sowjetische Streitkräfte im Anmarsch befänden. Marschall Rokossowski habe ihnen auf Anweisung des ZK die Rückkehr in ihre regulären Garnisonen befohlen.
In Massenversammlungen wurde der Abzug der Sowjetrussen gefordert, die auf Grund des Warschauer Vertrages in Polen stationiert sind. Am 23. Oktober rief laut AFP der 1. Sekretär des ZK der KPdSU, N.S. Chruschtschow, den neugewählten Ersten Sekretär der PVAP, Wladylsaw Gomulka, telefonisch an, erklärte, er sei nun zu der Überzeugung gelangt, daß Gomulka richtig gehandelt habe und billigte Gomulkas Politik voll und ganz. (!!!) Er habe dem Kommandeur der in Liegnitz stationierten Sowjettruppen, die seit Tagen mit voller Ausrüstung in Richtung auf die Strecke Lodz-Warschau in Marsch waren, den Befehl erteilt, die Truppen bis zum Abend des 25. Oktober vollständig in die Garnisonen zurückzuziehen. Ebenso würden die Sowjettruppen aus den von ihnen seit einigen Tagen besetzten Befestigungsanlagen an der polnischen Grenze von Stettin bis Danzig wieder abziehen. Der polnische Kommandeur von Danzig verweigerte am 22. Oktober einer Flottille von 26 sowjetischen Kriegsfahrzeugen die Einfahrt in den Hafen.
Die PAP meldete am 28. Oktober: die sowjetischen, in Polen stationierten Truppen sind nun den internationalen Verträgen entsprechend ausschließlich in den durch diese Verträge festgelegten Stützpunkte einquartiert."

Soweit Keesings Archiv zu den Ereignissen in Polen.

24\. Oktober *Parteiaktivtagung der Humboldt-Universität*
Thema: Unsere Reaktion auf die Vorgänge in Polen.
Sprecher: 1. Sekretär der BL Berlin, Alfred Neumann.

Zur Gomulka-Rede: Die Einschätzung der Rede sehr unterschiedlich. Von „gut" über „strittig" bis zu „nicht dienlich".

Wenn wir veröffentlicht hätten, hätten wir den Klassenstandpunkt verlassen.

Die Forderung kann nicht lauten: Veröffentlichen!, sondern: das tun, was dem Aufbau des Sozialismus dient! Und: Keine Freiheit für die Konterrevolution!

Warum legt der Rias so großen Wert auf Verbreitung dieser Rede?

Zur Frage: Wenn man den Studenten vertraut, muß man ihnen Westreisen erlauben: Es geht dabei nicht um Vertrauen, sondern darum, daß wir nicht zulassen, daß die Beziehungen zwischen Ost und West unter die Kontrolle der Imperialisten kommen.

Zum Artikel des Prawda-Korrespondenten: Der war richtig und keine Einmischung, sondern eine Analyse.
Bei uns: Zuerst die Wirtschaft in Ordnung halten!
In Polen: Zuerst ideologische Fragen.
Wir haben eine klare Perspektive gegeben!
Gegen Wandzeitungsartikel und Entschließungen, gegen Objektivismus.

Wie helfen wir den polnischen Genossen?
Vor allem durch Garantie einer politisch starken Leitung der Partei. Unsere Position ist stark – wir dürfen nicht zulassen, daß die andere Seite zur Konter-Attacke kommt.

Diskussion: Als erster Havemann. Unglaublich demagogisch. „Riashören" hat Ursache in mangelndem Kontakt mit den Massen. Dem Personenkult abschwören genügt nicht, notwendig konsequente Verwirklichung der Leninschen Normen des Parteilebens. In den letzten Wochen hat sich das Fehlen dessen deutlich gezeigt. Bei-

spiel – Nichtveröffentlichung der Gomulka-Rede, Unterdrückung der Kritik. Die Demokratie in der Partei muß hergestellt werden. Wonach ist die Versammlung zu beurteilen? Hat Vorschlag gemacht: eine Parteiaktivtagung über die *SED*.
Gen. Wolf, Steiniger, Paterna, Förster, Kaufmann, Neumann, D. Klein u.a.

Schlußwort Neumann: Zum Jakobinerklub!!!
Keine ideologische Koexistenz. Woran krankt die Humboldt-Uni-Partei-Organisation? Erstaunt! Worin zeigt sich das Vertrauen? Darin, daß wir *nicht* über alles informieren: wir vertrauen auf Eure Fähigkeit, selbst richtige Einstellung zu finden. Die Gomulka-Rede werden wir *nicht* veröffentlichen.

20.-27.Oktober Spanienkämpfertreffen in Polen und Ungarn.

23.Oktober Tagung des polnischen Sejm.
Anwesend jugoslawische Parlamentsdelegation. Mit starkem Beifall begrüßt.
Entwurf der Wahlordnung. Einheitliche Liste der nationalen Front. Als große demokratische Errungenschaft proklamiert: Mehr Kandidaten auf der Liste, als Abgeordnete zu wählen. (Heute gibt man selbst zu, daß diese Bestimmung die reaktionären Kräfte begünstigt.)
Marian Spychalski (rehabilitiert) zum Stellvertretenden Minister für Verteidigung an Stelle von General Witaszewski ernannt.

23.Oktober Gemeinsames Kommuniqué über die ungarisch-jugoslawischen Gespräche:
„... im Geiste der Freundschaft, Offenheit (!!) und des gegenseitigen Verständnisses geführt ...“
Man vergleiche dazu die Tito-Rede in Pula! Am gleichen 23.10. – Beginn der Ereignisse in Ungarn!

23. Oktober Studentendemonstration in Budapest, Auslösung der konterrevolutionären Bewegung.
Rundfunkansprache Gerös.
ZK-Tagung.

24. Oktober Imre Nagy Ministerpräsident. Hegedüs Stellvertreter – Gerö als 1. Sekretär bestätigt.
Nagy in ZK und Polbüro aufgenommen.

25. Oktober Kadar 1. Sekretär des ZK.
Damit die gleichen Ziele wie in Polen erreicht. Aber die offene Konterrevolution will auf schnellstem Wege von der ersten zur zweiten Etappe gelangen.
Mehrfache Neubildung der Regierung Imre Nagy, Freilassung Mindszentys, seine Rundfunkansprache, Zurückziehung der sowjetischen Truppen, weißer Terror, Austritt aus dem Warschauer Pakt, Zulassung bürgerlicher konterrevolutionärer Parteien, Auflösung der Partei der Ungarischen Werktätigen durch Kadar, Gründung der USAP, Eingreifen der Sowjettruppen, Hilferuf Nagys an die Westmächte gegen Sowjettruppen, Bildung der Revolutionären Arbeiter- und Bauernregierung durch Kadar, der die Sowjettruppen zu Hilfe ruft.

30. Oktober Neues Deutschland: Spanienkämpfertreffen in Belgrad.

30. Oktober Erklärung der Sowjetregierung über die Beziehungen der UdSSR zu den anderen sozialistischen Staaten.
Der Inhalt der Erklärung ist bekannt.
Für mein Dafürhalten hat sie einen Mangel: sie gibt einseitig zu, daß die Fehler auf der Seite der SU liegen. Sie wendet sich nicht mit Entschiedenheit gegen die demagogischen Manöver zur Entfachung antisowjetischer Stimmungen. Sie rechtfertigt damit die Haltung der nationalistischen Elemente in gewissen Parteien und ruft bei vielen Genossen die Reaktion hervor: „Na, wenn sie selbst soviel zugeben, dann müssen sie es ja ziemlich doll getrieben haben." Bei uns jedenfalls hat die Erklärung nicht nur positive Reaktionen hervorgerufen, sondern auch andere: Es wäre an der Zeit, daß unsere Partei und Regierung der SU gegenüber ebenfalls „etwas mehr Rückgrat" zeigte. Revisionistische Stimmungen in Bezug auf Oder-Neiße-Linie, u.ä.
Unverständlich ist auch, daß z.B. während all der Monate, in denen in Polen mit dem Kohlenschwindel antisowjetische Stimmung gemacht wurde, es von sowjetischer Seite keine Richtigstellung gab, sondern diese Richtigstellung erst von polnischer Seite, und, wie gesehen sehr spät, erfolgte. Es ist bedauerlich, daß z.B. Bulganin auf dem Nationalfeiertag nicht schon die Frage klargestellt hat. Bedauerlich und unverständlich.

2. November: Aufruf des ZK der PVAP: Verurteilung der konterrevolutionären Kräfte in Ungarn. Gegen antisowjetische Umtriebe, für Verbleiben der Sowjettruppen in Polen. –
Zur gleichen Zeit begrüßen andere polnische Zeitungen die ungarische „Revolution", werden auf den Universitäten anläßlich der Niederschlagung der Konterrevolution in Ungarn durch sowjetische Truppen ungarische Fahnen auf den Halbmast gesetzt; werden von Studenten Freiwilligenbataillone zur Unterstützung der ungarischen „Freiheitskämpfer" gebildet; in der UNO erklärt der polnische Delegierte, der gegen die USA-Resolution über Ungarn gestimmt hatte, wenn über die einzelnen Punkte der Resolution abgestimmt worden wäre, dann hätte er für die Punkte gestimmt, die den Abzug der sowjetischen Truppen aus Ungarn fordern.
Die Zweigleisigkeit, die Doppelboden-Politik wird zum Charakteristikum der Lage in Polen: Offiziell Freundschaft zur SU, Bekenntnis zum Sozialismus, usw. Inoffiziell gibt man zu verstehen, daß all das nur „Staatsraison" sei, sich aus der Lage Polens, vor allem wegen der Westgebiete, als notwendig erweise. Die nichtoffizielle Presse strotzt von Äußerungen der Feindschaft gegen die SU, der Propagierung antisozialistischer Ideen (siehe die Auszüge aus der Wrozlawer „Arbeiterstimme").
Anbahnung besonders enger und freundschaftlicher Beziehungen zu Jugoslawien.

4. November Archiv der Gegenwart, 4. November 1956, Seite 6064: Ferenc Donath, Geza Losonczy, Gyulia Kallai und Janos Kadar – „Heimatgruppe der ungarischen Kommunisten", d.h. diejenigen, die unter Horthy nicht in die SU emigrierten. –

5. November Neues Deutschland (Vorwärts):
Vertrauensbekenntnis der KPF zu SU.
Thorez: Die fortschrittlichen Kräfte hätten – bei aller berechtigten Kritik – der Anwesenheit feindlicher Kräfte in Ungarn, die aktiv vom ausländischen Imperialismus unterstützt wurden, Rechnung tragen müssen. Dies sei nicht geschehen, und das Ergebnis sei eine ideologische Entwaffnung und eine politische Desorientierung.
Etienne Fajon: Bei dem Putsch handelt es sich um eine

sorgfältig von langer Hand vorbereitete konterrevolutionäre Aktion. Die KPF ist über die Haltung der Parteien der CSR, Rumäniens, Bulgariens, Albaniens und der DDR erfreut, die ihre Treue zu den Prinzipien des proletarischen Internationalismus und Sozialismus bekräftigt haben.
Am gleichen Tag Angriff auf das Gebäude der Humanité in Paris.

7. November Neues Deutschland
Togliatti zu Ungarn: Man hätte der SU einen Vorwurf machen müssen, wenn sie nicht energisch eingegriffen hätte, um den Faschismus zu zerschlagen.

8. November: Neues Deutschland
Rede Suslows zum Jahrestag der Oktober-Revolution.
Bei der Einschätzung Stalins die Verdienste hervorgehoben.

8. November: Prawda bringt Artikel Enver Hoxhas zum 15. Jahrestag der Gründung der Albanischen Partei der Arbeit.
Darin scharfe Angriffe gegen Tito.
„Die Partei der Arbeit Albaniens ... wandte und wendet sich gegen alle, die Anspruch auf die Erfindung ‚neuer Formen' und ‚Organisationen' der sozialistischen Macht erheben, bestrebt sind, sie anderen aufzuzwingen, und der Abkehr vom Beispiel und von den Erfahrungen der Sowjetunion das Wort reden. ...
Allen, die nicht wie Marxisten denken, passen diese richtigen Beschlüsse nicht. Diese Leute möchten, daß unsere Partei vor der Falschheit, den Drohungen, der Erpressung und Anmaßung gewisser Elemente kapituliert. ...
Die Erfahrungen der Genossenschaftsbewegung in Albanien haben erneut die Richtigkeit der Leninschen Theorie von der Kollektivierung bestätigt, gegen die Feinde des Sozialismus unter verschiedenen Masken zu Felde ziehen. ...
Die Partei, unser ganzes Volk haben sich nicht unterkriegen und sich nie in Fallen locken lassen, die gewisse Elemente den Kommunisten und Völkern mit ihren Losungen über einen ‚spezifischen Sozialismus', über die

‚Demokratie' stellen wollen, Losungen, die nach allem riechen, nur nicht nach proletarischem Geist. ...
Unsere Partei wird sich stets gegen alle wenden, die sich den vom XX. Parteitag der KPdSU geführten gerechten Kampf gegen den Personenkult zunutze machen, um zu versuchen, die ruhmreiche Partei Lenins zu verunglimpfen und um ihre eigene Person einen Kult zu entwickeln, solche, mit Verlaub zu sagen Genossen. ..."

Das läßt an Deutlichkeit nichts zu wünschen übrig.
Das Wort „Agent" ist hier nicht gefallen, aber in vielfacher Weise umschrieben. Und die Albaner kennen ihre Nachbarn zur Genüge. ...
Enver Hoxha bestätigt also die Richtigkeit des 1. Beschlusses des Informbüros über Jugoslawien, und sogar auch einige Feststellungen des zweiten Beschlusses.
Und das Zentralorgan der KPdSU, der Partei, deren Erster Sekretär Tito wieder zum „teueren Genossen" ernannte und alle Beschuldigungen für Provokationen der Berija-Clique erklärte, die Prawda, weist die Beschuldigungen Enver Hoxhas an die Adresse Titos nicht nur nicht zurück, sondern verleiht ihnen erst volles Gewicht, indem sie diesen Artikel abdruckt. Es müssen offenbar schwerwiegende Gründe sein, die ein solches Vorgehen veranlassen! Die Gründe liegen klar genug: Die Ereignisse in Polen und Ungarn haben klargemacht, daß man die Kommunistischen Parteien warnen muß vor falschen „Genossen". Aber die Form, in der das jetzt geschieht, ist durchaus nicht allen Genossen verständlich, weil die Hintergründe der Ereignisse selbst noch im Dunkeln sind.

10. November Neues Deutschland
Sejm berät 5-Jahrplan.
Staatliche Kommission für Wirtschafts-Planung wird in eine Plankommission beim Ministerrat umgebildet, „die von der Last der Leitung der Volkswirtschaft befreit sein wird." Zentrale Planung soll aber beibehalten werden.
Frage? Wer wird dann jetzt diese „Last" tragen?
Gleichzeitig Schritte in der Richtung der Betriebsautonomie nach jugoslawischem Vorbild.

Also die ersten Versuche zur Aufgabe sozialistischer Positionen in der Industrie!
Das jugoslawische Vorbild erweist sich zwar als untauglich für den *Aufbau* des Sozialismus, umso geeigneter aber für dessen *Abbau*!

10. November: Neues Deutschland
Anschlag auf Gebäude der KPI.
Anschläge auch in Wien und Buenos Aires.

11. November Neues Deutschland
Eisenhower gegen Treffen der Regierungs-Chefs.

11. November Neues Deutschland
Aussprache beim ZK der KPdSU: mit führenden Genossen der KP Großbritanniens.
Nicht beteiligt: Chruschtschow.
Geführt von Pospelow, Ponomarew, Kuusinen.

14. November: Neues Deutschland
Marschall Rokossowski als Verteidigungsminister Polens abgelöst. Nachfolger Spychalski.

15. November: Neues Deutschland
Sowjetische Militärberater kehren aus Polen in SU zurück.

18. November Neues Deutschland: Titos Rede in Pula (am 11.11.).
„Tito bemängelte in diesem Zusammenhang, daß die Entwicklung in Polen, die der jugoslawischen in mancher Hinsicht gleiche, in anderen Ländern des sozialistischen Lagers nicht mit Begeisterung aufgenommen worden sei."
Diese eine Bemerkung ließ endlich den Groschen fallen: Ach, aus der Richtung bläst der Wind! Ja, dann muß man alles noch einmal überdenken, die Ereignise noch einmal Revue passieren lassen! ...

15. November AdiA 11/56
Genosse Aidit, Generalsekretär der KP Indonesiens, zu Ungarn:
„Bei ihrer Intervention haben die Imperialisten mit Hilfe ihrer Agenten aus den Reihen der Partei der Ungarischen Werktätigen in Ungarn einen Staatsstreich durchgeführt. Das ist im Prinzip dasselbe, wie das, was sich während der USA-Aggression in Guatemala ereignete, nur daß die Formen und Methoden verschieden sind."

Es scheint so, daß es mitunter leichter ist, eine Sache aus der Ferne richtig einzuschätzen, als aus einer Entfernung, sagen wir, Budapest-Warschau.

Denn dies schrieb man über Ungarn noch in den ersten Dezembertagen in der polnischen Presse:

„Die Revolution in Ungarn war so stürmisch, so vielseitig. ... Sie wurde wie der Säugling von der Mutter-Kindesmörderin erdrosselt, bevor ihre ersten Knospen erblühten." („Arbeiterstimme", Wrozlaw, 12.12.)

16. November Neues Deutschland

Polnische Delegation in Moskau.

Gomulka spricht über die Oder-Neiße-Linie und sagt dann:

„Deshalb ist für uns nichts so wichtig wie brüderliche, freundschaftliche Beziehungen und ein Bündnis mit unserem großen Nachbarn im Osten, der Sowjetunion.

Die beste Grundlage für diese Beziehungen sind die Leninschen Prinzipien der völligen Gleichberechtigung kleiner und großer Völker, der gegenseitigen Achtung der Souveränität und nationalen Unabhängigkeit zu beiderseitigem Vorteil und Nutzen." (Aus der Ansprache auf dem Bahnhof)

Vom Prinzip des proletarischen Internationalismus – kein Wort!

17. November Neues Deutschland

Im albanischen Parlament stellte ein Sprecher der Regierung fest, daß die in Albanien weilenden sowjetischen Berater und Fachleute für den Aufbau des Sozialismus eine große Hilfe waren und sind. Bitte an Regierung der SU, sie in Albanien zu belassen.

17. November Neues Deutschland

Zentralrat der polnischen Gewerkschaften zurückgetreten. Neue Leitung.

18. November: Neues Deutschland

Zapotocki auf der Konferenz der tschechoslowakischen Gewerkschaften.

„Der Weg des Aufbaus, den uns die KPC führt, ... ist der richtige Weg. Wir werden ihn nicht verlassen, und wir werden kein neues Rezept an seine Stelle setzen."

„Der tschechoslowakische Weg zum Sozialismus beruhte immer auf den Lehren des Marxismus-Leninismus, auf der engen Zusammenarbeit mit dem ersten sozialistischen Land der Welt, der Sowjetunion. ... Wir werden niemals unsere Pflichten vergessen, die uns aus der Zugehörigkeit und der Treue zum proletarischen Internationalismus erwachsen."

19. November Neues Deutschland („Vorwärts")
Empfang in der polnischen Botschaft.
Gomulka und Chruschtschow über das Ergebnis der polnisch-sowjetischen Verhandlungen.
Gomulka: Fehler und Entstellungen seien die Folge dessen, „was man unter dem wohllautenden Begriff Personenkult zusammenfaßt."
Chruschtschow: „Nun ist alles anders geworden. Wir Bolschewiki halten uns streng an den Rat Lenins: Nicht störrisch sein, wenn man einsieht, daß man sich im Unrecht befindet, aber auch nicht nachgeben, wo man im Recht ist."
Weiter geht er, ohne ihn zu nennen, auf Titos Pula-Rede ein, indem er gegen Leute polemisiert, die andern ihre Erfahrungen aufzwingen wollen.
Leider stimmt das nicht ganz mit dem „an den Rat Lenins halten". Gerade Chruschtschow hat einen anderen Wahlspruch befolgt: Selbst da nachgeben, wo man im Recht ist, sich selbst mehr Unrecht zuschreiben, als man überhaupt begangen hat, gegenüber unberechtigten, ja feindlichen Angriffen versöhnlich sein. ...

20. November: Neues Deutschland
Wortlaut der sowjetisch-polnischen Erklärung als Ergebnis der Moskauer Verhandlungen. Gomulka kehrt als der „Sieger" zurück, der der SU die Anerkennung der „vollen Unabhängigkeit Polens" entrissen hat.

20. November Neues Deutschland
TASS-Bericht über die Tito-Rede in Pula.
Diese TASS-Erklärung völlig gerechtfertigt in ihrer Schärfe, aber nicht verständlich für den, der die Tito-Rede und ihre Bösartigkeit nicht kennt.

11. November *Rede* Titos *zur internationalen Lage und zu den Ereignissen in Ungarn, Polen und Ägypten („Pula-Rede").*
Aus „Archiv der Gegenwart", Folge 46/1956 – 19/XI – 24/XI, S. 6105-10 und „Die andere Zeitung", Nr. 48/56.

„... Als die ungarischen Arbeiter und die fortschrittlichen Elemente mit Demonstrationen und dann mit ihrem Widerstand und bewaffneten Aktionen gegen die Rákosi-Methoden und die weitere Fortsetzung dieses Kurses begannen, da konnte man nach meiner festen Überzeugung nicht von konterrevolutionären Tendenzen sprechen (!). Man kann es als bedauerlich und tragisch bezeichnen, daß die Reaktion dort einen fruchtbaren Boden finden und allmählich die Dinge in ihr Fahrwasser abwenden konnte, wobei sie den berechtigten Aufstand (!), der in Ungarn ausgebrochen war, für ihre Zwecke ausnützte.

... Sie wissen im wesentlichen, welche Ursachen zu den Ereignissen in Polen und Ungarn geführt haben. Wir müssen bis zum Jahre 1948 zurückgehen, als Jugoslawien als erstes Stalin energischen Widerstand leistete und erklärte, es wolle unabhängig (?) bleiben und wünsche, sich sein Leben und den Sozialismus nach den besonderen Verhältnissen im eigenen Land aufzubauen, und gestatte niemandem, sich in seine inneren Angelegenheiten einzumischen. Natürlich ist es damals nicht zu einer bewaffneten Intervention gekommen, denn Jugoslawien war einig.

... Als die Wahrheit (?) über unser Land gesiegt und der Zeitraum der Normalisierung der Beziehungen zu den Ländern eingesetzt hatte, die die Beziehungen zu uns nach jener berüchtigten Resolution" (des Kominform vom Juni 1948, siehe 1546 A) „abgebrochen hatten, da äußerten die führenden Persönlichkeiten der östlichen Länder den Wunsch, wir möchten nicht mehr erwähnen, was man uns angetan habe, wir möchten das Gewesene vergessen, und wir sind darauf eingegangen, nur damit die Beziehungen zu diesen Ländern möglichst bald wiederhergestellt würden. Aber Sie werden später sehen, daß es dennoch absolut notwendig ist, gewisse Leute zu ermahnen, die heute wieder unser Land zu verleumden beginnen und die in den Ostländern, aber auch in einigen westlichen Ländern an der Spitze der kommunistischen Parteien stehen, sie daran zu erinnern, was sie in diesen vier bis fünf Jahren und auch noch länger gegen Jugoslawien getan haben, als Jugoslawien ganz allein (?) Auge in Auge dem gewaltigen Propaganda-Apparat gegenüber stand, als wir nach allen (?) Seiten kämpfen mußten, um die Errungenschaften unserer Volksrevolution zu wahren, um das zu erhalten, was aufzubauen wir bereits begonnen hatten: die Grundlagen des Sozialismus (?) – mit einem Wort, um den Schandfleck auszulöschen, den sie uns mit ihren Verleumdungen anhängen wollten, und um zu beweisen, wo die Wahrheit liegt. Wir müssen sie daran erinnern, wir müssen ihnen sagen, daß damals die gleichen Leute auf alle mögliche Weise unser Land beschuldigten, es sei faschistisch, wir seien Blutsäufer, und wir vernichteten unser Volk, unsere Werktätigen stünden nicht auf unserer Seite und so weiter. Wir müssen sie daran erinnern, damit ihnen das wieder vor Augen steht, und damit sie auch heute daran denken, wenn sie uns wieder die Schuld an den Ereignissen in Polen und Ungarn zuschieben wollen. Dieses perfide Streben geht von jenen eingefleischten stalinistischen Elementen aus, denen es in den verschiedenen Parteien gelungen ist, sich noch (!) auf ihren Positionen zu halten, und die ihre Herrschaft wieder festigen und diese stalinistischen Tendenzen ihren eigenen Völkern, aber auch anderen, aufzwingen möchten. Darauf werde ich später noch zurückkommen. Jetzt möchte ich Ihnen nur sagen, daß wir die heutigen Ereignisse in Ungarn im Lichte dieser ganzen Entwicklung sehen müssen. ..."

Verleumdung der SU:
„Als Stalin starb, haben die neuen sowjetischen Staatsmänner erkannt, daß die Sowjetunion dank Stalins Verirrungen in eine sehr schwierige Lage (?) und in eine Sackgasse (?!) geraten war, und zwar sowohl in der Außenpolitik als auch in der Innenpolitik, und ebenso auch in den übrigen Ländern der Volksdemokratien, wo sie

sich als Papst aufspielte und ihre eigenen Methoden durchsetzte."

„... Sie faßten jedoch die ganze Angelegenheit fälschlich als eine Frage des Persönlichkeitskults und nicht als eine des Systems auf. Der Persönlichkeitskult ist aber eigentlich das Produkt eines Systems. Sie bekämpften nicht das System, oder soweit sie es taten, geschah es mehr stillschweigend, wobei sie erklärten, im Ganzen sei alles gut gewesen, nur habe Stalin in der letzten Zeit, eben weil er alt geworden sei, begonnen, nicht mehr ganz zurechnungsfähig zu sein und verschiedene Fehler zu machen."

„Von Anfang an haben wir gesagt, daß es sich hier nicht nur um den Personenkult handelt, sondern um ein System, das dessen Schaffung ermöglichte, und daß dort die Ursachen liegen, darauf müsse man immer wieder einhämmern, und das sei das Schwerste. Und worin liegen diese Ursachen? Im Bürokratenapparat, in der Form der Leitung, im sogenannten Grundsatz der einheitlichen Leitung, in der Nichtachtung der Rolle und der Bestrebungen der Werktätigen (!!!), in den verschiedenen Enver Hoxhas und anderen Leitern einiger westlicher und östlicher Parteien, die sich der Demokratisierung und den Beschlüssen des XX. Kongresses (Aha!) entgegenstemmten, und die viel dazu beigetragen hatten, daß sich Stalins System gefestigt hat, während sie heute daran arbeiten, es ins Leben zurückzurufen und wieder zur Herrschaft zu bringen. Dort liegen die Ursachen, und sie muß man berichtigen."

Er sagt, die Erklärungen von Belgrad und Moskau „müßten eigentlich Bedeutung ... auch für die Beziehungen zwischen allen sozialistischen Ländern haben. Leider aber wurden sie nicht so aufgefaßt. Man meinte: nun gut, wenn die Jugoslawen so hartnäckig sind, dann werden wir diese Erklärungen achten und durchführen (!), aber die anderen gehen sie nichts an, denn dort ist immerhin die Lage etwas anders als in Jugoslawien. Jugoslawien ist ein organisierter und disziplinierter Staat, die Jugoslawen haben ihren Wert erwiesen, denn es ist ihnen in schwerster Stunde gelungen, sich zu halten (!)

und nicht zuzulassen, daß es zu einer Wiederherstellung des kapitalistischen System kommt (?). Sie sind also etwas anderes als ihr in den Ostländern, in denen wir euch an die Macht gebracht haben." (!!!)

Damit hat er recht:
Er fährt fort: „Aber das ist falsch. Denn die gleichen Elemente, die 1948 einen solchen Widerstand Jugoslawiens hervorgerufen haben, leben auch in diesen östlichen Ländern, in Polen, in Ungarn und auch in anderen Ländern, in den einen mehr, in den anderen weniger."
Ja, z.B. Imre Nagy und andere sogenannte „Nationalkommunisten", d.h. als Kommunisten getarnte Nationalisten!
„Wir haben daran erinnert, daß diese Tendenzen, die früher in Jugoslawien einen so heftigen Widerstand hervorgerufen hatten, in allen Ländern bestehen und eines Tages auch in anderen Ländern zum Tragen kommen werden, und daß sich das viel schwerer würde in Ordnung bringen lassen."
Kunststück, daß der Chef der Bande Bescheid darüber weiß, was eines Tages „zum Tragen kommt"! Unverschämtheit, daß er sich noch die Maske des wohlwollenden Ratgebers umhängt!

Sehr aufschlußreich:
„Sie wissen, daß Chruschtschow auf Urlaub in Jugoslawien war. Dabei haben wir uns auch hier unterhalten, noch viel mehr aber in Belgrad", die Gespräche wurden auf der Krim fortgesetzt. „Wir haben gesehen, daß die Angelegenheit in Bezug auf andere Länder ziemlich schwer gehen würde. ..." „Aber wir haben das nicht so tragisch genommen, denn wir haben gesehen, daß das nicht die Haltung der gesamten Sowjetführung ist, sondern nur eines Teiles, der diese Haltung dem anderen Teil bis zu einem gewissen Grade aufgezwungen hatte. Wir haben gesehen, daß diese Haltung von den Leuten aufgezwungen wurde, die ziemlich stark auf den Stalinschen Positionen standen und auch heute noch immer stehen, daß es aber noch immer Möglichkeiten gibt, daß in der Führung der Sowjetunion in einer inneren Evolu-

tion die Elemente siegen, die für eine kraftvollere und schnellere Entwicklung in Richtung auf eine Demokratisierung, für eine Aufgabe aller Stalinschen Methoden und für die Schaffung neuer Beziehungen unter den sozialistischen Staaten sind. ...
Aus gewissen Anzeichen, aber auch aus den Gesprächen haben wir gesehen, daß diese Elemente nicht schwach, sondern stark sind, daß aber dieser innere Prozeß einer Entwicklung in fortschrittlicher Richtung ... gestört ist, auch von Seiten einiger westlicher Länder, die sich mit ihrer Propaganda und der unaufhörlichen Wiederholung, eine ‚Befreiung' dieser Länder sei notwendig, in die inneren Angelegenheiten dieser Länder einmischen und eine schnelle Entwicklung und ... Besserung der Beziehungen zwischen diesen Ländern stören. Denn die Sowjetunion ist der Ansicht, da diese Einmischung in die inneren Angelegenheiten in der Rundfunkpropaganda, in der Entsendung von Material mit Ballons und ähnlichem einen ziemlichen Umfang angenommen hat, daß es zu ungünstigen Folgen kommen könnte, wenn sie diese Länder völlig verließen und ihnen etwa den Status gäben, den Jugoslawien hat. Sie fürchtet, daß es in diesen Ländern dann zu einem Sieg der reaktionären Kräfte kommen könnte. Das heißt mit anderen Worten, daß sie nicht genug Vertrauen in die inneren revolutionären Kräfte dieser Länder hat. Nach meiner Auffassung ist das falsch, und der Kern aller späteren Fehler liegt im unzureichenden Vertrauen in die sozialistischen Kräfte dieser Völker."

1. Entweder saugt sich Tito die Darstellung der Verhältnisse in der KPdSU aus den Fingern. Wie wäre das zu qualifizieren? Oder seine Darstellung stimmt. Dann kann man nur wünschen, daß die „Stalinisten" recht bald das Heft wieder fest in die Hand nehmen. Ob so oder so, ein echter Kommunist würde sich nie so hinstellen und das erzählen, was Tito von sich gab.

2. Der zweite Absatz ist ein Wink mit dem Zaunpfahl für die Imperialisten, Zurückhaltung zu bewahren, um diesen „Evolutionsprozeß" nicht zu stören. Zum min-

desten kann er so aufgefaßt werden. Übrigens zeigt sich eine merkwürdige Übereinstimmung zwischen diesem Wink und der gegenwärtigen Haltung vor allem der USA.

„... Als es zu dem Ihnen bekannten Fall in Posen kam, änderte sich plötzlich die Haltung der Sowjets gegenüber uns. Sie begannen, kühler zu werden. Sie meinten, wir Jugoslawen wären daran schuld. Ja, wir sind schuld, weil wir auf der Welt leben, weil wir nun einmal so beschaffen sind, weil wir ein solches Jugoslawien geschaffen haben, wie es heute existiert, weil es auch außerhalb unseres Landes wirkt. Selbst wenn wir es auch nicht gewollt hätten, so wirkt unser Land doch, und zwar sehr positiv und nützlich. Dank der Tatsache, daß in Polen trotz aller Verfolgungen und Stalinschen Methoden zur Vernichtung der Parteikräfte dennoch ein Kern mit Gomulka an der Spitze (Aha!) geblieben ist, der auf dem 8. Plenum die Dinge in seine Hände zu nehmen und mutig einen neuen Kurs einzuschlagen vermochte, das heißt, einen Kurs zur Demokratisierung, zur völligen Unabhängigkeit, aber mit guten Beziehungen zur Sowjetunion, der einer Einmischung in die inneren Angelegenheiten einen entschlossenen Widerstand zu leisten vermochte, – dank dieser Tatsache konnten in Polen die reaktionären Kräfte nicht zum Tragen kommen, die auf jeden Fall bestehen, und die gehofft hatten, sie könnten in einem Konflikt unter den Kommunisten an die Oberfläche gelangen. Es ist dem reifen Verständnis und dem Verhalten der sowjetischen Staatsführung, die es rechtzeitig unterließ, sich einzumischen, zu verdanken, daß sich in Polen die Dinge ziemlich stabilisiert und bis jetzt auch gut entwickelt haben. (So!)
Ich kann nicht sagen, daß diese positive Entwicklung in Polen, die der unseren sehr ähnlich ist, in den anderen Ländern des ‚sozialistischen Lagers' irgendwelche Freude ausgelöst hätte. Nein, sie wird kritisiert, und zwar mehr im geheimen und im kleinen Kreise, aber bis zu einem gewissen Grade auch öffentlich. Bei diesen Ländern hat Polen nicht das gleiche Maß an Unterstützung gefunden wie bei den sowjetischen Staatsmännern, die

einer solchen Haltung Polens zustimmten. Bei diesen verschiedenen führenden Leuten in einzelnen Ländern des ‚sozialistischen Lagers', aber auch bei einigen kommunistischen Parteien im Westen hat Polen kein Verständnis gefunden, weil dort noch immer stalinistische Elemente sitzen.
Als wir in Moskau waren, wurde selbstverständlich auch über Polen und Ungarn und andere Länder gesprochen. Wir haben gesagt, daß das Rákosi-Regime und Rákosi selbst keinerlei Voraussetzungen besäßen, den ungarischen Staat zu leiten und ihn zur inneren Einheit zu führen, sondern daß sie ihn vielmehr zu sehr schweren Folgen führen könnten. Leider haben uns die sowjetischen Genossen nicht geglaubt. Sie sagten, Rákosi sei ein alter Revolutionär, und er sei anständig und so weiter. Daß er alt ist, das stimmt, aber das reicht nicht. Daß er anständig ist, könnte ich, soweit ich ihn kenne, besonders nach dem Rajk-Prozeß und allen anderen Dingen, nicht bestätigen. Für mich sind das die am wenigsten anständigen Menschen auf der Welt. Die sowjetischen Genossen sagten, er sei klug, er werde Erfolg haben, und sie wüßten nicht, auf wen anders sie sich stützen könnten. Gerade weil unsere staatliche Politik und ebenso sehr auch unsere Parteipolitik gegen eine Einmischung in die inneren Angelegenheiten anderer sind (!), und damit wir nicht von neuem mit den sowjetischen Genossen in Konflikt geraten, haben wir uns bei den sowjetischen Staatsmännern nicht genügend dafür eingesetzt, ein solches Gespann wie Rákosi und Gerö sind, abzusetzen."

Was soll man dazu sagen:
Das ist ja heiter! Weil sie überhaupt gegen Einmischung sind, hat er sich bloß ein bißchen eingemischt!
Aber was ist denn da überhaupt los! Wurde die Versöhnung mit Tito durchgeführt, um ihn um Rat zu fragen, was mit den Führern der Kommunistischen Parteien zu geschehen habe, oder deshalb, um das sozialistische Lager zu einigen auf der Basis der Nichteinmischung?
Nach dieser Darstellung haben nicht die sowjetischen Genossen zu Tito gesagt: Schwamm darüber, wir wollen

nicht mehr darüber sprechen, was an den Vorwürfen, die gegen dich erhoben wurden, zu recht bestand (siehe Prawda-Artikel), sondern sie sind auf die Position Titos übergegangen, haben sich von ihm ihre angeblichen Sünden verzeihen lassen. Das erinnert verdammt an Trotzkis Darstellung seines Eintritts in die Partei: Nicht Trotzki ist zu Lenin, sondern Lenin ist zu Trotzki gekommen!
Im übrigen: Tito hat also – nur nicht nachdrücklich genug – die Absetzung Rákosis und Gerös gefordert. Ist es nicht naheliegend, anzunehmen, daß er, nachdem diese seine „Forderung" nicht erfüllt wurde, nach anderen Wegen suchte, dieses Ziel zu erreichen, z.B. durch die Aktivierung der „gleichen Elemente", die auch in Ungarn lebten?

„Als ich nach Moskau fuhr, herrschte große Überraschung, warum ich nicht über Ungarn gefahren bin. Gerade wegen Rákosi wollte ich nicht über Ungarn reisen. Ich habe gesagt, ich würde nicht über Ungarn fahren, selbst wenn der Weg dreimal kürzer wäre. Als dort die Unzufriedenheit auch in den Reihen der Kommunisten immer stärker auszubrechen begann, und als sie forderten, Rákosi sollte gehen, da sahen die sowjetischen Genossen ein, daß es nicht mehr so weiter ginge und waren damit einverstanden, ihn abzusetzen. Aber sie machten den Fehler, nicht zuzulassen, daß auch Gerö und die sonstigen Anhänger Rákosis, die sich beim Volk kompromittiert hatten, abgesetzt würden. Sie machten Rákosis Absetzung davon abhängig, daß Gerö im Amt bleiben müsse, und das war falsch, denn Gerö unterschied sich in nichts von Rákosi. Er führte die gleiche Politik und trug die gleiche Schuld wie Rákosi.
Was konnten wir nun tun? Wir sahen, daß die Dinge nicht gut gehen. Als wir auf der Krim waren, war ‚zufällig' auch Gerö da, und wir trafen ihn ‚zufällig'. Wir sprachen mit ihm. Gerö verurteilte die bisherige Politik und sagte, sie sei falsch gewesen. Es sei falsch gewesen, daß man Jugoslawien verleumdet habe, kurz gesagt, er streute Asche auf sein Haupt und bat, wir möchten gute Beziehungen herstellen, wobei er versprach, er werde alle

früheren Fehler wiedergutmachen und nicht mehr zum Alten zurückkehren. ..."

Das soll ein Kommunist sein?
„Wir wollten beweisen, daß wir nicht rachsüchtig (!) sind, daß wir nicht engherzig sind, und wir waren einverstanden, mit Gerö und seiner Delegation der Ungarischen Partei der Werktätigen, die nach Jugoslawien kommen sollte, zu sprechen. Wir wollten Beziehungen zur Ungarischen Partei der Werktätigen herstellen, denn wir hofften, daß wir so, indem wir die Ungarische Partei nicht isolierten, leichter auf deren richtige (?) innere Entwicklung einwirken könnten."
Das haben sie dann ja auch kräftig getan! Vgl. Togliatti-Rede am 18. November 1956 (Inform.-Blatt 11/56): Er sieht die Ursache der Ereignisse in Ungarn vor allem darin, daß sich die „Partei in völliger Auflösung befand, und zwar zum Teil deshalb, weil Fehler nicht korrigiert wurden, und teilweise deshalb, weil sich von unten her eine Zersetzungskampagne gegen sie entwickelte."

Wieder Tito:
„Aber die Dinge waren schon ziemlich weit vorgeschritten, was wir nicht wußten (?), und Gerös Reise nach Jugoslawien und unsere gemeinsame Erklärung konnten nicht mehr helfen. Die Menschen in Ungarn waren absolut gegen stalinistische Elemente, die noch an der Macht waren, sie forderten deren Absetzung und den Übergang zur Demokratisierung. Als die ungarische Delegation unter Gerö in die Heimat zurückkehrte, zeigte Gerö, als er in eine schwierige Lage gekommen war, wiederum sein früheres Gesicht. Er bezeichnete die Hunderttausende von Demonstranten, die damals noch Demonstranten waren, als Gesindel und beleidigte fast das gesamte Volk. Man muß sich vorstellen, wie groß seine Blindheit war, und was für eine führende Persönlichkeit er ist. In einem so kritischen Augenblick, da alles kocht und das ganze Volk unzufrieden ist, da wagt er es, dieses Volk, zu dem in überwältigender Zahl, vielleicht auch in der Mehrheit, Kommunisten und Jugendliche gehörten, als Gesindel zu bezeichnen. Das

reichte aus, um das Pulverfaß zum Entzünden und zur Explosion zu bringen. Es kam zum Konflikt."

„Es geht nicht darum zu untersuchen, wer den ersten Schuß abgefeuert hat. Gerö (?) hat die Armee gerufen. Es war ein fataler Fehler, die Sowjetarmee zu einem Zeitpunkt zu rufen, da die Kundgebungen noch andauerten. Die Armee eines anderen Landes zu rufen, um dem Volk des eigenen Landes eine Lektion erteilen zu lassen, ist, selbst wenn es Schießereien gegeben hätte, ein großer Fehler. Das hat dieses Volk noch mehr aufgebracht, und so (!) kam es zum spontanen (!) Aufstand, in dem die (!) Kommunisten, auch gegen ihren Willen, gemeinsam mit verschiedenen reaktionären Elementen standen. Die reaktionären Elemente mischten sich in diesen Aufstand ein und nützten ihn für sich aus. Gibt es dort nicht genug Horthy-Anhänger? Wer hat sie umerzogen? Sollte sie etwa Rákosi umerziehen? ...

Diese reaktionären Kräfte haben es nicht gewagt, vorher den Kopf zu heben trotz aller Aufforderungen zum Aufstand von draußen, trotz der Hilfe, die sie aus dem Ausland bekamen, und sie hatten auch nicht die Kraft und die Courage, sich zu erheben, solange sie meinten, die Partei sei einig und fest gefügt. Sobald sie aber sahen, daß sich die Partei gespalten hatte und daß ein großer Teil der Parteimitglieder sich gegen Rákosis Clique und die Überreste aus der Vergangenheit erhob, da mischten sie sich sofort ein.

Sehr schnell, innerhalb von zwei bis drei Tagen, zeigten diese reaktionären Kräfte ihr wahres Gesicht. Da die damalige Führung in der allgemeinen Volksrevolte gegen alles, was man in der Vergangenheit getan hatte, nicht den Wunsch zeigte, die Elemente zu beseitigen, die das ungarische Volk zum Aufstand veranlaßt hatten, und einen echt ungarischen Weg (!) der sozialistischen Entwicklung mit allen seinen inneren Besonderheiten einzuschlagen, nahmen die Dinge bald eine andere Richtung, und die Reaktion begann immer mehr zu dominieren. Dieser berechtigte Aufstand und diese Revolte gegen eine Clique wurde zu einem Aufstand des ganzen Volkes gegen den Sozialismus und gegen die Sowjet-

union. Auch die Kommunisten, die in den Reihen des Aufstandes kämpften, fanden sich letzten Endes ungewollt im Kampf nicht für den Sozialismus, sondern für eine Rückkehr zum Alten, sobald die Reaktion die Dinge in ihre Hände genommen hatte. Sie befanden sich gegen ihren Willen in einer solchen Lage.
Ließ sich das jetzt noch verhindern? Anscheinend war es schon zu spät. Wäre die Regierung Nagy energisch gewesen, hätte sie nicht bald nach der einen, bald nach der anderen Seite geschwankt, wäre sie energisch eingeschritten gegen die Anarchie und die Ermordung von Kommunisten durch reaktionäre Elemente, hätte sie der Reaktion entschlossen Widerstand entgegengesetzt, dann hätten vielleicht die Dinge einen richtigen (!) Verlauf genommen, und vielleicht wäre es nicht zu einem Eingreifen der Sowjetarmee gekommen. Was aber tat Nagy? Er rief das Volk zu den Waffen gegen die Sowjetarmee und appellierte an die westlichen Länder, sich einzumischen. ..."

Tito über Kadar
„Ich kann Ihnen sagen, daß ich die Männer in der neuen Regierung kenne, und daß sie nach meiner Auffassung das vertreten, was in Ungarn das Anständigste ist ..., sie sind wirklich für eine neue Entwicklung. ... Aber die sowjetische Intervention schwächt dieses Programm, ..."
Wie wahr!

Titos Lüge über die erste „Intervention":
„Die erste Intervention, die *auf Anforderung Gerös* erfolgte, war falsch."
Während Nagys Koalitionsregierung wurde von den Horthy-Leuten, die ihn aus der Regierung bereits heraushaben wollten, festgestellt, daß nicht Gerö, sondern er die sowjetischen Truppen gerufen habe. – Die Klärung dieser Frage ist von großer Bedeutung.

Tito zum Austritt Ungarns aus dem Warschauer Pakt:
„Statt dessen gab sie dieses Manifest, diese Erklärung heraus, in der sie den Warschauer Pakt aufkündigte, ihre Unabhängigkeit erklärte und so weiter und so weiter.

Als ob das jetzt das wichtigste war, als ob ihr Austritt aus dem Warschauer Pakt irgend etwas bedeutete."

Tito ist also offensichtlich mit seinem Nagy unzufrieden. Aber nicht deshalb, weil er den Austritt aus dem Warschauer Pakt als unvereinbar mit der Haltung eines Kommunisten betrachtet – (wie könnte er das, da er doch selbst nicht dem sozialistischen Warschauer Pakt, sondern dem imperialistischen Balkanpakt angehört!) – sondern, weil dieser Austritt 1. in keiner Weise effektiv sein konnte, und deshalb 2. eine völlig überflüssige und unerwünschte Enthüllung seines (Nagys) wahren politischen Gesichts bedeutete! Und weil dadurch natürlich auch Tito kompromittiert wurde bei allen Kommunisten, die das wahre Verhältnis Tito-Nagy kannten.

Tito zur zweiten „Intervention"!
„Viele Leute fragen jetzt, warum es zur zweiten sowjetischen Intervention gekommen ist. Es ist klar, wir haben es gesagt und werden es immer sagen, daß wir gegen eine Einmischung und gegen den Einsatz einer fremden Militärmacht sind. Was ist aber das kleinere Übel? (!) Entweder das Chaos, der Bürgerkrieg, die Gegenrevolution und ein neuer Weltkrieg – oder das Eingreifen der Sowjettruppen, die dort standen? Das eine ist eine Katastrophe, das andere war ein Fehler." (!!! Also ist eine Katastrophe abwenden ein Fehler!) ... „Und wenn das den Sozialismus in Ungarn rettet, dann werden wir sagen können, obgleich wir gegen eine Einmischung sind, daß die sowjetische Intervention notwendig war."

Was soll man zu diesem Eiertanz sagen? Die klare Einschätzung eines Kommunisten? – Woher die Zweifel Titos darüber, daß in Ungarn der Sozialismus gerettet wurde? Hält er die Anwesenheit der Sowjettruppen für ein Hindernis für den Sozialismus? Man muß es annehmen. Denn diese Anwesenheit „hemmt" ja das Programm der Regierung Kadar, wie er meint. ... Oder weiß er gar schon mehr über irgendwelche Pläne einer Intervention gegen Ungarn von der anderen Seite? Kurz und gut, Tito beansprucht für sich noch einige Zeit, um eine Sache als richtig einzuschätzen, über deren Notwendigkeit jeder wirkliche Kommunist nicht den geringsten Zweifel hegt.

„... Zu diesem Fehler ist es deswegen gekommen, weil sie leider noch immer meinen, militärische Macht löse alles. Sehen Sie sich doch einmal an, wie leidenschaftlich sich ein unbewaffnetes und schlecht bewaffnetes Volk wehrt, wenn es ein Ziel hat, sich frei zu machen (!) und unabhängig (!) zu sein. Es interessiert es überhaupt nicht mehr, wie diese Unabhängigkeit" (Wie Jugoslawien ...!) „sein wird, ob im Lande die Bourgeoisie und das reaktionäre System wiederhergestellt werden, wenn es nur national unabhängig (!) ist. Davon war mein Hirn ganz ausgefüllt. Selbstverständlich kann ich jetzt nur sagen, daß das erste das Schlimmste ist, was geschehen konnte, daß aber dieses andere, die Intervention der Sowjettruppen auch schlecht ist. Wenn sie aber dazu führt, daß der Sozialismus in diesem Lande und der Weltfrieden erhalten werden, dann wird dies eines Tages positiv werden, vorausgesetzt, daß sich die *Sowjettruppen in dem Augenblick zurückziehen*, da sich die Verhältnisse in diesem Lande ordnen und beruhigen."

Wer dieses ganze Geschwätz als Kommunist lesen kann, ohne in Zorn und Empörung zu geraten über eine solch hinterhältige, giftige Verunglimpfung der Sowjetunion und der Rotarmisten, die wieder einmal ihr Leben einsetzen mußten, um dem Faschismus den Weg zu verlegen, – in dessen Denken kann man sich nicht mehr zurechtfinden, der hat die Grundorientierung verloren.

„Wir haben das den sowjetischen Genossen auch gesagt, wir haben kein Blatt vor den Mund genommen. Die sowjetischen Genossen haben gesagt, ihre Truppen würden dann gehen. Man muß bedenken, daß sich auch die Sowjetunion jetzt in einer schweren Lage befindet. Es ist ihnen jetzt wie Schuppen von den Augen gefallen und sie sehen, daß dort nicht nur Horthy-Änhänger, sondern auch die Arbeiter aus den Fabriken und Bergwerken kämpfen, daß das ganze Volk kämpft. Mit schwerem Herzen und ungern gehen die Sowjetsoldaten. Darin liegt die Tragödie.

Nach meinen Ausführungen können Sie Fragen stellen, denn vielleicht habe ich einige Dinge nicht klar genug vorgetragen. Seien Sie nur von einem überzeugt, daß wir niemals den Rat gegeben haben, sie sollten mit der Armee eingreifen. Solche Ratschläge haben wir nie erteilt, und das konnten wir auch jetzt nicht tun, da sie in eine Krise geraten sind. ...

... Zu dieser Tragödie möchte ich eines sagen: die verantwortungslosen Elemente in den verschiedenen kommunistischen Parteien, die sich mit Stalinschen Methoden noch an der Macht gehalten haben, bedeuten eine sehr schlechte Unterstützung für die Sowjetunion, wenn sie ihr raten, so zu verfahren, wie sie es für richtig halten. Ich glaube, daß es in allen diesen Parteien anständige Kommunisten gibt, die vielleicht weiter blicken, als diese verschiedenen Stalin-Anhänger. Sie blicken viel weiter. Und wenn sie wünschen, daß sich die Dinge dort bessern, nicht so wie in Ungarn, sondern auf friedliche kommunistische Art, dann müssen sie die negativen Dinge einer Kritik unterziehen und ein wenig auf die Stimme des Volkes, auf die Stimme der Parteimitglieder und der ganzen Bevölkerung hören. Denn wenn diese Propheten und Berater auch weiterhin so destruktiv wirken und es für angebracht halten, nur unser Land zu verleumden, nur weiterhin uns mit Schmutz zu bewerfen, dann wird selbstverständlich der Sozialismus noch schwere Stunden durchmachen. Jugoslawien steht *so fest auf seinen Füßen"* (Wirklich?!) „und es hat bis jetzt schon so viele Schläge ausgehalten, daß diese Verleumdungen von draußen es nicht von seinem Weg abbringen werden. *Auch wenn wir mit unserer inneren Entwicklung noch nicht voll zufrieden sind, so sind wir doch nun einmal so, und so werden wir auch bleiben; und noch mehr werden wir wirken, daß diese Propheten und Ratgeber keinen Erfolg haben mit ihren Bemühungen, den Prozeß aufzuhalten, der 1948 in Jugoslawien begonnen hat und jetzt in Polen weitergeht, noch daß sie ihn auf ein stalinistisches Gleis abschieben. ...*

... In einzelnen Ländern und Parteien Osteuropas sprechen manche führenden Leute davon, daß sich bei ih-

nen so etwas nicht ereignen werde; sie hätten eine starke Organisation, eine starke Armee, eine starke Polizei, ihre Mitgliederschaft sei bereits von allem unterrichtet und sie würden die Dinge fest in der Hand halten. Das gleiche hat auch Gerö gesagt, das hat auch Rákosi gesagt, und was nützt es ihnen? Es nützt ihnen gar nichts, wenn sie nicht die Methoden ändern, die sie angewendet haben, und wenn das Volk eines Tages aufsteht. *Sie haben seit 1948 gesät, und was sie gesät haben, ernten sie jetzt. Sie haben Wind gesät und ernten Sturm. ...*
... Ich will nicht sagen, daß unser Volk hundertprozentig zufrieden ist, und daß bei uns alles ist, wie es sein soll. Ich selbst bin auch noch nicht zufrieden. Aber in Jugoslawien herrschen *völlig andere Verhältnisse*. Bei uns gibt es einen Ausblick, und die Werktätigen in unserem Lande schaffen mit jedem Tage mehr. Womit bin ich unzufrieden? Erinnern Sie sich, ich habe im vorigen Jahre ein Referat gehalten, in dem ich auf die Notwendigkeit hingewiesen habe, den Kurs unserer Investitionspolitik zu ändern. Ich war fest überzeugt, daß unsere Männer, die die Wirtschaft leiten, das verstehen werden und daß wir wirklich unsere Aufmerksamkeit in erster Linie dem Lebensstandard unserer Menschen schenken werden. Eine gewisse Wandlung ist in dieser Hinsicht vollzogen, eine gewisse Stabilisierung auf dem Markt wurde erreicht, und das steile Ansteigen der Preise, das damals mit einer Inflation drohte, ist aufgehalten worden. Wir haben jetzt erneut beschlossen, noch energischer die Tendenz zu unterdrücken, nur zu bauen und zu bauen. Jetzt müssen wir darauf sehen, den Lebensstandard zu heben und die Verteidigung unseres Landes zu stärken. Diese beiden Dinge haben den Vorrang, und wir werden uns um sie kümmern. ...
... Natürlich sind wir noch in einer schweren Lage. Wir haben im Außenhandel ein ziemlich großes Defizit, das noch immer größer wird, obgleich wir im *vergangenen Jahre ziemlich gute Abkommen geschlossen haben, vor allem mit der Sowjetunion* über eine große Anleihe zu *sehr günstigen Bedingungen* mit 2% Zinsen. Zweitens haben wir ein Abkommen über die Zahlung von Repara-

tionen aus Deutschland abgeschlossen. Die Tschechen haben uns 100 Mill. Dollar gestrichen oder verrechnet, und mit Ungarn wird die Schuldenfrage im Einklang mit seinen Möglichkeiten gelöst werden. Durch alle diese Abkommen haben wir unsere Lage für den Aufbau erleichtert. Schließlich haben wir Weizen und einige Rohstoffe im Werte von rund 100 Mill. Dollar von den USA auf Kredit bekommen. Unsere Lage ist nicht so schwer, wie sie manche darstellen möchten.
... Ich habe mich ein wenig vom Thema entfernt. Ich wollte Ihnen sagen, daß wir, wenn wir die heutige Entwicklung in Ungarn aus der Perspektive Sozialismus oder Gegenrevolution betrachten, die heutige Regierung Kadar unterstützen und ihr helfen müssen."

Für jeden Kommunisten ist *das* die *einzige* „Perspektive"! Für Tito gibt es offenbar zwei. Welche? „Sozialismus" „unabhängig" (in Wirklichkeit feindlich) von der SU, und Sozialismus in engster Verbundenheit mit der SU. Von letzterer Perspektive aus betrachtet ist die Regierung Kadar, deren Programm „durch die sowjetische Intervention gehemmt wird", *nicht* zu unterstützen. Vielleicht erklärt diese zweite „Perspektive", warum sich in Ungarn immer wieder Leute im Arbeiterrat finden, die bis zum heutigen Tage die Normalisierung des Lebens verhindern. Vielleicht erklärt diese Perspektive auch das Störfeuer Titos wegen der angeblichen „Deportation" Nagys. – Übrigens paßt das alles ausgezeichnet in die Konzeption der Westmächte, die jetzt offenbar beschlossen haben, beschleunigt das Abenteuer im Nahen Osten abzubrechen (vielleicht auch nur zu unterbrechen), um mit voller Wucht und geschlossener Front in Ungarn intervenieren zu können, mit dem offenkundigen Ziel, den Abzug der sowjetischen Truppen zu erzwingen.

Wieder Tito:
„Wir müssen ihr" (der Regierung Kadar) „helfen, weil sie sich in einer sehr schweren Lage befindet. Wir müssen alle jene Elemente zurückdrängen, die heute verantwortungslos alle Schuld auf die Russen werfen. Ja, die

sowjetischen Genossen tragen die Verantwortung, weil sie nicht früher die Fehler erkannt und ausgebessert haben, weil sie es nicht früher ermöglicht haben, daß die Leute herankommen, zu denen die Arbeiterklasse und das ganze Volk Vertrauen hatten, denn ein Staatsmann kann sich nicht einem Volke aufzwingen. Das ist etwas Unmögliches.

In Polen hat sich die Lage stabilisiert, aber sie ist nicht gerade so sicher. Dort wirken die gleichen Elemente, die gegen gute Beziehungen zwischen Polen und der Sowjetunion sind. Wie Sie wissen, hassen diejenigen Polen, die reaktionäre Auffassungen haben, die Russen und die Sowjetunion. Man muß das polnische Volk von der Reaktion unterscheiden, die nicht nur die Sowjetunion, sondern auch den Sozialismus als solchen haßt. Denn die Arbeiterklasse und die Kommunisten in Polen haben einen weiten Horizont, einen weiten Gesichtskreis, und sie wissen, welche Unterstützung ihnen die Sowjetunion geben kann. Die Polen werden die Oder-Neiße-Grenze, die die Deutschen nie anerkannt haben und deren Rückgabe sie fordern werden, zum Beispiel ohne die Unterstützung der Sowjetunion schwer verteidigen können. Mit einem Wort, hier sind gegenseitige Hilfe und Unterstützung notwendig."

Zweimal, dreimal lesen, damit man die Infamie mitbekommt! Die Reaktion haßt die SU *und* den Sozialismus. Das Volk haßt *nur* die *SU*, nicht aber den Sozialismus „an sich". (z.B. den jugoslawischen „Sozialismus"!) Für einen wirklichen Kommunisten ist heute wie gestern die Einstellung zur Sowjetunion der Prüfstein für seine Echtheit. Haß gegen die SU ist Haß gegen den Sozialismus. Wo es bei den Volksmassen Haß gegen die SU gibt, kann ein Kommunist seine Aufgabe nur darin sehen, diese Auswirkung der imperialistischen Hetze zu bekämpfen, nicht aber darin, ihr auf heimtückische Weise neue Nahrung zu geben und sie gar noch zu rechtfertigen.

Das einzige Argument Titos für die Zusammenarbeit Polens mit der SU ist die Verteidigung der Oder-Neiße-Linie. Von gemeinsamem Klasseninteresse – keine Spur!

Über die gemeinsamen Aufgaben Jugoslawiens und Polens:
Aufgepaßt! Jetzt wird die Katze aus dem Sack gelassen!
„Ebenso notwendig ist es, daß wir in engstem Kontakt mit der polnischen Regierung und Partei arbeiten und ihnen helfen, soviel wir können. Gemeinsam mit den polnischen Genossen werden wir gegen solche Tendenzen kämpfen müssen, die in den verschiedenen anderen Parteien in den Ostländern oder im Westen auftreten. Dieser Kampf wird schwer und langwierig sein, denn jetzt geht es wirklich darum, ob in den kommunistischen Parteien der neue Geist siegen wird, der in Jugoslawien seinen Ausgang genommen hat, und für den in den Beschlüssen vom XX. Kongreß der KPdSU ziemlich viele Elemente geschaffen wurden. Es geht jetzt darum, ob dieser Kurs siegen wird, oder ob wieder der Stalinsche Kurs siegen wird. ...
Jugoslawien" (gut aufpassen) „darf sich nicht abschließen, es muß in allen Richtungen arbeiten, aber nicht, indem es diese Länder von innen heraus untergräbt, damit es dort zu negativen Ausschreitungen kommt, sondern auf ideologischem Gebiet, in Fühlungnahmen und Gesprächen, damit ein neuer Geist siegt."

Also:
1. Tito will einen langen und schweren Kampf führen.
Wofür? Für den Sozialismus? Kein Wort davon. Wenn er sagen sollte, was er dabei für positive Ergebnisse erzielt hat, welchen Vorsprung er seit 1948 vor den Volksdemokratien errungen hat, auf seinem „jugoslawischen Weg", dann würde er dabei eine sehr schlechte Figur machen. Die wesentlichste „Bereicherung" des Marxismus durch diesen Weg besteht in der erstaunlichen Tatsache, daß es möglich sein soll, den Sozialismus in Kontrastellung zur Sowjetunion, dafür aber mit Ami-Anleihen und als Mitglied eines Ami-Paktes aufzubauen.
Wogegen will er diesen langen und schweren Kampf führen?
Gegen den Imperialismus? Kein Wort davon!
Der Kampf gilt den Kommunistischen Parteien und ihrer Führung, die nicht der Meinung sind, daß ausgerech-

net Jugoslawien das Land und Titos Partei die Partei ist, von denen „der neue Geist" ausgeht.

2. Das Ziel dieses Kampfes ist also eingestandenermaßen die Einmischung in die inneren Angelegenheiten der anderen Parteien, ihre Verwandlung in Parteien nach dem Ebenbilde des jugoslawischen „Bundes der Kommunisten".
Und das proklamiert derselbe Mann, der in der gleichen Rede davon spricht, daß sie „grundsätzlich" gegen Einmischung sind. Derselbe Tito, der es ablehnte, solange seine Partei Mitglied des Inform-Büros war, dort Meinungsverschiedenheiten auszudiskutieren, der schon die anfangs sehr milde und kameradschaftliche Kritik schroff und gereizt als Einmischung zurückwies!

3. Ebenso erstaunlich ist die Methode, die dabei eingeschlagen werden soll: „Nicht von innen heraus untergraben". Da hört sich doch alles auf, daß Tito es überhaupt für notwendig erachtet, darüber zu sprechen! – Wer sich entschuldigt, klagt sich an! Es hat noch niemanden gegeben, der denjenigen, die er untergraben will, das auf die Nase gebunden hat. Aber in Ungarn sind merkwürdige Dinge passiert!

Also untergraben will er nicht. Er will nur „auf ideologischem Gebiet" arbeiten, „in Fühlungnahmen und Gesprächen". Das steht nun allerdings gar nicht im Widerspruch zur Methode der Untergrabung. Wenn man die Führer der Parteien, deren Kurs einem nicht gefällt, zu Stalinisten stempelt, alles tut, um das Vertrauen der Mitglieder und der Massen zu diesen Führern (Thorez, Zapotocki, Ulbricht usw.) zu untergraben – was ist dann das?

Ist es nicht richtiger, ja, die einzig für Kommunisten *mögliche* Art und Weise, Meinungsverschiedenheiten zu besprechen und beizulegen, indem man nicht Personenfragen, sondern die Fragen der Politik der Partei, der Parteilinie diskutiert, und zwar dort, wo solche Fragen behandelt werden müssen? Ist der Weg, den unsere Partei vorschlägt, nämlich ein solches Organ der Kommunistischen Parteien zu schaffen, nicht der einzig richtige, ehrliche und eines Kommunisten würdige? Als es ein solches Forum gab, wurde es von Tito mißachtet. Jetzt, da es keines gibt, möchte er als „Vorkämpfer gegen den Stalinismus" bestimmen, was die anderen Parteien zu machen haben, welche Führung sie haben. Kurzum, er ist „stalinistischer", als Stalin es jemals war! („Stalinistisch" in der Titoschen Deutung natürlich!)

Kämpfer gegen Personenkult?
„... Ich habe Nasser offen meine Befürchtungen ausgesprochen, daß ich kaum daran glaubte, die Imperialisten würden ihn in Frieden lassen, und er müsse darum daran denken, ihnen auch nicht durch den geringsten Anlaß die Möglichkeit zu geben, sich in die Angelegenheiten im Osten einzumischen. Selbstverständlich konnte ich ihm nicht in allen Einzelheiten sagen, was er tun muß, ich konnte ihn nur auf die Gefahr hinweisen, die heranreifen könnte. Ich habe ihm gesagt, er müßte wissen, daß die Imperialisten Leute ohne Skrupel seien, daß sie noch nicht auf ihre Bestrebungen verzichtet hätten, daß sie Ägypten, das in diesem Teil der Welt der stärkste Staat sei, für die imperialistischen und kolonialistischen Besitzungen in Afrika und Asien für am gefährlichsten hielten, und daß ein machtvoller Aufschwung und eine machtvolle Entwicklung die Imperialisten und Kolonialmächte in die Versuchung bringen könnte, Ägypten in den Bemühungen, sich weiterzuentwickeln, zu behindern. Unsere Auffassung war, und das habe ich Nasser auch gesagt, sie müßten zuerst von innen heraus erstarken, einen inneren Organismus schaffen, eine starke und feste Armee aufbauen, sich wirtschaftlich weiterentwickeln und sich dabei bemühen, Kredite zu bekommen, wo immer sie könnten, und dem Volk etwas geben, damit es sofort etwas von der neuen Macht sehe und eine gewisse Besserung spüre. Das waren unsere Anregungen und Vorschläge, die sie sehr gern angenommen haben. ..."
Was hätte Nasser bloß ohne die Ratschläge Titos angefangen ... ! Aber er hat sich offenkundig gar nicht um sie

gekümmert! Er ist antiimperialistischer als dieser „Kommunist"!

Resümee:
Diese Rede bestätigt Punkt für Punkt die Einschätzung, die Tito durch Enver Hoxha erfahren hat. Es ist nicht die Schuld Enver Hoxhas, daß er in der gegenwärtigen Situation Tito nicht direkt beim Namen nennen kann. Für die Umstände, die zu dieser Situation führten, ist er nicht verantwortlich.
Von Anfang bis Ende ist diese (Titos) Rede durchtränkt von teils offener, teils versteckter Feindschaft zur Sowjetunion. Ihr Ziel ist, in den Kommunistischen Parteien alle Kräfte zu mobilisieren, die gleichgeartet sind.
Der Kampf gegen den „Stalinismus" ist lediglich das Feigenblatt, hinter dem sich der Nationalismus verbirgt. Er dient ferner dazu, solche Genossen einzuwickeln und in sein Fahrwasser zu bringen, die über tatsächliche oder auch nur behauptete Fehler erbittert sind.

Diese Rede alleine müßte jedem Genossen genügen, um zu dem Schluß zu kommen: Dieser Mann mag alles mögliche sein – ein Kommunist ist er nicht! Wenn aber außerdem von den verschiedensten Parteien (KPdSU, Albanien, SED) deutliche, unübersehbare Warnsignale gegeben werden, dann hat kein Genosse das Recht, diese Signale mit einem Achselzucken abzutun.
Es muß jedem Genossen zu denken geben, daß es Tito und niemand anders ist, der ohne jeden Anlaß zwischen den Kommunistischen Parteien eine Auseinandersetzung heraufbeschworen hat, die nur zur Schwächung des sozialistischen Lagers führen kann, und das in einer Situation, wo die Imperialisten in der ärgsten Klemme waren. Was er tat und tut, ist eine Entlastungsoffensive für den Imperialismus und gestattet diesem, seinerseits zur Offensive überzugehen (siehe Ungarn). –
Wenn Tito für den Bruch 1948 noch die KPdSU verantwortlich machen kann, allerdings nicht auf Grund von Tatsachen, sondern nur auf Grund von Chruschtschows Erklärungen! –, so kann für die neuerliche Auseinander-

setzung keinerlei Zweifel darüber bestehen, daß sie von ihm ohne jeglichen Anlaß provoziert wurde.
Ein neuerlicher Bruch hätte – besonders angesichts der Situation in Polen – sehr schwerwiegende Folgen. Daran können wir nicht interessiert sein. Andererseits muß der ideologischen Verwirrung, die in Teilen der Partei herrscht, ein Ende gemacht werden. Das, u.a., war das Ziel der Ausführungen des Genossen Schirdewan auf dem 29. Plenum. Wir werden das sehr schnell erreichen, wenn sich jeder Genosse davon leiten läßt, daß Nationalismus immer uns zutiefst feindlich ist, in welcher Verpackung er auch immer auftreten mag. Und daß nach wie vor der Prüfstein für jeden Kommunisten seine Stellung zur Sowjetunion, seine Haltung zum proletarischen Internationalismus ist.

24. November AdiA 10/1956
ZK-Plenum der KPF. Rede Guyots vom 20. November.
Ausgezeichnete Analyse der Lage. Scharfe Kritik an Tito. Deutliche Kritik an Gomulka. Feststellung, daß heftige Gegenoffensive des Feindes, die aber im wesentlichen gescheitert ist.
„Noch anders sieht es mit der ideologischen Offensive aus, die darauf abzielt, die Beziehungen der Partei zu den breiten Massen und die prinzipiellen Grundlagen des Kommunismus in der Welt zu untergraben."
„Diese Offensive wird mit Erbitterung weitergeführt, und wir müssen fortfahren, ihr die Stirn zu bieten, umso mehr, als die Opportunisten und die Liquidatoren bisher in gewissen Kreisen kommunistischer Parteien des Auslandes Unterstützung gefunden haben, wodurch unser Kampf schwieriger wird als alle Kämpfe, die wir in der Vergangenheit zu führen hatten. ..."
„Einige Elemente in unseren Reihen und in den Reihen, ja zuweilen sogar in den Leitungen einiger Bruderparteien greifen die Haltung der Sowjetunion und der Sowjetarmee an. ..."
„Wer könnte leugnen, daß die Aggression erleichtert wurde durch die Verheerungen, die in der Arbeiterklasse und in ihrer Partei durch die liquidatorischen, konterrevolutionären und chauvinistischen Kampagnen ange-

richtet wurden, die unter dem Vorwand in Szene gesetzt wurden, man wolle die Fehler korrigieren, wie dies bei dem Petöfi-Kreis der Fall war?"

„... Es geht um die Zukunft des Kommunismus im Weltmaßstab. ... Wenn wir auch gewisse Formulierungen, so die ‚bedingungslose Anhänglichkeit', korrigiert haben, so bleibt es doch nicht weniger wahr, daß die Haltung zur Sowjetunion und zur KPdSU eine Prinzipienfrage ist. Wer sich davon entfernt, gerät in den Sumpf. Wer sich davon entfernt, schwächt und gefährdet die internationale kommunistische und Arbeiterbewegung. ..."

Titos Schilderung der Ereignisse in Ungarn wird als grobe Fälschung gekennzeichnet.

„Wir wollen einfach bemerken, daß es für uns keine jugoslawische politische Linie gibt. Es gibt die marxistisch-leninistische Linie und im Mittelpunkt von allem die großen sowjetischen Erfahrungen, was keineswegs eine Unterschätzung der Erfahrungen in diesem oder jenem Land, dieser oder jener Partei, einschließlich Jugoslawiens bedeutet."

„Tito maßt sich das Recht an, sich in das innere Leben der Parteien einzumischen: ‚Die Mängel des Systems liegen in dem Vorhandensein der Enver Hoxhas und anderer Führer, die sich in gewissen kommunistischen Parteien Ost- oder Westeuropas der Demokratisierung widersetzen.' Am nächsten Tag setzte die ‚Politika' in Belgrad den Punkt auf das ‚i' und bezeichnete die Parteien Frankreichs, Albaniens, Bulgariens, Rumäniens, der Tschechoslowakei und obendrein die ‚Prawda', das Zentralorgan der KPdSU, als ‚konservative Stalinisten'."

Guyot: „Das alles ist ein ziemlich übles Geschäft, betrieben in einem besonders schwierigen Augenblick des Klassenkampfes auf internationaler Ebene."

Zu Polen:

„Wir sind auch nicht gesonnen, die Augen vor den Dingen zu verschließen, die in gewissen Warschauer Kreisen gesagt werden; aus diesen Kreisen erhalten bürgerliche Wochenschriften Artikel, die unsere Partei angreifen. Es kommt sogar vor, daß in polnischen Zeitungen Artikel nachgedruckt werden, die sich gegen unsere Partei richten, so der Artikel Rollands. In einigen dieser Kreise äußert man die Meinung, der faschistische Angriff der Brandstifter und Mörder gegen den Sitz unseres Zentralkomitees seien eine Revolte der Pariser Arbeiter gegen die Kommunistische Partei Frankreichs, die sich weigere, sich zu ‚liberalisieren'."

„Wir sagen nicht, daß es sich hier um die Meinung der Führung der polnischen Partei handelt, aber wenn wir am Tage nach dem 7. November von unseren polnischen Genossen eine Solidaritätsbotschaft erhalten hätten, wie wir sie von der KPdSU, der KPI und anderen erhielten, wären wir für diese Botschaft doppelt empfänglich gewesen. ... Wir freuen uns über jeden Erfolg, der in Polen errungen wird, und vor allem über jeden Schritt vorwärts in der Richtung auf eine Festigung der polnisch-sowjetischen Freundschaft. Aber wir fordern Gegenseitigkeit."

Kritik auch an Konzessionen der italienischen Parteiführung an schwankende italienische Intellektuelle.

Alles in allem: Die KPF – beste Verkörperung von höchster Elastizität bei größter Prinzipientreue!

21. November Neues Deutschland

Djilas wieder einmal verhaftet (am 10.10.). Tito braucht wieder mal eine Auffrischung seines Renommees als Kommunist, nachdem er in der Pula-Rede mehr von seinen wahren Absichten enthüllt hatte, als ihm hinterher lieb sein konnte. Welch abgeschmackte Komödie!

23. November Neues Deutschland

Molotow zum Minister für Staatskontrolle ernannt. Eine erfreuliche, beruhigende Nachricht! Die Gesundung macht Fortschritte!

24. November Neues Deutschland

Imre Nagy nach Rumänien. Jugoslawische Protestnote, weil angeblich Verletzung eines Abkommens. – Sinn des Protests: Der Beunruhigung in Ungarn neue Nahrung geben, den ungarischen Topf am Kochen halten. Hilfestellung für die USA-Vorstöße in der UNO!

24. November Neues Deutschland

Prawda-Artikel: „Für den weiteren Zusammenschluß

der Kräfte des Sozialismus auf der Grundlage der marxistisch-leninistischen Prinzipien."
Hauptteil des Artikels eine Erwiderung auf Titos Pula-Rede.
Besonders wichtig:
„Es ist vollkommen offensichtlich, welch große Bedeutung in der Wirtschaft Jugoslawiens die Hilfe hat, die aus kapitalistischen Staaten, in erster Linie aus den USA, kommt. Auf Grund der entstandenen Lage hatte Jugoslawien mehrere Jahre lang die Möglichkeit, die verschärften Gegensätze zwischen dem Imperialismus und den sozialistischen Ländern auszunutzen. Aber wenn ein wesentlicher Teil seiner Wirtschaft in der Hilfe kapitalistischer Länder besteht, so kann man nicht sagen, daß ein solcher Weg irgendwelche besonderen Vorzüge hätte. Denn nicht alle Länder des sozialistischen Lagers können sich ja auf eine solche Hilfe verlassen, sie können ihre Politik nicht auf die Hilfe der Imperialisten aufbauen."
„Bekanntlich waren in der Vergangenheit bei einem Teil der führenden Funktionäre des Bundes der Kommunisten Jugoslawiens falsche, nicht der marxistisch-leninistischen Theorie entsprechende Auffassungen zu einigen wichtigen Fragen des sozialistischen Aufbaus verbreitet, und bekanntlich ist man von den Prinzipien des proletarischen Internationalismus abgewichen." (Also doch nicht alles Fälschung und Provokation Berijas! KG)
Es heißt ferner, daß es Differenzen ideologischer Art zum Zeitpunkt der Annäherung noch gab und noch immer gibt.
Damit sind wesentliche Teile des ersten Informbeschlusses als richtig bestätigt!

25. November Drei Spione in Albanien zum Tode verurteilt wegen „Spionage für eine ausländische Macht". Unter den Dreien auch Petro Boulati.

25. November *Schriftlicher Diskussionsbeitrag von mir zur Parteiversammlung (*eingereicht wegen Abwesenheit auf der Versammlung der Grundorganisation Geschichte der Humboldt-Universität).

„Die Ereignisse der letzten Tage und Wochen, insbesondere die Tito-Rede in Pula und die Erklärung in der Prawda dazu, zwingen jedes Mitglied unserer Partei, gründlich diese Ereignisse, diese Kräfte und Strömungen, die in ihnen wirksam waren, zu überdenken. Da ich selbst auf der Parteiversammlung nicht anwesend sein kann, möchte ich der Parteigruppe meine Stellungnahme in Kürze schriftlich übermitteln.

1. Es ist jetzt völlig offenbar geworden, daß sich in die Bewegung um die notwendige Demokratisierung des innerparteilichen Lebens der Kommunistischen Parteien und des staatlichen Lebens der sozialistischen Länder die *verschiedensten* fremden Kräfte einmischten, mit dem Ziel, diese Bewegung in konterrevolutionäre, antisowjetische Bahnen zu lenken, was ihnen in Ungarn weitgehend gelungen ist.

2. Dabei wurde insbesondere die von den Genossen der KPdSU vorgenommene Korrektur der früheren Überspitzungen in der Stellungnahme zu der in Jugoslawien durchgeführten Politik dazu benutzt, um unter den Mitgliedern der Kommunistischen Parteien Verwirrung zu stiften, den Kampf um die Überwindung der unter Stalins Führung begangenen Fehler und ihrer Folgen in einen Kampf gegen die enge Verbundenheit aller Kommunistischen Parteien mit der KPdSU umzufälschen und ihnen als Vorbild einer „fehlerfreien" Partei den Bund der Kommunisten in Jugoslawien hinzustellen.

3. Die Verwirklichung dieser Bestrebungen der sogenannten „Unabhängigkeit" gegenüber der Sowjetunion, wie sie von Imre Nagy bis zur letzten Konsequenz betrieben wurde, muß zur Isolierung und Vereinzelung der sozialistischen Staaten führen und es den Imperialisten erleichtern, sie einzeln aus dem sozialistischem Lager herauszubrechen. Eine solche Politik bedeutet deshalb eine tödliche Gefahr für jeden sozialistischen Staat. Für solche Bestrebungen gibt es nach der Beseitigung von Verletzungen des Grundsatzes der Gleichberechtigung im gegenseitigen Verhältnis zwischen sozialistischen Staa-

ten seitens der SU auch nicht einmal mehr den Schatten einer Berechtigung.

4. Die Verwerfung der Erfahrungen des Aufbaus des Sozialismus in der Sowjetunion zu Gunsten der Kopierung des sogenannten „jugoslawischen Weges" hat leider m.E. auch in der Entschließung des 8. Plenums des ZK der Polnischen Partei ihren Niederschlag gefunden, und zwar vor allem in den beschlossenen Maßnahmen auf dem Gebiet der Landwirtschaft, die m.E. die Gefahr einer Restauration des Kapitalismus auf dem Lande in sich bergen.

5. Es ist offensichtlich, daß der Versuch, in der gegenwärtigen Situation die Meinungsverschiedenheiten, die es in den Kommunistischen Parteien gibt, zuzuspitzen – (daß es sie gibt, ist unvermeidlich und an sich auch noch nichts Schlimmes, solange sie auf dem Boden des Marxismus-Leninismus ausgetragen werden) – und diese Meinungsverschiedenheiten als Kampf der „Stalinisten" gegen die „Leninisten" auszugeben, nur zur Schwächung und Demobilisierung der Kommunistischen Parteien führen kann, und das in einer Situation, in der die imperialistischen Kräfte zu einer Offensive gegen uns zu kommen suchen, die die größten Gefahren seit dem Ende des zweiten Weltkrieges in sich birgt.

6. Es ist heute auch für mich klar, daß die Bewegung zur Demokratisierung z.B. in Polen, sowie die Rolle, die einzelne Parteiführer dabei spielten, sehr schwierig richtig einzuschätzen waren und keineswegs vorbehaltlos begrüßt zu werden verdienen. Ich betrachte es als ein Verdienst unserer Parteiführung, daß sie nicht die Linie bezog, die Linie Gomulkas als Vorbild für das zu nehmen, was bei uns zu geschehen hat.

7. Die Führung unserer Partei war daher im Recht, wenn sie in den zurückliegenden Wochen und Monaten ihre Hauptaufgabe darin sah und noch heute sieht, zu verhindern, daß unter der Losung der Demokratisierung den feindlichen, antisowjetischen Kräften Spielraum gegeben wird. Wenn sie deshalb als „eingefleischte Stalini-

sten" bezeichnet wird, so kann das nur ein Lob und eine Anerkennung sein.
Mit dieser Feststellung will ich weder sagen, daß die in der zurückliegenden Parteidiskussion nach dem XX. Parteitag erhobene Forderung nach einer kühneren Verwirklichung der ‚Linie der Massen' keine Berechtigung gehabt hätte, noch schließe ich mich damit den Genossen an, die diese Diskussion für falsch und schädlich halten. Ich halte sie deshalb nicht für falsch, weil sie vom überwiegenden Teil der Genossen aus ehrlicher Sorge um die Partei und vom Boden der Parteiprinzipien aus geführt wurde, weil sie ferner zur Klärung vieler Fragen und zu konkreten Ergebnissen geführt hat, die in Beschlüssen der Parteiführung ihren Niederschlag fanden. Und ich bin überzeugt davon, daß, wenn wir damals die Politik jener durchgeführt hätten, die die Unterdrückung und Abwürgung dieser Diskussion befürworteten, wir die Belastungsprobe der Ereignisse in Polen und Ungarn in der Partei nicht so gut überstanden hätten, wie das im Großen und Ganzen doch der Fall war. – Ich würde es aber für verfehlt halten, die Frage der Berechtigung der zurückliegenden Diskussion jetzt zum Gegenstand einer neuen Diskussion zu machen.

Schlußfolgerungen:
a) Die Losung „Jetzt innerparteiliche Diskussion über die Lage in der Partei" dient dem Feind, ist letzten Endes *seine* Losung.
Eine Diskussion ist notwendig. Ihr Thema kann aber nur sein: Wie schlagen wir die Offensive des Feindes zurück, wie entfalten wir unsere sozialistische Offensive.
b) Enger Zusammenschluß um die Führung unserer Partei zur Gewährleistung der störungsfreien Durchführung des von ihr entwickelten Programms.
c) Geschlossene Abwehr aller Versuche, antisowjetischen Stimmungen Raum zu geben.
(K.G., 25. XI. 1956)

27. November Neues Deutschland
Artikel Hermann Axens „Gegen die Verfälschung des Marxismus-Leninismus und Tendenzen der Spaltung

der Arbeiterklasse". Polemik gegen einen Artikel in der polnischen Presse von einer Edda Werfel. – Der Inhalt des Artikels ist vollkommen in Ordnung und sehr erfreulich; der Ton jedoch für diejenigen, die nicht wissen, was in Polen z.Zt. wirklich gespielt wird, überraschend scharf und wird wohl denjenigen, die in Polen das „große Beispiel erfolgreicher Demokratisierung" sehen möchten und denen Axen nur die Werfel-Zitate vorlegt, als ungerechtfertigt erscheinen und deshalb von ihnen abgelehnt werden.

28. November Neues Deutschland
Antwort des ZK der KPF an die Schriftsteller-Genossen, die sich gegen das Eingreifen der Sowjet-Armee in Ungarn gewandt hatten.
(Die französischen Kommunisten – das sind die Felsenfesten!)

28. November Neues Deutschland
Rede des Genossen Schirdewan auf dem 29. Plenum.
Diese Rede ungeheuer aufschlußreich und vielsagend für den, der sie verstehen will.
Macht die ganze komplizierte Situation klar, in der sich unsere Parteiführung befindet, mit der ungeheueren Verantwortung dafür, daß bei uns dem Gegner kein Einbruch gelingt. Schlimm ist nur, daß der ganze Ernst der Situation nicht dargestellt werden kann, daß man nur Andeutungen machen kann, die gerade von jenen übersehen oder mißachtet werden, für die sie am notwendigsten sind, um sie wieder die Dinge richtig sehen zu lassen.

29. November Rede Gomulkas auf der gesamtpolnischen Konferenz.
Einschwenken auf die offizielle Linie der „Staatsraison". Fast das Gegenteil dessen, was er auf dem 8. Plenum ausgeführt hatte. Aber Leute seines Schlages sind nun einmal sehr wandelbar, wenigstens äußerlich. ...

29. November Neues Deutschland
Tschou En-lai beginnt seine Rundreise durch asiatische und europäische Länder.
Das ist ein historisches Datum. Es kennzeichnet äußerlich den endgültigen Übergang der ideologisch-politischen (noch nicht wirtschaftlichen und außenpolitischen)

führenden Rolle von der KPdSU an die KP Chinas. Nicht im Sinne eines Gegensatzes, sondern im Sinne der Weiterführung im Geiste Lenins und Stalins. Die Reise durch die asiatischen Länder, besonders nach Indien, gilt der Durchkreuzung der Versuche Nehrus, in Asien das gleiche zu tun wie Tito in Europa, nämlich ein antikommunistisches scheinsozialistisches Zentrum zu schaffen, das in der Lage wäre, die Befreiungsbewegungen der Kolonialvölker Asiens unter der Hegemonie der Bourgeoisie zu halten. Tschou En-lais Reise ist eine Demonstration dessen, daß das wahre Zentrum der Befreiungsbewegungen Asiens die kommunistische Chinesische Volksrepublik ist.

Tschou En-lais Reise nach Europa dient der Zurückweisung der Versuche, innerhalb des sozialistischen Lagers ein zweites, mit der SU konkurrierendes, scheinkommunistisches, in Wirklichkeit dem Kommunismus feindliches Zentrum zu bilden; dient der Zurückweisung der Versuche bestimmter Elemente in der polnischen und der ungarischen Partei, solche Versuche zu unterstützen.

Es ist dies das erste Mal, daß die chinesischen Genossen aktiv und direkt Einfluß nehmen auf europäische Bruderparteien. Daß dies notwendig ist, hat eine bedauerliche Ursache: die Tatsache nämlich, daß die KPdSU gegenwärtig nicht imstande ist, die Aufgabe zu erfüllen, die sie unter Lenins und Stalins Führung erfolgreich erfüllt hat: den gesunden Kräften zu helfen, sich gegen die ungesunden und feindlichen Kräfte durchzusetzen.

Heute ist es vielmehr so, daß die KP Chinas sogar auf die KPdSU Einfluß nehmen muß, daß sie dort den gesunden Kräften gegen die ungesunden helfen muß.

Und es wäre erheiternd, wenn es nicht so beschämend wäre, zu sehen, wie derselbe Chruschtschow, der auf dem XX. Parteitag im Grunde an Stalin kein gutes Haar mehr ließ, jetzt anläßlich des Besuches Tschou En-lais sich voll und ganz die Thesen der chinesischen Genossen über Stalin zu eigen macht, und in einfach unwürdiger Weise nachspricht, daß Stalin immer ein guter Kom-

munist war, daß er ein Vorbild für jeden Kommunisten ist usw.
Ein solches Schauspiel kann jeden, dem die KPdSU als die Partei Lenins und Stalins, als die Partei des ersten sozialistischen Landes teuer ist, nur zutiefst schmerzen.

Wohin haben diese Leute die Partei gebracht?

Daß die chinesische Partei jetzt diese Rolle spielt und glücklicherweise zu spielen in der Lage ist, hat natürlich letzten Endes objektive und historische Ursachen, die mit der Verlagerung des Zentrums des unmittelbaren revolutionären Mann-an-Mann-Kampfes des Sozialismus mit dem Imperialismus von der SU noch weiter nach Osten, nach China, zusammenhängen. Während nach der Liquidierung der kapitalistischen Klassen in der SU der weitere Aufbau und die Festigung des Errungenen und fest Verankerten einem gewissen Konservatismus und einer gewissen Erstarrung auf allen Gebieten des Lebens günstig war, traten die chinesischen Genossen gerade in eine Etappe des Kampfes, die vor ihnen neue Frage aufwarfen und neue Antworten forderte. –
Diese Erstarrung in der SU mußte durchbrochen werden, darüber kann es gar keinen Zweifel geben. Der Marxismus bedurfte eines neuen, schöpferischen Anstoßes. Und er erhielt ihn. Eigentlich schon vor Jahrzehnten, eben durch die theoretische und praktische Arbeit der chinesischen Genossen. Und das ging ganz ohne Bruch mit dem Vorhandenen vor sich, sondern entfaltete sich organisch aus den Erfahrungen der Sowjetunion, aus den Lehren, die Lenin und Stalin der internationalen Arbeiterbewegung gegeben hatten. Und es war Mao Tse-tung z.B., der die höchste, positivste Einschätzung, die sich denken läßt, dem „Kurzen Lehrgang" der Geschichte der KPdSU zuteil werden ließ. Hier, von dieser Seite, kommt heutzutage die wirkliche Erneuerung und schöpferische Weiterbildung des sozialistischen Denkens, nicht aber von einem Tito und seinen pseudosozialistischen Erfindungen.
Wie kann man nur im Ernst diese Mischung aus Göring und Operettendiktator für einen Kommunisten halten,

und noch dazu für einen, der um den Kommunismus sich verdienter gemacht habe als z.B. Stalin!
Man sehe sich nur an, wie dieser „Besieger Stalins", der gegenüber Thorez und anderen erprobten europäischen Führern so starke Worte fand, wie klein und jämmerlich und weinerlich dieser Held wurde, als ihm die „Pekinger Volkszeitung" sehr höflich, aber ebenso wohlgezielt ein paar kräftige Hiebe verabreichte. Da war plötzlich nicht mehr die Rede von „eingefleischten Stalinisten", obwohl keine Kommunistische Partei vorher Stalins positive Rolle so unterstrichen hatte. Da wurde nur noch gestammelt von „bedauerlichen Mißverständnissen" und ähnlichem Quark.
Der falsche Prinz kann sich eben nur solange als echten Prinzen ausgeben, bis der echte ihm gegenübertritt. Dann wird der falsche in seiner ganzen Falschheit, Aufgeblasenheit und Hohlheit allen erkennbar.

29. November Neues Deutschland
Albanischer Nationalfeiertag in der DDR betont nachdrücklich begangen.
Aus der Ansprache Otto Grotewohls:
„Die Feinde des Sozialismus versuchen, in den verschiedenen Ländern einzelne Fehler, die in der Tat unterlaufen sind, auszunutzen. Sie versuchen aber auch, Fehler zu erfinden und zu konstruieren, um den nationalen Egoismus, ja den Chauvinismus anzustacheln, um ein Land gegen das andere auszuspielen, um den Internationalismus zu untergraben."
Aus der Ansprache Walter Ulbrichts:
„Die Genossen der albanischen Partei der Arbeit haben in Albanien und damit im Südwesten des Balkans das Banner des Marxismus-Leninismus hochgehalten. Von imperialistischen und anderen Kreisen wurde alles unternommen, um der Partei der Arbeit ... Schwierigkeiten zu bereiten."

2. Dezember Neues Deutschland
Artikel von Hanna Wolf „Die marxistisch-leninistische Partei – die führende Kraft des Volkes".
Sehr freundschaftliche Kritik an unmarxistischen Auf-

fassungen in der polnischen Presse. Im Ton gelungener als der Artikel von Axen.

4. Dezember Neues Deutschland
Der griechische Ministerpräsident in Belgrad. Nach Meldungen der Westpresse war Beratungsgegenstand die Wiederbelebung des Balkanpaktes.

4. Dezember Konterrevolutionäre Demonstration in Budapest. (Einen Monat nach der Niederschlagung der Konterrevolution! Die Konterrevolutionäre scheinen die Entschlossenheit der Kadar-Regierung, mit ihnen Schluß zu machen, nicht sehr hoch einzuschätzen!)

5. Dezember Neuerliche konterrevolutionäre Demonstrationen in Budapest.

6. Dezember Kampfdemonstration (endlich!) für die Regierung Kadar.

6. Dezember Polnische Bischöfe für die Westgebiete eingesetzt. Vom Papst anstelle der bisherigen Generalvikare ernannt.

5.-6. Dezember ZK-Plenum der KPC. Linie: Zurückweisung aller antisowjetischen, auf die Spaltung der kommunistischen Bewegung gerichteten Tendenzen. Zurückweisung der Pula-Rede Titos. Gleichzeitig sowohl gegenüber Polen wie Jugoslawien keine Kluft aufgerissen, sondern die Möglichkeit zu wirklicher Verbesserung der Beziehungen gefördert.

7. Dezember Neues Deutschland
Albanische Note zum Fall Boulati.
In einer albanischen Antwortnote auf das Ersuchen Jugoslawiens, die Gerichtsakten des am 20. November wegen Spionage zu Tode verurteilten und hingerichteten Petro Boulati an Jugoslawien auszuliefern (!), ... wird festgestellt, die Erklärung und Forderung Jugoslawiens sei nicht gerechtfertigt, da B. nicht jugoslawischer Staatsangehöriger sei.

9. Dezember Neues Deutschland
Walter Ulbricht zur jugoslawischen „Autonomie“ der Betriebe.
Nach einem Hinweis auf die wirtschaftlichen Schwierigkeiten, die der jugoslawischen Wirtschaft durch die Betriebsautonomie entstanden, heißt es: „Schon die stürmische Zustimmung, mit der der Klassengegner, die Presse des westlichen Monopolkapitals, die Losung von

der Autonomie der Betriebe aufgreift, müßte doch stutzig machen."

9. Dezember Neues Deutschland

Meldung über neuen Jugendbund Polens. Daraus geht hervor, daß die Einheit der Jugendbewegung preisgegeben wurde und in Polen zahlreiche Jugendverbände, -Organisationen, -Komitees usw. bestehen. (Vgl. „Arbeiterstimme" vom 9. Dezember)

10. Dezember Neues Deutschland

„Ungarn greift durch", Standrecht mit Wirkung vom 11.12., 18.00 Uhr. Endlich!

Zentrale und bezirkliche „Arbeiterräte" aufgelöst. – Endlich!

Betriebsarbeiterräte bleiben.

Faktisch hatte es bis dato eine Art Doppelherrschaft gegeben: Regierung – Zentraler Budapester Arbeiterrat.

Wie verhielt sich die Regierung zu diesen als Räte getarnten Stützpunkten der Konterrevolution?

Woher erhielt der Zentrale Arbeiterrat seine Anweisungen?

11. Dezember Neues Deutschland

Aufgelöster Zentraler Arbeiterrat ruft zum Streik auf. Erheblicher Teil der Betriebe folgt. (Das bedeutet, daß ein Großteil der betrieblichen Arbeiterräte mit den gleichen Elementen durchsetzt ist wie die territorialen.)

12. Dezember Neues Deutschland vom 12. Dezember und spätere Meldungen über Polen zeigen, daß diejenigen Kräfte, die von der, wie sie sagen, „ersten Etappe" (Gomulka) so schnell wie möglich zur zweiten, zur offenen Restauration bürgerlicher Verhältnisse übergehen wollen, immer frechere Vorstöße unternehmen. Es wird also sehr rasch offenbar, daß diejenigen, die von der Wahl und der Politik Gomulkas sich eine *Stärkung* der Herrschaft der Arbeiterklasse, der *proletarischen* Demokratie versprechen, sich Illusionen hingaben. Gestärkt wurde der Einfluß und die Aktivität des Klassenfeindes, geschwächt die Grundlage der Diktatur der Arbeiterklasse.

Übrigens kein Wunder, fährt doch die Presse in Polen weiterhin fort, in übelster Weise die SU zu verleumden und die Grundsätze des Marxismus auf den Kopf zu stellen.

Auszüge aus der „Arbeiterstimme", Wrozlaw

2.-5. Dezember Artikel: Poznan-Budapest – (in Fortsetzungen vom 2., 4. und 5. Dezember). Verfasser: Roman Juris.

„Sowohl in Poznan als auch in Ungarn hatten wir es mit einer mächtigen, elementaren Volkserhebung zu tun. ..."

„Weisen wir hier von vornherein die sinnlose Version von den Agenten und den hundert Millionen zurück. ..."

„Diese Bewegung zeigte, daß die Massen nicht mehr nach dem alten Stil weiterleben wollten und die Führung nicht weiter nach dem alten Stil wirtschaften konnte. ..."

„Ungarischer Aufstand. ... Kampf um dieselbe Souveränität wie bei uns. ... Tragödie des heldenhaften ungarischen Volkes, daß es nicht rechtzeitig die Kräfte herausstellte, die die Führung dieses parteilichen und patriotischen Kampfes in die Hände genommen hätten. ..."

Zum Bündnis Polens mit der SU wird gesagt, daß selbst antisozialistische Kräfte einsehen, daß Polen dieses Bündnis zur Garantie der Oder-Neiße-Grenze braucht.

„Das ist die Logik der Kräfteverteilung auf der Welt, das ist unsere geographisch-politische Position. ..."

Die KPdSU machte „den mutigen Versuch, den stalinistischen Terror zu entlarven", habe aber „keine marxistische Analyse" gegeben, „keine Schlußfolgerungen" gezogen „für das ganze stalinistische System des sozialistischen Aufbaus". Statt dessen „Zick-Zack-Linien", „Inkonsequenzen", „Rückkehr zu stalinistischen Methoden".

Wolle man zu Marx zurückkehren, dann bedeute Sozialismus nicht mehr als die gesellschaftliche Herrschaft über die Produktionsmittel. „Also unterscheidet nicht die staatliche Plankommission unsere Gesellschaftsordnung von der kapitalistischen, sondern die gesellschaftliche Beherrschung der Produktionsmittel. ..."

„Die objektiven Rechte fordern, daß auf dem Markt natürliche Anreize zur Entwicklung bestehen: vor allem der Ansporn des Wertes und der damit verbundenen Konkurrenz. ..."

„Ungarn ist ein Aufstand auf internationaler Ebene gegen die stalinistischen Verletzungen der objektiven Entwicklungsrechte."

„Als was erwies sich jene ‚Partei neuen Typus'? ... Als ein Oberamt, das im Namen von 1½ Millionen Parteiausweisen volle Macht ausübte."

9. Dezember Artikel „Die Jugend und unsere Revolution", von Bartosz.

Vorangestellt ein Auszug aus einem Gedicht von Heinz Kahlau. Dazu wird gesagt, man habe das „Motto aus der revolutionären Gegenwartsdichtung der Deutschen Demokratischen Republik" genommen. Dann heißt es: „Die Zurücksetzung der Jugend ist für alle sozialistischen Länder charakteristisch. ‚Alles für die Jugend' außer dem Recht zur Entscheidung über ihr Leben und ihre Zukunft. ..."

Über die Entwicklung zum einheitlichen Jugendverband heißt es:

„Darauf folgte der nächste und schwerste Schlag: Wrozlaw – Juli 1948. Im Namen der Einheit mischte man alle Jugendströmungen, die kommunistische, sozialdemokratische, christlich-liberale und auch die neutrale rot-weiß-schwarze in den großen, unförmlichen Tiegel der ZMP. Seit diesem feierlichen Begräbnis der kommunistischen Jugendbewegung hat eine Jugendbewegung aufgehört zu existieren. ..."

Über die Studenten wird gesagt, daß sie stolz von sich sagen: „Wir haben an der neuen Oktoberrevolution teilgenommen."

12./13. Dezember Artikel in der Nummer vom 12. und 13. Dezember (übernommen aus der Studentenzeitung „Po prostu"): „Ungarische Revolution 1956 – Der erste Tag in Budapest", von Marian Bielicki.

„Die Revolution in Ungarn war so stürmisch, so vielseitig. ... Sie wurde wie der Säugling von der Mutter-Kindsmörderin erdrosselt, bevor ihre ersten Knospen erblühten. Um so schwerer war es, alle ihre Erscheinungen zu erfassen – sowohl jene, die für alle Zeiten in die Geschichte der Revolutionskämpfe der Menschheit mit goldenen Lettern eingetragen werden, als auch jene, die da und dort (!) einen Schatten auf die Revolution gewor-

fen haben, jedoch weder auf ihren Charakter noch auf ihren Verlauf einen entscheidenden Einfluß ausübten." Folgt die Schilderung der Landung am Flughafen.
„Die Soldaten in Helmen mit dem roten Stern springen in voller Fahrt aus dem Panzer, mit schußbereiten Maschinenpistolen umzingeln sie das Flugzeug. ... Etwas greift mit glitschigen Händen nach meiner Brust. Warum richtet dieser Soldat den Lauf gerade auf mich?"
Aus den Fenstern hängen Fahnen, in denen sich Löcher befinden. An dieser Stelle „war noch vor wenigen Tagen ein Wappen. Warum haben es die Menschen herausgeschnitten? ... Dieses herausgeschnittene Wappen – das war das Symbol eines Landes, das nicht das Land der Freiheit und menschlichen Glückes war, obwohl diese Ziele an der Quelle seiner Geburt lagen. ..."
Der Verfasser „stelle fest", daß in Ungarn „stalinistischer Terror wütete, der menschliche Gedanken und Herzen brach, daß Freiheit hier in Sklaverei, Wahrheit in Heuchelei und Falschheit verwandelt wurde, die Edelsten wurden getreten, mit Blut besudelt, indem man sich bemühte, hinter einer Phrase das Verbrechen zu verbergen."
„Die Verfassung, die stolz Volksdemokratie genannt wurde, hatte hier hundertmal weniger als in jedem anderen demokratischen Land Gemeinsames mit Demokratie und Volk. ... Ich weiß es ... aus den Tränen, die die Witwe Laszlo Rajks vergoß. ..."
Dann schildert der Verfasser mit Wollust, wie das „Volk" die Stalin-Statue auf dem Stalin-Platz umriß, mit Füßen darauf herumtrampelte usw. Er sagt dazu: „Es fiel die neue Bastille – auf ihren Resten wurde die Fahne der Freiheit gepflanzt."

Die polnische „Arbeiterstimme" – Die Stimme der Konterrevolution!

Weitere Kostproben aus der sogenannten „Arbeiterstimme"

25. November Abdruck des verleumderischen Artikels, den der inzwischen ausgeschlossene französische Schriftsteller Rolland in der bürgerlichen Zeitung „L'Express" gegen die

französische Partei veröffentlichte. (Von der „Arbeiterstimme“ aus der „Przceglad kulturalny“ übernommen.)

29. November Bösartige, verleumderische Stellungnahme zur Rede des französischen Genossen Guyot auf der ZK-Tagung der KPF.

1. Dezember Artikel: „Ungarisches Echo in Frankreich“ von einem Pierre Fabre mit Loblied auf die Schriftsteller, Mitglieder der Kommunistischen Partei Frankreichs, die sich gegen das Eingreifen der SU in Ungarn wandten, und mit gemeinen Ausfällen gegen die Parteiführung der KPF.

5. Dezember „Eine Stimme der Freundschaft“
Bericht über Reise einer westdeutschen Delegation. Die „Stimme der Freundschaft“ ist die Stimme „des Reiseteilnehmers H. Wittneben, 1. Vorsitzender des Allgemeinen Studentenausschusses der Universität Göttingen und 1. Vorsitzender des VDS Niedersachsen.“ Er sprach sich sehr anerkennend über die Entwicklung in Polen aus, bezeichnete sie als „ideal-kommunistische Bestrebungen“, was die „Arbeiterstimme“ mit Stolz zur Kenntnis nimmt.

6. Dezember Am 4. Dezember ist englische Regierungsdelegation wegen Abschluß eines langjährigen Handelsvertrages in Warschau eingetroffen.

Berichte über die Lage in Ungarn sind im allgemeinen Wiedergabe der Meldungen der Westagenturen. Beispiele:

6. Dezember „Regierung Kadar löst revolutionäre Komitees auf.“
„Deportierte zurückgekehrt.“
„Wie Reuter aus Belgrad unter Berufung auf glaubwürdige Quellen berichtet ...“ (Antwort der SU an Jugoslawien wegen Protestnote Jugoslawiens bezüglich Nagy).

6. Dezember Am 4.12. ist eine Gruppe von Wirtschaftspraktikern, Mitglieder der ehemaligen Partei-Regierungs-Kommission für Fragen wirtschaftlicher Versuche, nach Jugoslawien abgereist, bezweckt „genaues Kennenlernen der Arbeitsformen und Organisation der jugoslawischen Unternehmen und Arbeiterräte.“

9. Dezember Am 6.12. hat Jugoslawien an die Regierung Kadar eine neue Note wegen Imre Nagy losgelassen, in der Aufklärung über dessen Verbleib gefordert wird und festgestellt wird, er sei nicht freiwillig nach Rumänien gegangen.

13. Dezember Die jugoslawische „Borba“ verurteilt die ungarische Regierung wegen der Auflösung der Arbeiterräte. Sie stellt fest, daß diese Tatsache zu neuen Aufständen in Ungarn und zum Anwachsen der internationalen Spannung führen kann.

13. Dezember Zum italienischen Parteitag:
„Das Interesse an den polnischen Angelegenheiten ist hier riesengroß. Jedoch fand es – wie die italienischen Genossen betonten – leider noch keine Widerspiegelung im Referat des Generalsekretärs der Partei, Togliatti. Deshalb erwartet man mit großem Interesse und sogar mit Ungeduld die Rede des Vertreters des Zentralkomitees der Polnischen Vereinigten Arbeiterpartei.“

22. Dezember Im Bericht über den italienischen Parteitag krampfhaft bemüht, die Sache so darzustellen, als ob die italienische Partei voll und ganz auf der Position der Gomulka-Gruppe. In diesem Artikel die anspruchsvolle Feststellung: „Der polnische Oktober ... eine Art Hefe, die den internationalen sozialistischen Gedanken zu schöpferischer Gärung weckt.“

16. Januar 1957 „Unsere Jugend hat uns verlassen.“
Über Landflucht wegen der „grundsätzlich falschen landwirtschaftlichen Politik“ in der Vergangenheit.
„Von grundlegenden Änderungen kann man jedoch erst seit unserer Oktoberrevolution sprechen. ... Wir Bauern sehen vor allem, daß sich vor uns wieder neue Perspektiven eröffnen, daß wir ruhig noch ein paar Hektar Land, welches bis dahin brachlag, als Eigentum übernehmen können, ohne Furcht, daß man uns wieder Kulaken nennen und ökonomisch und moralisch terrorisieren wird.“

16. Januar 1957 Und als letztes Beispiel, gleiche Nummer: „Ein Wort als Deutscher zu Deutschen“ von Rudolf Gaebel, Redaktionsmitglied der „Arbeiterstimme“. (Auch die Deutschen werden für Gomulka mobilisiert.) „Es gibt ja hier (in Wrozlaw) noch einige wenige, die mich von den Demonstrationen der SAP und Eisernen Front in den Jahren 1932-33 her kennen und wissen, daß ich als Intellektueller immer auf der Seite des Proletariats stand, aber auch ein guter Deutscher war. ... Es kann uns wahrhaftig nicht gleichgültig sein, ob in Polen das Neue und

Saubere sich voll durchsetzt oder bis zu einem gewissen Grade etwa jenes System wirksam bleibt, unter dem gerade wir Deutschen in der stalinistischen Zeitspanne so sehr gelitten haben. Wirft hier aber jemand ein: ‚Was geht uns das alles an, wir wollen ja nichts als raus', da möchte ich ihm sagen: Machen wir uns doch nicht schlechter als wir sind. Gewiß wollen die meisten von uns nach Deutschland, das ist unleugbar. Aber wir müssen elende Egoisten sein, wenn es uns völlig gleichgültig ließe, wie sich die Lage unserer Landsleute gestaltet, die auch in Zukunft hier bleiben und ihrer Arbeit nachgehen wollen. Abgesehen davon wissen wir ja gar nicht, wie lange wir noch auf unsere Ausreise warten müssen ..."

„Daß die Stimmabgabe keinesfalls etwa die Annahme der polnischen Bürgerschaft zur Folge hat oder die Möglichkeit unserer Ausreise irgendwie erschwert, darüber ist ganz offen und eindeutig in mehreren Artikeln unserer Arbeiterstimme geschrieben worden."

„Die Sejm-Kandidaten sind unter Ausschluß aller, die im letzten Sejm völlig versagten, so sehr sorgsam ausgewählt worden, daß man zu ihnen volles Vertrauen haben kann, wenn ihre Namen uns in den meisten Fällen auch kaum etwas zu sagen haben. ..."

12. Dezember Neues Deutschland

Ergänzung der Standrechtsverordnung in Ungarn: Mit dem Urteil „schuldig" ist Todesstrafe verbunden. (Merkwürdigerweise hatte man in der ersten Verordnung das zu sagen vergessen!) Zwei Mitglieder des Zentralen Arbeiterrates, Rädelsführer, verhaftet.

13. Dezember Neues Deutschland

Urteil im Djilas-Prozeß: Drei Jahre Gefängnis, wegen „Verleumdung der Heimat". Man kann neugierig sein, wann der nächste Artikel von ihm, im Gefängnis geschrieben, in der Auslandspresse erscheint!

13. Dezember Neues Deutschland

Delegation des ZK der SED (Matern, Ebert, Rau) in Polen zu Besprechungen mit Vertretern der PVAP (Gomulka, Jedrychowski, Rapacki).

14. Dezember Neues Deutschland
Artikel von P.F. (Peter Florin?): Stets das Interesse der Gesamtbewegung vertreten.
Darin wird Titos Pula-Rede zitiert, u.a. auch der Teil, in dem es heißt, Jugoslawien müsse gemeinsam mit Polen für den Sieg des neuen Geistes kämpfen. Polemik dagegen und gegen die Behauptung, „die Deutschen" hätten die Oder-Neiße-Linie niemals anerkannt.
„Wenn Genosse Tito dennoch solche Formulierungen benutzt, so ist das unerfreulich und mit dem proletarischen Internationalismus nicht in Einklang zu bringen."

18. Dezember Neues Deutschland
Jugoslawische Parteidelegation nach Polen. Leiter: Vukmanovic-Tempo.

19. Dezember Presse-Konferenz in Budapest.

20. Dezember Neues Deutschland
Ministerpräsident Kadar auf Pressekonferenz. (Selbst Kadar muß gegen Kardelj Stellung nehmen.)
Politik der Regierung gegenüber den Arbeiterräten innere Angelegenheit.
„Es ist sehr bedauerlich, daß in der Zeit, als der USA-Hetzsender ‚Freies Europa' Rechte für den zentralen Arbeiterrat forderte, auch ein hervorragender Führer der jugoslawischen Kommunisten, der Genosse Kardelj, eine ähnliche Forderung erhob." ... Kadar versucht Kardelj zu entschuldigen: „Der Genosse Kardelj wußte sicherlich nicht, daß der aufgelöste ‚Zentrale Arbeiterrat' an alle Arbeiterräte in den Betrieben die Direktive gab, die Kommunisten aus den Räten zu entfernen."
Vielleicht wußte er es doch? Vielleicht hat er gerade deshalb interveniert, weil die Arbeiterräte nicht ganz ohne Verbindung zu Belgrad waren? Schließlich sind ja nicht gerade die Horthy-Faschisten, wohl aber die Jugoslawen Fachleute in Fragen der „Arbeiterräte"!

21. Dezember Neues Deutschland
Gemeinsame Erklärung der ZKs der SED und der KPC. Noch engere Zusammenarbeit.

27. Dezember Neues Deutschland
Bericht über Dezember-Plenum der KPdSU. Dauer: fünf Tage, 20.-24- Dezember.
Amtlich verlautbarte Tagesordnung:
1. Berichte Baibakows und Saburows über den Abschluß der Arbeiten zur Aufstellung des 6. Fünfjahrplans.
2. Bericht Bulganins über die Verbesserung der Leitung der sowjetischen Volkswirtschaft.
Schepilow wegen Ernennung zum *Außenminister* als Sekretär des ZK ausgeschieden.
Auf diesem Plenum überraschend scharfe Kritik an Mängeln in der Wirtschaftsführung. Die Spitze dieser Kritik nicht mehr gegen Überreste von Folgen des Personenkultes gerichtet.
In Zusammenhang mit dieser Kritik Personaländerungen:
Saburow als Vorsitzender der Wirtschaftskommission abberufen.
Chruschtschow überhaupt nicht erwähnt.

28. Dezember Neues Deutschland
„Schwere Monate für Ungarn"
Bericht über die wirtschaftlichen Schwierigkeiten in Ungarn. Im Bergbau fehlen 50 000 Arbeiter. Durch Kohlemangel drohen Betriebsstillegungen und Arbeitslosigkeit.
Es wird aber nichts darüber berichtet, was die Regierung tun will, um schnellstens für den Bergbau Arbeitskräfte zu finden, notfalls auch vorübergehend zu verpflichten. Statt dessen wurde beschlossen, alle, die durch Kohlemangel arbeitslos wurden (man rechnet mit hundert- bis zweihunderttausend Arbeitern und Angestellten) erhalten ein sechswöchiges Kündigungsgeld in Höhe ihres bisherigen Gehaltes. Danach – eine Arbeitslosenunterstützung für die Dauer von 26 Wochen. Gleichzeitig Bemühungen um Auslandsanleihen, auch von kapitalistischen Ländern.
Das alles ist etwas merkwürdig: Arbeitslosigkeit aus Mangel an Arbeitskräften ... Auslandsanleihen aus imperialistischen Staaten, obwohl die Lage nicht annähernd so verzweifelt sein kann, wie etwa unmittelbar nach

dem Kriege, zumal Ungarn die Solidarität des sozialistischen Lagers in einem Ausmaß wie niemals zuvor zu Hilfe kommt.

Weiter heißt es:

„Die Regierung will alle Maßnahmen treffen, um so schnell wie möglich wieder genügend Arbeitsstellen zu beschaffen. So wird dem berühmten ungarischen Kleingewerbe (!), das noch im Jahre 1949 367000 Werktätige beschäftigte, wieder jede Möglichkeit zur vollen Entfaltung gegeben."

Das erinnert ja fast an die Nazi-Arbeitsbeschaffungspläne: zurück zur Handarbeit!

„Auch die Tatsache, daß viele Industriearbeiter gegenwärtig in die Landwirtschaft abwandern, wo noch zahlreiche Arbeitskräfte benötigt werden, und die Beseitigung des Arbeitskräftemangels im Bergbau werden die Lage mildern."

Das verstehe, wer kann!

28. Dezember Neues Deutschland

„Über den proletarischen Internationalismus." Prawda-Artikel von Asisjan. (23. Dezember)

Antwort auf einen Artikel des polnischen Journalisten Bibrowski in „Nowa Kultura", in der Bibrowski eine Definition des „sozialistischen Internationalismus" gibt, in der die Hauptsache fehlt: das gemeinsame Klasseninteresse im Kampf zur Überwindung des Kapitalismus-Imperialismus und für die Errichtung der klassenlosen Gesellschaft.

Statt dessen: Prinzipien der Koexistenz, Kampf gegen Stalinismus und anderer Unsinn.

Gründliche, prinzipielle Widerlegung.

29. Dezember Neues Deutschland

Leitartikel aus der „Trybuna Ludu": von Julius Waclawek, der die Hoffnung gibt, daß die gesunden Kräfte in der polnischen Partei sich wieder sammeln und den Kampf um die völlige Wiederherstellung der marxistisch-leninistischen Grundlagen der Partei verstärken.

„Wirken bei uns rechtsgerichtete Kräfte? Ja, das äußert sich unter anderem in der Zügellosigkeit der bürgerlichen, nationalistischen, antisowjetischen, antisemitischen oder antiukrainischen Ideologie und sogar auch in Versuchen, die Einheit der Arbeiterbewegung zu zerschlagen. Auf dem Lande wird das Agrartum in einer Weise lebendig, die das reiche Bauerntum repräsentiert. Die gemeinsame Losung dieser Kräfte ist der Übergang zur folgenden Etappe, der Etappe der bürgerlichen Demokratie."

Waclawek fragt: Kämpft die Presse gegen diese Gefahr? „Ich wage zu sagen, daß sie dies in einem höchst ungenügenden Maße tut, sogar die ‚Trybuna Ludu', von den Zeitschriften oder dem theoretischen und politischen Organ des ZK der PVAP, ‚Neue Wege', ganz zu schweigen. Sowohl in ‚Po Prostu' wie auch in einer Reihe anderer Zeitschriften kann man das Beiseiteschieben des marxistischen Grundsatzes der klassenmäßigen Bewertung aller Ereignisse und der gesellschaftlichen Theorie bemerken."

Ein beträchtlicher Teil der Partei-Intelligenz habe den marxistischen Standpunkt aufgegeben.

30. Dezember Zwei Meldungen des Neuen Deutschland untereinander:

„Ägyptische Friedensfreunde bei Chruschtschow",

„Der 1. Sekretär der KP Israels bei Suslow".

30. Dezember Neues Deutschland

Die Volksrepublik Polen hat Holland 192 Kisten mit Dokumenten zurückgegeben, die von den Faschisten geraubt und nach Polen verschleppt worden waren. (Es handelt sich um Dokumente der SPD!)

30. Dezember Neues Deutschland

Artikel aus der „Pekinger Volkszeitung" vom 29. Dezember: Weitere Bemerkungen über die historischen Erfahrungen der Diktatur des Proletariats. (Vollständig in AdiA 1/57)

31. Dezember Neues Deutschland

Ungarischer Ministerrat faßte Beschlüsse (29. Dezember) für Arbeitslosenunterstützung. Sechswöchiges Kündigungsgeld in Höhe des bisherigen Lohnes. Danach 26 Wochen weitere Arbeitslosenunterstützung.

1957

1.-4. Januar Verhandlungen in Budapest zwischen Vertretern der USAP und der bulgarischen, der rumänischen und der tschechoslowakischen Partei sowie der KPdSU (Chruschtschow und Malenkow).
Aus der gemeinsamen Mitteilung:
„Die Volkswirtschaft Ungarns entwickelte sich schnell auf sozialistischem Wege. Diese Entwicklung wurde aber durch das Auftreten konterrevolutionärer Kräfte gestört."
Der Unterschied dieser Darstellung der Entwicklung zu den bisher von Kadar gewohnten, bei denen an erster Stelle immer ausgiebige und massive Beschuldigungen gegen die „Rákosi-Gerö-Clique" rangierten, ist in die Augen springend.

6. Januar Veröffentlichung der Regierungserklärung der Regierung Kadar.
Gegenüber den bisherigen Verlautbarungen Kadars nicht wiederzuerkennen:
Zum ersten Mal wird der „Verrat der Regierung Nagy" beim Namen genannt, der „der Konterrevolution den Weg geebnet" hat. Von „Verbrechen der Rákosi-Clique" kein Wort mehr. Lediglich von Fehlern der Vergangenheit.
„Dabei sei die Regierung fest entschlossen, die Errungenschaften der vergangenen zwölf Jahre mit aller Kraft zu schützen, jedoch auch mit jenen Fehlern zu brechen, die in der Vergangenheit den Aufbau des Sozialismus begleiteten und hemmten."
Verrat bei Nagy und *Fehler* bei Rákosi – das stellt endlich die Dinge wieder richtig!

Bemerkenswert an der ganzen Angelegenheit jedoch die Tatsache, daß *erst eine solche Konferenz der Bruderparteien in Budapest stattfinden mußte, um Kadar auf die marxistische Linie zurückzubringen.*
Wie ist das zu erklären?
Kadar war ein Imre-Nagy-Mann, d.h. ein Tito-Mann. *Vom 23. Oktober an gingen Nagy und Kadar gemeinsam vor.* Kadar trat in die Regierung Nagy als Minister

ein. Die Schwenkung kam, nachdem der weiße Terror wütete und es offenbar wurde, daß die Sowjetarmee eingreifen wird. Zur Erklärung der Haltung Kadars gibt es zwei Möglichkeiten: Entweder hat ihn das Wüten des weißen Terrors von der Unrichtigkeit seiner bisherigen Haltung überzeugt und er hat mit seiner titoistischen Vergangenheit gebrochen; oder er sagte sich: die Sowjets werden auf jeden Fall eingreifen. Besser, ich gehe jetzt mit ihnen, um zu verhinden, daß wir aus allen Positionen verdrängt werden, sie müssen ohnehin in der jetzigen Situation in Ungarn froh sein über jeden, der mit ihnen zusammengeht.

In diesem zweiten Falle konnte die Berechnung nur dahin laufen, nach der Festigung der eigenen Position mit Hilfe der SU, so schnell wie möglich den Abzug der Sowjettruppen zu erreichen, um dann eine eigene, d.h. jugoslawische Politik durchführen zu können.
Bisher liegen mehr Anzeichen dafür vor, daß seine Haltung aus der zweiten Möglichkeit erklärt werden muß.
Nur am Rande sei Titos Urteil über Kadar erwähnt, das er am 15. November in der Pula-Rede abgab:
„Ich kann Ihnen sagen, daß ich die Männer in der neuen Regierung kenne, und daß sie nach meiner Auffassung das vertreten, was in Ungarn das Anständigste ist ... sie sind wirklich für eine neue Entwicklung. ... Aber die sowjetische Intervention schwächt dieses Programm."

Was an der Tätigkeit und den Äußerungen der Kadar-Regierung auffallen muß:
1. Der schleppende Gang der Normalisierung des Lebens.
a) Immerwiederkehrende Meldungen über bewaffnete Kämpfe.
b) Immer wieder neue Streiks, Demonstrationen usw.
Natürlich läßt sich vieles mit der allgemeinen Stimmung der Massen usw. erklären. Aber selbst das in Rechnung gestellt, muß bei genauerem Hinsehen der Eindruck entstehen, daß die Regierung nicht eben Anstrengungen gemacht hat, um ihren zahlreichen größ-

tenteils durchaus richtigen Erklärungen gegen die konterrevolutionären Umtriebe Nachdruck zu verleihen.
2. Die Dramatisierung der wirtschaftlichen Schwierigkeiten und die fast völlige Untätigkeit, durch entschlossene Maßnahmen und ein klares Aufbauprogramm den Massen eine Perspektive und einen neuen Arbeitsaufschwung zu geben. Was hätte sich z.B. mit den großartigen Beispielen internationaler Solidarität machen lassen, um Depressionen, Müdigkeit, Hoffnungslosigkeit zu bekämpfen!
3. Die langandauernden Versicherungen, daß ohne Auslandshilfe auch vom Westen Ungarn nicht aus den Schwierigkeiten herauskommen könne. Wie die Westpresse berichtete, hat die ungarische Regierung mit den USA und der UNO über Anleihegewährung verhandelt.
4. Die Verheimlichung der wirklichen Hintergründe des konterrevolutionären Abenteuers. Statt den Massen zu helfen zu begreifen, daß sie das Opfer einer raffinierten, demagogischen Vergiftung und Verhetzung geworden sind, wird im Grunde durch Beibehaltung der alten Walze von den Verbrechen der Rákosi-Gerö-Clique die Konterrevolution gerechtfertigt und eine Gesundung und Entgiftung der Köpfe verhindert.
5. Das auffällige Zögern bei der Mobilisierung der Partei, bei der Mobilisierung der Teile der Arbeiterklasse und der Werktätigen, die gesund geblieben sind. Mögen das wenige sein – wenn diese wenigen nach der militärischen Zerschlagung der Konterrevolution kühn, entschlossen, hart auftreten, werden es bald mehr werden, und die Banditen werden den Mut verlieren.
6. Die Tatsache, daß erst äußerer Druck – die Budapester Konferenz der Bruderparteien – die Kadar-Regierung zumindest in ihrer Regierungs*erklärung* auf einen neuen Weg gebracht hat.
Alles in allem kann man folgenden Eindruck gewinnen über die Taktik Kadars:

1. Etappe:
Nachsicht gegen die Konterrevolutionäre, kein energischer Kampf zu ihrer vollständigen Entwaffnung. Duldung der Arbeiterräte und ihrer ständigen Aufrufe zur

Verhinderung der allgemeinen Arbeitsaufnahme und der schnellen Normalisierung des Lebens.
Im Grunde also Zusammenspiel Tito-„Arbeiterräte" – Kadar mit dem Ziel, durch neue Unruhen der UNO, d.h. den Westmächten, Gelegenheit zu geben, nach dem Abzug der englisch-französischen Truppen aus Ägypten von der Sowjetunion zu verlangen, ihrerseits ihre Truppen aus Ungarn abzuziehen.
In dieser Periode liefert Jugoslawien ständig neuen Stoff zur Aufputschung der Bevölkerung, vor allem durch seine Protestnoten wegen der Ankunft Nagys in Rumänien statt nach Jugoslawien sowie durch die Nachrichten von Deportationen in die SU.
Ergebnis: Einen Monat nach der militärischen Niederschlagung der Konterrevolution finden in Budapest neue konterrevolutionäre Demonstrationen statt! Bis dahin hatte es die Regierung nicht fertiggebracht, zu einer Kampfdemonstration der revolutionären Kräfte aufzurufen!
Das geschieht *erst jetzt, nach* den neuerlichen konterrevolutionären Demonstrationen, und sicher nicht ohne den freundschaftlichen, aber nachdrücklichen Rat der sowjetischen Genossen. (Wie man sagt, ist Malenkow in Budapest in dieser ganzen Zeit.)
Am *11. Dezember* werden endlich die territorialen „Arbeiterräte", diese Nester und Stäbe der Konterrevolution, aufgelöst, gleichzeitig Standrecht verhängt. Nachdem auch dies benutzt wird, um neue Streiks auszulösen, und nachdem Kardelj das seinige dazu tut, durch eine Rede die Arbeiter Ungarns zum Widerstand gegen die Auflösung der Arbeiterräte aufzuputschen, beginnt die zweite Etappe, d.h. eine Änderung der Taktik.

2. Etappe:
Der zentrale Stab zur Verhinderung der Gesundung ist durch die Auflösung des zentralen „Arbeiterrates" liquidiert. Die Verhinderung der Normalisierung und Stabilisierung muß auf neuem Wege versucht werden. Der neue Weg besteht darin, den *Kohlenmangel* für die Desorganisierung der Wirtschaft verantwortlich zu machen. Statt energischer Maßnahmen zur Steigerung der Koh-

lenförderung – Beunruhigung der Bevölkerung mit dem Gespenst einer Riesenmassenarbeitslosigkeit, Orientierung auf *Abbau der Großindustrie* zugunsten der *Entfaltung des Kleingewerbes, Organisierung einer Inflation* durch großzügige Arbeitslosenunterstützung bei schrumpfender Produktion. Und als Clou des Ganzen: *Forderung nach Anleihen vom Westen!* Dabei vielleicht im Hintergrund die Spekulation: Kommt es zu Verhandlungen, werden die Westmächte den Abzug der Sowjettruppen als Bedingung stellen. Geht die SU darauf nicht ein, ist sie schuld daran, daß das ungarische Volk hungert.

Die Konferenz der Bruderparteien in Budapest hat diesen Spekulationen ein Ende gemacht. Eine solche Konferenz wäre sicher nicht einberufen worden, wenn es dafür nicht zwingende Gründe gegeben hätte. Erst nach dieser Konferenz wird eindeutig erklärt, daß Ungarn Auslandshilfe nur dann annimmt, wenn ohne politische Bedingungen.

Das alles sind natürlich bis jetzt Kombinationen, noch keine feststehenden Fakten. Aber daß in Ungarn noch nicht alles in Ordnung ist, das ist deutlich.

Dezember 56 bis 19. Januar 57

Was hat die Untersuchung der Ereignisse seit 1953 ergeben?

Kein Zweifel, der französische Genosse, der so selbstverständlich die Ansicht äußerte, daß Chruschtschow ein Trotzkist sei, hatte recht. An der Spitze der Partei Lenins und Stalins steht zur Zeit ein Feind, ein Vertrauensmann der imperialistischen Geheimdienste, allen voran des US-amerikanischen, ein Komplize des seit langem zum Agenten des Secret Service und des CIA gewordenen Tito. Dem Imperialismus ist damit ein Meisterstück gelungen. Seine Rechnung wird dennoch nicht aufgehen. Der Sozialismus hat so tiefe Wurzeln – er war nicht durch die faschistische Kriegsmaschine zu zerstören, er ist es erst recht nicht durch eine Handvoll Verräter. Ihr Fiasko hat schon begonnen.

Wie konnte es aber überhaupt zu einem solchen Einbruch des Feindes kommen? *Eine* – natürlich nicht die

einzige, alles aufklärende – Antwort darauf gibt der nachfolgende Auszug aus dem Bericht der Internationalen Kontrollkommission der KI an den VI. Weltkongreß über die Arbeitsweise der Trotzkisten:
Führende Mitglieder der (chinesischen) trotzkistischen Studentenorganisation erhielten den Auftrag, „erprobte Genossen des Trotzkismus zu bezichtigen und deren Ausschluß aus der Partei durchzusetzen. Gleichzeitig sollten die Trotzkisten selbst danach trachten, das Vertrauen der Partei zu gewinnen und ihre Leute auf führende Parteiposten aufrücken zu lassen." (S. 702) (Die Methode war also bekannt. Dennoch gelang es nicht, ihre Durchführung restlos zu verhindern!)
S. 707: „Es gab Fälle, wo die Agenten der Geheimpolizei es fertigbrachten, in die Führung ... einzudringen" und „eine Zeitlang die Führung in die Hand zu bekommen."
(Zitate entnommen aus: „Die Kommunistische Internationale vor dem VII. Weltkongreß")
(Es ist ganz klar, daß dort, wo dies geschieht, die Auflösung der Partei – wie im Falle der KP Polens – eine Maßnahme zum Schutze der Mitglieder ist und keine „Strafe" und Diskriminierung! Allein schon daran, dies *so* auszulegen, erkennt man den Trotzkisten!)

Wo stehen wir heute?

Der Angriff der „Taubenfüßler" ist abgeschlagen. Der Höhepunkt ihres Angriffes war Ungarn. Aber da passierte ihnen eine Panne. Die „konterrevolutionäre Ungeduld" der hinter ihrem Rücken lauernden Horthy-Faschisten, der Mindszenty und Esterhazy verdarb ihr Konzept. Als sich zeigte, daß die Partei in einem Maße zersetzt war, daß sie völlig außerstande war, den Angriffen auf die Volksdemokratie Widerstand zu leisten; als sich zeigte, daß die Armee in großen Teilen ein gefügiges Werkzeug in den Händen reaktionärer Offiziere war, änderten sie sehr rasch ihr Programm und drängten auf unmittelbare Errichtung der alten Ordnung. Dadurch war Imre Nagy gezwungen, seine innerste Natur vorzeitig zu enthüllen: Zuerst durch den Austritt aus dem Warschauer Vertrag, dann durch den Ruf nach westlicher militärischer „Hilfe" gegen die Sowjetarmee. Hier hat sich sozusagen in klassischer Weise enthüllt, was der Kern des sogenannten „Nationalkommunismus" ist: als Kommunismus verkleideter Antikommunismus ein von Washington über den Dollarpensionär Tito ferngelenktes Instrument zur „Aufweichung" der Kommunistischen Parteien und der Volksdemokratien.

Diese vorzeitige Entlarvung des konterrevolutionären Kerns der „Antistalinisten" alarmierte alle gesunden Kräfte in den Kommunistischen Parteien und war der Ausgangspunkt für eine noch im Gange befindliche Überwindung der ideologischen Verwirrung, die durch die „Versöhnung" mit Tito und die Chruschtschowsche Erklärung über Stalin hervorgerufen worden war.

Die Stellung zu den Ereignissen in Ungarn ist geradezu zum Prüfstein für die Echtheit eines Marxisten-Leninisten geworden. Und es ist sehr vielsagend, wenn in der gemeinsamen polnisch-chinesischen Erklärung über Ungarn nur gesagt wird: „Nach einem Meinungsaustausch über die Ereignisse in Ungarn stellen die Delegationen beider Länder fest, daß die Volksrepublik Polen und die Volksrepublik China die Revolutionäre Arbeiter- und Bauernregierung unter Führung von Janos Kadar ... unterstützen. ..." usw. – Welcher Seite sich hier die Feder sträubte, die Ereignisse in Ungarn eindeutig und klar als Konterrevolution zu kennzeichnen, braucht nicht erst gesagt zu werden. Der chinesischen jedenfalls nicht.

Ungarn wurde zum Wendepunkt. War die bisherige Entwicklung durch den Vormarsch der „Taubenfüßler" gekennzeichnet gewesen, die sich dabei der Unterstützung einiger Führer der KPdSU erfreuten, so beginnt jetzt der Gesundungsprozess, die Gegenoffensive der gesunden Kräfte in den Kommunistischen Parteien, die allmähliche Zurückdrängung der Leute vom Schlage Nagy und Co. Also auch der zweite Versuch Titos ist gescheitert.

Der erste – 1947/48 – scheiterte an der Wachsamkeit der Kommunistischen Parteien, allen voran der KPdSU. Die Beschlüsse des Informbüros *immunisierten* die Kommunisten gegen Titoismus.

Es blieb dem Nachfolger Stalins vorbehalten, die Wirksamkeit dieser Schutzimpfung mehr als zu neutralisieren.

Dadurch wurde *der neue Vorstoß Titos möglich.* Aber auch er scheiterte. Er mußte scheitern, auf alle Fälle, denn der Sozialismus läßt sich weder durch die barbarische Gewalt eines Hitler noch durch die Tücke und Hinterlist eines Tito aufhalten. Das einzige, was diese Herrschaften zu tun vermögen, ist, den Weg zum endgültigen Sieg opferreicher zu machen. Aber das ist auch schon Grund genug, ihnen mit allen Kräften unmöglich zu machen, ihr schmutziges Handwerk weiter auszuüben.

Die Sowjetunion und Volkschina sind unerschütterliche Bastionen des Sozialismus. Von allem anderen abgesehen, bilden diese beiden Staaten bereits eine Macht, an der jeder imperialistische Angriff zerschellen wird, sollte er unternommen werden.

Offen ist heute einzig und allein die Frage, ob die Imperialisten noch die Gelegenheit finden, einen neuen Weltkrieg zu entfesseln. Jetzt, nach dem Scheitern ihrer Pläne, die Kommunistischen Parteien von innen her zu erobern, bleibt den Tito-Leuten genau wie ihren Hintermännern nur noch die Hoffnung, durch einen Krieg ihrem Schicksal zu entgehen.

Wenn Tito in der Pula-Rede proklamierte:

„Gemeinsam mit den polnischen Genossen werden wir gegen solche Tendenzen kämpfen müssen, die in den verschiedenen anderen Parteien in den Ostländern oder im Westen auftreten. Dieser Kampf wird schwer und langwierig sein, denn es geht jetzt wirklich darum, ob in den kommunistischen Parteien der neue Geist siegen wird, der in Jugoslawien seinen Ausgang genommen hat, und für den in den Beschlüssen des XX. Kongresses der KPdSU viele Elemente geschaffen wurden",

so dürfte ihm inzwischen nach der Entwicklung in Ungarn und nach dem Besuch Tschou En-lais klargeworden sein, daß alle Hoffnungen in dieser Richtung auf Sand gebaut sind.

Warum aber stellt man nicht, wie 1948, diese Leute vor

aller Welt bloß und kennzeichnet sie als das, was sie wirklich sind?
Dafür gibt es viele Gründe.

Erstens geht es heute nicht nur um Jugoslawien, sondern auch um Polen und – wahrscheinlich – auch um Ungarn. Mit Tito brechen wie 1948 hieße, einen viel weitergehenden Bruch im sozialistischen Lager herbeizuführen; darüber hinaus auch einen Bruch innerhalb vieler kommunistischer Parteien, dank der Verwirrung, die zur Zeit noch herrscht.

Zweitens kann die Kommunistische Bewegung eine neuerliche Erschütterung von der Art des XX. Parteitages nicht brauchen, da das zunächst die Verwirrung nur vergrößern würde und die Schlagkraft der Parteien für eine geraume Zeit in gefährlicher Weise beeinträchtigen würde.

Drittens würde ein neuer „Fall Berija" mit umgekehrten Vorzeichen – nämlich die Aufdeckung der Wahrheit über Chruschtschow – bis in die SU zu großen, gefährlichen Erschütterungen führen.

Alles zusammengenommen: Eine explosive Bereinigung würde unvermeidlich zu einer vorübergehenden Lähmung der Aktionsfähigkeit der Kommunistischen Parteien, zur Möglichkeit der Imperialisten, die Völker mit Mißtrauen gegen die SU zu erfüllen, führen, und damit eine Situation schaffen, die sie dazu verführen könnte, den lange geplanten Krieg gegen das sozialistische Lager vom Zaune zu brechen.
Es bleibt also nur:
1. Keinen offenen Bruch im eigenen Lager zulassen.
2. Engster Zusammenschluß der gesunden Parteien, um den gesunden Kräften in den infizierten Parteien wirkungsvoller helfen zu können und eine Ausbreitung der Krankheit durch Abschirmung der Krankheitsherde zu verhindern. (SED-KPC, KPF-KPC usw.)
3. Die feindlichen Kräfte dort, wo sie in die Führung vorgedrungen sind, daran hindern, eine feindliche Politik durchzuführen, durch Festlegung auf die Prinzipien des

Marxismus-Leninismus. (Konferenz der Bruderparteien in Ungarn, Besuch Tschou En-lais, usw.)
4. Offener ideologischer Kampf gegen die unmarxistischen Auffassungen (Nationalismus, Verfälschung der proletarischen Demokratie usw.)
5. Allmählich und ohne dramatische Zuspitzungen die feindlichen Kräfte aus der Führung und allen Positionen zu verdrängen.
6. Erst dann, wenn überall die normale Lage wiederhergestellt ist und die ideologische Verwirrung überwunden ist, offener Kampf zur restlosen Entlarvung der Verschwörung und aller Verschwörer.[1]

Begonnen im Dezember 1956. Abgeschlossen 19. Januar 1957.

1 Das schien mir damals angsichts der tödlichen Gefahr eines Atomwaffen-Überfalls der USA im Falle eines offenen Zwistes im Warschauer Pakt als unzweifelhaft richtig und alternativlos. Die Geschichte hat uns belehrt: Lenin hat recht: Wo der Opportunismus nicht offen und konsequent bekämpft wird, verfault die revolutionäre Bewegung bei lebendigem Leibe!

Teil II

Weiterer Aufstieg und endlicher Sturz des N.S. Chruschtschow[1]

1 Ursprüngliche Überschrift: „Das schwierige und langwierige Werk der Liquidierung der großen, ungeheuerlichen Verschwörung der Taubenfüßler“

1957

19\. Januar Wir haben allen Grund, optimistisch ins neue Jahr zu gehen, mit der Hoffnung, daß es das Jahr der Liquidierung der großen, ungeheuerlichen Verschwörung der Taubenfüßler werden wird. Ungarn hat die Position Chruschtschows schwer erschüttert, Tito hat sich als Inspirator der Konterrevolution entlarvt – unmöglich, daß dies von den gesunden Kräften nicht genutzt werden wird, den Einbruch der Agenten des Imperialismus in die Führung der Partei Lenins schleunigst rückgängig zu machen.

22\. Januar Wie notwendig die rasche Überwindung des trotzkistischen Einbruchs ist, hat mir ein *Gespräch mit einem unserer Genossen Historiker* gezeigt, das ich gestern (am 21.1.1957) hatte. Ihn hat – wie viele – der XX. Parteitag nicht einfach verwirrt, sondern in eine direkt parteifeindliche Position geraten lassen. Er gehört zu den vielen Intellektuellen, deren Kleinbürgerseele, die sie in der Vergangenheit nicht ohne Erfolg schon niedergerungen hatten, durch den XX. Parteitag nicht nur wiederbelebt wurde, sondern die sich jetzt im Gefühl unschuldig erduldeten Martyriums anarchisch aufbäumt gegen alles, was die Partei von ihren Genossen verlangen muß: Parteidisziplin, Anerkennung der Führungsaufgabe der Partei auf allen Gebieten usw. Das alles ist für sie nun endgültig als „Stalinismus“, „Machtmißbrauch“ und „Dogmatismus“ gebrandmarkt. Ich machte den – wie sich zeigte – vergeblichen Versuch, ihn an Hand von für jeden Kommunisten eindeutigen Fakten von der Irrigkeit seiner Position unserer Partei gegenüber zu überzeugen. In Kurzfassung verlief unser Gespräch so:

Ich: Ausgangspunkt für Einstellungen zur Politik bei uns – Stellung zu Jugoslawien und Polen.

Er: Darum hat er sich weniger gekümmert, das bewegt ihn nicht so.

Ich: gebe ihm Artikel aus der „Arbeiterstimme“ zu lesen. (1) „Was meinst du dazu?“

Er: Ich bin über Polen zu wenig informiert, man erfährt ja zu wenig darüber.

Also anstelle einer klaren Ablehnung dieses nationalistischen, antisowjetischen und antisozialistischen Geschreibsels – Ausweichen vor Stellungnahme.
Ich gebe ihm aus der Tito-Rede den Abschnitt über den „gemeinsamen Kampf zusammen mit den polnischen Genossen gegen den Stalinismus".
Wieder dasselbe. Keine Ablehnung, sondern Schweigen dazu.
Über die Aussöhnung mit Tito: Chruschtschow hätte zurückhaltender sein können. Ihm sei immer klar gewesen, daß es vorher Meinungsverschiedenheiten zwischen Tito und Stalin gegeben habe und auch jetzt noch Meinungsverschiedenheiten gebe.
„Wir haben doch um Tito gebuhlt, alle haben sie um Tito gebuhlt."
Ich: Ich finde im Gegenteil, daß wir uns sehr zurückhaltend bei der Wiederanbahnung der Beziehungen verhalten haben.
Er: Nein, wir wollten, daß er uns anerkennt, aber er wollte von uns nichts wissen.
Ich: Er läßt sich aber offenbar ganz gerne ein Aluminiumwerk von uns bauen. Im übrigen finde ich es ganz in Ordnung, daß man von einem Kommunisten erwartet, daß er einen Arbeiter- und Bauernstaat anerkennt, nachdem er bereits die imperialistische Bundesrepublik anerkannt hat.
Er: Wir haben ja mitgeholfen ihn fertigzumachen.
Als ich ihm sage, daß ich den Ausdruck „Buhlen um Tito" recht unangebracht finde für Bemühungen um die Wiederherstellung der Einheit des sozialistischen Lagers: „Das ist die bekannte Methode, um Genossen fertigzumachen, indem man anfängt, ihre Worte auf die Goldwaage zu legen."
Er: Die Hauptsache ist jetzt die Erreichung der sozialistischen Demokratie.
Ich: Was sollen wir denn anders machen, was für eine Politik sollen wir denn machen?
Er: Die Politik, die das Volk will. Ohne Freiheit gibt es keinen Sozialismus.

Ich: Wir sind eigentlich gewöhnt, zu fragen: Freiheit für wen und wozu?
Er: Freiheit für alle, die die Freiheit der andern achten. Ein Ausbeuter kann die Freiheit der andern nicht achten.
Ich: Warum willst du an die Stelle der alten, präzisen Definitionen von Marx, Engels, Lenin unbedingt eine neue setzen, die entschieden den Nachteil hat, daß sie sehr allgemein ist und sehr weit ausgelegt werden kann?
Er: Ich will gar keine alten Definitionen ersetzen.
Ich: Aber du tust es.
Über die Ereignisse in Ungarn und das Verhältnis der SU zu den übrigen Volksdemokratien: „Diese Ereignisse sind die Quittung für ihre Politik."
Als ich darauf hinweise, wie z.B. in Polen mit einer direkten Irreführung der Massen „Volksstimmung" gegen die SU gemacht wurde (Kohlenfrage), bezweifelte er, daß sich die Sache so verhielte und sagte: „Uns haben sie ja auch ausgeplündert. Überhaupt die ganze Deutschlandpolitik der SU... ."
Ich: Ja, darauf habe ich eigentlich noch gewartet. Jetzt fehlt nur noch, daß die Oder-Neiße-Linie ein Fehler war.
Er: Ja, das war auch ein Fehler.
Über die innere Politik der SU: „Mit der Kollektivierung hat man in der SU die Landwirtschaft ruiniert. Durch die Art und Weise, wie sie durchgeführt wurde, hat man den Klassenkampf künstlich entfacht, eine Spaltung in die Partei hineingetragen und Tausende guter Kommunisten umgebracht. In Polen hat man die Landwirtschaft ruiniert. Polen, das Getreide exportiert hat, muß heute Lebensmittel einführen!"
„Die Landwirtschaft ist überhaupt ein Angelpunkt der falschen Politik. Bei uns hat man die Bauern davongejagt und noch gesagt: sollen sie doch gehen. ..."
Ich: Eins verstehe ich nicht: wie man sich mehr über die Fehler und Mängel bei uns, bei der Durchführung der richtigen Linie erbittern kann, als über die Tatsache, daß z.B. in Polen so offensichtlich feindliche Auslassungen massenweise in der Presse verbreitet werden können.

Er: (sehr aufgebracht) Das ist wieder eine Unterstellung, auf diese Weise hat man in der Vergangenheit immer die Genossen niedergeknüppelt, die ihre Meinung sagten.
Ich: Ich unterstelle nicht. Ich habe Dir diese Artikel zu lesen gegeben, habe Dich gefragt, was Du davon hältst. Ich habe darauf bis jetzt noch keine Antwort erhalten, ich weiß nicht, ob Du das verurteilst. Ich habe Dich gefragt, wie Du die Tätigkeit Titos beurteilst, die auf die Spaltung des sozialistischen Lagers hinausläuft in einem Augenblick, wo die Einheit dringender nötig ist, denn je. Ich weiß bis jetzt noch nicht, wie Du dazu stehst, Du hast nicht geantwortet.
Er: Über Polen und Jugoslawien weiß ich zu wenig, um mir davon ein Gesamtbild machen zu können.

20. Januar *Zur Lage in Polen noch einmal die Wroclawer „Arbeiterstimme" vom 20. Januar 1957, Leitartikel „Wofür stimmen wir?":*
„Wir stimmen für das Programm des 8. Plenums der PVAP und für dessen Träger, Wladislaw Gomulka. Kann ein Mensch ein Programm bedeuten? Ja, er kann es. Wladislaw Gomulka ist augenblicklich für Volkspolen das politische und wirtschaftliche Programm und er bleibt es als Person – wir sind weit davon entfernt, in einen neuen Personenkult zu verfallen – solange, bis die ganze, durch lange Jahre einer falschen Auslegung der Begriffe Sozialismus und Demokratie zerrüttete Gesellschaft mit voller Kraft und Einsicht an das Werk des Aufbaus eines neuen und besseren Lebens treten kann. ... Wir dürfen nicht vergessen, daß das 8. Plenum zugleich auch den Polnischen Oktober bedeutet, also den Sieg des polnischen Souveränitätsgedankens, also den Sieg der Idee des eigenen polnischen Weges zum Sozialismus, die doch die uneingeschränkte Anerkennung unseres großen Verbündeten, der Sowjetunion und deren Partei erwarb. ... Das polnische Volk war damals (1914) seit anderthalb Jahrhunderten unter drei Eroberstaaten aufgeteilt. ... Auch fehlte ihm ein Mann, der für ein Programm aufkommen könnte. Diesen Menschen besitzt Polen jetzt in Gomulka."
Wladislaw Gomulka und sein (!) Programm ...

Gleiche Nummer, Artikel: Das Thema der Woche: „Wer und was wird uns vorwärts bringen, wer ist Träger der neuen, gerechten und uns entsprechenden Tendenz? Wir antworten kurz – die Partei, die PVAP unter der Leitung ihres neuen ZK mit Genossen Gomulka an der Spitze. Es mag bestimmt noch solche Menschen geben, die das nicht verstehen oder nicht verstehen wollen, die das sogar bestreiten. ... Zu denen, die die fortschrittliche Rolle der Partei heutzutage verneinen, gehören auch die Anhänger der ehemaligen Natolin-Gruppe, die uns aus Schadenfreude in eine Sackgasse hineintreiben wollen. (!) ... Mit diesen drei Kategorien von Menschen, mit ihren Forderungen und ihrer Demagogie, sind wir nicht einverstanden. Wir, ihre politischen Gegner (der Klassenkampf dauert an!), waren und sind der Meinung, daß die PVAP, die Partei aller fortschrittlichen Arbeiter und Intelligenzler, die Partei der Kommunisten, das Wohl des Volkes zum Ziel hatte und hat, daß diese Partei im Grunde genommen immer richtig handelte (sieh mal einer an! K.G.), daß sie viele Errungenschaften auf politischem, sozialem und wirtschaftlichem Gebiet aufzuweisen hat, neben denen auch viele Fehler und Verzerrungen vorgekommen sind." (Verfasser Bartosz)
Und diese Leute werfen anderen Demagogie vor!

Artikel aus der Trybuna Ludu: Der 20. Januar in Polen und außerhalb Polens: „Worauf beruht sie (die Bedeutung der Wahlen, K.G.) eigentlich? Ganz einfach und ganz allgemein gesprochen – darauf, daß die Welt vom Verlauf und Ergebnis unserer Wahlen ablesen wird, wie tief die Ideen des Polnischen Oktobers in das Bewußtsein der Bürger eingedrungen sind und wie es um die Aussichten für die Festigung und Vertiefung der Demokratisierung steht. ... Oktoberumbruch ... große Oktobererneuerung. ..."

„Arbeiterstimme" vom 20. Januar 1957:
„Die Wahlen zum Sejm können – und sollten – ... zu einem wichtigen Koeffizienten des Friedens in Europa, einem Kräftekoeffizienten der gesamten sozialistischen Gemeinschaft der Welt werden. ... Es ist für niemanden

ein Geheimnis, daß eines der erfolgreichen Mittel, aus den gegenwärtigen Wirtschaftsschwierigkeiten herauszukommen, die Erweiterung der wirtschaftlichen Zusammenarbeit mit den kapitalistischen Ländern ist. Es ist klar, daß der Sieg der Nationalen Einheitsfront die reale Chance einer günstigen Lösung unserer Wirtschaftsschwierigkeiten vergrößert ..., auch auf der Ebene internationaler Zusammenarbeit.

Jegliche Idee von einer besonderen ‚Mission' Polens innerhalb der sozialistischen Gemeinschaft der Welt ist uns fremd. (Den Terminus: sozialistisches Lager hat man in Polen offenbar schon gründlich vergessen! K.G.) ... Wir behaupten einzig und allein, ... daß der Sozialismus in Polen und die unerschütterliche Solidarität Polens mit der sozialistischen Gemeinschaft der Welt (!) nur dann gefestigt werden kann, wenn wir den eigenen polnischen Weg zum Sozialismus gehen. Haben wir ihn schon – fertig und leicht? Nein. Wir suchen ihn noch und das unter vielen Schwierigkeiten."

Sehr bequem: Verlangt kein Programm von uns, denn wir suchen es noch. Verlangt keine Erfolge von uns, denn wir suchen unter großen Schwierigkeiten. Die Revisionisten haben z.B. 1918 in Deutschland auch die Schwierigkeiten dafür verantwortlich gemacht, daß man noch nicht sozialisieren könne usw.

„Unsere Freunde auf der Welt – und Polen hat seit dem Oktober 1956 ihrer mehr denn je – beobachten das, was in unserem Lande vor sich geht, mit großer Hoffnung, aber auch, wie ich bereits sagte, mit gewissen Befürchtungen. ... Viele unserer Freunde im Auslande erfüllt ... Sorge um das zukünftige Schicksal der sozialistischen Demokratie in Polen. Es erfüllt sie mit Unruhe, ob auch unser Land nicht vom Wege des Sozialismus abgeht und zu einem Herd der Unruhe und Konflikte wird. Sagen wir es ebenfalls offen: Wir bagatellisieren keinesfalls Erscheinungen von Lockerung, Anarchie und Nationalismus. ... Aber ein riesiges Verdienst ..., Bereinigung der polnisch-sowjetischen Beziehungen von den Elementen der Ungleichheit. ... Eine ungeheure Errungenschaft des polnischen Oktobers ist, daß das polnisch-sowjetische

Bündnis ... auf dem Fundament der Rechtsgleichheit und der Achtung der wirklichen Souveränität Polens basiert."

Der Wert eines Bündnisses mit einer Armee, die vom Geist des Antisowjetismus durchtränkt ist, ist sehr zweifelhaft!

„Am 20. Januar wird die ganze Welt Polen aufmerksam beobachten, eine Welt, die durch gegenseitiges Mißtrauen und Streitigkeiten zerrissen und in zwei einander gegenüberstehende Militärblocks scharf getrennt ist." So sieht man also in der „Arbeiterstimme" die Weltsituation!

23. Januar *„Arbeiterstimme":*

„Öffentliche Weltmeinung über die Wahlen in Polen"
Unter dieser Überschrift 4/5 westliche Pressestimmen, 1/5 SU. (In den späteren Nummern dann ausführlicher über Kommentare im sozialistischen Lager)

Aus der „New York Times" wird zitiert: „Ein charakteristisches Merkmal dieser Wahlen ist, daß das die freiesten und demokratischsten Wahlen sind, die jemals in einem kommunistischen Lande stattfanden."

„Associated Press": „Die polnischen Wähler erteilten Gomulka sowie der Politik, die er repräsentiert, entschiedene Unterstützung."

„Reynold News": „... paradoxe Erscheinung, daß in vielen Wahlbezirken die Reaktion und Unwissenheit Schulter an Schulter mit den Stalinisten handelten und gegen die Politik Gomulkas auftraten. ... Mr. Cavendish von der ‚United Press' sagte, daß er, falls er Pole wäre, auch für Gomulka und seine Kandidatur stimmen würde."

Redaktioneller Artikel: „Es siegte die Stimme des Volkes. Den Wählern hat ganz selbstverständlich eingeleuchtet, daß die Wahl der neuen Richtung in der Entwicklung Volkspolens, also der demokratischen Richtung im Gegensatz zu den Gepflogenheiten des Berija-Systems der verflossenen Epoche für Polen und das polnische Volk die einzige dem nationalen Temperament entsprechende Form sein kann. ... Es waren zum ersten Mal seit langer Zeit wieder freie Wahlen in Polen."

24. Januar: *„Arbeiterstimme“:*
Im Leitartikel war behauptet worden, das Wahlergebnis beweise, daß im polnischen Volke Vernunft, Vernunft und noch einmal Vernunft gesiegt habe. In der gleichen Nummer lesen wir jedoch Schilderungen über die Ausbreitung des Rowdy- und Banditentums, die haarsträubend sind und von allem anderen zeugen, nur nicht davon, daß die „neuen Männer" über wirkliche Autorität verfügen. So heißt es beispielsweise in dem Artikel: „Im Kampf gegen das Faustrecht", nachdem geschildert wurde, wie ein Milizionär von einem betrunkenen Randalierer, den er abführen wollte, einen Faustschlag erhielt, und sich gegen diesen Angriff wehrte:
„Aus der Menge hörte man folgende Ausrufe: ‚Die Miliz quält unschuldige Menschen. Die Demokratie ist bedroht! Weg mit dem Gummiknüppel! Es lebe Gomulka!' Unsere Miliz erfreut sich nicht der vollen Achtung, die ihr von Seiten der Volksgemeinschaft gebührt."
Ferner reißen die Artikel über das Problem der „Halbstarken" nicht ab. Es wird festgestellt, daß die Gruppen Halbwüchsiger in letzter Zeit dazu übergegangen sind, sich in richtigen Banden fest zu organisieren. – Gleichzeitig wird aber berichtet, daß der „Rock'n Roll" jetzt auch nach Polen importiert wurde, er wird als der „Tanz der modernen Jugend" populär gemacht.

25.-29. Januar Ab 25. Januar überwiegen vorübergehend positive, erfreuliche Artikel. (Man könnte fast den Eindruck gewinnen, die Redaktion sei sozusagen paritätisch zusammengesetzt und wechselt sich in der Gestaltung der einzelnen Nummern ab.) So wird in den Nummern vom 25. und 26. Januar vorwiegend aus der Presse der SU und der Volksdemokratien berichtet (sonst dominierte die Westpresse), und es erschien ein Artikel: „Am Jahreswechsel in zwei Deutschlands", der ganz ausgezeichnet war, eine richtige, überzeugende Gegenüberstellung Bundesrepublik-DDR. Aber schon am 27. Januar dominiert wieder die andere Seite. Es wird ein Artikel aus dem berüchtigten „Przeglad kulturalny" übernommen, in dem zur Wahl gesagt wird: „Was war entscheidend? ... Vor allem: die Autorität Gomulkas, die Autorität des reifen politischen

Denkens, die Autorität der polnischen Staatsraison (!) und die Autorität der durch das Episkopat unterstützten Einheit. Die Wiedergeburt der Autorität der politischen Partei. ... Das Volk wählte vor allem seine demokratischen Freiheiten im Sozialismus. ... Das Volk wählte Selbstverwaltungen und Räte, die Freiheit der ideologischen Diskussion ..., die immer revolutionäre Wahrheit und die nun nie mehr verlogene Revolution."

In der Nummer vom 29. Januar wird unter der Überschrift „Erklärung Präsident Eisenhowers über polnisch-amerikanische Handelsbeziehungen" berichtet, daß Eisenhower die Entscheidung über die Gewährung von Krediten an Polen bis nach den Wahlen vertagt habe. Jetzt, nachdem das Wahlergebnis vorliege, habe er seine Bereitschaft erklärt, Polen die gewünschten Kredite zur Verfügung zu stellen.

Anfang Januar *Zeitschrift „Reporter"*

„Vor drei Jahren (also 1954! K.G.) akzeptierte der Nationale Sicherheitsrat der USA in seinen geheimen Sitzungen den Gedanken, daß wir nicht auf eine frontale ‚Befreiungspolitik' bauen können. Wir täten besser daran, wird beschlossen, die örtlichen Führer der kommunistischen osteuropäischen Staaten zu veranlassen, sich allmählich von ihren Herren im Kreml fortzuentwickeln." (Kurt Hager auf dem 30. Plenum, zitiert in „Sonntag" Nr. 3/4 1957) – Also: Kaum war Stalin tot und das erste Gesellenstück der neuen Chruschtschow-Führung (der 17. Juni 1953) abgeliefert, da stellt sich die imperialistische Führungsmacht auf die Politik der Aufweichung um – ganz offensichtlich, weil man wußte, daß man dafür nunmehr in Moskau einen bereitwilligen Partner gefunden hat!

Polen:

Der Chefredakteur des trotzkistisch-titoistischen Schmutzblattes „Po Prostu" wurde an vierter Stelle der Stimmenzahl noch in den Sejm gewählt.

„Novy kultura" bringt über mehrere Nummern einen langen Erguß des wütenden Antikommunisten Arthur Köstler.

Abgeordnete des polnischen Sejm führen zusammen

mit westdeutschen und jugoslawischen Journalisten vor dem Westdeutschen Rundfunk ein Gespräch am runden Tisch mit Vertretern des „Colloquiums", in sehr freundschaftlichem Geiste und gegenseitigem Verständnis. Sie haben vom Chauvinismus in der Bundesrepublik „nichts festgestellt".
So viel zu Polen.

18. Februar *Brief an den sowjetischen Genossen M. – meinen ehemaligen Lehrer an der Antifaschule in Taliza.*

Berlin-Grünau, den 18. Februar 1957
Lieber Genosse M.!
Durch Johannes (Nichtweiß) bin ich auf dem Laufenden gehalten worden über Ihre Briefe und hatte mir schon vor einem halben Jahr vorgenommen, Ihnen selbst zu schreiben. Zuerst habe ich es immer verschoben, weil es ein langer und gründlicher Brief werden sollte – und so große Lücken fanden sich im Ablauf der Woche nicht. Dann kamen die Herbstereignisse – und da war mir nicht so sehr nach Briefe schreiben, da mußte man seinen Kopf anstrengen, um klar zu sehen, um was es sich hier eigentlich handelte.
Sie haben in Ihrem Brief viele Fragen aufgeworfen über die Entwicklung in Deutschland nach 1945, besonders in Westdeutschland, über den Kampf und die Fehler der KPD und der SED usw.
Ja, das alles ist sehr wichtig. Aber es ist unmöglich – und Ihre Fragen zeigen das auch – sich ein richtiges Bild von den Verhältnissen bei uns zu machen, ohne hier gewesen zu sein oder zumindest sich mit Menschen zu unterhalten, die längere Zeit in Deutschland waren und es gut kennen. Aus Zeitungen und Broschüren und Protokollen und Beschlüssen kann man keine umfassende Kenntnis erlangen, erhält man nur sozusagen die eine Hälfte des Bildes: Man erfährt, in welchem Geiste Partei und Regierung das Volk erziehen. Aber man erfährt daraus kaum, in welchem geistigen Zustand sich die Massen befinden. Dafür ein Beispiel:
In einem Ihrer Briefe an Hans (Nichtweiß) gratulieren

Sie uns und der deutschen Arbeiterklasse für ihren gesunden Sinn und ihr Klassenbewußtsein angesichts der Ereignisse in Ungarn und Polen. Ja, wir haben allen Grund, stolz darauf zu sein, daß bei uns das Banner des proletarischen Internationalismus nicht eingezogen, sondern hochgehalten wurde; daß bei uns dem Gegner kein Einbruch in unsere Reihen gelang. Aber man muß ganz nüchtern untersuchen, woran das lag, ob das wirklich ein Beweis dafür ist, daß die Massen bei uns schon die politische Reife hatten, um die Ereignisse richtig einzuschätzen und richtig darauf zu reagieren.
So sehr wir das wünschen – aber so weit sind wir noch nicht. Wenn wir in der DDR die Prüfung des vorigen Jahres gut bestanden, so ist das erstens, zweitens und drittens der Tatsache zu verdanken, daß es in unserer Parteiführung keine Verräter und Agenten vom Schlage Imre Nagy oder wie sie sonst heißen mögen gab; daß es infolgedessen keine Schwankungen und keine Gruppenbildung in der Führung gab. Nur dadurch wurde verhindert, daß die Schwankungen, die es in beträchtlichen Teilen der Mitgliedschaft gab, nicht noch größeres Ausmaß annehmen und zu Zersetzungserscheinungen in der Partei führen konnten, wie es andernorts geschah.
Bei uns ließ man nicht zu, daß das Bewußtsein der Größe der Erfolge der letzten zehn Jahre durch ein wehleidiges und kleinbürgerliches Geflenne über die Fehler der Vergangenheit getrübt und schließlich ausgelöscht wurde. (Kennen Sie übrigens das Gedicht Twardowskis „Der Jugendfreund" oder Korneijtschuks „Vertrauen"? Das ist auch so ein wehleidiges Zeug, das eigentlich schon einer Verleumdung der Vergangenheit gleichkommt, und wo man sich fragt, wie sowjetische Schriftsteller auf solche Abwege geraten können.)
Bei uns ließ man keine Hetze gegen die erprobten führenden Genossen zu, wie z.B. in Ungarn. Bei uns ließ man auch nicht zu, daß in demagogischer Weise die Sowjetunion für wirtschaftliche Schwierigkeiten verantwortlich gemacht wurde (wie z.B. in Polen), ließ man nicht zu, daß die latent durchaus noch recht stark vorhandenen antisowjetischen Stimmungen in breiten Tei-

len der Bevölkerung zu einer chauvinistischen Welle aufgepeitscht wurden.
Dies alles nicht zuzulassen, war für die Führung gar nicht so einfach. Denn der Druck von unten in dieser Richtung war sehr groß.
An dieser Stelle muß man etwas über die Wirkungen des XX. Parteitages sagen. Neben den bleibenden positiven Wirkungen gab es leider auch sehr ernste negative Folgen. Man muß leider sagen, daß das, was am 27. Februar in der geschlossenen Sitzung des Parteitages gesagt wurde, nicht nur in der ganzen Welt zu einer starken Reaktivierung aller parteifeindlichen, trotzkistisch-titoistischen Elemente geführt hat, sondern gleichzeitig vielen guten, ehrlichen, aber unerfahrenen und ungefestigten Genossen (besonders unter der Jugend und der Intelligenz) den Boden unter den Füßen weggezogen hat, daß sie plötzlich an allem zu zweifeln begannen, die Vergangenheit nur noch als eine Kette schwerster Fehler, wenn nicht gar Verbrechen, ansahen, und auf diese Weise besonders anfällig waren (und zu einem großen Teil noch sind) für die revisionistischen „Theorien", die unter dem Deckmantel des „Kampfes gegen Stalinismus" verbreitet wurden. Das Beispiel der „Demokratisierung" in Polen, wo man unter der Losung der Abrechnung mit den Fehlern der Vergangenheit den eigenen, schweren, heroischen Kampf um den Aufbau des Sozialismus mit Schmutz zu bewerfen begann, schien auch bei uns vielen das Vorbild dafür, wie man „konsequente Schlußfolgerungen" aus dem XX. Parteitag ziehen müsse.
Kurzum, hätte unsere Führung zugelassen, was z.B. in Polen zugelassen wurde, nämlich, daß die Presse vom Frühjahr 1956 an in wachsendem Maße monatelang die tatsächlich begangenen oder auch nur erfundenen Fehler dazu ausnutzte, eine feindliche, demagogische Hetze gegen die Errungenschaften der letzten zehn Jahre, gegen die Sowjetunion usw. zu entfesseln, – die Massen bei uns wären dem nicht weniger gründlich erlegen wie in Ungarn und Polen. Deshalb ist es das Verdienst unserer Führung (ebenso wie der Führungen der KP der Tsche-

choslowakei und anderer Parteien), diesem Druck nicht nachgegeben zu haben.

Ich sage das alles nicht, um unsere Bevölkerung schlecht zu machen, sondern weil ich es für wichtig halte, den jeweils erreichten Grad des Klassenbewußtseins der Arbeiterklasse nüchtern und real, ohne sich von Wünschen verleiten zu lassen, einzuschätzen. Wir haben in den letzten Jahren zwar sehr viel erreicht, wenn wir auf das zurückblicken, was 1945 in den Köpfen der Menschen war. Aber von dem Grad des Klassenbewußtseins, den die Mehrheit der russischen Arbeiter im Oktober 1917 erreicht hatte, ist die Mehrheit der Arbeiter in der DDR (von Westdeutschland ganz zu schweigen) noch weit entfernt.

Wir haben seit 1945 in der DDR eine revolutionäre Umwälzung auf wirtschaftlichem und politischem Gebiet vollzogen, die von größter Bedeutung für die Zukunft Deutschlands ist. Aber die „Revolutionierung der Köpfe" hinkt dem weit hinterher. Um sie schnell und im Massenmaßstab zu bewirken, bedarf es eben einer wirklichen, von den Massen selbst vollbrachten Revolution. Diese Revolution, in deren Feuer unser Volk und vor allem unsere Arbeiterklasse alle Schlacken der alten Ordnung, der alten Denkweise, des Nationalismus, des Spießbürgertums, des Reformismus loswird, die haben wir noch vor uns, das wird der Kampf gegen den westdeutschen und ausländischen Imperialismus sein. Es besteht verdammt wenig Aussicht dafür, daß die Befreiung von diesen Todfeinden des deutschen Volkes ein Musterbeispiel für den friedlichen und unblutigen Weg zum Sozialismus werden könnte.

Bis jetzt wuchs die Arbeitermacht bei uns sozusagen unter Treibhausbedingungen, als zartes Pflänzchen, das der sorgsamen Pflege und des Schutzes von außen bedurfte, und das feindlichen Frösten (17. Juni 1953) gegenüber anfangs stark anfällig war. Nun, inzwischen sind wir soweit erstarkt, daß wir schon im Freien aufwachsen können. Aber wie ein junges Bäumchen brauchen wir doch noch ein Schutzgitter, damit nicht jeder Ochs oder Esel oder Ziegenbock an uns herumknabbern kann.

Die schwere Belastungsprobe des Oktober/November 1956 haben wir im wesentlichen aus eigener Kraft bestanden. Das zeigt, daß wir gegenüber 1953 ein großes Stück vorangekommen sind. Aber auch hier soll man sich keine Illusionen machen: Die Zahl derer, die die ungarische Konterrevolution als berechtigten Volksaufstand betrachteten und mit ihm sympathisierten, war auch bei uns nicht gering. (Worüber man sich nicht einmal zu verwundern braucht, wenn man bedenkt, daß es z.B. in Polen bis zum heutigen Tage kaum eine einzige partei- oder regierungsoffizielle Stellungnahme gibt, in der die ungarischen Ereignisse klar und eindeutig als Konterrevolution gekennzeichnet sind., dagegen eine Flut von Artikeln auch in der der Partei nahestehenden Presse erschien, in der die ungarische Konterrevolution als „Volksrevolution gegen den Stalinismus" verherrlicht und die SU als Mörder dieser Revolution verleumdet wurde. Und die Oktoberereignisse in Polen selbst werden in der polnischen Presse bis zum heutigen Tag als „die polnische Oktoberrevolution" gefeiert. ...)
Große Verwirrung in den Parteireihen hat bei uns natürlich auch die Rehabilitierung des Belgrader Dollar-Pensionärs und die erneute Proklamierung des „besonderen nationalen Weges" zum Sozialismus angerichtet. Das ist ganz merkwürdig. Man proklamiert den besonderen nationalen Weg jedes einzelnen Landes, und wenn man sich diese „besonderen Wege" näher ansieht, dann gleichen sie sich alle wie ein Ei dem anderen: Erstens Abkehr vom sowjetischen Vorbild, zweitens Nachahmung des „jugoslawischen Weges", dessen besondere „Errungenschaften" in der „Dezentralisierung", d.h., der Aufgabe der Planwirtschaft, der „Demokratisierung" durch Arbeiterräte und Betriebsautonomie, d.h. der Zersplitterung und Atomisierung der Arbeiterklasse in eine Vielzahl von gegeneinander konkurrierenden Interessengruppen, der Auflösung der MTS und landwirtschaftlichen Produktionsgenossenschaften und der Wiederbelebung des Kapitalismus auf dem Lande sowie in der Entfachung von Zwietracht und Kampf innerhalb der kom-

munistischen Parteien und zwischen den kommunistischen Parteien bestehen.
Mnje kashetsa, schto Josiff nastschet Jossip nje tak oschibalsja, kak nam raskasiwali. Ja otschen blagodaren kitaiskim towarischtscham, schto oni tak smelo i mudro wojujut protiw bessmysslennoje i rokowoje trawl na Stalin i „stalinisma". No lutsche escho bylo by, jessli nje kitaiskie towarischtschi, a sam WKPSS wosglawlala w etom borbje. Nu, ja uweren – budjet!
(Übersetzung: Mir scheint, daß Josiff (Stalin) sich hinsichtlich Josips (Tito) nicht so sehr geirrt hat, wie man uns erzählt hat. Ich bin den chinesischen Genossen sehr dankbar dafür, daß sie so kühn und weise gegen die sinnlose und verhängnisvolle Hetze gegen Stalin und den „Stalinismus" kämpfen. Aber noch besser wäre es, wenn in diesem Kampf nicht die chinesischen Genossen, sondern die KPdSU führend vorangehen würde! Nun, ich bin zuversichtlich – das kommt noch!)
Hoffentlich können Sie sich in diesem fürchterlichen Kauderwelsch zurechtfinden, aber eine Maschine mit russischen Buchstaben habe ich nicht, und in ein paar Brocken in russischer Sprache möchte ich mich schon der Übung halber ausdrücken. Die Fehler bitte ich mit dem gleichen Humor aufzunehmen, mit denen wir Ihre Bereicherung der deutschen Sprache aufgenommen haben.
Zum Schluß noch eine kleine „Rechtfertigung". Ich bin völlig unschuldig daran, daß ich im „Neuen Deutschland" als „Arbeiterfunktionär" (nicht als „alter Kommunist", das haben Sie falsch gelesen) vorgestellt wurde. Das hat die Redaktion von sich aus gemacht. Mir war das genau so komisch wie Ihnen. Immerhin möchte ich Sie doch daran erinnern, daß es bereits zehn Jahre her sind, seit ich von Taliza Abschied nahm. Damals war ich im jugendlichen Alter von 30 Jahren, snatschet (das heißt), obwohl „Aspirant", jetzt 40 let (Jahre), davon 26 wenn auch nicht Parteimitglied, so doch Mitglied in einer Massenorganisation der Partei. 1931 trat ich nämlich dem Schülerbund der KPD bei. Bis zu meiner Einziehung zum Militär 1939 gehörte ich unserer Gruppe

weiter an. D.h. seit meinem 14. Lebensjahr ist mein politischer Standort der, den ich auch heute einnehme.
Ich hoffe nun sehr, daß Sie auch einmal Zeit für einen Brief an mich finden. Schreiben Sie aber bitte entweder deutsch, oder aber, wenn russisch, mit „Sonntagsschrift", d.h. recht deutlich. Wenn deutlich, dann ist mir russisch lieber als deutsch.
Für heute genug. Es grüßt Sie recht herzlich Ihr Kurt Gossweiler.

10. Februar Brief an die Redaktion des „Kommunist", Moskau
Werte Genossen, mit größter Freude und tiefer Genugtuung las ich den Artikel des Genossen A. Rumjanzew in der Nummer 18/1956: „Die sozialistische Wirklichkeit und die ‚Theorien' des Genossen E. Kardelj". (Einheit Nr. 1/1957)
Mit diesem Artikel leisten Sie den deutschen Kommunisten und der ganzen kommunistischen Weltbewegung einen großen und seit langem dringend notwendigen Dienst. Jetzt kann man froh wieder sagen: „Wot ona", unsere erste Stoßbrigade!
Um ganz offen zu sprechen – in den letzten Jahren ist nach meinem Empfinden vieles von der KPdSU ausgegangen, was dem, wogegen Genosse Rumjanzew ankämpft, nicht wenig Vorschub geleistet hat. Und manchmal fragte ich mich (und sicher nicht nur ich allein), ob denn das die Rückkehr zu Lenin sein sollte? Hat denn Lenin jemals den Feinden des Marxismus ihre Arbeit erleichtert?
Gerade deshalb ist die Freude über solche Artikel und Beiträge wie die des Genossen Rumjanzew besonders groß, weil sie entscheidend helfen, die Fronten des Kampfes um den Marxismus-Leninismus wieder klar zu erkennen, und weil dieser Kampf nur dann erfolgreich sein kann, wenn in ihm die KPdSU wieder den ihr gebührenden ersten Platz einnimmt.
Mit kommunistischem Gruß!

5. März L'Humanité
Bild Stalins mit Text: „Vor vier Jahren, am 5. März 1953, starb Joseph Stalin. An der Spitze der Partei und des Staates kämpfte er nach dem Tode Lenins nahezu 30 Jahre für den Aufbau des Sozialismus in der UdSSR, für

die Verteidigung des Vaterlandes des Sozialismus. Die schweren Irrtümer, die er in der letzten Periode seines Lebens beging, können nicht vergessen machen, daß Stalin ein großer Revolutionär war. Er trug gewaltig zur Entwicklung des marxistisch-leninistischen Denkens und zur Verteidigung der marxistisch-leninistischen Doktrin gegen die Trotzkisten, Sinowjewisten und anderen ‚Reformatoren', Agenten der Bourgeoisie, bei. Unter seiner Führung hat das Sowjetvolk den Sieg über den Hitlerfaschismus davongetragen. Die Völker der ganzen Welt haben das nicht vergessen und werden es nie vergessen."

7. März Daily Worker

Bericht über Prozeß gegen Konterrevolutionäre in Budapest:

Der Angeklagte Galy: „Es gab konterrevolutionäre Erscheinungen, aber Anfangs im Oktober war es eine echte Revolution, bis zum 1. und 2. November, als die Rechten stärker wurden und die Schwäche ausnutzten. Der Angriff (der Sowjettruppen, K.G.) am 4. November war nicht nur gegen den Faschismus gerichtet, sondern auch gegen die Revolution, gegen die Menschen, die saubere Hände und reine Ideale hatten."

Der Bericht zeigt:

1. wie ein sicher nicht kleiner Teil der Bevölkerung die Dinge noch heute sieht;
2. daß diese Burschen, wie Galy, der ein konterrevolutionärer Bandit ist, selbst das Gericht noch als Arena zur Propagierung ihrer konterrevolutionären „Theorien" ausnutzen (und ausnutzen können);
3. daß in der englischen Partei die Schwankungen noch nicht überwunden sind, sonst könnte ein solcher Bericht der Reuter-Agentur nicht einfach kommentarlos übernommen werden.

27. März Neues Deutschland

Der tunesische Ministerpräsident Habib Bourgiba wird bei seiner geplanten Europareise auch Ungarn einen Besuch abstatten (Eingeladen vom ungarischen Finanzminister Kosta bei dessen Anwesenheit bei den tunesischen Unabhängigkeitsfeiern; Ziel „Erweiterung der wirtschaftlichen Beziehungen).

24. März Neues Deutschland
Polnische Regierungsdelegation unter Leitung Cyrankiewiczs in Burma, vorher in Indien.
Etwas merkwürdig: Welche Mission hat eigentlich Polen in Indien und Burma? Welche engen Bande verknüpfen Tunesien gerade mit Ungarn? Zufälligerweise sind U Nu (Burma) und Bourgiba Führer der sozialdemokratischen Parteien ihrer Länder.

28. März Neues Deutschland
CSR-Regierungsdelegation in Volkschina, Freundschaftsvertrag China-CSR.

11. März Presse der SU, Nr. 31/1957, S. 670: aus Prawda vom 11. März 1957:
„Gegen die Verzerrung des Prinzips der friedlichen Koexistenz": Zur Rede des jugoslawischen Staatssekretärs für Auswärtige Angelegenheiten, K. Popovic, in der Bundesvolksskuptschina. Popovic sprach von einer „objektiven Tendenz zu einer immer größeren allgemeinen gegenseitigen Abhängigkeit und Zusammenarbeit aller Länder auf der Basis ihrer Unabhängigkeit und Gleichberechtigung, zur Schaffung eines einheitlichen Weltmarktes ..." usw.
Dazu die Prawda:
„Eine solche Theorie der Koexistenz hat mit den Prinzipien des Marxismus-Leninismus nichts gemein."
Popovic erklärte weiter: „Die entstandenen Blöcke waren jeder für sich bestrebt, sich nach ihrer inneren Logik in besondere militärische Lager zum Schaden der kollektiven Sicherheit, in exklusive wirtschaftliche Systeme zum Schaden eines freien und allgemeinen Austausches der Güter, in politische und ideologische Gruppierungen, die sich gegenseitig ausschließen, zu verwandeln."
Dazu die Prawda: „Eine solche Fragestellung verfolgt absolut nicht das Ziel der Beseitigung der Militärblöcke, sondern ist im Grunde genommen ein Versuch, das sozialistische Lager zu schwächen." (Das ist endlich einmal deutlich!)
„Die jugoslawischen Staatsmänner versuchen in ihren Reden den Eindruck zu erwecken, daß Jugoslawien eine

‚blockfeindliche Haltung' einnehme. Aber Jugoslawien ist selbst Partner des Balkanpaktes, dem bekanntlich Mitgliedstaaten des Nordatlantikpaktes angehören. ... Jetzt bedeuten die Aufrufe, den Sozialismus einzeln, isoliert vom ganzen sozialistischen Weltsystem aufzubauen, wie es von einigen jugoslawischen Staatsmännern propagiert wird, in Wirklichkeit eine Zersplitterung und Schwächung der Kräfte des Sozialismus, eine Abweichung von den Prinzipien des proletarischen Internationalismus."

1. März Nepszabadsag (Presse der SU, Nr. 31/1957)

„Ungarische Kommunisten stehen treu zum Marxismus-Leninismus."

Aus dem Artikel geht hervor, daß noch nicht wenige Mitglieder der ehemaligen Partei der Werktätigen der USAP abwartend gegenüberstehen. In dem Artikel wird auch die Haltung der (Kadar)-Regierung zu den Streiks nach der Niederschlagung der Konterrevolution kritisiert.

„Wer erinnerte sich nicht an die Streiks der irregeleiteten Massen, die vom Staat durch Weiterzahlung der Löhne und Gehälter praktisch noch finanziert wurden. Der Feind wollte damit unsere Volkswirtschaft untergraben und schließlich völlig lahmlegen. Der Winter stand vor der Tür, die Gefahr der Inflation lag drohend über dem zerrütteten Land."

Na also!

Sowjetunion:

Generalstaatsanwalt Kudriazew gibt bekannt, seit Stalins Tod seien fast alle Straflager aufgelöst. Alle Urteile der letzten 25 Jahre sollen überprüft werden (RIAS, 16. Mai 1957).

Die Chruschtschow-Leute geben sich noch nicht geschlagen. Sie haben offenbar im Justizapparat ihre stärkste Stütze. Anders wäre auch kaum verständlich, wieso ihnen der Coup mit dem Ärzte-Prozeß und Berija so leicht geglückt ist. Sehr bezeichnend, daß diese Nachricht vom RIAS verbreitet wurde, aber nicht von uns! Die westlichen Nachrichtendienste sind also sozusagen Nachrichtendienst der Chruschtschow-Leute!

März 1957 *Hetze gegen Lenin wie Hetze gegen Stalin – Vehikel der Spalter der revolutionären Arbeiterbewegung*

Zeitgemäße Erinnerungen an den Halleschen Parteitag der USPD, 12.-17. Oktober 1920

Der Parteitag stand noch sehr stark unter dem Eindruck der Kämpfe im Ruhrgebiet. Ein großer Teil der anfänglichen Diskussion galt der Taktik der USPD in diesen Kämpfen und den Ursachen der Niederlage. Hauptgegenstand aber war die Frage der Aufnahme in die III. Internationale und die Leninschen Aufnahmebedingungen.
Beim Studium des Protokolls ist frappierend, daß die Fragen, um die damals die Auseinandersetzung entbrannte, die gleichen sind, wie die, die z.B. im Kampf gegen den Revisionismus heute eine große Rolle spielen, und daß, genau wie heute, schon damals die Opportunisten (Crispien, Hilferding, Dittmann usw.) sich als die wahren und echten Revolutionäre aufspielten, denen die Leninschen Aufnahmebedingungen zu opportunistisch seien!!!

Die Hauptdifferenzen betrafen:
1. das Verhältnis zur Sowjetunion, die Anerkennung der Allgemeinverbindlichkeit der grundlegenden Seiten der russischen Revolution. Die Opportunisten vertreten einen, wie wir heute sagen würden, „nationalkommunistischen" Standpunkt.
2. die Agrarfrage. Damals griffen die Opportunisten aller Schattierungen die russischen Kommunisten an, weil sie den Großgrundbesitz an die Bauern aufteilten; das sei reaktionär, opportunistisch usw. – Heute greifen sie die SU an, weil sie angeblich die Kollektivierung mit Zwang und Gewalt durchgesetzt hätte!
3. die nationale Frage. Die Opportunisten warfen damals wie heute vor, die SU betreibe eine egoistische Machtpolitik, ordne die Kommunistischen Parteien dieser Machtpolitik unter, mache sie zu ihren Werkzeugen. Das damals gebräuchliche Beispiel war das Verhalten der III. Internationale zum türkischen Diktator Enver Pascha. - An dessen Stelle ist heute der Nichtangriffs-

pakt und die Oder-Neiße-Linie getreten und die so groß herausgestellten „Fehler" der SU gegenüber den Volksdemokratien.
4. die Frage der Berechtigung des Terrors. Die Opportunisten machten einen schlauen Unterschied zwischen „Gewaltanwendung", (die sie notgedrungen anerkennen mußten, wollten sie den Schein wahren, Revolutionäre zu sein) und „Terror". Unter Terror wollten sie die Anwendung von Gewalt auch gegen Angehörige der Arbeiterklasse und Vertreter von Arbeiterparteien (Menschewiki, Sozialrevolutionäre) verstanden wissen, sowie all die angeblichen Schrecken der Herrschaft der Bolschewiki, die von der feindlichen Propaganda verbreitet wurden, und die sie nur zu gerne aufgriffen. – Dem entspricht heute das Geschrei über „Verbrechen" und verbrecherische Verletzungen der sozialistischen Gesetzlichkeit, mit dem Unterschied, daß die Opportunisten von damals alle Vorwürfe an die Adresse des „Gewaltmenschen", des „Anbeters der Gewalt", Lenin, richteten, heute dagegen gegen Stalin, und dabei versuchen, Lenin gegen Stalin auszuspielen (was im übrigen ein uralter, abgegriffener Trick der Trotzkisten aller Schattierungen ist).

Aus der Rede Crispiens (S. 74):
„Aus der Gegenüberstellung dieser Grundsätze der Rechtssozialisten und der Grundsätze der USPD geht hervor, daß die tiefgehenden, verschiedenen Auffassungen über die grundsätzlichen Fragen zwischen der SPD und USPD nicht überbrückt werden können, daß es keinen Unabhängigen Sozialdemokraten gibt, der überzeugt auf dem Boden unserer Auffassung steht, der von der Richtigkeit unserer Ziele überzeugt ist und unsere Taktik als notwendig anerkennt, der in die rechtssozialistische Partei eintreten könnte." (Zwei Jahre später, 1922: Vereinigung mit der SPD, Crispien einer der Vorsitzenden)
Über Enver Pascha (S. 87):
„Blutsäufer der Nationen", „armenischer Menschenschlächter"
Crispien behauptet, die russischen Kommunisten seien

in der Unterstützung der jungtürkischen nationalen Bewegung zu weit gegangen.

„Ich erinnere ... an die Erklärung eines Enver Pascha für die dritte Internationale, an das Bündnis, das besteht zwischen Kommunisten und Männern wie Enver Pascha. ... Wo man so weitherzig-brüderlich gesinnt ist gegen Mörder-Generäle, gegen Nationen-Schlächter, da finden wir zu gleicher Zeit in der Broschüre über die Kinderkrankheiten von Lenin ... merkwürdige Ausdrücke für die Brüderlichkeit, die Kommunisten gegenüber Klassengenossen und Parteigenossen in Deutschland empfinden. Lenin bezeichnet in dieser Broschüre Leute wie Kautsky und Crispien als kleinbürgerliche Schurken! ... Wir verzichten gern darauf, als Menschen bewertet zu werden, die mit Enver Pascha in eine Linie gestellt werden."

„Nationalkommunismus" (S. 92):

„Wir brauchen Führer, die selbst prüfen, was in Deutschland möglich ist, und keine Werkzeuge einer Zentrale, die ihre Anweisungen gibt an alle Länder."

Alberne Verleumdung Sowjet-Rußlands (S. 96):

Die russischen Kommunisten könnten auch höflich sein, wenn es sich um den Verkehr mit kapitalistischen Staaten handelte. Verliest dazu eine Note des sowjetischen diplomatischen Vertreters in Deutschland, Viktor Kopp, an die deutsche Regierung. – Das bleibt ein Paradepferd der sozialdemokratischen „Entlarvung" der Kommunisten bis zum heutigen Tage (Besonders beliebt aber in der Zeit der Weltwirtschaftskrise).

Die historische Mission der USPD (S. 97):

Die USPD müsse bleiben, „weil das deutsche Proletariat eine politische Vertreterin in seiner Revolution braucht, die die deutschen Grundsätze der Revolution in ihrer Verbindung mit den internationalen Grundsätzen zur Geltung bringt. Solch eine Partei besteht in Deutschland nur in der USPD! Die Rechtssozialisten sind eine nationalsoziale Reformpartei, die deutschen Kommunisten sind Werkzeuge der russischen Kommunisten, die mit russischen Methoden in Deutschland und in allen anderen Ländern Revolution machen wollen.

Weil das deutsche Proletariat, wenn nur Rechtssozialisten und Kommunisten da wären, keine politische Führerin und Vorkämpferin hätte, muß die USPD bestehen bleiben. Das ist unsere Mission als Partei und diese werden wir erfüllen, bis der Sozialismus verwirklicht ist."

Referat Däumig:
Tritt als Sprecher der Linken auf, mit vielen guten Bemerkungen: KPdSU – Lehrmeisterin des deutschen Proletariats (S. 104).

Referat Dittmann:
Ganz übler Bursche. Bericht über die Verhandlungen in Moskau, sehr entstellt. Zitiert, um zu beweisen, daß in der russischen Partei Despotie herrscht, Artikel Preobraschenskis aus der Prawda. Interessant, weil die gleichen Vorwürfe, wie von den Rechten in Ungarn und Polen 1956 (S. 123).

Referat Stoecker:
Sehr gut, auf ihn hatten die Rechten die größte Wut. Versuchen ihn durch persönliche Verleumdung unmöglich zu machen: „Kriegsberichterstatter". Stellt das zum x-ten Male richtig (S. 141).

Referat Sinowjew:
Vier-Stunden-Referat, sehr klug und zuweilen sehr scharf. – Auffallend, daß manchmal etwas abfällig über Lenin. Gegen Crispiens Vergleich 1848-1920.
Scharf gegen die Amsterdamer Gewerkschaftsinternationale. Das einer der Hauptstreitpunkte. Kommunistische Internationale fordert Bruch mit „den Gelben, den Agenten des internationalen Kapitals, von Leuten, die in der Westentasche der Londoner und Pariser Börse sind" (S. 151).
Über die Entwicklung in der englischen Gewerkschaftsbewegung (S. 153).
Zur Agrarfrage und den Einwendungen der Rechten. Beispiel der ungarischen Räterevolution und ihrer Fehler. Auch in Deutschland kann Revolution ohne Bauernräte nicht siegen (S. 158).
Zur Nationalitätenfrage und Enver Pascha (S. 159f).

Über die Bedeutung der Ostvölker als Reserve der Revolution, gegen Hilferdings Überheblichkeit gegenüber den Ostvölkern.
Zur Frage des Terrors (S. 166 ff), über die konterrevolutionäre Rolle der Menschewiki und Sozialrevolutionäre. (Die Rechten mimten Empörung über den „Terror" gegen „Sozialisten". – Wie heute!)
Über das Rätesystem (S. 168 ff). Sinowjew begründet gegen die Rechten, daß in den Räten auch die rückständigen Arbeiter vertreten scin müssen, um sie zu erziehen.
Über die Schwierigkeiten Sowjetrußlands (S. 170).
Über bolschewistische Selbstkritik (S. 171).
Zu den 21 Bedingungen (S. 174 ff).
Im Auftrag der Exekutive Aufforderung, Abänderungsvorschläge zu machen. Darob große Empörung bei den Rechten. Gegen die Verleumdung, in der III. Internationale diktierten nur die Russen, und die versuchten, Deutschland gegen die Entente in den Krieg zu jagen (S. 177).

Referat Hilferding:
Russen haben von der Deutschen Partei und ihrer Taktik keine Ahnung, wir müssen zwar von den Erfahrungen der russischen Revolution lernen, aber nichts von außen übernehmen (S. 180).
Über die Entwicklung der Novemberrevolution: USPD, nicht die Kommunisten, hätten die Arbeiter revolutioniert. Arbeiter müßten über Teilziele zum Kampf um die Macht herangeführt werden (Arbeiterkontrolle, Sozialisierung des Bergbaus. S. 182)
Sagt richtig, eine Wiederherstellung des Kapitalismus, eine neue Prosperitätsperiode würde die psychische Verfassung der Arbeiter nicht im revolutionären, sondern im reformistischen Sinne beeinflussen (dies gegen Kautsky). Und dann die Dummheit und Gemeinheit: Nicht wir, sondern die Russen machen dem Kapitalismus ausgedehnte Konzessionen (S. 183).
Russen tragen die Zersetzung der Arbeiterklasse von einem Land ins andere (S. 183).
Gegen Sinowjews revolutionäre Prophezeiungen (S. 184).

Gegen die „Beschimpfung" der Amsterdamer Gewerkschafts-Internationale (S. 186f).
Über Kolonialpolitik: Behauptung, die deutsche Sozialdemokratie habe schon immer den richtigen Standpunkt dazu eingenommen. Als Beweis ein Zitat aus Kautskys „Sozialismus und Kolonialpolitik", 1907.
Rußland dagegen gehe nicht von sozialistischen Grundsätzen aus, sondern betreibe „opportunistische Machtpolitik des Augenblicks".
Zur Agrarpolitik:
„Was die Russen in der Agrarfrage vertreten, ist ebenfalls der reine Machtstandpunkt, und sie haben ... das Agrarprogramm der Sozialrevolutionäre übernommen. ... Was sich da vollzogen hat, das war die große bäuerliche Revolution, die zur Herstellung des individuellen Eigentums auf dem Lande geführt hat. Wenn dem aber so ist, so komme man uns nicht mit der Zumutung, daß wir nun dieselbe Politik verfolgen sollen. ... Eine solche Politik würde einen ökonomischen Rückschritt bedeuten. ... Opportunistische Machtpolitik der Bolschewiki, prinzipielle Machtpolitik bei uns. ..." (S. 191)
Zur Haltung der USPD-Führer zur Diktatur des Proletariats am 9. November und danach. Sie wären erst für Sowjetrepublik und gegen Wahl zur Nationalversammlung gewesen, aber weil 9/10 der Arbeiter dagegen gewesen wären, hätten sie eine andere Taktik eingeschlagen, nämlich genau die von Lenin empfohlene.
„Lenin hat seinerzeit gesagt, wenn wir die Sowjetrepublik nicht durchführen können, ... dann müssen wir den Arbeitern sagen: Republik ist besser als Monarchie, und eine bürgerliche Republik mit einer Nationalversammlung ist besser als eine Republik ohne Nationalversammlung."
Die revolutionäre Arbeiterbewegung sei in Deutschland zurückgeworfen worden durch die Taktik der Kommunisten (S. 192).
„... die Diktatur ist für uns ein Übergangsstadium zur sozialistischen Demokratie. ... Auch heute ... kann der russische Bolschewismus nicht den Übergang zur sozialistischen Demokratie vollziehen. Es ist eben sehr not-

wendig, daß man wirklich die Volksmassen für sich gewinnt, um mit diesen Massen die sozialistische Demokratie aufrichten zu können. Dazu brauchen wir aber eine Politik, die nicht die Diktatur über diese Volksmassen ausübt, sondern ... die die Volksmassen gewinnt ..."
Wie bekannt und aktuell klingt das!
Wie alt und abgestanden sind die Parolen der Prediger der „neuen Revolution", der „Antistalinisten"!
„Wir wenden uns dagegen, daß Wahlen zu den Sowjets, zu den Arbeiterräten, die eine menschewistische Majorität oder auch nur eine erhebliche menschewistische Minorität besitzen, willkürlich für nichtig erklärt werden. Wir wenden uns dagegen, daß Gewerkschaften, deren Vorstand menschewistisch zusammengesetzt ist, ihres Vorstandes beraubt und dieser eingesperrt wird, und von oben herab ein neuer Vorstand oktrojiert wird. ... Wir verstehen unter Terror nicht etwa die Verhaftung von Leuten, die tatsächlich gewaltsam gegen diese Regierung vorgehen, sondern die Verhaftung ihrer Geschwister, ihrer Mütter, ihrer Kinder, diese ganze häßliche Geiselpolitik. Und namentlich gegen den Terror wenden wir uns, der angewandt wird, um in der Arbeiterklasse jede andere Meinungsäußerung zu unterbinden." (S. 193)
Damals war Lenin der Gewaltmensch.
Gegen Lenin und die Bolschewiki wird seitenlang Rosa Luxemburg zitiert, aus ihrem Artikel „Organisationsfragen der russischen Sozialdemokratie", Neue Zeit, 1904!
Hilferding stellt fest, Lenin befürworte den blanquistisch-jakobinischen Typos der Partei. Dann wird Rosa Luxemburg gegen die Kommunistische Internationale ausgespielt: „Ich glaube, wir haben das Recht zu sagen, daß die Gründer der Kommunistischen Partei Deutschlands nicht die 21 Bedingungen unterschreiben würden. ... Wenn es außerhalb Rußlands in der kommunistischen Bewegung heute auch nur eine Persönlichkeit gäbe von der Autorität, dem Mut, der geistigen Schärfe einer Rosa Luxemburg, dann hätte das russische Zentralkomitee diese Bedingungen nie verlautbart." (S. 197)

Also der gleiche Vorwurf des Diktats an Lenin, der heute gegen Stalin üblich ist! Rosa Luxemburg konnte sich nicht mehr wehren dagegen, daß man sie hinterhältig gegen Lenin ausspielte.
Genauso wurde später der tote Lenin gegen Stalin ausgespielt. Am gefährlichsten und hinterhältigsten dann, als auch Stalin selbst dem nicht mehr entgegentreten konnte.
Hilferding behauptet, die KPD habe in ihrer Presse gefordert, das deutsche Proletariat hätte Krieg gegen Frankreich führen müssen zur Unterstützung des Krieges Sowjetrußlands gegen Polen (S. 198).
Als Vertreter der KP Bulgariens sprach Kabaktschieff.

Rede Martows:
Als Vertreter der Menschewiki Martow. Singt ebenfalls das Lied von der „Diktatur Moskaus" in der III. Internationale und dem schrecklichen Terror. Interessant: „sinowjew hat hier erklärt, daß die Bolschewisten nicht versucht haben, Deutschland in einen neuen Krieg mit der Entente hineinzuziehen. Das ist nicht wahr. Niemand anders als Trotzki selbst hat im Moment der russischen Siege in einer seiner Reden erklärt: Wir werden der Entente den Entscheidungskampf am Rhein liefern."
Ferner ganz aktuell: „Die Selbstverwaltung durch die Betriebsräte ist von der Sowjetregierung durch die Diktatur der Ingenieure ersetzt. ... Ebenso hat die bolschewistische Partei ohne Prüfung und ohne Sanktion der III. Internationale den Terrorismus zur Grundlage des Systems einer revolutionären Regierung gemacht. ... Es handelt sich darum, ob es für eine sozialistische Partei zulässig ist, den Terror anzuwenden, d.h. eine Politik der Einschüchterung der feindlichen Klassen und Parteien durch generelle Ermordung von Schuldigen und Unschuldigen!" (S. 215)

Rede Losowskys:
Zur Stellung der III. Internationale zur Amsterdamer Gewerkschafts-Internationale. Mitarbeit im Internationalen Arbeitsamt – Verrat (S. 221). Wird nach kurzer

Zeit durch Spektakel der Rechten am Weiterreden gehindert (Zwischenfall Losowsky). Längere Debatte darüber am nächsten Tag.

Rede Longuet:
Zwar gegen die „Bedingungen", aber doch kein Bandit wie die deutschen Rechten, kein Demagoge. „Ich war vor einigen Wochen in England und habe dort gesprochen vor den Arbeitern von Glasgow, von London und anderen Städten und ich habe überall wahrgenommen, daß es genügte, von Rußland zu sprechen, um den Enthusiasmus der Massen zu entflammen, und darum werde ich mich auch der Kritik an den Methoden der russischen Genossen enthalten."
Die von den Bolschewiki angewandten Methoden seien sicher für sie nötig, um sich zu halten, aber für die westlichen Länder unanwendbar.
Was die russischen Genossen brächten, sei eine russische Internationale, aber gebraucht würde eine internationale Internationale. Keine Internationale der Sekten, sondern der Klassen. Es sei leicht, die Bedingungen anzunehmen, viel schwerer, sie durchzuführen (S. 231).
Wendet sich gegen die Haltung der III. Internationale gegenüber der Amsterdamer Gewerkschafts-Internationale. Sagt einiges sehr Richtiges. „Wie könnt ihr verlangen, daß man das Haus zerstört, das uns allein Schutz bietet gegenüber der Reaktion und Kapitalismus? Warum wollt ihr nicht daran glauben, daß es auch euch gelingt, die Gewerkschaften zu erobern?"
Es sei für jeden Arbeiter die schlimmste Beleidigung, ihm zu sagen, er sei Mitglied einer „gelben" Organisation. „Wir sind in der Situation, daß wir immer wieder Beweise unserer Liebe abgeben, aber man zeigt uns auf der anderen Seite stets nur den Stock."

Persönliche Bemerkung Martows:
Zu Losowskys Vorwürfen über die verräterische Haltung der Menschewiki. Geradezu köstliche Erklärung: „Ja, wir haben uns in der ersten Phase der Revolution an Koalitionsregierung mit bürgerlichen Parteien beteiligt, aber auf dem Parteitag im Dezember 1917 (!) seien die

rechten Elemente aus der Partei beseitigt worden, und von da an sei es ausgeschlossen gewesen, daß die menschewistische Partei in irgendeiner Weise eine Politik der Zusammenarbeit selbst mit den radikalsten bürgerlichen Elementen mitmachte."

Interessant seine Ausführungen über die sogenannte Novemberkrise 1917 (Oktober 1917). Nach Martow hat sich damals Losowsky als Mitglied der Gewerkschaftszentrale um eine Einigung zwischen Bolschewiki und Rechtssozialisten bemüht. Diese Verhandlungen seien gescheitert, und zwar nach der öffentlichen Erklärung Sinowjews und anderer Volkskommissare, weil Trotzki und Lenin diese Einigung nicht wollten. eine solche Politik Lenins und Trotzkis, so hätten die Volkskommissare und Sinowjew erklärt, könne nur zum Zusammenbruch der russischen Revolution führen, und die Diktatur des Proletariats werde zu einer Parteidiktatur ausarten.

Sinowjew, Kamenjew, Rjasanow und andere hätten sich damals von dieser Politik losgesagt, Sinowjew und Kamenjew seien aus dem ZK ausgetreten, weil es verantwortlich sei für das Scheitern der Verhandlungen (S. 234).

Persönliche Bemerkung Ledebours:

Weist entrüstet die Behauptung zurück: Ihr geht nach Kassel! (d.h. zur SPD; S. 235) (Er machte 1922 die Vereinigung der Rest-USPD mit der SPD nicht mit.) Lange Auseinandersetzung über die Rechtmäßigkeit der Mandate.

Für die Rechten versucht Dr. Kurt Rosenfeld (Justizminister a.D.) die Rechtmäßigkeit der Zusammensetzung des Parteitages zu bestreiten. Die Linken entlarven, daß gerade er darauf gedrängt hat, den Parteitag früher einzuberufen, obwohl die Linken dagegen protestiert und darauf hingewiesen hatten, daß dann die ordnungsmäßige Wahl der Delegierten nicht gewährleistet ist (S. 243 ff).

Vor allem ging es um die Anerkennung der Mandate der Hamburger Delegierten.

Am 16.10.1920 Abstimmung über Annahme oder Ablehnung der 21 Bedingungen.

Für Annahme: 236 Delegierte, darunter: Dahlem, Köln; Koenen Wilhelm, Berlin; Oelßner Alfred, Halle; Scholem Werner, Halle; Stern Viktor, Leipzig; Herzog Wilhelm, Hamburg; Müller Richard, Teltow; Remmele Herrmann, Stuttgart; Staimer, Mittelfranken; Thälmann, Hamburg.
Für Ablehnung: 156 Delegierte, darunter: Barth Emil, Berlin; Grotewohl Otto, Braunschweig; Dißmann Robert, Frankfurt/Main; Hilferding Rudolf, Berlin; Ledebour Georg, Berlin; Lipinski Richard, Leipzig; Liebknecht Theodor, Berlin; Rosenfeld Kurt, Berlin; Wengels Margarete, Berlin.
Nach der Abstimmung tagten die Rechten als einzig „rechtmäßige" Vertreter der Partei im Zoologischen Garten in Halle weiter (17.10.).

Protest gegen „Beschimpfung" der Gewerkschaften. Ganz üble Rede einer gewissen Sabath, einzige Hetze, von Mehrheitssozialisten nicht mehr zu unterscheiden.

Referat Crispien:
Die Kommunisten bauen ihre Hoffnungen darauf, daß das Elend immer größer wird, daß die Verzweiflung immer größer wird, daß dann eines Tages mit elementarer Macht ein Sturm aus den Massen der Verelendeten hervorbrechen und alles zerschlagen wird, und daß endlich aus den Trümmern sich durch irgendeine geheimnisvolle Urkraft etwas Neues gestaltet. Das ist eine kommunistisch-syndikalistische Auffassung, wie wir sie auf dem Parteitag gründlich widerlegt haben. Wir stellen dem unsere Taktik gegenüber, die dauernd aktiv sein muß, die sofort den Kampf um die Eroberung der politischen Macht auch praktisch macht. Wir sind im Gegensatz zu den Kommunisten nicht der Meinung, daß ein immer größeres Massenelend die revolutionäre Energie fördert, sondern wir wissen, daß mit der wachsenden Verelendung auch die revolutionäre Energie immer mehr schwindet. Wir müssen gemeinsam mit den Gewerkschaften und mit allen Arbeiterorganisationen, die dafür in Betracht kommen, unablässig auch gegen die Verelendungstendenzen des Kapitalismus ankämpfen, um die Kultur-

stufe der Arbeiterklasse zu heben und sie kampffähig zu machen. Dieser Kampf gegen die Verelendung muß zur gleichen Zeit geführt werden wie der Kampf um die Eroberung der politischen Macht. Dazu ist es nötig, daß wir uns an die wirklich vorhandenen Dinge halten, daß wir erkennen, woraus die unmittelbaren Leiden des Proletariats entspringen, und daß wir zunächst die Fragen in den Vordergrund stellen, die die Lebensinteressen des ganzen Proletariats berühren. Diese Fragen müssen wir benutzen, um Aktionen einzuleiten, um dadurch einen immer stärkeren Zusammenschluß der Arbeiterklasse herbeizuführen. Aus diesen Aktionen für bestimmte aktuelle Forderungen, die nicht als unser Endziel zu betrachten sind, sondern als Stützpunkte auf unserem Weg zur politischen Macht, aus diesen Kämpfen werden sich die Endkämpfe um die politische Macht entwickeln. Kämpfend werden wir das Proletariat einiger und geschlossener machen und so stark, daß es die politische Macht auch wird zu behaupten vermögen, bis der Sozialismus verwirklicht ist (S. 268).

Verliest dann ein Manifest der Übriggebliebenen „An das deutsche Proletariat", voll unsinniger Beschimpfungen der Bolschewiki und der Kommunisten.

„Die deutschen Kommunisten sind infolge ihrer Politik eine einflußlose Sekte geblieben, zu schwach, um als revolutionärer Stoßtrupp gebraucht zu werden. Deshalb sollten die Massen der USP unter die kommunistische Diktatur kommen. Damit aber diese Diktatur widerstandslos ausgeübt werden könne, mußte die USP gespalten werden. ... Daher die Bedingungen und Thesen der Moskauer Internationale, die die Spaltung der Arbeiterparteien fordert, um über den verbleibenden Rest (!) uneingeschränkt herrschen zu können. ... Die deutschen Kommunisten erklären: Die Arbeitslosen sind der Vortrupp der proletarischen Revolution. Es ist bereits soweit, Genossen, daß die Kommunisten die am meisten verelendeten Schichten in die erste Front stellen wollen. Wir aber wissen, das Gegenteil ist richtig: die am höchsten entwickelten Arbeiter sind die Vorkämpfer und die Kerntruppen der proletarischen Revolution." (S. 272)

Diskussion Theodor Liebknecht (Bruder von Karl Liebknecht):
Ehrlich vom Haß gegen die Mehrheitssozialisten erfüllt, aber politisch unklar, schwärmerisch.
Interessant aber, daß – kaum daß sich die USP gespalten hat, sich bei der zurückgebliebenen Minderheit schon wieder ein rechter und ein linker Flügel zeigt; die Rechten, wie Sabath, lassen bereits keinen Unterschied mehr zu den Mehrheitssozialisten erkennen, während die Linken (wie Liebknecht) mit diesen nichts gemein haben. Aber im Gegensatz zu früher sind jetzt die Linken eine kleine Minderheit.
Liebknecht wendet sich zuerst gegen die russischen Genossen, gegen den Vorwurf, die Unabhängigen seien schuld daran, daß Deutschland noch immer in der Kerenski-Periode stecke. Drückt einen richtigen Gedanken aus, nämlich daß die deutsche Bourgeoisie aus der russischen Revolution gelernt habe, und den Krieg noch rechtzeitig abgebrochen habe im Gegensatz zu Rußland. Auch er wie sein Bruder glühender Antimilitarist.
Die Militärpest „hat mit den Tausenden und Abertausenden politischer Agenten gearbeitet, mit denen man während des Krieges im Ausland wie im Inlande gearbeitet hatte, und sie hat mit ihnen gearbeitet nach ihrer Art, stets den Gegner als den Angreifer erscheinen zu lassen. ... Wir haben, der Kollege Rosenfeld und ich, viele der Prozesse durchgeführt, die aus Anlaß dieser Kämpfe entstanden sind, von den ersten bis zum letzten. Und wir haben überall und überall die Finger dieser Agenten gefunden, die ihrerseits die Massen gegen den Rat ihrer Führer dazu trieben, ‚vorwärts' zu gehen, Putsche zu versuchen, zum Teil natürlich unterstützt von unruhigen Elementen, die, unklar, nicht übersehen konnten, wie die Zusammenhänge waren."
Sagt richtig, die Republik sei keine demokratische, sondern eine, „deren Träger das Militär, die alte Offizierskaste und die alte Bürokratie waren, und hinter ihnen wie früher Junkertum und Großkapital, die ihrerseits die

willigen Herren Ebert, Noske, Scheidemann als Deckung benutzten, ... hinter der sie ihrerseits ihre Neugruppierung vornahmen."
Stellt weiter fest, daß dieses Spiel durch den Regierungseintritt der Unabhängigen erleichtert wurde.
Glühender Haß gegen die Mehrheitssozialisten-Führer: „Wir müssen immer wieder betonen, daß es über dieses Blut hinweg keine Verbindung gibt mit ihren Führern, daß es möglich und notwendig ist, die Massen, die noch drüben sind, zu uns herüberzuziehen, daß aber auch nur die geringste Annäherung an die Partei eine Unmöglichkeit ist. ... Deshalb muß meiner Ansicht nach der Kampf gegen die Rechtssozialisten im Vordergrunde stehen, er muß mit allen Kräften geführt werden."
Spricht gegen die Losung der Sozialisierung, weil Verstaatlichung im bürgerlichen Staat reaktionär. Statt dessen Sozialisierung, die sich von unten aufbaut, deren Grundlage die Arbeiterräte seien, die Erringung der Macht in den Betrieben durch die Arbeiterschaft. Also völliger Wirrwarr in der Staatstheorie.
Dann gegen die Bedingungen der III. Internationale. Die Forderung der russischen Genossen auf Kampf gegen die Entente sei eine Interessengemeinschaft mit dem deutschen Imperialismus.
Fordert aber abschließend, den Kampf gegen Rechts, gegen die Mehrheitssozialdemokratie, in den Vordergrund zu stellen.

Nach Liebknecht – Kunert, Halle:
Ein waschechter Rechter, triefend von Haß gegen die Kommunisten und Sowjetrußland. Spielt sich gerade deshalb auf den „Linken" hinaus („Wir repräsentieren doch hier auf dem Parteitag die Opposition, wir waren die Ketzer. ...").

Nach ihm – Ledebour:
Zu Liebknechts Rede, behauptet, es gäbe keine Differenzen zu dem, was Liebknecht gesagt habe, höchstens Mißverständnisse.
Selbst aber in der Hauptsache nicht gegen rechts, wie Liebknecht forderte, sondern gegen Links, gegen die „Mos-

kowiter" und „Neukommunisten" und deren „Diktatur über das Proletariat". Nochmals zum „Terror" der Bolschewisten, weil er meint, die Gegenargumentation Sinowjews sei noch nicht genügend schlagkräftig zurückgewiesen.

Nach ihm – Hilferding:
Die Parteitagswoche, die jetzt hinter uns liegt, hat ihre „große internationale Bedeutung. Zum ersten Male ist es möglich gewesen, daß vor der europäischen Arbeiterklasse auf einem internationalen Forum Bolschewismus und wissenschaftlicher Marxismus einander gegenüber gestellt worden sind, und der Bolschewismus ist enthüllt worden als ein System einer opportunistischen Machtpolitik, das in immer steigenden Widerspruch gerät zu den wichtigsten Prinzipien des Marxismus und der ökonomischen Einsicht in die Bedingungen der Verwirklichung des Sozialismus. Aber nicht nur die Theorie des Bolschewismus hat in dieser Woche ihre erste schwere Niederlage erlitten, noch viel mehr ist die Enthüllung seiner Methode für ihn verhängnisvoll geworden. Was ist die Methode des Bolschewismus? Diese Methode besteht darin, einen Teil der Arbeiterschaft dadurch zu einem Stoßtrupp der Moskauer Herrschaftspolitik zu machen, indem man die übelsten Instinkte der rückständigsten Elemente der Arbeiterklasse aufruft, um einen tiefen Zwiespalt zwischen den Massen und ihren Vertrauensmännern zu schaffen, in dem Bewußtsein, daß diese ganze Methode eine solche des Kampfes mit vergifteten Waffen ist. Zwischen uns und dem Bolschewismus hat sich nicht nur eine theoretische Kluft gezeigt, es hat sich vor allem ein sittlicher Abgrund aufgetan." (S. 284)
Sentimentaler, demagogischer Vergleich: Sinowjew – „Vertreter der herrschenden Schicht"; Martow mit seinem „bleichen und abgemagerten Gesicht" – „Vertreter der Beherrschten".
Kündigt bereits die Schaffung der „2 1/2. Internationale" an.
Gegen den Vorwurf des Reformismus entwickelt er die These, daß die USP über die Entwicklung von Einzelak-

tionen, von Einzelsozialisierungen das Proletariat an die Grenze des bürgerlichen Widerstandes und so an den Endkampf heranführen wolle.
So schmerzlich die Parteispaltung sei, so sei sie doch der Beginn einer besseren Zeit. Die Kommunisten lebten in Westeuropa von der Demoralisation, die der Krieg hervorgebracht habe, die Unabhängigen dagegen lebten davon, daß die geschichtliche Entwicklung für sie sei, daß das Proletariat sich fähig zeigen werde, daß es den Kapitalismus überwinden kann nicht durch bloße Gewaltanwendung, sondern daß es sich fähig zeigt, geistig und sittlich sich höher zu entwickeln als das Bürgertum. „Wir leben davon ..., daß das Proletariat in diesen Kämpfen wachsen wird, daß es reif werden wird, sittlich und geistig und organisatorisch. Wir leben ... von der aufgehenden Vernunft, und jene, sie sterben an den absterbenden Illusionen."

Breitscheid:
„Ich halte nicht für unmöglich ..., daß wir vielleicht sogar durch eine Periode des wirklichen Bolschewismus Deutschlands hindurchgehen müssen. Wir müssen darauf gefaßt sein, daß diese Welle über uns kommt. Unsere Zeit, das ist nicht die nächste, unmittelbare Zukunft, unser Augenblick kommt nachher, kommt nach dieser Zeit der Depression, kommt nach dieser Zeit, in der es scheint, als ob wir mit unseren Ideen Schiffbruch erlitten haben."
Er fordert deshalb, gegenüber der SU einen anderen Ton anzuschlagen, nicht mehr alles rosig und gut hinzustellen. Die russische Revolution sei nicht identisch mit dem Bolschewismus.
„Diese Haltung ist nicht ganz leicht. Diese Haltung zwischen der Antibolschewistenliga auf der einen Seite und dem Bolschewismus selbst auf der anderen Seite."
Über das Verhältnis zu den Mehrheitssozialisten: „Wir bleiben was wir sind. Wir gehen keinen Schritt weiter hinüber nach Rechts."

März bis September **Vier Anleitungen für die ideologische Arbeit der Grundorganisation der SED im Institut für Geschichte der Humboldt-Universität Berlin**

Die nachfolgend wiedergegebenen Anleitungen wurden von mir als dem für die ideologische Arbeit zuständigen Mitglied der Parteileitung der Grundorganisation Historiker an der Humboldt-Universität ausgearbeitet und von der Parteileitung beschlossen. Dieser Leitung gehörte ich vom 19. März bis zum 31. Dezember 1957 an. Ich sah es als meine Aufgabe an, diese Funktion dazu zu benützen, der verderblichen ideologischen Aufweichung, die vom Kurs der Chruschtschow-Führung der KPdSU ausging, so kräftig wie möglich entgegenzuwirken. Die Materialien sind daher Zeugnisse dafür, in welcher Weise dies damals doch möglich war – natürlich nicht ohne bestimmte Zugeständnisse an seitens der Chruschtschow-Führung von den „Bruderparteien" geforderte und erzwungene Gefolgschaftsbekenntnisse. Noch wichtiger aber ist, daß diese Materialien auch bezeugen, daß die SED unter der Führung Walter Ulbrichts mit an der Spitze jener Parteien sozialistischer Staaten stand, die ihre marxistisch-leninistischen Positionen gegen das Vordringen des Revisionismus verteidigten.
Berlin-Grünau, im Mai 1990

März *I. Arbeitsplan für die ideologische Arbeit der Partei-Grundorganisation Historiker*

1. Schwerpunkte der ideologischen Arbeit:
a) Feste Orientierung aller Genossen und Studenten auf den Kampf gegen den Hauptfeind des deutschen Volkes, den deutschen Imperialismus und Militarismus.
b) Überwindung der revisionistischen Auffassungen, soweit noch vorhanden, Erzielung ideologischer Einheit, unerschütterlicher Prinzipienfestigkeit und Kampfbereitschaft der Grundorganisation der Partei und FDJ, Erziehung zu festem Vertrauen zur Parteiführung, die unter den schwierigsten und kompliziertesten Bedingungen mit Erfolg die notwendigen Schlußfolgerungen aus den Lehren des XX. Parteitages gezogen hat und in vorbildli-

cher Weise die Grundsätze des Marxismus-Leninismus gegen alle Versuche ihrer Aufweichung und Verfälschung verteidigt hat.

2. In der Frage des Kampfes gegen den deutschen Imperialismus und Militarismus und um die friedliche, demokratische Wiedervereinigung gibt es in der Hauptsache folgende Unklarheiten:
a) Unterschätzung der Gefahr, die dem deutschen Volk und dem Frieden vom deutschen Militarismus droht.
b) Überschätzung der Kraft und Stabilität des deutschen Imperialismus und seines Bonner Staates.
c) Zweifel an der Realisierbarkeit und damit der Ernsthaftigkeit des Wiedervereinigungsprogrammes, das auf dem 30. Plenum des ZK der SED entwickelt wurde.

3. Zur Klärung dieser Frage wird von der Zentralen Universitäts-Parteileitung ein Material vorbereitet, das die Grundlage bilden soll für ihre Behandlung in den Gruppen und Seminaren.

4. Das Eindringen revisionistischer und anderer opportunistischer Auffassungen kommt vor allem darin zum Ausdruck, daß es genügte, daß antileninistische „Theorien" und Praktiken unter der Flagge des „Kampfes gegen den Dogmatismus" und der „konsequenten Schlußfolgerungen aus dem XX. Parteitag" segelten, um von nicht wenigen und auch nicht immer nur unerfahrenen Genossen aufgegriffen und bejaht zu werden.
a) Grobe Verletzungen des proletarischen Internationalismus, feindliche, antisowjetische Vorstöße, wie sie vor allem von Jugoslawien, aber auch von Polen ausgingen, wurden von verschiedenen Genossen nicht als das empfunden, was sie waren, sondern als „berechtigte Korrektur der Fehler der Sowjetunion" und als „rechtmäßiger Kampf um die Herstellung der vollen Souveränität und Unabhängigkeit" betrachtet. Im Zusammenhang damit traten auch Bestrebungen auf, bei der Behandlung der Deutschlandpolitik der Sowjetunion das Schwergewicht vom Kampf gegen die imperialistische Geschichtsfälschung und Verleumdung der Sowjetunion auf die Untersuchung von der Sowjetunion gegenüber Deutschland begange-

nen „Fehler" zu verlagern. Darin kommt sowohl die Gefahr des Abgleitens auf nationalistische Positionen wie auch Unklarheit über das Verhältnis von Parteilichkeit und Objektivität der Geschichtswissenschaft zum Ausdruck.

b) In der Frage der Demokratie und ihrer Erweiterung rutschten manche Genossen vom Boden der proletarischen Demokratie ab auf eine sozialdemokratisch-opportunistische Auffassung der Demokratie, die nichts anderes ist als eine bürgerlich liberale Auffassung der Demokratie. Das zeigte sich vor allem darin, daß sie die Maßnahmen, wie sie z.B. in Polen ergriffen wurden, und die darauf hinausliefen, den Feinden des Sozialismus und Verfechtern konterrevolutionärer Ideen in Presse, Rundfunk, Schule usw. wieder Möglichkeiten zur Propagierung ihrer feindlichen Auffassungen zu geben, als kühne, schöpferische Initiative zur Überwindung des Dogmatismus, zur Festigung der Demokratie und zur Gewinnung der Massen ansahen, und zur gleichen Zeit unserer Partei- und Staatsführung den Vorwurf mangelnden Vertrauens zu den Massen, des Beharrens auf „stalinistischen Positionen" machten, weil sie solche Maßnahmen als „Liberalisierung" kennzeichnete und entschieden ablehnte.

c) Erhebliche Unklarheiten und Meinungsverschiedenheiten gibt es noch über die hauptsächlichen Ursachen, die zu den Ereignissen in Ungarn und Polen führten. In zahlreichen Dokumenten der internationalen Arbeiterbewegung und auch der Ungarischen Sozialistischen Arbeiterpartei ist bereits nachdrücklich ausgesprochen, daß die Desorientierung der Massen, die sie schließlich dazu brachte, den feindlichen Aufrufen zum Kampf gegen die volksdemokratische Ordnung in erheblicher Anzahl Folge zu leisten, in erster Linie und vor allem darauf zurückzuführen ist, daß feindliche Kräfte innerhalb der Partei die Erfolge des sozialistischen Aufbaus verleumdeten und mit Schmutz bewarfen, die begangenen Fehler aber in demagogischer Weise ungeheuerlich aufbauschten und zu einer verbrecherischen Hetze gegen die alte Parteiführung benutzten. Dessen ungeachtet ist auch heute noch ein Teil der Genossen der Auffassung, die Hauptursache der Oktoberereignisse seien die Fehler der alten Führung. Davon ausgehend kommen einige Genossen zu der Schlußfolgerung, um in Zukunft bei uns ähnliche Ereignisse zu verhüten, müßte erst gründlicher als bisher geschehen, mit den Fehlern der Vergangenheit abgerechnet werden. Diese Genossen haben sich offenbar noch nicht die Frage gestellt, wie es kommt, daß gerade diejenigen, die vor den Oktoberereignissen am heftigsten als Vorkämpfer gegen die Fehler des Dogmatismus auftreten, sich in den meisten Fällen im Oktober und danach als eifrige Propagandisten der revisionistischen und nationalistischen Losungen erwiesen, und ein Imre Nagy sogar offen an die imperialistischen Mächte gegen die Sowjetunion appellierte. Diese Genossen haben sich auch noch nicht überlegt, ob die Partei bei Befolgung der von ihnen empfohlenen Linie die Möglichkeit behalten hätte, die offensive Frontstellung gegen den deutschen Militarismus beizubehalten, mit Erfolg darum zu kämpfen, den Kampf gegen den deutschen Militarismus in den Mittelpunkt der politischen Auseinandersetzung in Deutschland zu stellen, und dem konzentrierten Angriff des Gegners in den kritischen Herbsttagen standzuhalten.

d) Schließlich zeigt sich das Eindringen revisionistischer Auffassungen und Mangel an Grundsatzfestigkeit auch darin, daß bestimmte Theorien und praktische Maßnahmen der Wirtschaftspolitik, die in Jugoslawien und zum Teil auch in Polen durchgeführt und propagiert wurden, die aber den marxistisch-leninistischen Prinzipien und den Erfahrungen des sozialistischen Aufbaus in der Sowjetunion und den Ländern der Volksdemokratien schnurstracks zuwiderlaufen (Preisgabe der zentralen Leitung und Planung, Preisgabe bereits eroberter sozialistischer Positionen in der Landwirtschaft durch Auflösung der meisten MTS und LPG) von manchen Genossen nicht als Abweichung vom Marxismus-Leninismus erkannt und abgelehnt, sondern als kluge „Berücksichtigung nationaler Besonderheiten" betrachtet und gebilligt wurden.

5. Wo liegen die Ursachen für diese und ähnliche Erscheinungen ideologischer Unsicherheit und mangelnder Fähigkeit, sich in komplizierten Situationen selbständig zurechtzufinden, sowie mangelnden Vertrauens in die Parteiführung? Von der Vielzahl der Ursachen scheint es nötig, zwei besonders hervorzuheben:
a) Es rächte sich jetzt, daß wir in der Vergangenheit die Prinzipien des Marxismus-Leninismus allzuoft abstrakt, losgelöst von der Praxis des politischen Kampfes und der Kampferfahrungen der Arbeiterbewegung vermittelten, andererseits in den Vorlesungen zur Geschichte nicht immer genügend die allgemeingültigen, prinzipiellen Lehren herausarbeiteten.
b) Es rächte sich jetzt zum anderen, daß wir die Bedeutung der Aneignung theoretischen Wissens für die Formung des Marxisten überbetonten und die Bedeutung der Erfahrungen des politischen Kampfes, die Bedeutung der Bewährung in schwierigen Situationen für die Erziehung von zuverlässigen, standhaften Marxisten-Leninisten vernachlässigten. Dadurch wurde die Herausbildung von Zügen intellektueller Überheblichkeit bei einigen Genossen begünstigt. Das führte zu dem nicht als normal zu bezeichnenden Zustand, daß noch sehr junge Genossen, deren politische Kampferfahrung erst wenige Jahre umfaßt, sich dennoch ein reiferes und besseres Urteil über die politische Gesamtsituation und die von der Partei eingeschlagene Politik zutrauen als den Genossen der Parteiführung, die seit Jahrzehnten Erfahrungen im Kampf gegen die verschiedensten offenen und getarnten Feinde des Sozialismus und der Arbeiterklasse gesammelt haben.

6. Kampf gegen Dogmatismus nicht vergessen!

7. Zur Überwindung der aufgezeigten Mängel und zur Lösung der unter 1. gestellten Aufgaben beschließt die Parteileitung:
Bis Ende des Semesters sind in den Parteigruppen noch zwei Versammlungen durchzuführen mit folgender Themenstellung:

1. Proletarischer Internationalismus und Kampf gegen den deutschen Militarismus.
2. Feste Verbindung der Partei zu den Massen – Voraussetzung für die friedliche, demokratische Wiedervereinigung Deutschlands.
Zur Vorbereitung beider Versammlungen wird von der Parteileitung eine Materialzusammenstellung ausgearbeitet und mit den Parteiorganisatoren seminaristisch beraten.
Verantwortlich: Gossweiler
Termin für Thema 1: 1. April 1957
Termin für Thema 2: 8. April 1957.

April *II. Material zur Durchführung der Versammlung über „Proletarischer Internationalismus und Kampf gegen den deutschen Militarismus"*

Alfred Neumann vor dem Großberliner Parteiaktiv: (Neues Deutschland vom 14.3.57)
„Genosse Alfred Neumann ging sodann auf die Meinung einiger Genossen im Frühjahr 1956 ein, die an Stelle der Vereinigung unserer Kräfte im Kampf um den Sozialismus und gegen den Imperialismus den Blick nach hinten richten und eine Fehlerdiskussion beginnen wollten. Heute sehen wir, daß gerade diese Parteiorganisationen in der Lösung der konkreten Aufgaben, die die 3. Parteikonferenz gestellt hat, zurückgeblieben sind." ...
„Es kommt jetzt darauf an, aus bestimmten Fehlern Schlußfolgerungen zu ziehen und sich zu überlegen, wie man den Gegner besser schlagen kann." ...
„Gen. Neumann forderte die Genossen der Berliner Parteiorganisation auf, zur ideologischen Offensive überzugehen. Das ZK gab das ideologische Rüstzeug, damit wir diese Offensive beginnen können."

Genosse Fred Oelßner auf dem 31. Plenum:
„Wir müssen von unserer parteigenössischen Intelligenz in den großen Fragen des Klassenkampfes eine klare und eindeutige Position verlangen."

Der Lösung der hier gestellten Aufgabe sollen die kommenden Mitgliederversammlungen dienen.
Um dabei Erfolg zu haben, muß im Mittelpunkt dieser Versammlungen die kameradschaftliche, aber prinzipielle Auseinandersetzung mit Auffassungen stehen, die tatsächlich ein Nachgeben gegenüber dem Druck der feindlichen ideologischen Offensive darstellten.
Dazu wird es allerdings auch notwendig sein, das bisher an verschiedensten Stellen verstreute Material über Umfang und Inhalt der ideologischen Offensive gegen den Marxismus-Leninismus den Genossen konzentriert darzubieten.

Ausgangspunkt:
Gegenwärtig ist in der internationalen Arbeiterbewegung ein hartnäckiger und entschiedener Kampf zur Verteidigung der Prinzipien des Marxismus-Leninismus im Gange gegen Angriffe, denen diese Prinzipien vor allem von Seiten gewisser jugoslawischer Führer, aber auch polnischer Journalisten und Politiker ausgesetzt sind.
Dabei stehen die Prinzipien des proletarischen Internationalismus und die Einheit des sozialistischen Lagers und der kommunistischen Weltbewegung im Mittelpunkt der Auseinandersetzung.

Frage I:
Sind die Prinzipien des proletarischen Internationalismus und die Einheit des sozialistischen Lagers heute von geringerer Bedeutung als in früheren Zeiten?

Frage II:
Worin kommen die Angriffe auf die Grundsätze des proletarischen Internationalismus und die Einheit des sozialistischen Lagers und der kommunistischen Weltbewegung zum Ausdruck?

Frage III:
Welche Erscheinungen der Abweichung und des Abrutschens von den Positionen des proletarischen Internationalismus gab es bei uns?

Frage IV:
Welche Erfolge wurden im internationalen und nationa-

len Maßstab bei der Abwehr der Angriffe auf den proletarischen Internationalismus und die Einheit des sozialistischen Lagers und der kommunistischen Weltbewegung erzielt?
Welche Rolle spielte dabei die Sozialistische Einheitspartei Deutschlands?

Zu Frage I ist herauszuarbeiten:
Die große Losung des Kommunistischen Manifestes: Proletarier aller Länder, vereinigt euch! ist heute so lebendig und gültig wie eh und je.

1. Die Imperialisten haben ihre Absicht der Liquidierung der Arbeiter- und Bauernmacht in den Volksdemokratien und der SU nicht aufgegeben, trotz aller Erfolge der Entspannungspolitik 1956. Sie haben im Gegenteil zu gleicher Zeit, da sie gezwungen waren, auf diplomatischer Ebene Zugeständnisse an den Friedenswillen der Völker zu machen, ihre Anstrengungen zur Unterminierung dieser Länder vervielfacht.
Ihre schon seit Jahren dabei verfolgte Taktik ist die der „Aufweichung", der Loslösung der Volksdemokratien von der Sowjetunion, weil sie sich nur auf diese Weise überhaupt noch eine Erfolgschance ausrechnen können.
Die Ereignisse des vorigen Herbstes waren in *erster Linie* der Versuch der Durchführung dieses lange gehegten und vorbereiteten imperialistischen Planes, der gefährlichste Vorstoß der Imperialisten seit dem Ende des II. Weltkrieges.
Weitere Tatsachen zur Illustration der realen Gefahr der imperialistischen Aggression:
NATO-Rüstung, Ausbau der US-Stützpunkte rings um das sozialistische Lager, Eisenhower-Doktrin, Weigerung, die Atomwaffen zu verbieten und Atomwaffen-Experimente einzustellen.
Vor allem aber die Wiederbewaffnung des aggressiven deutschen Militarismus.

2. Die Zusammenarbeit der sozialistischen Länder und der kommunistischen Parteien entspricht aber nicht nur der gemeinsamen Bedrohung durch den Imperialismus,

sondern dem Wesen der Arbeiter- und Bauernmacht, den Interessen der Arbeiterklasse in allen Ländern.

3. Die Sowjetunion ist auf Grund der historischen Entwicklung das mächtigste und entwickeltste sozialistische Land, das Zentrum des sozialistischen Lagers; die KPdSU aus den gleichen Ursachen die führende Partei in der Familie der Kommunistischen und Arbeiterparteien. Deshalb ist nach wie vor die Stellung zur SU, die bedingungslose Bereitschaft zur Verteidigung der Sowjetunion gegen jeglichen Angriff, gleichgültig ob militärisch, politisch oder „ideologisch", der Prüfstein für die Echtheit des Wollens und Strebens jedes Kommunisten. Alles in einem: Einheit des sozialistischen Lagers und der Kommunistischen Weltbewegung heute wichtiger denn je.
Wer durch Wort oder Tat diese Einheit gefährdet, hilft, ob er will oder nicht, den Imperialisten, leistet ihren verbrecherischen Plänen Vorschub.

Zur Frage II:
„Theoretische" Angriffe:

1. Revisionistische Verfälschung der Leninschen Forderung der Beachtung der nationalen Besonderheiten beim Aufbau des Sozialismus, Deutung der Feststellung des XX. Parteitages über den besonderen Weg jedes Landes zum Sozialismus im Sinne der Leugnung der Allgemeingültigkeit der grundlegenden Erfahrungen des sozialistischen Aufbaus in der Sowjetunion. (S. Rumjanzew-Artikel, Einheit Nr.- 1, Januar 1957)

2. Leugnung der Existenz zweier Lager, statt dessen Behauptung, es gebe nur zwei einander entgegengesetzte Militärblöcke, die beide gleich verwerflich seien, wobei der Hauptangriff auf den Warschauer Pakt gerichtet wird. (S. Presse der SU, 31/1957: Gegen die Verzerrung des Prinzips der friedlichen Koexistenz)

3. Theorie von den „sozialistischen Kräften", die überall auf dem Vormarsch seien, woraus abgeleitet wird, daß sich heute alle Länder zum Sozialismus entwickeln, nur verschieden weit von ihm entfernt seien.

4. Leugnung der Aggressivität der imperialistischen Staaten, Leugnung der realen Gefahr, die den sozialistischen Staaten von den imperialistischen Staaten droht.

5. Gleichsetzung der Beziehungen der sozialistischen Staaten untereinander mit den Beziehungen dieser Staaten zu den kapitalistischen Staaten. Forderung, die Grundlage der Beziehungen der sozialistischen Staaten untereinander müßten die Prinzipien der friedlichen Koexistenz sein. (S. auch: Leitartikel „Einheit“ 3/1957; H. Matern: „Einheit“ 3/1957, S. 278-382)

Praktische Verstöße gegen die Prinzipien des proletarischen Internationalismus und Verletzungen der Einheit des sozialistischen Lagers und der kommunistischen Weltbewegung:

1. Verbleiben Jugoslawiens im imperialistischen Balkan-Pakt auch nach der Aussöhnung mit der SU und den Volksdemokratien und trotz der Beteuerungen jugoslawischer Staatsmänner, daß sie Gegner jeglicher Militärblöcke seien. (S. Presse der SU, Nr. 31/57, a.a.O.)

2. Entfachung von Zwist innerhalb der kommunistischen Parteien und zwischen ihnen durch Proklamierung des Kampfes „gegen den Stalinismus“ und gegen die „stalinistischen Führer“.
Genosse Guyot auf dem ZK-Plenum der KPF am 20. November 1956:
„Tito maßt sich das Recht an, sich in das innere Leben der Parteien einzumischen. ... Die ‚Politika‘ in Belgrad setzte den Punkt auf's ‚i‘ und bezeichnete die Parteien Frankreichs, Albaniens, Bulgariens, Rumäniens, der Tschecholsowakei und obendrein die ‚Prawda‘, das Zentralorgan der KPdSU, als ‚konservative Stalinisten‘. Das alles ist ein ziemlich übles Geschäft, betrieben in einem besonders schwierigen Augenblick des Klassenkampfes auf internationaler Ebene.“ (Aus der int. Arb. Beweg., Heft 10/1956)

3. Unterstützung der verräterischen konterrevolutionären Machenschaften Imre Nagys:

Bulganin auf der sowjetisch-ungarischen Freundschaftskundgebung (ND v. 29.3.57):
„Es ist allen bekannt, daß Imre Nagy und seine Gruppe praktisch von jugoslawischen Persönlichkeiten unterstützt wurden. Diese Unterstützung gab Nagy neue Hoffnung und stachelte ihn auf. Und es ist kein Zufall, daß Imre Nagy und seine Gruppe im Augenblick der Niederschlagung der Konterrevolution in Budapest in der jugoslawischen Botschaft Zuflucht fanden."

4. Verleumdung der Niederschlagung der Konterrevolution mit Hilfe sowjetischer Truppen als „Intervention" und Einmischung in die inneren Angelegenheiten Ungarns.
Obwohl die Sowjetregierung bei allen Regierungen der Volksdemokratien und auch bei der jugoslawischen Regierung angefragt hatte, ob sie mit einem Eingreifen der Sowjettruppen zur Niederschlagung der Konterrevolution einverstanden seien, und von *allen* eine zustimmende Antwort erhalten hatte, gab Tito in der Pula-Rede folgende zweideutige Einschätzung dazu:
„Wir haben es gesagt und werden es immer sagen, daß wir gegen eine Einmischung und gegen den Einsatz einer fremden (!) Militärmacht sind. Was ist aber das kleinere Übel? (!) Entweder das Chaos, der Bürgerkrieg, die Gegenrevolution und ein neuer Weltkrieg – oder das Eingreifen der Sowjettruppen, die dort standen? Das eine ist eine Katastrophe, das andere war ein Fehler." !!!
Und weiter:
„Selbstverständlich kann ich jetzt nur sagen, daß das erste das Schlimmste ist, was geschehen konnte, daß aber dieses andere, die Intervention (!) der Sowjettruppen auch schlecht ist."

5. Unterstützung der geschlagenen Konterrevolution:
Offizielle jugoslawische Protestnoten wegen Imre Nagys Ausreise nach Rumänien statt nach Jugoslawien. (24. Nov. und 6. Dez.)
Kardelj, stellv. Vorsitzender des jugoslawischen Bundesexekutivrates, hielt am 7. Dezember 1956 eine Rede, in der er gegen die Auflösung der konterrevolutionären ter-

ritorialen Arbeiterräte in Ungarn Stellung nimmt und den ungarischen Genossen empfiehlt, sie sollten die fruchtlosen Bemühungen zur Wiederherstellung der Partei einstellen und statt dessen die Macht den Arbeiterräten übergeben. (S. Rumjanzew-Artikel)

6. Verleumdung der Politik der Sowjetunion gegenüber den Ländern der Volksdemokratie als Politik der Bevormundung, Einmischung und Unterwerfung unter die egoistischen Interessen der SU.
In der Pula-Rede erklärte Tito, die SU habe sich in den Ländern der Volksdemokratie „als Papst aufgespielt". Er sagt ferner, die Erklärung von Belgrad und Moskau hätte nach Ansicht der Jugoslawen „eigentlich Bedeutung auch für die Beziehungen zwischen allen sozialistischen Ländern haben" müssen. Aber die sowjetischen Führer hätten gesagt:
„Nun gut, wenn die Jugoslawen so hartnäckig sind, dann werden wir diese Erklärungen achten und durchführen, aber die anderen gehen sie nichts an, denn dort ist immerhin die Lage etwas anders als in Jugoslawien."
„... Die Jugoslawen haben ihren Wert erwiesen. ... Sie sind also etwas anderes als ihr in den Ostländern, in denen wir euch an die Macht gebracht haben."

7. Proklamierung des „jugoslawischen Weges zum Sozialismus" als des für alle anderen obligatorischen Weges.
Tito in der Pula-Rede:
„Wir werden gemeinsam mit den polnischen Genossen gegen solche Tendenzen kämpfen müssen, die in verschiedenen anderen Parteien auftreten, sowohl in östlichen Ländern als auch im Westen. Es geht jetzt darum, ob in den kommunistischen Parteien der ‚neue Kurs' siegen wird, der seinen Ursprung in Jugoslawien hat." (ND v. 14.12. 1956)

8. Versuche, in Albanien durch Entsendung von Agenten und bewaffneten Trupps die Partei- und Staatsführung zu stürzen.
Enver Hoxha auf dem ZK-Plenum der Partei der Arbeit Albaniens (13.-16. Febr. 1957. Aus d. int. Arb.Bew. Nr. 6/1957):

„Die Erfahrungen Albaniens in den Beziehungen mit Jugoslawien zeigen besser als die Erfahrungen jedes anderen Landes die wirkliche Einstellung der jugoslawischen Führer zum Marxismus-Leninismus, denn sie haben sich in die Angelegenheiten keines anderen Landes so unverhüllt eingemischt wie in Albanien. ...
Es ist falsch anzunehmen, daß von 1948 bis 1953 nur wir Fehler begangen hätten, wie die jugoslawischen Führer sagen; in dieser Zeit betätigten sie sich gegen unsere Republik, wobei sie sich aller Mittel bedienten und Hunderte von Diversanten und bewaffneten Gruppen in unser Land schickten. ...
Während wir bemüht waren, die Beziehungen zu verbessern, ... ist es soweit gekommen, daß jugoslawische Elemente begonnen haben, in unserem Land Agentenarbeit zu leisten, wobei sie parteifeindliche Elemente zusammenfassten und sie zu Verschwörungen aufhetzten, um die jetzige Leitung der Partei und des Staates zu stürzen und durch Elemente zu ersetzen, die die Partei und die Sache des Volkes verraten haben."

Polen:
1. Weitgehende Übernahme und Verbreitung der jugoslawischen „Theorien" durch polnische Presseorgane.
S. Hermann Axen zu Edda Werfel, ND 27.11.1956
Asisjan zu Artikel von Bibrowski über den proletarischen Internationalismus, in der Prawda, ND 28.12. 1956.

2. Bezeichnung der ungarischen Konterrevolution als „Volksrevolution" in der polnischen Presse. So schrieb z.B. die Studentenzeitung „Po prostu" über die Ereignisse in Ungarn (und andere Zeitungen, darunter die Wroclawer deutschsprachige „Arbeiterstimme" v. 12.12. druckten das nach!):
„Die Revolution in Ungarn war so stürmisch, so vielseitig. ... Sie wurde wie der Säugling von der Mutter-Kindesmörderin erdrosselt, bevor ihre ersten Knospen erblühten."

3. Behauptung, die wirtschaftlichen Schwierigkeiten Polens seien vor allem das Ergebnis der angeblichen Ausplünderung Polens durch die Sowjetunion.

Bezeichnung der polnischen Oktoberereignisse als „unsere Oktoberrevolution" (Edda Werfel!). Die wichtigste „Errungenschaft" dieser „Revolution" sei die Eroberung der nationalen Unabhängigkeit – von der Sowjetunion! (Entfernung Marschall Rokosowskis, der sowjetischen Berater u.a.)

4. Übernahme der Losung des „Kampfes gegen den Stalinismus und die Stalinisten".

5. Übernahme von Artikeln von Renegaten und Feinden des Kommunismus.
Guyot auf der KPF-ZK-Tagung:
„Wir sind auch nicht gesonnen, die Augen vor den Dingen zu verschließen, die in gewissen Warschauer Kreisen gesagt werden; aus diesen Kreisen erhalten bürgerliche Wochenschriften Artikel, die unsere Partei angreifen. Es kommt sogar vor, daß in polnischen Zeitungen Artikel nachgedruckt werden, die sich gegen unsere Partei richten, so der Artikel Rollands."
(Rolland – nicht Romain Rolland – war bekanntlich aus der KPF ausgeschlossen worden, weil er in einer antikommunistischen bürgerlichen Zeitung einen verleumderischen Hetzartikel gegen die KPF veröffentlicht hatte. Dieser Hetzartikel wurde mit zustimmenden Bemerkungen versehen in polnischen Zeitungen veröffentlicht. K.G.)
In zwei der letzten Nummern der „Nowy kultura" wurde ein langes Elaborat des Renegaten Arthur Köstler abgedruckt.
Eine solche Haltung bedeutet faktisch die Unterstützung des Kampfes solcher Feinde und Verräter gegen die Bruderparteien!
Solche bedauerlichen Erscheinungen waren der Anlaß für Wolfgang Harich und seine Gruppe, mit dem Gedanken zu spielen, ihre Wühlarbeit von Polen aus weiterzuführen.

6. Auftreten polnischer Journalisten und Sejm-Abgeordneter im westdeutschen Fernseh- und Hörfunk bei Veranstaltungen, die gegen die SU, die DDR und unsere Partei gerichtet sind; dabei wurden Erklärungen abgege-

ben, die eine Leugnung der revanchistischen Gefahr von Seiten des deutschen Militarismus bedeuten. (S. ND v. 27.3.1957: „Der Fetisch der ‚Welt'")

Zur Frage III:
Hier sollen die Genossen ihre Haltung vor allem zu folgenden Fragen überprüfen:
1. Stellung zu den Ereignissen in Ungarn.
2. Stellung zur Sowjetunion in den kritischen Tagen und Wochen.
3. Stellung zur Losung des „Kampfes gegen die Stalinisten", besonders, soweit damit die Führung unserer Partei gemeint war.

Zur Frage IV:
Schon jetzt ist völlig offenbar, daß der Feind nicht nur militärisch geschlagen wurde, sondern daß auch seine ideologische Offensive schmählich gescheitert ist.
Die Angriffe gegen die Einheit des sozialistischen Lagers haben alle gesunden Kräfte auf den Plan gerufen, mit dem Ergebnis, daß diese Einheit, statt zerstört zu werden, noch fester wurde. Seit langem hat es schon keine so große, umfassende und tiefgehende Bewegung zum noch engeren Zusammenschluß der Kommunistischen und Arbeiterparteien gegeben wie jetzt.

Die wichtigsten Ereignisse dieses Prozesses waren:
– die Budapester Konferenz von fünf kommunistischen und Arbeiterparteien vom 1.-4. Januar 1957;
– die Reise des Ministerpräsidenten der Chinesischen Volksrepublik Tschou En-lai, sein Besuch in Moskau, Polen, Ungarn;
– ferner die vielen zweiseitigen Kontakte zwischen den Kommunistischen und Arbeiterparteien in der letzten Zeit, die alle die Gemeinsamkeit des Zieles und der Grundlage, des Marxismus-Leninismus, unterstrichen und den sogenannten „Nationalkommunismus" verurteilten, und die Rolle der KPdSU als der führenden Kraft in der Familie der kommunistischen Parteien unterstrichen;
– ferner die Parteitage der verschiedenen Kommunisti-

schen Parteien (USA, Dänemark usw.), die zur Überwindung aufgetretener Schwankungen führten.

Unsere Partei hat von Anfang an ohne Schwanken das Banner des proletarischen Internationalismus hochgehalten, und das, obwohl unsere Aufgabe besonders kompliziert war:
Auf uns richtete der Gegner mit das massierteste Trommelfeuer. Gleichzeitig spekulierte er darauf, zwischen den sozialistischen Ländern Hader und gegenseitige Beschuldigungen entfachen zu können, besonders zwischen Volkspolen und uns.
Leider fanden sich in Polen Leute, die bewußt oder unbewußt diesen Spekulationen Vorschub leisteten, in der Presse und anderswo Angriffe gegen unsere Partei- und Staatsführung starteten.
Zu gleicher Zeit machte uns die Nichteinhaltung der polnischen Handelsverpflichtungen schwer zu schaffen.
In dieser Situation bestand unsere internationalistische Pflicht darin, nicht zuzulassen, daß durch die Ereignisse in Polen bei uns eine nationalistische, revanchistische antipolnische Stimmung wieder Auftrieb erlangte. Unsere Partei hat diese Pflicht mit größter Gewissenhaftigkeit erfüllt, hat lieber „Informationsdiskussionen" in Kauf genommen, hat in Kauf genommen, daß vorübergehend die eigenen Mitglieder die Haltung der Parteiführung nicht völlig verstanden, als daß sie nationalistischer und antipolnischer Stimmungsmache Raum gegeben hätte, was zweifellos der Fall gewesen wäre, wenn über all die Schwierigkeiten informiert worden wäre, die uns durch bestimmte Tatsachen in Polen bereitet wurden.
Der Nationalismus gehört zu den gefährlichsten und heimtückischsten Feinden der Arbeiterbewegung. Eine Parteiführung und eine Partei, die ihm in jeder Situation erfolgreich widersteht, eine solche Partei hat die schwierigste Prüfung bestanden.

Die wichtigste Lehre der letzten Monate:
Die Einheit der Partei, die Einheit des sozialistischen Lagers und aller Kommunistischen und Arbeiterpartei-

en auf der Grundlage des Marxismus-Leninismus festigen ist die wichtigste Aufgabe und die erste Gewähr für das Scheitern aller Pläne der Imperialisten auch in Zukunft.

April *III. Material zur Durchführung der Versammlung über „Feste Verbindung zu den Massen – Voraussetzung für die friedliche, demokratische Wiedervereinigung Deutschlands"*

Vorbemerkung: Auch dieses Material ist kein Seminarplan, sondern Unterstützung und Anregung für die Durchführung der Versammlung. Dazu wird vorgeschlagen, die zu behandelnden Probleme um folgende Fragen zu gruppieren:

I. Welche neuen Aufgaben stellt der XX. Parteitag der KPdSU zur Festigung der Verbindung der Kommunistischen und Arbeiterparteien mit den Massen?

II. Welche Schlußfolgerungen zog die Führung unserer Partei aus dem XX. Parteitag?

III. Welche revisionistischen und opportunistischen Schlußfolgerungen wurden von verschiedenen Genossen aus dem XX. Parteitag gezogen?
1. In der Frage der Rolle der Partei im System der Diktatur des Proletariats.
2. In der Frage der Wege zur Demokratisierung des öffentlichen Lebens und der noch rascheren Gewinnung der Massen für die Politik der Partei.
3. In der Frage des Kampfes gegen den Bürokratismus und der Dezentralisierung der Wirtschaftsleitung.
4. In der Frage der Landwirtschaftspolitik, insbesondere der Politik in Bezug auf den sozialistischen Sektor der Landwirtschaft.

IV. Welche Auswirkungen hätte eine andere Politik der Partei als die von der Parteiführung verfolgte auf den Kampf um die Wiedervereinigung Deutschlands gehabt? Welche realen Erfolge wurden durch die Politik der Partei und Regierung seit dem XX. Parteitag erzielt? Welche Aufgaben und Schlußfolgerungen ergaben sich für uns?

Zu I.: Der XX. Parteitag – ein großer Impuls für die Orientierung der Kommunistischen und Arbeiterparteien und jedes einzelnen Kommunisten auf die noch engere Verwurzelung der Partei in den Massen.
Noch entschieden verstärkt durch den VIII. Parteitag der KP Chinas und dessen Erläuterung der „Linie der Massen". Durch den XX. Parteitag sehr stark unterstrichen die Überwindung von Fehlern der Vergangenheit, insbesondere des Personenkults, des Dogmatismus, des Bürokratismus und der Verletzung der sozialistischen Gesetzlichkeit als der Haupthindernisse für die noch raschere Entfaltung der größtmöglichen schöpferischen Masseninitiative und der Herstellung der engsten Verbundenheit zwischen Partei und Volksmassen.

Zu II.: Welche Schlußfolgerung zog die Führung unserer Partei aus dem XX. Parteitag?
1. Keine „sensationellen", überstürzten und dramatischen Folgerungen, sondern
2. feste Orientierung der Mitglieder der Partei und der gesamten Bevölkerung darauf, daß nach wie vor das Gesicht dem Feinde, dem deutschen Imperialismus und Militarismus zugewandt bleiben muß, daß wir ihm keine Atempause gönnen dürfen.
3. Kampf gegen Stimmung des Defätismus und des Zweifels in die grundsätzliche Richtigkeit des zurückgelegten Weges, wie sie bereits durch die Erklärung über Stalin und verstärkt durch die Ereignisse in Ungarn bei einem Teil der Genossen ausgelöst wurden.
4. Hauptgewicht nicht auf „Abrechnung mit der Vergangenheit", sondern auf Überwindung der Fehler und ihrer Folgen durch Entwicklung und Verwirklichung eines positiven, auf lange Sicht berechneten Programms der beschleunigten Vorwärtsbewegung auf ökonomischem, politischem und ideologischem Gebiet und der verstärkten Offensive gegen den Todfeind des deutschen Volkes, den deutschen Militarismus.
5. Als Hilfe für die Durchführung der Versammlung hier

eine knappe Aufzählung der wichtigsten Etappen und Maßnahmen dieses Programms bis heute:

a) 3. Parteikonferenz: Entwickelte ein großes Programm des wirtschaftlichen Aufstiegs, des technischen Fortschritts und der Verbesserung der Lebenshaltung der Werktätigen, sowie der Vertiefung und Erweiterung der sozialistischen Demokratie.

Die 3. Parteikonferenz antwortete ferner auf die Fragen der Wiedervereinigung und der Perspektive Deutschlands und auf Fragen der Herbeiführung eines neuen Verhältnisses zur Sozialdemokratie.

Allerdings: Auf der 3. Parteikonferenz „ist es noch nicht gelungen, alle Schlußfolgerungen aus dem XX. Parteitag zu ziehen". (W. Ulbricht auf dem 28. Plenum des ZK der SED)

„Wir haben zu Beginn der Berichterstattung über den XX. Parteitag manche Fragen in ihrer Wirkung nicht voll übersehen können und nicht immer eine befriedigende Antwort gegeben." (ebenda)

b) Der Monat Juni brachte: 17. Preissenkung; Entlassung von 15 756 Strafgefangenen; Erleichterungen im Eisenbahn- und Kraftverkehr von und nach Berlin sowie an den Grenzübergängen; Herabsetzung der Stärke der Volksarmee um 30 000 Mann auf 90 000.

c) 7. Juli: Brief des ZK der SED an Erich Ollenhauer und den Münchener SPD-Parteitag, Initiative zur Herstellung der Aktionseinheit.

d) Juli: Verhandlungen DDR-SU; bedeutende wirtschaftliche und politische Stärkung der DDR, Festigung ihrer internationalen Positionen.

e) Ende Juli: 28. Plenum. Zwischenbilanz über die bisher erreichten Erfolge in der Auswertung des XX. Parteitages sowie aus der bisherigen Diskussion in der Partei. Konkretisierung der Aufgabenstellung der 3. Parteikonferenz.

Besondere Unterstreichung der Verstärkung und Verbesserung der ideologischen Arbeit, zur Überwindung des Dogmatismus, aber auch bereits sichtbar gewordener revisionistischer Auffassungen. Beschluß über „die näch-

sten ideologischen Aufgaben der Partei". Darin auch spezielle Aufgabenstellung für die Geschichtswissenschaft. Beschluß, 50 000 Arbeiter aus der Produktion für die Partei zu gewinnen.
f) *29. und 30. August:* 14. und 15. Volkskammertagung. Erklärung der Verständigungsbereitschaft. Formulierung der Bedingungen zur Wiedervereinigung nach Einführung der Wehrpflicht und KPD-Verbot in Westdeutschland. Beratung der Gesetze zur weiteren Demokratisierung.
g) 1. Oktober: Abschaffung der Ortsklassen C und D.
h) 2. und 3. November: 16. und 17. Volkskammertagung. Unterstreichung der unerschütterlichen Festigkeit der DDR und der unbeirrbaren Fortführung ihrer auf die Einheit Deutschlands und den Aufbau des Sozialismus gerichteten Politik. Abfuhr für alle „Aufweichungsversuche". Losung: Sichert den Frieden im Inneren und nach außen.
i) 16. November: 18. Volkskammertagung beschließt Rentenerhöhung ab 1. Dezember.
j) 28. November: 29. ZK-Plenum; das 29. Plenum gibt der Partei und der Bevölkerung die richtige Orientierung inmitten des verwirrenden feindlichen Trommelfeuers, deckt die Absichten und Hintergründe der feindlichen ideologischen Offensive auf, ruft zur Verstärkung der Wachsamkeit, warnt vor Entartungserscheinungen, verteidigt die Prinzipien des Marxismus-Leninismus, gibt Antwort auf einige Fragen von Genossen.
Feststellung: „Es gibt Situationen, wo die Parteimitglieder und auch gute Kräfte der Arbeiterklasse nicht sofort die Entscheidungen der Parteiführung verstehen. Die politische Lage fordert ein Höchstmaß an Vertrauen für unsere Partei und ihre Führung.
Jetzt reift ein neues, tiefes Verständnis für unsere damalige richtige Linie und Schlußfolgerung aus den Lehren des XX. Parteitages heran."
k) 7. und 8. Dezember: Arbeiterkonferenz zur Beratung der Erweiterung der Arbeiterrechte in den Betrieben.
l) 1. Januar 1957: Die vom 28. Plenum vorgeschlagenen Maßnahmen zur Festigung der LPG und zur Steigerung

der Produktion aller Bauernwirtschaften treten in Kraft. Völlige Schulgeldfreiheit für Mittel- und Oberschulen.
m) 17. und 18. Januar: 20. und 21. Volkskammertagung. Annahme der Gesetze zur weiteren Demokratisierung sowie über Einführung der 45-Stunden-Woche.
n) 30. Januar und 1. Februar 1957: 30. ZK-Plenum. Entwickelt Programm zur Wiedervereinigung Deutschlands mit nachdrücklicher Klarstellung der Voraussetzungen für die friedliche Wiedervereinigung.
Behandlung der ökonomischen Probleme und Schwierigkeiten der Republik in bisher noch nie dagewesener Offenheit. Erläuterung der Beschlüsse der 30. Tagung durch die führenden Mitglieder von Partei und Regierung vor den Arbeitern der wichtigsten Betriebe der Republik.
o) *Januar:* Deutsch-sowjetische und deutsch-chinesische Verhandlungen in Moskau. Weitere Festigung der internationalen Position der DDR.
p) *26. und 28. Februar:* 5. LPG-Konferenz. Zurückweisung aller revisionistischen, konterrevolutionären Versuche zur Auflösung der LPG und MTS. Entfaltung eines großen Programms zur weiteren Festigung der sozialistischen Entwicklung der Landwirtschaft.
q) *Anfang März:* 5. Deutscher Bauerntag.
r) *Ende März:* 31. ZK-Plenum. Vorschlag zur Durchführung von Gemeinde- und Kommunalwahlen am 23. Juni des Jahres.
Fazit: Eine klare, zielsichere, auf richtiger Anwendung des Marxismus-Leninismus beruhende Linie, eine Linie, die die immer engere Verbindung der Partei mit den Massen zum Ziel und als Ergebnis hat.

Zu III. (Revisionistische und opportunistische Schlußfolgerungen aus dem XX. Parteitag)
1. Angriffe auf die führende und leitende Rolle der Partei, auf das Prinzip des demokratischen Zentralismus innerhalb der Partei.
a) Stimmungen der Feindschaft gegen den „Apparat", gegen die marxistisch-leninistische Parteiführung. Kam zum Ausdruck in Diskussionen über die „Notwendigkeit" personeller Veränderungen in der Parteiführung.

b) Forderungen nach größerer „Freiheit und Selbständigkeit“ der Grundorganisationen; falsche, liberale Auffassungen der Feststellung des VIII. Parteitages der KP Chinas über das Recht des Mitgliedes, auf seiner „Meinung“ so lange zu beharren, wie er von deren Unrichtigkeit nicht überzeugt wurde, im Sinne des Rechtes zur Propagierung seiner abweichenden Meinung auch nach ihrer Ablehnung durch die Mehrheit.
c) Auffassungen, die Partei habe sich nicht in Angelegenheiten der Kultur und Wissenschaft einzumischen, Beschlüsse der Partei zu Fragen der Kunst, Literatur oder der Naturwissenschaften seien Ausdruck des Dogmatismus bzw. kennzeichnend für „Stalinismus“ usw.
Die Partei hat diese Auffassungen entschieden zurückgewiesen und die leninschen Grundsätze der Parteilichkeit verteidigt unter Vermeidung der früher begangenen dogmatischen Fehler: siehe Beratung des Politbüros mit Genossen Schriftstellern, Auseinandersetzung auf der Delegiertenkonferenz des Schriftstellerverbandes im Januar 1957 usw.
d) Auffassungen bei einigen Wirtschaftswissenschaftlern, die ökonomische Entwicklung dem spontanen Wirken der ökonomischen Gesetze zu überlassen (darüber ausführlich unter III/3).
e) An der Universität Tendenzen zur Beseitigung der führenden Rolle der Partei gegenüber der FDJ, Ablehnung des Grundsatzes des einheitlichen, organisierten Auftretens der Genossen FDJler innerhalb der FDJ.
f) All diese Tendenzen und Auffassungen hervorgerufen bzw. bestärkt vor allem durch jugoslawische, z.T. auch polnische „Vorbilder“.
Die jugoslawischen Führer halten die marxistisch-leninistische Partei für überflüssig, ja schädlich. Nach Meinung Kardeljs war die Neugründung der Partei der Arbeiterklasse in Ungarn falsch, wenn nicht sogar reaktionär. Er versichert, daß die führende Rolle der Partei unvereinbar sei mit der tatsächlich entscheidenden Rolle der Massen der Produzenten (Rumjanzew, S. 10).
„In Wirklichkeit läuft die Logik des Geredes Kardeljs

darauf hinaus, die führende Rolle der Partei der Arbeiterklasse in ein Nichts zu verwandeln." (ebenda, S. 11)
In der gleichen Richtung liegen die Angriffe jugoslawischer Führer sowie jugoslawischer und polnischer Zeitungen auf Führer kommunistischer Parteien, die sich durch entschlossene Verteidigung des Marxismus-Leninismus gegen jegliche Angriffe auszeichnen, wie Thorez, Togliatti, Ulbricht, Zapotocki, Enver Hodscha u.a. als „konservative Stalinisten".
Aber hier wurde nur etwas offenkundig, was schon vorher da war, wenn auch verschleiert. Der jugoslawische „Bund der Kommunisten" ist nach Prinzipien aufgebaut, die zum Marxismus-Leninismus in schroffstem Widerspruch stehen.
So wurden auf dem VI. Parteitag 1952 in Zagreb Leitsätze beschlossen, die besagen, daß „der Bund der Kommunisten kein unmittelbar operativer Führer ist. ... Der Bund der Kommunisten Jugoslawiens wirkt und erstrebt die Annahme seiner Linie durch seine Politik, durch seine ideologische Einwirkung und in erster Linie durch Überzeugung." (Für dauerhaften Frieden ... 10/1956)
Mit welchem „Erfolg" der „Bund" die Annahme seiner „Linie" erstrebt, zeigt folgende Feststellung Kardeljs in einer Rede am 29. Februar 1956: (Für dauerhaften Frieden ... 10/1956) „So befindet sich gegenwärtig bei uns eine bedeutende Anzahl von Traktoren und anderen landwirtschaftlichen Großmaschinen in Privatbesitz. Das gibt einzelnen Leuten die Möglichkeit, sich auf Kosten der gesellschaftlichen Arbeit zu bereichern. *Wir haben wiederholt diese Praxis grundsätzlich verurteilt, aber die Traktoren gelangen nach wie vor in die Hände von Privatproduzenten."* (Hervorhebung durch mich)
Es gehört zum ABC des Marxismus, daß von der Diktatur des Proletariats nur dort die Rede sein kann, wo die marxistisch-leninistische Partei der Arbeiterklasse sich an der Macht befindet und gewährleistet, daß die von ihr für notwendig erkannten Maßnahmen mit Hilfe des Staatsapparates in die Wirklichkeit umgesetzt werden. Aber eben ein solches System des Verhältnisses von Par-

tei und Staat wird von den jugoslawischen Führern als „Stalinismus" verdammt.
Bei der Behandlung dieser ersten Frage muß der grundsätzliche Standpunkt des Marxismus-Leninismus herausgearbeitet werden. Die notwendigen Hinweise sind in den Materialien des 30. Plenums, bei Rumjanzew, Winzer und Matern zu finden.
Dabei ist völlig klarzustellen, weshalb jeder Angriff auf die allseitig führende Rolle der Partei ein Angriff auf die Diktatur des Proletariats ist.

Zu III/2: Revisionistische Auffassung des Begriffs der Demokratie und der Gewinnung der Massen, d.h. opportunistisches Herangehen an die Frage der Diktatur des Proletariats.
a) Bestrebungen und Tendenzen, größere Zustimmung als bisher dadurch zu erreichen, daß wir mehr über unsere Fehler und weniger über unsere Verdienste und Erfolge sprechen, Tendenzen (z.B. an unseren Wandzeitungen), nicht immer unser politisches Gesicht offen zu zeigen, um die Andersdenkenden „nicht abzuschrecken".
Forderung nach Meinungs- und insbesondere Pressefreiheit für alle Werktätigen, auch dann, wenn sie falsche oder gar feindliche Auffassungen zum Ausdruck bringen. Umsetzung dieser Forderung in die Praxis unter anderem auch an den Wandzeitungen der Partei und der FDJ in der Universität.
Unkritische Übernahme der Losung: „Die Partei soll die Politik machen, die das Volk will", die im Wahlaufruf der nationalen Einheitsfront Polens zu den Sejm-Wahlen geprägt wurde. In dieser Formulierung ist die opportunistisch-sozialdemokratische, die Partei zur Wahlkampforganisation degradierende Fragestellung ganz offenkundig: Die Partei soll nicht fragen, welche Politik liegt im Interesse des Volkes, im Interesse der Werktätigen, sondern, welche Politik wollt ihr!
Da aber „das Volk" in der Übergangsperiode noch aus verschiedenen Klassen und Schichten mit den verschiedensten, aus dem Kapitalismus noch übernommenen Vorstellungen darüber besteht, was für sie gut ist, kann das Bestreben, all diesem Wollen entgegenzukommen,

nur zur Demagogie, zum Volksbetrug, zur Anpassung an rückständige Auffassungen, zu unerfüllbaren Versprechungen im Interesse des Stimmenfangs führen, kurz, zu einer solchen Politik, wie sie die sozialdemokratischen Parteien auszeichnet.
Die Partei würde damit aufhören, sich in ihrer Politik von den Grundsätzen des Marxismus-Leninismus, von der wissenschaftlichen Einsicht in die objektiven Notwendigkeiten leiten zu lassen. Die Forderung nach der Politik, die das Volk will, stellt also die marxistisch-leninistische Auffassung vom Verhältnis Partei und Masse, Bewußtheit und Spontaneität, auf den Kopf.
b) Darstellung der Verteidigung der Grundsätze der Diktatur des Proletariats und der Zurückweisung der Forderung nach Liberalisierung als „Stalinismus" und Ausdruck mangelnden Vertrauens zu den Volksmassen (Kardelj).
c) Abgleiten im Kampf gegen den Bürokratismus auf halbanarchistische Positionen einer feindseligen Haltung gegenüber dem Staatsapparat der Arbeiter- und Bauernmacht überhaupt. Vergessen, daß dieser Staat mit all seinen Schwächen und Mängeln unser Staat ist und daß die Kritik an ihm Kritik an uns selbst bedeutet, daß es gilt, ihn gegen alle Angriffe zu verteidigen.
d) In besonderem Maße gilt das für die Haltung mancher Genossen gegenüber den Sicherheitsorganen unserer Arbeiter- und Bauernmacht. Die Feststellung von Verletzungen der sozialistischen Gesetzlichkeit in der Vergangenheit wurde von offenen und getarnten Feinden dazu benutzt, verleumderische Angriffe gegen die Sicherheitsorgane überhaupt zu starten, die Wachsamkeit einzuschläfern, die Gefahr der Agententätigkeit zu bagatellisieren oder gar als Erfindung der „Stalinisten" darzustellen. Auf diese Weise gelang es, die Klassenwachsamkeit mancher Genossen abzustumpfen und sich statt dessen mit Mißtrauen gegen die eigenen Macht- und Sicherheitsorgane zu erfüllen. Das zeigte sich mit besonderer Deutlichkeit anläßlich der Verhaftung der Verschwörergruppe Harich.
Alles in allem: In der Partei standen sich zwei Auffas-

sungen über das Wesen der Demokratisierung gegenüber:
Die Parteiführung vertrat den einzig möglichen marxistisch-leninistischen Standpunkt, daß weitere Demokratisierung gleichbedeutend ist mit weiterer Festigung der Diktatur des Proletariats und ihrer Organe, indem immer mehr Werktätige auf die Position der Partei gehoben und zur aktiven Mitarbeit bei der Durchführung der Politik von Partei und Regierung herangezogen werden.
Im Gegensatz dazu verstanden manche Genossen darunter Abschwächung und Abstumpfung der Diktatur des Proletariats, Herabsteigen auf und Anpassung an die rückständigen Auffassungen von Teilen der Bevölkerung.
e) Welche Ursachen führten zur Verbreitung solcher revisionistischen und opportunistischen Auffassungen?
1. Bei zahlreichen Genossen geringe Erfahrung im Klassenkampf, daraus resultierend ungenügende Prinzipienfestigkeit.
2. Der Wunsch, Unverständnis und Ablehnung der Politik der Partei bei Teilen der Bevölkerung möglichst schnell zu überwinden.
3. Unkritische Begeisterung für bestimmte Erscheinungen, Maßnahmen und Theorien in anderen Ländern, besonders in Polen und Jugoslawien.
4. Mangelndes Vertrauen zur Führung unserer Partei.
f) Fast alle genannten Abweichungen vom Marxismus-Leninismus entsprachen „Theorien" und praktischen Maßnahmen, wie sie seit langem von jugoslawischen Führern propagiert und durchgeführt und in gewissem Maße zeitweilig auch von Genossen der polnischen Bruderpartei übernommen wurden. Manche Genossen beachten den Hinweis des Genossen Schirdewan auf dem 29. ZK-Plenum nicht: „Daher muß in der ideologischen Arbeit unserer Partei z.B. nach der Veröffentlichung von Dokumenten anderer Parteien bei uns eine eigenschöpferische, rege kritische Einschätzung dieser spezifischen Entwicklung in anderen Ländern beginnen. ... Wir müssen aber auch sagen, wenn wir es vom Standpunkt der Verteidigung des Grundsatzes des Marxismus-Leninismus

für notwendig erachten, daß wir diese oder jene theoretische Darlegung oder Idee ablehnen, oder was die Fragen des Aufbaus des Sozialismus anbelangt, daß wir sie für unsere Bedingungen nicht in Betracht ziehen würden und daß wir bei diesem oder jenem Falle, wenn wir uns zu entscheiden hätten, anders handeln würden."
Im Folgenden seien nur einige solcher Darlegungen und Maßnahmen, die auf unsere eigene Entwicklung Einfluß hätten, genannt:
1. Bestimmte Maßnahmen in Polen, z.B. Pressefreiheit für Feinde des Sozialismus, Freiheit für die Verbreitung nationalistischer, antisowjetischer Hetze. Freiheit für die Verbreitung von dem Marxismus-Leninismus feindlichen Theorien in Organen der Partei; Preisgabe der Einheit der Jugendbewegung, Durchführung des Wahlkampfes zu den Sejm-Wahlen unter Losungen, von denen einige geeignet waren, die Massen zu desorientieren (vergleiche den Wahlaufruf der Nationalen Einheitsfront Polens in „Dokumentation der Zeit", Heft 137, Spalte 49/54).
2. Bezeichnung des angeblichen „bürokratischen Systems" in der Sowjetunion und in den Volksdemokratien als „Hauptfeind des Sozialismus" durch die jugoslawischen Führer. Propagierung des Verzichts auf die Diktatur des Proletariats, Propagierung des Absterbens des Staates schon jetzt, Leugnung der Gefahr des Überfalls der imperialistischen Staaten auf das sozialistische Lager usw. (siehe Rumjanzew).

Zu III/3: Angriffe gegen die Zentrale Leitung der Volkswirtschaft, gegen den Grundsatz des demokratischen Zentralismus in der Wirtschaftsführung.
Hier geht es um die von Kardelj abgeschriebenen „Theorien" der Genossen Behrens und Benary über die „Dezentralisierung" der Wirtschaftsleitung, d.h. um die Forderung zur Preisgabe der Planwirtschaft und zur Rückkehr zur Anarchie der Produktion (vgl. dazu die Broschüre „Unsere ökonomischen Probleme und die Verbesserung der Wirtschaftsführung", das Referat des Genossen Leuschner auf der 30. ZK-Tagung sowie die Diskussionsbeiträge von Fred Oelsner und Robert Nau-

mann; ferner „Gegen die Gefahr des Abgleitens auf revisionistische Positionen in der Wirtschaftswissenschaft" in „Die Wirtschaft", Heft 4/1957 vom 24. Januar).

Bei der Behandlung dieser Fragen sollten vor allem zwei Probleme geklärt werden:

a) Zu welchen ökonomischen Ergebnissen muß das Prinzip der „Betriebsautonomie" führen und wozu hat es in Jugoslawien geführt?

Das jugoslawische System, das an die Stelle der zentralen Planung die „Betriebsautonomie" und die Steuerung der Volkswirtschaft durch „ökonomische Mittel" setzt, läßt zugegebenermaßen das spontane Wirken der ökonomischen Gesetze, besonders des Wertgesetzes, des Gesetzes der Preisbildung durch Angebot und Nachfrage sowie das der kapitalistischen Wirtschaft eigene Gesetz der Konkurrenz wieder zu.

Dieses System hat sich als völlig untauglich zum Aufbau des Sozialismus erwiesen. Dank dieses Systems klettern in Jugoslawien die Preise ebenso ständig nach oben und die Reallöhne nach unten, wie dies für kapitalistische Länder kennzeichnend ist (Zahlenangabe bei Rumjanzew, S. 24-25).

Die Lebenshaltung der Werktätigen verschlechtert sich ständig und dies trotz der Hilfe, die Jugoslawien seit 1955 wieder vom sozialistischen Lager erhält.

b) Zu welchen Ergebnissen muß das jugoslawische System der Arbeiterräte auf ideologischem Gebiet führen?

Walter Ulbricht auf der Arbeiterkonferenz im Dezember 1956 (ND vom 9.12.1956). „Schon die stürmische Zustimmung, mit der der Klassengegner, die Presse des westlichen Monopolkapitals, die Losung von der Autonomie der Betriebe aufgreift, müßte doch stutzig machen."

Das jugoslawische System der Leitung der Betriebe durch die Arbeiterräte ist im Gegensatz zu dem in der Sowjetunion und den Volksdemokratien üblichen ein System, in dem keine Übereinstimmung zwischen den Interessen der Allgemeinheit und den individuellen Interessen besteht, sondern sich beide vielmehr – wie im Kapitalismus – antagonistisch gegenüberstehen, da sich die einzelnen Betriebe nicht im sozialistischen Wettbewerb, sondern im Konkurrenzkampf miteinander befinden. Das führt zur Durchtränkung statt mit sozialistischem Denken und mit Klassenbewußtsein und dem Gefühl der Klassensolidarität – mit bürgerlich-kapitalistischem Konkurrenzneid, mit Gruppenegoismus, mit Zersplitterung und Atomisierung der Arbeiterklasse in eine Unzahl sich gegenseitig befehdender Gruppen.

Zu III/4: Landwirtschaftspolitik
Hier geht es um die von Vieweg und anderen propagierte, ebenfalls von Jugoslawien und Polen kopierte Auflösung der MTS und der angeblich „lebensunfähigen" LPG, d.h. um den Angriff auf die sozialistische Entwicklung der Landwirtschaft, auf das Bündnis der Arbeiterklasse mit den werktätigen Bauern, um die Versuche zur Erhaltung und Restaurierung des Kapitalismus in der Landwirtschaft (vgl. dazu die Diskussionsbeiträge der Genossen Heinrich Rau und Erich Mückenberger auf dem 30. ZK-Plenum, abgedruckt in der angegebenen Broschüre). Die von unserer Partei als konterrevolutionär mit aller Entschiedenheit zurückgewiesene Konzeption hat allerdings auf dem 8. Plenum des ZK der polnischen Bruderpartei die Billigung des ZK gefunden und wurde im Beschluß des 8. Plenums formuliert, wodurch die Verbreitung dieser Konzeption bei uns zunächst erleichtert wurde. In der Resolution des 8. Plenums hieß es in Bezug auf die Landwirtschaft: „Deshalb ist es ratsam:
a) allmählich die ländlichen Maschinenausleihstationen als staatliche Stellen zu beseitigen und ihre Maschinen und Ausrüstungen an Bauerngruppen, Maschinenpartnerschaften oder LPG zu verkaufen, und diesen nötigenfalls für diesen Zweck die erforderlichen Kredite zur Verfügung zu stellen." Die Zuwendungen für die MAS sollen bis zu ihrer Auflösung vermindert werden, „und für ihre Dienstleistungen ist eine Bezahlung einzuführen, die ihren Unterhaltskosten entspricht.
b) MTS in Gebieten mit vielen LPG, mit ausreichender materieller und technischer Basis sind zu erhalten. Diese sollen rentabel werden (d.h. die Tarife erhöhen).

4. Beseitigung von Verzerrungen gegenüber den bessergestellten Teilen der Mittelbauern und Kulaken.
5. Um das Besitzgefühl des Bauern zu verstärken, sind die Beschränkungen hinsichtlich des Verkaufs und des Erbrechtes für Land – darunter Land, das die Bauern im Rahmen der Bodenreform und der Ansiedlungskampagne in den westlichen Gebieten erhalten haben, aufzuheben."

Diese Linie des 8. Plenums des ZK der polnischen Bruderpartei befindet sich im Widerspruch zum Marxismus-Leninismus. Ihre Durchführung führt unvermeidlich zur Preisgabe der sozialistischen Positionen in der Landwirtschaft, zur Stärkung des Kapitalismus und zur erneuten Differenzierung im Dorfe.

Heinrich Rau auf dem 30. Plenum (a.a.O., S. 51-52): „Manche Genossen sagen ..., man solle aufhören, den ‚wirklich lebensfähigen landwirtschaftlichen Produktionsgenossenschaften ... weitere staatliche Mittel zur Verfügung zu stellen'. Meines Erachtens würde die Einhaltung einer solchen Linie der Beginn der Rückwärtsentwicklung der Genossenschaftsbewegung sein. Mit solchen und ähnlichen Parolen wurde in Polen eine weitgehende Auflösung der landwirtschaftlichen Produktionsgenossenschaften erreicht, wobei in erster Linie die leistungsfähigsten Genossenschaften auseinanderfielen. Auch in Polen wurde diese Entwicklung mit der Parole ‚gegen den Dogmatismus' eingeleitet; aber nicht der Dogmatismus, sondern die sozialistische Entwicklung in der Landwirtschaft wurde getroffen. Es geht also um eine sehr ernste Frage." (Vgl. zu dieser Frage auch den sehr instruktiven Bericht von Shukowin und Kukowez „Die Genossenschaftsidee lebt!" aus der Prawda in „Presse der Sowjetunion", Nr. 39/1957.)

Der „polnische Weg in der Landwirtschaft" löst keinerlei Schwierigkeiten, sondern schafft neue und größere. Er vertieft den Gegensatz zwischen der immer mehr sozialistischen Stadt und dem Land, auf dem nach wie vor das kleine, bzw. kapitalistische Eigentum herrschend bleibt. Er gefährdet die Entwicklung der Industrie durch die Stagnation der Leistungsfähigkeit der Landwirtschaft,

die nur überwunden werden kann durch den Übergang zur Großlandwirtschaft. Er vergrößert also die Disproportionen zwischen Industrie und Landwirtschaft.
Er führt das Land früher oder später an die Gefahr einer explosiven Lösung dieser Widersprüche heran.
Dies wurde von der polnischen Partei bereits erkannt und der Kampf gegen diese Entwicklung aufgenommen.
Im Gegensatz zu dieser Entwicklung in Polen hat unsere Partei von Anfang an eine wohlabgewogene weitsichtige Politik zur Festigung der LPG und MTS und zur Steigerung der Produktion aller landwirtschaftlichen Betriebe durchgeführt (vgl. dazu die Vorschläge des 28. Plenums des ZK und die entsprechenden Gesetze der Volkskammer).

Zu IV: Welche Auswirkungen hätte eine andere Politik der Partei als die von der Parteiführung verfolgte auf den Kampf um die Wiedervereinigung Deutschlands gehabt? Welche realen Erfolge wurden durch die Politik der Partei und Regierung seit dem XX. Parteitag erzielt? Welche Aufgaben und Schlußfolgerungen ergeben sich für uns?
a) Ein Eingehen auf die revisionistischen Bestrebungen hätte die Existenz der DDR und des Friedens aufs Spiel gesetzt, hätte die Erfolge und Errungenschaften unserer Arbeit seit 1945 in Frage gestellt.
b) Die prinzipienfeste, klare und kraftvolle Politik von Partei und Regierung hat die Einheit der Partei, die Einheit des antifaschistisch-demokratischen Blocks und der Nationalen Front bewahrt; sie hat nach Überwindung der durch die Ereignisse in Ungarn und Polen zeitweilig hervorgerufene Verwirrung das Vertrauen der Bevölkerung zu unserer Partei gefestigt und vertieft.
Sie hat die Position der DDR im Kampf um die Wiedervereinigung gestärkt und damit der Arbeiterklasse und allen fortschrittlichen Kräften in Westdeutschland in ihrem Kampf gegen das Adenauer-Regime und den deutschen Militarismus starken Rückhalt und großen Auftrieb gegeben.
c) Schlußfolgerungen:
1. Stärkung der Prinzipienfestigkeit. Dazu ist notwen-

dig, das dogmatisch-mechanische, unschöpferische Herangehen an das Studium der marxistischen Theorie zu überwinden. Wenn z.B. alle Genossen das Kommunistische Manifest, die Kritik von Marx am Gothaer Programm, Lenins „Staat und Revolution" so studiert hätten, daß sie die dort gegebenen Leitsätze nicht nur auswendig lernten, sondern sich tief in ihre Begründung hineindachten, dann hätte das Eindringen revisionistischer und opportunistischer Auffassungen bei weitem nicht das tatsächlich erreichte Ausmaß annehmen können.

2. Kampf gegen intellektuelle Überheblichkeit und Besserwisserei; ernsthaftes Studium und Eindringen in die Beschlüsse der Partei.

3. Standhafte, kämpferische Vertretung des Parteistandpunktes.

4. Festigung der Verbindung zur Arbeiterklasse, zu den Werktätigen, Überwindung der Lebensfremdheit und Abkapselung. Dafür bietet der Ferieneinsatz in der Braunkohle und in den LPG großartige Gelegenheiten.

5. Alle Kraft einsetzen für den Wahlkampf zu den Gemeindewahlen vom 23. Juni.

September *IV. Hinweise zur Durcharbeitung der Thesen der KPdSU zum 40. Jahrestag der Großen Sozialistischen Oktoberrevolution (Auszug)*

Vor Eintritt in die Diskussion über den Inhalt der Thesen ist es zweckmäßig, in einigen Punkten die Bedeutung der Thesen klarzulegen:

1. Hilfe bei der Vertiefung und Verbreiterung des Verständnisses für die welthistorische Bedeutung der Oktoberrevolution, d.h. Hilfe für die weitere Stärkung des sozialistischen Lagers.

2. Ihre besondere Bedeutung erhalten die Thesen durch den Zeitpunkt ihres Erscheinens: Seit dem XX. Parteitag ist in der kommunistischen Weltbewegung, in allen ihren Parteien eine große Diskussion über Grundfragen des Marxismus-Leninismus im Gange. Dabei sind noch nicht alle Fragen geklärt. In dieser Situation müssen die

Thesen als die Antwort der führenden Partei des sozialistischen Lagers auf die offenen Fragen gewertet werden. Sie bilden einen Prüfstein für die Politik der kommunistischen Parteien in den letzten anderthalb Jahren und eine zuverlässige Orientierung für die Zukunft.

3. Um welche Fragen handelt es sich vor allem?
Charakter der Sowjetdemokratie,
Allgemeingültigkeit des sowjetischen Weges und „besondere nationale Wege".
Einschätzung der Etappen der Politik der KPdSU nach Lenins Tod.
Einschätzung der Tätigkeit und Rolle des Genossen Stalin.
Richtige Einschätzung der sowjetischen Außenpolitik, insbesondere ihrer Politik gegenüber den volksdemokratischen Ländern.
Rolle der Volksmassen und die Notwendigkeit ihrer Führung durch die Partei u.a.

4. Die Thesen der KPdSU sind keine „akademische", „zeitlose" Darlegung der Bedeutung der Oktoberrevolution, sondern sie sind Kampfthesen, die zum verstärkten Kampf gegen den Imperialismus, gegen das Eindringen bürgerlicher Ideologie in die Reihen der marxistisch-leninistischen Parteien aufrufen. Ohne den notwendigen Kampf gegen den Dogmatismus und den Konservatismus zu vergessen, ist das Hauptfeuer der Thesen gegen den modernen Revisionismus gerichtet, der gegenwärtig die ideologische Hauptgefahr in den Kommunistischen und Arbeiterparteien darstellt.

5. Besondere Beachtung verdient die Tatsache, daß die Thesen der KPdSU in allen grundlegenden Fragen mit den rund einen Monat früher veröffentlichten Thesen unserer Partei völlig übereinstimmen, womit erneut alle Spekulationen der Imperialisten – wie kurz zuvor beim Besuch der sowjetischen Regierungsdelegation – zwischen unsere Länder und Parteien einen Keil treiben zu können, sich als vergeblich erwiesen haben.

6. Die Durcharbeitung der Thesen erfüllt nur dann ihren

Sinn und entspricht dem Geiste der Thesen, wenn sie zur Weiterführung unserer eigenen Diskussion, zur Klärung der noch offenen Fragen, zur Festigung der ideologischen und organisatorischen Festigkeit und Einheit unserer Partei, zur Stärkung ihrer Kampfkraft, beiträgt.

Hinweise zur Durcharbeitung der einzelnen Abschnitte der Thesen

I. Die Bedeutung des Sieges der Großen Sozialistischen Oktoberrevolution (KPdSU-Thesen: Einleitung, Abschnitte I und III; SED-Thesen: Abschnitt III)

1. Wendepunkt in der Menschheitsgeschichte
Unterschied zu allen vorangegangenen Revolutionen. Stellung zur Oktoberrevolution wurde zur Scheidelinie zwischen dem Lager der Reaktion und des Fortschritts. Lion Feuchtwanger zum 39. Jahrestag der Oktoberrevolution (1956): Sie war „das wichtigste Ereignis des Jahrhunderts. Und mehr noch, die Bedeutung dieses Ereignisses geht weit über den Rahmen unseres Jahrhunderts hinaus. Das war eine Umgestaltung der Welt nach den Prinzipien der Vernunft. Wenn wir auf die 39 Jahre zurückblicken, die seit Beginn des Versuches abgelaufen sind, so können wir mit Befriedigung konstatieren: Dieser Versuch ist gelungen."

...

3. Die Oktoberrevolution – Beginn des Siegeszuges des Sozialismus im Weltmaßstab

...

In diesem Zusammenhang etwas über Jugoslawien.
In den Thesen wird Jugoslawien in der Reihe der Länder genannt, „die für immer das Joch des Kapitalismus abgeschüttelt haben" und „den Weg des Sozialismus" gehen. Am 2. Oktober 1957 erschien im „Neuen Deutschland" ein Artikel des sowjetischen Genossen Prof. Figurnow von der Akademie für Gesellschaftswissenschaften beim ZK der KPdSU, in dem die Staaten des sozialistischen Weltsystems aufgezählt werden, ohne Jugoslawien dazuzurechnen. Jugoslawien wird nach dieser Aufzählung

als Land genannt, das sich auch auf dem sozialistischen Wege befindet. Wie ist das zu verstehen?
Durchaus nicht so, als ob die KPdSU und die anderen Kommunistischen und Arbeiterparteien nicht bereit wären, Jugoslawien als vollwertiges und gleichberechtigtes Mitglied im Rahmen des sozialistischen Weltsystems zu betrachten.
Die Schwierigkeit liegt hier auf der Seite der jugoslawischen Genossen, die bekanntlich die Auffassung vertreten haben, es gäbe keine zwei Lager, sondern nur zwei entgegensetzte Militärblöcke. Trotz der in letzter Zeit erfolgten erfreulichen Verbesserung der Beziehungen aller Länder des sozialistischen Lagers zu Jugoslawien haben die jugoslawischen Genossen diese ihre Auffassung noch nicht revidiert. Zum anderen haben sie auch durch ihre praktische Politik bisher zu verstehen gegeben, daß sie nicht zum sozialistischen Staatensystem gerechnet zu werden wünschen, sondern einen Sonderstatus einnehmen wollen, indem sie als einziges sozialistisches Land weiterhin in einem antisozialistischen Bündnissystem verbleiben, und ebenfalls als einziges sozialistisches Land wohl mit dem imperialistischen deutschen Staat, nicht aber mit dem sozialistischen deutschen Staat normale diplomatische Beziehungen unterhalten.
Natürlich kann man niemanden wider seinen Willen in das sozialistische Weltsystem einreihen. Die Thesen werden hoffentlich – zusammen mit den Bemühungen aller Staaten des sozialistischen Lagers – dazu beitragen, daß die jugoslawischen Genossen recht bald ihre zwiespältige Haltung, die mit den Prinzipien sozialistischer Außenpolitik nicht vereinbar ist, aufgeben.

II. Die Diktatur des Proletariats – höchste Form der Demokratie (Thesen KPdSU, Abschnitt I/3)

Die Thesen unterstreichen die Tatsache, daß die Sowjetmacht „die breiteste, höchste Form der Demokratie" darstellte und darstellt, sagen aber gleichzeitig, daß die proletarische Demokratie „eine solche ‚Demokratie' ablehnt, die den Reaktionären die ‚Freiheit' gibt, die demokratischen Organisationen der Werktätigen zu zerstören, die sozialistische Ordnung und die Volksmacht zu verleumden".

Das ist eine klare Antwort auf unsere Diskussionen im vergangenen Jahr über „Demokratie".

Das ist auch eine Antwort auf andersgeartete Auffassungen über die Sowjetmacht, wie sie z.B. vom Genossen Gomulka auf dem 9. Plenum des ZK der PVAP vorgetragen wurde. Genosse Gomulka sagte dort:

„Konnten die Formen der Diktatur des Proletariats damals eine weitgehende Demokratie für die werktätigen Massen bedeuten und ausdrücken?" (Gemeint sind die ersten Jahre der Sowjetmacht.) „Es ist ganz klar, daß das nicht sein konnte. Wollte man den Sozialismus aufbauen, dann mußte man in großem Maßstab Gewaltmaßnahmen anwenden." („Aus der intern. Arb. Bew.", 11/1957, S. 12)

Diese Auffassung steht nicht nur in Gegensatz zu der in den Thesen zitierten Auffassung Lenins, sie wurde inzwischen auch durch das Leben korrigiert.

In Polen wurde das Sprachrohr der konterrevolutionären Reaktion, Po Prostu, verboten, also Gewalt angewandt, wurde Miliz gegen krakeelende Studenten eingesetzt, also Gewalt angewandt – und das war dennoch keine Verletzung der Demokratie, sondern die Beseitigung der monatelangen Verletzung der proletarischen Demokratie!

Wer im Namen der Demokratie dem Feinde die Möglichkeit gibt, die Massen gegen die Volksmacht aufzuhetzen, muß früher oder später erst recht zur Gewalt gegen die vom Feinde verwirrten klassenmäßigen Freunde greifen!

Freiheit für Feinde des Sozialismus kann Hunderten und Tausenden von Werktätigen das Leben kosten, verzögert und erschwert den Aufbau des Sozialismus, ist daher undemokratisch. Die – wo nötig gewaltsame – Unterdrückung der Feinde des Sozialismus ist zutiefst demokratisch, stellt eine der wichtigsten Funktionen der Diktatur des Proletariats dar. Die Sowjetmacht war deshalb von Anfang an die höchste Form der Demokratie, denn nicht der Umfang der Gewaltmaßnahmen ent-

scheidet darüber, welcher Staat demokratischer ist, sondern gegen wen und in wessen Interesse die Gewalt angewandt wird.
Daß in der DDR eine solche „Demokratisierung" nicht mitgemacht wurde, sondern die Harich, Janka und Konsorten rechtzeitig vor Gericht gestellt und abgeurteilt wurden, war nicht „undemokratisch" und „dogmatisch", sondern Ausdruck der Treue zu den Prinzipien der proletarischen Demokratie, wie sie in den Thesen der KPdSU erneut bekräftigt werden. Die Thesen sind deshalb besonders wichtig für alle, die „nur die Demokratisierung (sahen), ohne zu beachten, daß ein Klassenkampf vor allem von der westdeutschen Bourgeoisie gegen den Sozialismus geführt wird, der ernste Maßnahmen der Sicherung der Arbeiter- und Bauernmacht und des sozialistischen Aufbaus erfordert". (Walter Ulbricht auf der wissenschaftlichen Konferenz der Parteihochschule, ND vom 24.9.1957)

III. Der Aufbau des Sozialismus in der UdSSR (Thesen KPdSU II und VII, Thesen SED IV)

1. Die Thesen über die Allgemeingültigkeit der grundlegenden Züge des sowjetischen Wegs zum Sozialismus und über die Schädlichkeit der Überbetonung der nationalen Besonderheiten (II/5 und VII/25).
Diese nachdrückliche Hervorhebung der Allgemeingültigkeit des „russischen Weges" (vgl. Mao Tse-tung!) ist notwendig geworden, weil in der Diskussion nach dem XX. Parteitag vielfach, wie auch bei uns, Tendenzen der Überbetonung des „besonderen nationalen" Weges im Sinne einer betonten Abgrenzung gegenüber den Erfahrungen der Sowjetunion sichtbar wurden. So auch in den Ausführungen des Genossen Gomulka auf dem 9. Plenum der polnischen Bruderpartei:
„Die Betonung des nationalen Weges zum Sozialismus bedeutet streng genommen die Unterscheidung des Weges oder der Art und Weise des Aufbaus des Sozialismus im gegebenen Lande von dem Weg, den der Sozialismus in der UdSSR ging. ... Der Weg zum Sozialismus, den die Sowjetunion unter bestimmten allgemeinen historischen

Bedingungen und unter bestimmten, für Rußland spezifischen, Bedingungen beschritt, die durch seine historische Entwicklung gestaltet wurden, (ist) für andere Völker weder vollständig notwendig noch vollständig geeignet." (a.a.O., S. 12)

Das letztere ist natürlich richtig, wenn darunter die äußeren Formen und nicht der Klasseninhalt des Prozesses der sozialistischen Umgestaltung verstanden werden.

Aber die Praxis des polnischen Weges beschränkt sich nicht auf formale Abweichungen gegenüber dem sowjetischen Weg. Die Ausdehnung der Pressefreiheit auf Zeitungen, die Tag für Tag die bürgerliche Ideologie in die Massen tragen, die Tag für Tag Grundsätze des Marxismus-Leninismus verfälschen, die Tag für Tag das Gift des Antisowjetismus verbreiten – um nur Beispiele auf diesem Gebiet zu nennen – das sind nicht nur Abweichungen der Form nach, sondern das sind Abweichungen in Richtung zur formalen bürgerlichen Demokratie.

Davon abgesehen: Niemand hat besser verstanden, den nationalen Besonderheiten des eigenen Landes Rechnung zu tragen als die chinesischen Kommunisten mit Mao Tse-tung an der Spitze. Aber dennoch sagen die chinesischen Kommunisten dem Volke nicht, daß sie einen anderen Weg gehen als die Sowjetunion (obwohl sie am allermeisten Recht dazu hätten, dies in dem Sinne, der für Marxisten-Leninisten allein zulässig ist, zu betonen), sondern sie sagen: Gerade dadurch, daß unser chinesisches Volk den Weg der Großen Sozialistischen Oktoberrevolution geht, hat es die heutigen Siege und Erfolge errungen (Thesen, S. 21).

Die Überbetonung der nationalen Besonderheiten im Referat des Genossen Gomulka wird auch dadurch nicht ausgeglichen, daß er allgemeine Gesetzmäßigkeiten anerkennt.

Solche Überbetonung der nationalen Besonderheiten gab in der Vergangenheit und gibt heute den Feinden des Sozialismus die Möglichkeit zur nationalistischen, antisowjetischen Mißdeutung der leninschen Formulierung vom eigenen Weg jedes Landes zum Sozialismus. So war z.B. „Po Prostu" eine der zahlreichen polnischen Zei-

tungen, die die Notwendigkeit des „polnischen Weges zum Sozialismus" damit begründete, der sowjetische Weg sei ein Weg der Grausamkeit und Gewalttätigkeit, in Polen dagegen solle der „wirkliche", „menschliche" Sozialismus aufgebaut werden (mit dem Ergebnis, daß die Feinde des Sozialismus so frech wurden und sich wieder so stark fühlen, daß es in bestimmten ländlichen Gebieten lebensgefährlich wurde, sich zur Partei und zur Sowjetunion zu bekennen).
Unsere Partei hat sowohl 1947/48 als auch 1956/57 die Formulierung vom „besonderen deutschen Weg" abgelehnt, nicht um das sowjetische Vorbild blind zu kopieren (obwohl es Erscheinungen dieser Art durchaus auch gab), sondern um dem Nationalismus und Antisowjetismus auch nicht den kleinsten Spalt zu öffnen. Die Partei hat aber tatsächlich, beginnend mit dem Manifest der KPD vom 11. Juni 1945, den Besonderheiten der Situation in Deutschland weitgehend Rechnung getragen und mit Unterstützung der sowjetischen Genossen Lösungen gesucht und gefunden, die diesen Bedingungen entsprachen (Bildung des antifaschistisch-demokratischen Blockes; 1. Parteikonferenz: Begründung, weshalb bei uns andere Ordnung als in Volksdemokratien, die bereits damals den Übergang zur zweiten Etappe – sozialistische Revolution – vollzogen; allmähliche Vorbereitung der LPG durch MAS; drei Typen der LPG; Möglichkeit der Aufnahme von Großbauern in die LPG u.a.m.).
Dabei wurden durchaus anfangs auch Fehler gemacht, bevor wir auf die richtige Lösung kamen. Aber insgesamt war und ist die Politik unserer Partei „eine kühne, prinzipientreue und schöpferische Politik. Leute, die immer nur Dogmatismus bei uns suchen, haben sich offensichtlich verirrt." (Gen. Paul Wandel)
2. Die Formulierung der allgemeinen Gesetzmäßigkeiten für den Sieg des Sozialismus und der wesentlichsten Merkmale des Revisionismus durch die Thesen (VII/25 und 26) (Wo kein besonderer Anlaß – keine ausführliche Behandlung notwendig).
4. Die Thesen über den richtigen, erfolgreichen Weg der SU zur sozialistischen Umgestaltung der Landwirt-

schaft (II/8). Die Feststellungen der Thesen zu dieser Frage sind in mancherlei Hinsicht wichtig.

Sie treten mit aller Entschiedenheit Auffassungen entgegen (die auch bei uns Verbreitung fanden), nach denen die Kollektivierung in der SU ganz falsch durchgeführt und der Klassenkampf gegen die Kulaken künstlich entfacht worden wäre. Die Thesen stellen demgegenüber die historische Wahrheit fest, wenn sie sagen: „Der verbissene Widerstand der Kulaken gegen die Kollektivierung ... zwang den Sowjetstaat, das Kulakentum als Klasse zu liquidieren.“ (II/8)

Indem die Thesen unterstreichen, daß der Weg der sozialistischen Umgestaltung der Landwirtschaft, den die Sowjetunion ging, der Weg ist, den Lenin in seinem Genossenschaftsplan vorgezeichnet hat, und der von allgemeingültiger Bedeutung ist, haben sie unterstrichen, daß unser Kampf gegen die konterrevolutionäre Konzeption Viewegs, unsere verstärkte Förderung der LPG, den Grundprinzipien des Marxismus-Leninismus entspricht.

5. Die Thesen über die Notwendigkeit der Zerschlagung der feindlichen Strömungen und Gruppierungen in der KPdSU (II/6).

Seit dem XX. Parteitag besteht besonders bei Historikern eine gewisse Unsicherheit in der Einschätzung der von der Partei zerschlagenen feindlichen Gruppierungen und ihrer Führer sowie über die Einschätzung der Rolle Stalins im Kampf gegen diese Gruppierungen.

Die Thesen geben auch hier eine klare Orientierung, indem sie eindeutig die Notwendigkeit der Zerschlagung und Vernichtung dieser Gruppierungen und die Verdienste Stalins gerade in diesem Kampfe gegen die feindlichen Agenten der geschlagenen Ausbeutergruppen hervorheben.

...

7. Die Oktoberrevolution und das Entstehen des neuen, sozialistischen Bewußtseins (II/9).

In den Thesen heißt es mit vollem Recht: „Die Ideologen der Bourgeoisie hegten die Hoffnung, daß der Aufbau des Sozialismus an der ‚ewigen‘ Natur des Men-

schen scheitern werde, der seinem Wesen nach Individualist und ein Feind der kollektiven Lebensform sei. ... Die Wirklichkeit hat diese boshaften Prognosen der Verteidiger der alten Ordnung widerlegt."
Diese Ausführungen sind auch eine Korrektur an Auffassungen innerhalb der kommunistischen Parteien, die den genannten bürgerlichen „Theorien" sehr nahe kommen.
So wurde z.B. auf dem 9. Plenum der Polnischen Vereinigten Arbeiterpartei von Genossen Gomulka ausgeführt: „Die Situation der Sowjetunion erforderte und erfordert es noch heute in gewissem Maße, daß das ganze Volk mehr für künftige Geschlechter als für sich arbeitet. Die menschliche Natur ist dagegen so, daß sich ein Mensch um die künftigen Generationen nicht sorgt, dagegen mehr an sich, an sein eigenes Leben denkt. Die langfristigen Interessen mußten mit den laufenden Interessen des Menschen in eine gewisse Kollision geraten." (a.a.O., S. 12)
Aus diesem „Konflikt" erklärt Genosse Gomulka dann die bereits zitierte, von ihm konstatierte „Besonderheit" des sowjetischen Weges, nämlich die Anwendung von „Gewaltmaßnahmen in großem Maßstabe".
Wenn man von dieser quasi „ewigen Natur" des Menschen ausgeht, ist alles sozialistische Erziehungsbemühen von Anfang an vergeblich. Dann bleibt im Grunde nur die Möglichkeit, entweder diese „Natur des Menschen" mit Gewalt zu zwingen, für die künftigen Generationen zu arbeiten und den Sozialismus aufzubauen, oder aber dieser „menschlichen Natur" Rechnung zu tragen, indem ihrem egoistischen Vorteilsstreben größerer Raum gegeben wird, d.h. dem Kapitalismus wieder Wachstumschancen eingeräumt werden. Der Unterschied zwischen dem sowjetischen und dem „polnischen Weg" zum Sozialismus läuft dann letzten Endes auf das unterschiedliche Verhalten gegenüber der „menschlichen Natur" hinaus: Der sowjetische Weg vergewaltigt sie, der polnische Weg respektiert sie! Die massenweise Auflösung der LPG (oft genug gegen den Willen vieler Mitglieder unter der physischen Drohung frech gewor-

dener Reaktionäre wurden von 10 000 LPG 8 000 aufgelöst!), das Erstarken der Großbauern, das Wiederaufleben der Spekulation usw. sind logische Folgen eines solchen Weges der Zugeständnisse an die „menschliche Natur".

Die Sowjetunion hat ihre Erfolge in der Heranbildung des sozialistischen Menschen aber nicht durch solche Zugeständnisse an eine klassenlose „menschliche Natur", sondern durch den ständigen Appell an das proletarische Klassenbewußtsein, dadurch, daß sie die besten Eigenschaften des Proletariats – Solidarität, Diszipliniertheit, Standhaftigkeit, kein Kapitulieren vor Schwierigkeiten u.a.m. – in hartnäckigem langwierigem Kampf gegen kleinbürgerlichen Egoismus, Wankelmütigkeit, Anarchismus usw. zu obersten Maximen der sozialistischen Moral durchsetzte.

Dem Marxismus ist überhaupt der Begriff einer abstrakten „menschlichen Natur", losgelöst von den konkreten Klassenbeziehungen, fremd. Was Genosse Gomulka als „menschliche Natur" bezeichnet, hat mit „Natur" sehr wenig zu tun, wohl aber mit der tausendjährigen Tradition einer in Klassen gespaltenen Gesellschaft, und trifft ganz und gar nicht zu für die bewußtesten Vertreter der jeweils revolutionären Klasse, ganz besonders natürlich der Arbeiterklasse. ...

V. Die Ergebnisse des sozialistischen Aufbaus in der Nachkriegsperiode und die Aufgaben des Sowjetvolkes im Kampf um den Kommunismus (KPdSU IV – SED VII)

Schwerpunkt: XX. Parteitag und seine Aufgabenstellung für den Aufbau des Kommunismus.

Wichtig gegen revisionistische Theorien von der Notwendigkeit, jetzt den Staat absterben zu lassen (Benary!), ist die Feststellung, daß die SU nach wie vor einen starken Staat braucht. (Um wieviel mehr dann die DDR! Der Prozeß gegen Polzin und seine Lehren!) ...

vor dem 24. März Neues Deutschland

„Erlauschtes aus einem Gespräch Walter Ulbrichts mit dem jugoslawischen Botschafter“.

„Moskau (ND-Korr.). Auf dem Sonnabendempfang in der deutschen Botschaft zu Moskau fand unter den zahlreichen Gesprächen, die dort geführt wurden, die Unterhaltung unseres stellvertretenden Ministerpräsidenten Walter Ulbricht mit dem jugoslawischen Botschafter in Moskau, Micunovic, bei den Vertretern der Presse allgemeine Beachtung.

Walter Ulbricht erhob sein Glas auf das Wohl des Botschafters und wünschte ihm alles Gute. In der anschließenden Unterhaltung sagte Genosse Ulbricht, beide Länder, die Volksrepublik Jugoslawien und die DDR, seien doch für die Sicherung des Friedens, insbesondere in Europa.

Botschafter Micunovic erwiderte: ‚Die jugoslawische Regierung und das jugoslawische Volk werden alle Bemühungen unterstützen, die der Sicherung des Friedens dienen.‘

Der stellvertretende Ministerpräsident der DDR stellte fest, den friedliebenden Menschen falle es auf, daß die Volksrepublik Jugoslawien mit der westdeutschen Bundesrepublik, d.h. mit dem Teil Deutschlands, in dem der Militarismus herrscht, normale diplomatische Beziehungen hat, nicht jedoch mit der DDR, jenem Teil Deutschlands, in dem eine Arbeiter- und Bauernmacht besteht.

Der jugoslawische Botschafter wies darauf hin, daß der Kampf um den Frieden eine sehr komplizierte Sache sei. Die jugoslawische Regierung sei entschlossen, ihren Beitrag zur Erhaltung des Friedens zu leisten.

Genosse Ulbricht bemerkte dazu, es liege doch ein gewisser Widerspruch darin, daß die Regierung der Volksrepublik Jugoslawien, die richtig erkannt hat, daß Deutschland in zwei Staaten gespalten ist, mit dem Teil diplomatische Beziehungen pflegt, den die Militaristen beherrschen, aber nicht mit dem Teil Deutschlands, in dem die Friedenskräfte die Macht besitzen.

Micunovic und Walter Ulbricht tranken dann auf den gemeinsamen Kampf der Völker für die Sicherung des Friedens.“

24. März Neues Deutschland
„Wo steht Jugoslawien in der Deutschlandfrage? Von Willy Leitner“

„In diesen Tagen genügt ein Blick in die jugoslawische Presse, um die Berechtigung der im Titel aufgeworfenen Frage zu erkennen. Man gewinnt den Eindruck, daß die jugoslawische Presse überhaupt keine Notiz mehr nehmen will von den Problemen, um die es in Deutschland eigentlich geht.

Gegenüber allen Vorgängen, die von der zunehmenden Großmannssucht, dem Festhalten an territorialen Forderungen und den fieberhaften Rüstungsanstrengungen der Bonner Machthaber zeugen, findet sich in der jugoslawischen Presse kaum ein kritisches Wort.

Hier handelt es sich wohl nicht um Zufälle, sondern um die Widerspiegelung einer Politik, deren Grundlinie der jugoslawische Außenminister Popovic am 26. Februar dieses Jahres vor dem Belgrader Parlament entwickelt hat. Angesichts ihrer Auswirkungen scheint es auch jetzt noch geboten, auf diese Rede näher einzugehen.

In dieser Rede betonte der jugoslawische Außenminister wiederholt den Willen seiner Regierung, durch eine Politik ‚friedlicher aktiver Koexistenz' mit allen Staaten zur Erhaltung des Friedens beizutragen. Doch vermißt man definitive Vorschläge, wie dieses Ziel erreicht werden soll, vor allem auch eine Stellungnahme zu Fragen der Militärstützpunkte auf fremdem Gebiet, wie überhaupt zu den Abrüstungsvorschlägen der Sowjetunion.

Ganz und gar fehlt in dieser Rede ein Eingehen auf die expansiven Bestrebungen der westdeutschen Imperialisten, z.B. ihr Bestreben, durch einen sogenannten Gemeinsamen Markt ihre wirtschaftliche Vorherrschaft über Westeuropa zu errichten und an der Kolonialpolitik der NATO-Staaten in Afrika teilzunehmen. Die aus der Remilitarisierung Westdeutschlands entstehenden Gefahren für den Frieden will der jugoslawische Außenminister anscheinend überhaupt nicht mehr, zum Unterschied von früheren Erklärungen jugoslawischer Politiker, zur Kenntnis nehmen.

Lehren der Geschichte
Zweimal haben die Völker Jugoslawiens alle Schrecken des Krieges durchmachen müssen und ihr Beitrag zur Niederringung des Hitlerfaschismus ist unvergessen. Doch gerade die Vorgeschichte der beiden Weltkriege müßte alle für den Frieden sich verantwortlich fühlenden Staatsmänner lehren, daß es in jeder Situation darauf ankommt, die jeweiligen konkreten Ursachen des Krieges und seine treibenden Kräfte zu erkennen und dementsprechend zu handeln. ...
Die besonders heute notwendige marxistische Analyse der gegenwärtigen Situation und der in ihr bestehenden konkreten Kriegsgefahren fehlt in den Ausführungen des jugoslawischen Außenministers. Wiederholt verweist er auf ‚die zwei Blocks', die sich ‚in der Nachkriegszeit gebildet hätten'. Warum es zu diesen ‚Blockbildungen' kam, darauf geht er allerdings nicht ein. Wiederholt unterstreicht er die ‚blockfeindliche Politik' seiner Regierung, doch negiert der jugoslawische Außenminister dabei den grundsätzlichen Unterschied, der zwischen der Politik der Sowjetunion und der des kapitalistischen Amerikas, zwischen den Zielen der in den Ländern des Sozialismus an der Macht befindlichen Arbeiterklasse und den in den Ländern des NATO-Blocks dominierenden monopolistischen Interessengruppen besteht. ...
Im übrigen geben die Ausführungen des jugoslawischen Außenministers berechtigten Anlaß, die von ihm demonstrativ betonte unparteiische Haltung ‚gegenüber den Blocks' ernsthaft in Zweifel zu ziehen. Scharfe Polemik gegen das sozialistische Lager und die gleichzeitige Verbeugung vor den NATO-Mächten zeugen eher von Voreingenommenheit. Besonders, wenn zusätzlich in einem dem jugoslawischen Parlament vorgelegten außenpolitischen Jahresbericht der Belgrader Regierung ‚von einer beachtlichen Wendung zum Besseren' lediglich in den Beziehungen zur Bonner Regierung die Rede ist.
In der amerikanischen Presse wurde die Belgrader Politik wiederholt verdächtigt, sie habe es darauf angelegt, das sozialistische Lager gegen den NATO-Block aus-

zuspielen und umgekehrt, um von beiden Seiten ein Höchstmaß von wirtschaftlicher Hilfe herauszuholen. ...
Nichts ist dagegen einzuwenden, wenn sich die jugoslawische Regierung bemüht, auch zu Bonn normale Beziehungen zu unterhalten. Doch eine Politik, die nur den westdeutschen Staat in Deutschland anerkennt, der ein imperialistischer Staat ist, entspricht nicht der Sache des Friedens und des Sozialismus. ...
Während eines Gesprächs mit dem jugoslawischen Botschafter in Moskau im Januar d.J. hat Walter Ulbricht auf einen gewissen Widerspruch aufmerksam gemacht, der darin liegt, ‚daß die Regierung der Volksrepublik Jugoslawien, die richtig erkannt hat, daß Deutschland in zwei Staaten gespalten ist, mit dem Teil Deutschlands diplomatische Beziehungen pflegt, den die Militaristen beherrschen, nicht jedoch mit dem Teil Deutschlands, in dem die Friedenskräfte die Macht besitzen'. ...
Darum sind wir davon überzeugt, daß mit den Ausführungen des jugoslawischen Außenministers nicht das letzte Wort gesprochen ist. Die von Bonn ausgehende Politik einer Neuordnung Europas im Stile Hitlers und der Blockbildung, sein Anspruch auf eine von den amerikanischen Imperialisten unterstützte Führerrolle werden alle Völker veranlassen, den daraus entspringenden Gefahren durch eine wirksame Sicherung des Friedens zu begegnen. Einer der dazu erforderlichen Schritte ist die Herstellung normaler, auf freundschaftlicher Zusammenarbeit beruhender Beziehungen zur Deutschen Demokratischen Republik."

14. April Neues Deutschland

„‚Rudé Právo' zu Jugoslawiens Deutschlandpolitik"

„Das Zentralorgan der Kommunistischen Partei der Tschechoslowakei, ‚Rudé Právo', veröffentlichte am Sonnabend einen Artikel, der sich mit einigen Ansichten und Äußerungen der jugoslawischen Presse über die Entwicklung in der CSR und in anderen sozialistischen Ländern und in diesem Zusammenhang auch mit der Haltung Jugoslawiens zur Deutschlandfrage beschäftigt. Die Zeitung schreibt: ‚Die jugoslawischen Genossen haben in letzter Zeit oft über die Bedeutung des proletari-

schen Internationalismus gesprochen. Das Mitglied des Exekutivkomitees des Bundes der Kommunisten Jugoslawiens Todorovic sagte im November: ‚Internationalismus der Tat ist vor allem ein konsequenter Kampf zur Entwicklung der sozialistischen Kräfte und Elemente.' Jawohl. Damit stimmen wir völlig überein. Wir halten allein schon die Anerkennung der Deutschen Demokratischen Republik als einen sozialistischen Staat und die Anknüpfung diplomatischer Beziehungen zu ihr für einc bedeutende internationale Hilfe bei der Entwicklung sozialistischer Kräfte und Elemente. Die jugoslawischen Genossen jedoch – obwohl in der DDR die führende Kraft im Staat genau wie in Jugoslawien eine kommunistische Partei ist – haben es bis jetzt nicht für nötig erachtet, mit diesem Staat diplomatische Vertreter auszutauschen. Andererseits unterhält Jugoslawien jedoch lebhafte diplomatische Beziehungen zur Deutschen Bundesrepublik, in der heute erneut die militaristischen Kräfte organisiert werden und gesetzwidrig die KPD verboten wurde.
Wir möchten betonen, daß wir für die Koexistenz aller Staaten ohne Unterschied und für die Entwicklung von Beziehungen mit ihnen sind. Umso mehr halten wir es für unsere Pflicht, international und politisch einen neu erstandenen sozialistischen Staat zu unterstützen, vor allem auf solchem Boden wie Deutschland. Wir sind der Meinung, daß das ein bedeutendes Beispiel für proletarischen Internationalismus ist. Wenn die jugoslawische Praxis in der Deutschlandfrage eine Anwendung ihrer Theorie der Koexistenz der sozialistischen Länder und der kommunistischen Parteien sein soll, die angeblich eine moderne Auslegung des proletarischen Internationalismus ist, dann ist das nur ein weiterer Beweis dafür, daß solche Theorien nicht zur Wiederherstellung, sondern zur Liquidierung des wirklichen proletarischen Internationalismus führen.'"

14. Mai Prawda (Dokumentation der Zeit, Heft 144, 20. Juni 1957)

Chruschtschows merkwürdigstes Interview

Das Interview Chruschtschows mit dem Korrespondenten der New York Times, Turner Catledge, ist eines der merkwürdigsten aller von ihm bekannten Interviews. Merkwürdig sind einige Fragen Catledges. Ebenso merkwürdig, wenn nicht noch merkwürdiger, die Antworten Chruschtschows.

Merkwürdig ist die zunächst nur auszugsweise Veröffentlichung durch TASS, die durch ND übernommen wurde, und die erst darauf folgende vollständige Veröffentlichung in der Prawda vom 14. Mai, am nächsten Tage, die von uns nicht übernommen wurde.

Offen bleibt: Wer gab den Anstoß zu diesem Interview? Zu welchem Zweck? Wer drängte auf volle Veröffentlichung? Zu welchem Zweck? Welchen Platz nimmt es im Kampf der beiden Richtungen in der KPdSU ein?

Frage: Mich interessiert sehr, in welcher Weise die Beschlüsse der höchsten Organe der SU zustande kommen, die Ausdruck der Ansichten der kollektiven Leitung in der SU sind. Versammelt sich das Präsidium des ZK der KPdSU regelmäßig? Wird ein Protokoll der Beratungen des Präsidiums geführt? Kommt es auf den Sitzungen auch zu Meinungsverschiedenheiten?

Antwort: Präsidium tagt mindestens einmal pro Woche, ebenfalls der Ministerrat. Das Plenum des ZK mindestens zweimal im Jahr.

Meistens nach Aussprache gemeinsamer Standpunkt, wenn nicht, entscheidet einfache Mehrheit.

„Es gibt natürlich auch solche Fragen, um die sehr heißer Streit entbrennt. Das ist ganz natürlich bei einer demokratischen Behandlung der Dinge."

Frage: „Sie wissen vielleicht, daß im vergangenen Jahr die Zeitung New York Times den Text Ihrer Rede auf dem XX. Parteitag, in der Sie die Exzesse der stalinschen Periode kritisierten, veröffentlichte. Sind in dem Text Ihrer Rede, der in den westlichen Ländern veröffentlicht wurde, irgendwelche wesentlichen Auslassungen oder gar Entstellungen unterlaufen?"

Antwort: „Ich weiß nicht, von welchem Text die Rede ist." (Der Kerl lügt wie gedruckt. Er weiß am besten, auf welchem Wege und zu welchem Zweck seine Rede den Amerikanern in die Hände gespielt wurde!)
„Ich hörte davon, daß in den USA irgendein Text veröffentlicht wurde, der vom amerikanischen Geheimdienst fabriziert worden ist (!), und dieser Text als Text meines Vortrages auf dem XX. Parteitag ausgegeben wurde. Aber die Veröffentlichungen von Allen Dulles erfreuen sich keiner Autorität in der SU. Ich habe keinerlei Wunsch, Literatur zu lesen, die von Allen Dulles fabriziert wird."
Na, so billig kommst du nicht davon!!! Wenn ein Fabrikat von Allen Dulles wie ein Ei dem anderen dem von Chruschtschow gleicht – um so schlimmer für Chruschtschow!
Frage: „Welchen Platz nimmt Ihrer Meinung nach Stalin in der Geschichte der SU ein?"
Antwort: „Stalin nimmt den ihm gebührenden Platz in der Geschichte der SU ein. Er hatte viele Mängel, aber Stalin war ein ergebener Marxist-Leninist, ein ergebener und standhafter Revolutionär." (Chruschtschow hat seine Lektion von den chinesischen Genossen gut gelernt!)
„Stalin ließ viele Fehler in der letzten Periode seiner Tätigkeit zu, aber er tat auch viel Nützliches für unser Land, für unsere Partei, für die ganze internationale Arbeiterbewegung. Unsere Partei, das Sowjetvolk wird Stalins Andenken bewahren und die ihm gebührende Ehre erweisen."
Frage: „Können Sie vielleicht wenigstens einige der Fehler nennen, die Stalin begangen hat?"
Antwort: „In unserer Presse wurde darüber bereits gesprochen. Über die Mängel Stalins sprach schon Lenin in dem Dokument, das als ‚Vermächtnis Lenins' (und als Hauptrequisit im Arsenal der Trotzkisten! K.G.) bekannt ist. Dieses Dokument wurde in der SU im vergangenen Jahr veröffentlicht. Lenin hat sehr deutlich auf die Mängel Stalins hingewiesen und die Partei vor diesen Mängeln gewarnt. Auf dieser Etappe hat Stalin die entsprechenden Schlußfolgerungen aus den Warnungen Lenins gezogen und hielt sich in einem gewissen Rahmen.

Aber jeder Mensch hat halt seine Schwächen, mit denen er nicht fertig werden kann. (Eine schöne marxistische Psychologie! K.G.)
Mit der Zeit entwickelten sich gerade die negativen Züge im Charakter Stalins, auf die Lenin hingewiesen hatte, und fügten unserer Sache und unserer Partei Schaden zu. (Das wagt dieser Lump nach Ungarn noch zu sagen, er, der wie kein anderer zuvor unserer Sache geschadet hat! K.G.) Wir haben deshalb auch diese Fehler verurteilt, damit niemand in Versuchung kommt, sie zu wiederholen. Diese Fehler widersprechen der Lehre des Marxismus-Leninismus."
Das Ganze ist ein frecher, unverschämter Versuch, die Spuren der eigenen Verbrechen zu verwischen, die Aufmerksamkeit noch einmal auf die Fehler Stalins und damit von der Tatsache abzulenken, daß Chruschtschow dem Einbruch des Feindes die Tore geöffnet hat, die Stalin entschlossen und fest verriegelt hatte. Aber daraus wird nichts, dieser Schurke mit der Maske des lächelnden Biedermannes wird nicht mehr solange an der Spitze der Partei stehen, wie er gestanden hat. Dazu haben die russischen Kommunisten zu viel Erfahrung im Kampf mit solchen Leuten wie ihm.
Frage: „Halten Sie die KPdSU für die höchste Autorität zur Auslegung der marxistisch-leninistischen Theorie?"
Antwort: (Er stellt zunächst fest, daß die Frage falsch gestellt sei. Dann, daß, weil der Marxismus-Leninismus immer größere Autorität erlangt, sich an ihn Pseudokommunisten heranmachen.) „Deshalb müssen sich unsere Parteien streng gegenüber den Pseudokommunisten verhalten, müssen sie entlarven (Ja, möglichst bald! K.G.), damit sie die marxistisch-leninistische Theorie nicht verunreinigen.
Andere sagen, daß jeder sich zum Kommunisten erklären kann. Aber es gibt ein Kollektiv, das auf bestimmten theoretischen Positionen steht, und wenn ein Mensch, der erklärt, Kommunist zu sein, in Wirklichkeit keiner ist, so wird das bald offenbar werden. Jeder Kommunist wird durch seine Taten geprüft. Man kann hier vielleicht einen Vergleich mit einer Kompanie marschieren-

der Soldaten anführen. Die ganze Kompanie marschiert im Gleichschritt, nur ein Soldat nicht. Ein solcher Soldat muß die Reihen verlassen und irgendwo hinterhertraben, bis er gelernt hat, zu marschieren. Eine solche Ordnung herrscht in der Armee. Eine ebensolche Ordnung befolgen wir auch in den Fragen der marxistisch-leninistischen Theorie. (!!!) Wir sind sehr empfindlich auf die Einhaltung der Prinzipien des Marxismus-Leninismus bedacht und dulden keinerlei Entstellung der marxistisch-leninistischen Theorie." (Das muß ausgerechnet Chruschtschow sagen, der Vater der revisionistischen Entstellungen des Marxismus-Leninismus nach 1953!)
„Wir wollen die marxistisch-leninistische Theorie immer rein halten."
Frage: „Können Sie nicht einige konkrete Pseudokommunisten nennen?" (Wichtige Frage!)
Antwort: „Ich habe nicht die Absicht, sie jetzt zu nennen. Wenn es nötig war, haben wir solche Pseudokommunisten beim Namen genannt und werden sie auch in Zukunft nennen. Ich kann nur sagen, daß es leider solcher Pseudokommunisten nicht wenige gibt."
Es wird noch gefragt, ob es stimmt, daß Perwuchin als Minister für mittleren Maschinenbau der Verantwortliche „Atomminister" sei, wie etwa in den USA Strauß. Chruschtschow antwortet, das könne sein.

17. Mai Vorwärts (SPD)
Polen braucht Frieden und Sicherheit
„Unser Mitarbeiter hatte Gelegenheit, mit dem bekannten polnischen Journalisten Dr. Wl. Sliwka-Szczerbic, der beim Warschauer Rundfunk als Deutschland-Kommentator tätig ist, über Fragen, die die Bundesrepublik und Polen gleichermaßen betreffen, zu sprechen."
Frage: „Seit dem Entstalinisierungsprozeß hat sich die Lage der in Polen lebenden Deutschen gebessert." ...
Antwort: „Zunächst freue ich mich sehr, den Lesern des ‚Vorwärts' einige Fragen beantworten zu können. ... In diesem Sommer kommen 6 000 westdeutsche Touristen nach Polen, die sicher mit den in Polen lebenden Deutschen Kontakt aufnehmen werden."

Frage: „Vor allem in gewerkschaftlichen Kreisen der Bundesrepublik wurde die Bildung von Arbeiterräten und das Mitbestimmungsrecht der Arbeiter in den Betrieben als sichtbares Zeichen der Entstalinisierung mit großem Interesse verfolgt. Treffen die in verschiedenen Zeitungen der Bundesrepublik erschienenen Meldungen zu, daß dieser Prozeß der Entstalinisierung ... wieder rückgängig gemacht wird?"
Antwort: „Nein. Der verhältnismäßig langsame Prozeß der Entwicklung der Arbeiterräte begegnet vielen objektiven Schwierigkeiten. ... Die Bildung und Entwicklung der Arbeiterräte ist einer der Hauptgrundsätze der neuen Politik, die auf der 8. Plenarsitzung des ZK unserer Partei ... beschlossen wurde. Der begonnene Prozeß der Entwicklung von Arbeiterräten wird trotz aller Schwierigkeiten weitergeführt, denn dieser Prozeß ist ja eines der wesentlichen Merkmale der Demokratisierung unseres wirtschaftlichen und politischen Lebens."

18. Mai „Die Welt"
Der republikanische Abgeordnete Reece forderte im amerikanischen Repräsentantenhaus, die Bundesregierung müsse darin bestärkt werden, auf ihrem Recht auf die Provinzen östlich der Oder-Neiße-Grenze zu bestehen. Ausgezeichnet! Beruhigend! Sie haben bereits die Hoffnung auf die zweite Etappe begraben!

14. Mai RIAS
USA haben die Lieferung schwerer Waffen für Jugoslawien wieder freigegeben, darunter auch die Lieferung von Düsenflugzeugen, da Jugoslawien bewiesen habe, daß es fest entschlossen sei, unabhängig (!) zu bleiben.

18. Mai Der Tag, Westberlin
Belgrad über Washington verstimmt
„Die jugoslawische Regierung hat sich am Freitag äußerst zurückhaltend zu dem Beschluß der amerikanischen Regierung geäußert, die im vergangenen Jahr unterbrochene Militärhilfe für Jugoslawien wieder fortzusetzen. ... Politische Beobachter in Belgrad haben den Eindruck, daß die jugoslawische Regierung zwar die Fortsetzung der amerikanischen Hilfe (!) nicht ablehnen

möchte, aber auch darauf bedacht ist, die Beziehungen zur SU nicht noch mehr zu verschlechtern."

Ja, es ist schon nicht ganz einfach, ein USA-Satellit zu sein und gleichzeitig die Rolle eines „sozialistischen Landes" zu spielen!

18. Mai Der Tag, Westberlin

Polen, 9. Plenum des ZK: „Gomulka in Schwierigkeiten"

Der polnische Parteichef Gomulka ist auf der Geheimsitzung (?) des ZK von Mitgliedern des stalinistischen Flügels heftig angegriffen worden. Soweit bisher bekannt, gingen die Angriffe hauptsächlich von drei Politikern aus, die im Oktober aus hohen Regierungsstellen entfernt wurden: Mijal, Klusiewicz, Lopot.

Zur Gomulka-Rede auf dem 9. Plenum:

Nach echt trotzkistischem Muster: Allgemeinste Anerkennung elementarer marxistischer Grundsätze, Kritik am (selbst hervorgerufenen) Revisionismus, Nationalismus usw., ohne jedoch auch nur einen einzigen Verantwortlichen zu nennen, ohne zu sagen, was mit den Verbreitern solcher Stimmungen geschehen soll, ohne zu sagen, was die Parteiführung unternehmen will, um endlich die Feinde wieder in die Schranken zu weisen. Und das tollste: Kein Wort zur Landwirtschaft, abgesehen von dem platonischen Bekenntnis zum Aufbau des Sozialismus in der Landwirtschaft. Im übrigen der Versuch erneuert, für alle Mißstände die alte Führung verantwortlich zu machen. Aber es wird langsam immer mehr Menschen klar, daß die gesamte Tätigkeit der „Führung" Gomulkas darauf hinausläuft, die Partei aktionsunfähig zu machen, sie als führende Kraft zu liquidieren, und daß die Partei nur im Kampf gegen Gomulka wieder gesunden kann.

24. Juni RIAS meldet:

Kongreß der Arbeiterräte in Jugoslawien fordert Erweiterung der Rechte der Arbeiterräte. Der polnische Delegierte Logan Sowinski, Vorsitzender der polnischen Gewerkschaften, für eigenen Weg zum Sozialismus. Polen habe im Oktober seinen Weg gewählt.

7./8. Juni *Sitzung des Präsidiums des ZK der KPdSU*

Nach Viktor Alexandrow, Das Leben des Nikita Chruschtschow, München 1957, S. 162:

Auf dieser Sitzung beschließt das Präsidium mit Mehrheit die Absetzung Chruschtschows. Die Furzewa kommt Chruschtschow zu Hilfe, indem sie alle in Moskau befindlichen Parteigänger Chruschtschows, die Mitglied des ZK sind, zusammentrommelt und zu einer ZK-Sitzung einlädt, die den Präsidiumsbeschluß nicht nur aufhebt, sondern den Spieß umdreht und die Ankläger (Molotow, Kaganowitsch u.a.) zu Angeklagten macht.

Auf dem XXII. Parteitag gibt die Furzewa noch folgende Story über die Präsidiumssitzung zum besten: Chruschtschow habe auf dieser Sitzung die Rehabilitierung Tuchatschewskis, Jakirs, Uborewitschs, Jegorows, Korks und anderer verlangt. Angeblich hätten auch Molotow und Kaganowitsch dafür gestimmt, worauf Chruschtschow sie gefragt habe, wann sie denn recht gehabt hätten, damals bei der Verurteilung oder jetzt bei der Rehabilitierung. Diese Erzählung der Furzewa zeigt auf jeden Fall eines: Schon damals unternahm es Chruschtschow, Molotow und andere, also die Führer der Echten, der Mitschuld an den Repressionen zu bezichtigen, um sie auszuschließen. Damals, im Juni 1957 kam er aber noch nicht zum Ziel.

22.-29. Juni *Juni-Plenum des ZK der KPdSU*

Ausschluß der „parteifeindlichen Gruppierung" Molotow-Malenkow-Kaganowitsch und Schepilow aus Präsidium des ZK und ZK (aber – noch nicht aus der Partei). Das Kommuniqué über die Tagung – ein Muster an Demagogie und Verlogenheit. Raffiniert wird alles in den Vordergrund geschoben, was die Bevölkerung gegen die Ausgeschlossenen in Harnisch bringen muß, dagegen das, was Hauptgegenstand der Auseinandersetzung, die Ereignisse in Ungarn, die Haltung Jugoslawiens usw. in einer Weise erwähnt, daß kein Mensch sich über die wirklichen Meinungsverschiedenheiten ein richtiges Bild machen kann.

Die Darstellung, daß einmütige Verurteilung durch ZK natürlich Unsinn. Es ist unmöglich, daß es zu diesem Ergebnis ohne heftige Auseinandersetzungen gekommen ist, unmöglich auch, daß Molotow und seine Gruppe nicht die Unterstützung anderer Genossen im ZK gehabt haben. So schlimm kann es um die KPdSU noch nicht bestellt sein, obwohl es schlimm genug um sie bestellt ist, wenn Ungarn nicht ausgereicht hat, Chruschtschow unmöglich zu machen! Daß Molotow die Entscheidung herbeizuführen gesucht hat, beweist, wie ernst er die Situation einschätzt, beweist, daß er der alte Bolschewik und Kämpfer ist, der er immer war. Daß ein geriebener Schurke wie Chruschtschow ihn überspielen konnte, wird für immer eine Schande für das ZK der KPdSU sein. Das ist das einzige, was an diesem Ergebnis unbegreiflich.

Die Schwäche der Position Molotows: Entweder man fordert die Absetzung Chruschtschows, weil er Parteifeind und Agent Titos – wofür man Beweise auf den Tisch legen muß. Aber daß dies nicht möglich, dafür wurde gesorgt, da es Chruschtschow mit der Liquidierung Berijas offenbar gelungen ist, den Justiz- und Sicherheitsapparat in seine Hände zu bekommen. Diese Leute fabrizieren ihm jedes belastende Dokument gegen seine Gegner, das er braucht.

Oder man muß die Absetzung Chruschtschows fordern, weil seine Linie falsch.

Die Abwehr von Angriffen auf diese Linie hat Chruschtschow gründlich vorbereitet. Der erste Erfolg war, daß er – was jetzt erst offensichtlich – verstanden hat, im Januar die Behandlung der Ungarn-Ereignisse und der Haltung zu Jugoslawien zu hintertreiben bzw. zu verschieben, um Zeit zu gewinnen für die Festigung seiner erschütterten Position. Diese Zeit hat er gründlich genutzt. Seine Hauptbasis schaffte er sich in der Kollektivbauernschaft. Dazu dienten seine Reisen kreuz und quer durch die Union, seine Reden vor den Kollektivbauern, für deren Verbreitung durch die Presse und den Funk gründlich gesorgt wurde. Er war sogar eifrig bemüht, als Anhänger auch solche Leute zu gewinnen, die Grund hatten, ihm zu grollen, wie seine jesuitische Rede zum Lobe Lyssenkos beweist.
Aber die wichtigste Hilfe bei diesen Bemühungen um die Festigung seiner Position leisteten ihm die Amerikaner. Sie stellten ihm eine Plattform zur Verfügung (Presse- und Fernseh-Interviews), damit er sich als Vorkämpfer gegen den Revisionismus (!) produzieren konnte. Diese Interviews hatten den Hauptzweck, die Vorwürfe, die gegen ihn erhoben wurden und in der bevorstehenden Auseinandersetzung in der Parteiführung erhoben werden würden, schon im Voraus zu entkräften und seine unwandelbare Treue zum Leninismus vor aller Welt zu demonstrieren. Es ist bezeichnend dafür, wieweit es diesem Kerl schon gelungen ist, den Klasseninstinkt und die Klassenwachsamkeit abzutöten, daß es kaum irgendeinem Genossen in die Nase steigt, wieso gerade die imperialistischen Nachrichtenagenturen so eifrig um die Popularisierung Chruschtschows bemüht sind. Es ist kaum zu ertragen, mit anzuhören, mit welcher Begeisterung die Genossen die billigen Witzchen und abgedroschenen Späße dieses Halunken mit der Maske des bauernschlauen Biedermannes wiederholen. Und das Tollste an der ganzen Sache: sie merken gar nicht, wie dieser „Vorkämpfer gegen den Personenkult" ganz systematisch seine Position als Erster Sekretär dazu ausnutzt, ihnen abzugewöhnen, über die Ereignisse und Tatsachen selbständig nachzudenken, sondern einfach die

chruschtschowschen feingesponnenen und plumpen Lügen als bare Münze zu nehmen. Chruschtschow hat gesagt, daß die Verurteilung Titos grundlos war, also war sie grundlos, und Tito hat einen Freibrief für alle nur denkbaren Schweinereien. „Dafür muß man doch Verständnis haben, denn denkt doch nur, was in der finsteren Zeit des Stalinismus diesem Manne für bitteres Unrecht zugefügt, wie er zu Unrecht beschimpft wurde."
Usw. usw.
Chruschtschow ist der gelehrigste Schüler Hitlers: Je größer die Lüge (und das Verbrechen), um so weniger werden die Leute die Lüge für eine Lüge und das Verbrechen für ein Verbrechen halten, weil es über ihre Vorstellung geht, solche Ungeheuerlichkeiten für möglich zu halten!
Sein größter Coup in dieser Periode der Vorbereitung auf die Auseinandersetzung – seine Atombombe: die Verkündung des Zieles, die USA bis 1960/61 in der Pro-Kopf-Produktion bei landwirtschaftlichen Produkten einzuholen und zu überholen! Mit echt goebbelsscher Reklame als angeblich „schwerster Torpedo gegen den Imperialismus" losgelassen. In Wirklichkeit kein Torpedo gegen den Imperialismus, sondern gegen Molotow und Malenkow. Ein Musterbeispiel seiner Demagogie, denn Molotow dürfte völlig im Recht sein, wenn er behauptet, daß dieses Ziel nicht real. Noch wichtiger aber, daß eine solche Zielsetzung tatsächlich eine gefährliche Entstellung der Generallinie der Partei, die darauf gerichtet sein muß, die USA in der Pro-Kopf-Produktion in der Erzeugung von Kohle, Stahl usw. auf schnellstem Wege einzuholen. Die Konzentration aller Anstrengungen und Bemühungen auf die Landwirtschaft arbeitet direkt dem Imperialismus in die Hände, schwächt die Verteidigungskraft der SU, ruft auch eine Stimmung der ideologischen Entwaffnung, der kleinbürgerlichen Illusionen und Hoffnungen auf ein möglichst rasches möglichst leichtes Leben hervor, in einer Zeit, in der sich der Gegensatz zwischen Imperialismus und Sozialismus immer mehr zuspitzt. Diese chruschtschowsche Atom-

bombe gegen den Imperialismus trägt den Stempel: Made in USA!

Überhaupt kennzeichnend für die chruschtschowsche Ära: unter der Flagge „Überwindung des Dogmatismus" eine systematische Verseuchung der Bevölkerung der SU mit kleinbürgerlicher Ideologie, wofür massenhafte und erschreckende Beispiele:

Im Film „Der letzte Schuß" – die Liebe, das „Allgemeinmenschliche" siegt über den starren, unmenschlichen Klassenstandpunkt! – Schlimm, daß sich sowjetische Schauspieler und Regisseure finden, die so etwas drehen! – Weiter: „Nun schlägt's 13!" – in harmloser Verpackung die Amerikanisierung des Geschmacks der Sowjetbevölkerung. Von der Literatur gar nicht zu reden. Daß Dudinzew nun doch in der SU gedruckt wird (Nicht von Brot allein ...), spricht Bände.

Alles in allem. Das Juni-Plenum hat gezeigt: Um Chruschtschow nur durch Kritik an seiner Linie zu stürzen, war es zu spät und zu früh. Zu spät: Der richtige Zeitpunkt – so rasch wie möglich nach den Ereignissen in Polen und Ungarn – wurde verpaßt. Zu früh: Die schädlichen Auswirkungen seiner Politik sind der Masse der Parteimitglieder, ganz zu schweigen von der Bevölkerung, noch nicht klar.

Seine mutmaßlichen Hauptargumente: Natürlich wissen wir alle, was wir von Tito zu halten haben. Aber sein Anschlag ist gescheitert, jetzt ist die Zeit gekommen, wo sich unsere Aussöhnung mit Jugoslawien zu unseren Gunsten auswirken muß. Ein Wechsel in der Führung würde diese Chancen zerstören. Das gleiche gilt auch für die Politik der Entspannung. Ein Wechsel in der Führung würde als Rückkehr zum harten Kurs aufgefaßt werden und den Imperialisten erleichtern, ihrerseits den kalten Krieg zu erneuern. Dazu seine Schmeichelei der nationalistischen Gefühle der nichtrussischen Bevölkerung, „größere Rechte für Unionsrepubliken", seine Versprechungen an die Kollektivbauern (Beseitigung der Abgabepflicht für die Nebenwirtschaften), seine Drohung mit Unruhen, falls dieser Kurs rückgängig gemacht würde. Und das Hauptargument: Die Erhaltung

der Einheit der Partei! Gefährdung dieser Einheit bedeutet Verschärfung der Kriegsgefahr!
Interessant die „Analyse“ der Ursachen für die „Parteifeindlichkeit“ der Molotow-Gruppe: Sehr gemäßigt, „Konservatismus“, „Sektierertum“ u.ä. – In seinen Reden, vor allem in Leningrad holte dann Chruschtschow das nach, wozu das ZK nicht bereit war: Persönliche Diffamierung und gröbste Gemeinheiten (Malenkow zu feige, nach Leningrad zu kommen). Die Presse folgte, nachdem der organisierte „spontane“ Volkszorn programmgemäß auf den Versammlungen im Lande „sich Luft machte“. Jetzt werden Anschuldigungen erhoben, von denen im Kommuniqué nicht die Rede: Die „parteifeindliche“ Gruppe habe letzten Endes auch die Verteidigungskraft der SU untergraben wollen und somit den Imperialisten in die Hände gespielt! Von da bis zur Forderung nach Ausschluß aus der Partei und gerichtlicher Verfolgung ist nur noch ein kleiner Schritt.
All dies zusammen zeigt verschiedenes: erstens, daß Chruschtschow aus der Reaktion auf seine Erklärung über Stalin auf dem XX. Parteitag gelernt hat: Die war damals so stümperhaft, daß er sich gefallen lassen mußte, daß ihm Togliatti sehr deutlich und grob, die chinesischen Genossen nicht weniger deutlich, aber sehr höflich, sagen konnten, daß diese Erklärung mit einer marxistischen Analyse nichts zu tun hat. Das hat sich der Kerl offenbar hinter die Ohren geschrieben und sich geschworen, daß ihm das nicht noch einmal passieren darf.
Daß die „Analyse“ der „Fehler“ Molotows nicht so grobschlächtig und plump wie die Erklärung über Stalin, hat aber sicher auch noch einen anderen Grund, nämlich, weil es der Banditen im ZK nur wenige geben dürfte, und ihm doch von vielen etwas schärfer als bisher auf die Finger geschaut wird.
Immerhin bleibt die Gruppierung im ZK noch die Frage, die am wenigsten klar. Welche Rolle spielt z.B.. Shukow? Gehört er selbst zu den trotzkistischen Verschwörern oder ist er nur ihr auf irgendeine Weise eingewickeltes

Werkzeug? Und Schwernik? Hier gibt es noch viele Fragezeichen.
Wie muß man die Situation nach dem Juni-Plenum einschätzen? Handelt es sich um einen entscheidenden, unwiderruflichen Sieg Chruschtschows und seiner Leute? Wie ist die Wirkung auf die internationale Arbeiterbewegung?
Zweifellos ist der Schlag gegen die Molotow-Gruppe eine Niederlage der gesunden Kräfte in der KPdSU, eine gefährliche und verhängnisvolle Stärkung der Position der Agenten des Imperialismus in der bislang führenden Partei der kommunistischen Weltbewegung. Die Hoffnung auf eine rasche Wiederherstellung der normalen Lage muß fallen gelassen werden. Die KPdSU hat jetzt endgültig die Fähigkeit verloren, die führende Kraft im sozialistischen Lager zu sein. Ihre eigene Gesundung kann nur noch mit Hilfe von außen, vor allem mit Hilfe der KP Chinas erreicht werden. Die übrigen kommunistischen Parteien in den Volksdemokratien, aber auch in den kapitalistischen Ländern müssen jetzt ihre Einheit mehr denn je verteidigen. Wenn sie früher dabei die stärkste Unterstützung von der KPdSU erfuhren, so müssen sie von dieser Seite jetzt auf die gefährlichsten Anschläge auf diese Einheit gefaßt sein. Denn wenn das innenpolitische Ziel der Chruschtschow-Bande die Desorganisierung der Volkswirtschaft in der SU, die ideologische Zersetzung der Partei und der Volksmassen, kurzum, die allseitige Unterminierung der Verteidigungskraft der Sowjetunion ist, dann ist ihr außenpolitisches Programm die Fortsetzung der Zersetzungsarbeit, die in Polen und Ungarn so erfolgreich war, d.h., daß jetzt die nächste Runde in der Durchführung des Programms begonnen hat, das Tito so klassisch in der Pula-Rede formuliert hat, die alten, „stalinistischen" Führungen zu beseitigen, und an ihrer Stelle die Nagy, Kadar und Gomulka an die Spitze zu bringen. Auf der „Abschußliste" dieser Bande stehen, daran kann gar kein Zweifel sein, mit an oberster Stelle die Namen der führenden Genossen unserer Partei.
Die Gefahr ist also sehr groß und es wird kaum ohne

neue, heftige Stöße abgehen, nachdem der Stoß in Ungarn noch nicht ausgereicht hat, die Bande zu entlarven und ihr das Handwerk zu legen.
Und dennoch hat diese Bande den Höhepunkt ihrer Erfolge bereits überschritten. Das Entscheidende am Juni-Plenum ist nämlich nicht, daß die gesunden Kräfte noch einmal – und sicher nicht einmal letztmalig – eine Niederlage erlitten haben. Das Entscheidende ist, daß die gesunden Kräfte in die Offensive gegangen sind und die Banditen sich verteidigen mußten. Es hieße zu schlecht von der KPdSU denken, wollte man annehmen, daß sich nicht Tausende sowjetischer Genossen ihre eigenen Gedanken über die Ereignisse machen würden und nicht imstande wären, hinter der offiziellen Version die wirklichen Meinungsverschiedenheiten zu ahnen und zu erraten. Und was das Wichtigste ist: die Partei ist im Geiste des Leninismus erzogen, und auf die Dauer können die Angriffe auf den Geist des Leninismus auch durch noch so häufige Bekenntnisse zum Leninismus nicht vertuscht werden. Ganz sicher werden sich viele Sowjetbürger die Frage vorlegen, wie es kommt, daß die gleichen Leute, die mit so viel Eifer bemüht sind, einem Feind des Marxismus und der Sowjetunion und Kostgänger der amerikanischen Imperialisten wie Tito ihre Freundschaft und Sympathie zu bezeugen, gleichzeitig bewährte Bolschewiki wie Molotow und Malenkow mit so wütendem Haß und hinterhältigsten Anwürfen verfolgen. Wie es kommt, daß diese Leute, wenn sie von „Einheit" reden, damit die Einheit mit Renegaten und Feinden des Sozialismus meinen, und gleichzeitig von dieser Einheit kampferprobte treue Kommunisten wie Rákosi, Molotow, Malenkow ausschließen wollen.
Übrigens gehört zu den beabsichtigten Wirkungen des Juni-Plenums auch dies, daß der Kampf um die Einheit der Partei, der bislang mit seiner Spitze gegen die Revisionisten und vor allem gegen die Tito-Clique gerichtet war, jetzt wieder auf die „Dogmatiker" als „Hauptfeinde der Einheit" abgebogen wird. Nicht umsonst jubelten Tito und Gomulka am lautesten über das Ergebnis des Juni-Plenums! Vor allem für Gomulka war dies eine

dringend benötigte Entlastung, denn auf dem 9. Plenum war er schon so in die Enge getrieben worden, daß er seine Position nur halten konnte, indem er sich selbst zum Preisfechter gegen die Revisionisten aufspielte!
Chruschtschow tat aber noch ein übriges, um seinen bedrängten Freunden zu Hilfe zu eilen. In einer Rede während ihres Besuches in der CSR nämlich bezeichnete er die Molotow-Gruppe jetzt plötzlich nicht mehr als Dogmatiker und Sektierer, sondern als – Revisionisten! Das Ziel ist klar: Da überall die Auffassung sich durchgesetzt hat, daß die Hauptgefahr für die Einheit vom Revisionismus droht, wird mit einem Taschenspielertrick ganz einfach die Haltung der konsequentesten Leninisten für Revisionismus ausgegeben! Und die Gomulkas können jetzt rufen: Haut die Revisionisten! und dabei die Schläge von sich auf die Leninisten ablenken.
Auch noch an einem anderen Beispiel zeigt sich, zu welchen infamen Gemeinheiten dieser Bursche fähig: er wirft jetzt Molotow, Malenkow usw. vor, sie hätten, um von ihrer eigenen Verantwortung abzulenken, alle Verantwortung für die Massenrepressalien usw. auf Stalin abwälzen wollen! Lügen, wie alles, was von dieser Quelle ausgeht! In Wirklichkeit haben Molotow, Malenkow u.a. sich überhaupt dagegen gewandt, eine solche „Korrektur" der Fehler Stalins durchzuführen, wie das Chruschtschow auf dem XX. Parteitag tat. Sie haben Stalin gegen Chruschtschow verteidigt! Es genügt, dazu noch einmal die Rede z.B. Molotows auf dem XX. Parteitag durchzulesen, um sich davon zu überzeugen. Es war Chruschtschow, der damals aus taktischen Gründen, um überhaupt Zustimmung zu seiner Art der „Korrektur" zu erhalten, die Linie bezog, alle Schuld auf Stalin abzuwälzen. Jetzt, nachdem es gelungen ist, Stalin und dessen Maßnahmen zu diffamieren, von denen der Fuchs Chruschtschow damals verkündete, daß sie nur möglich waren, weil Stalin das ZK überging, jetzt wird faktisch der Vorwurf der Alleinherrschaft Stalins fallen gelassen, um die engsten Mitarbeiter Stalins diffamieren zu können. Das ist der Fluch der bösen Tat. Nachdem die Genossen des ZK aus welchen Gründen auch immer

zuließen, daß die Politik vor Stalins Tod mit Prädikaten wie „Verbrechen" und „Verletzungen der sozialistischen Gesetzlichkeit" versehen wurden, war der unvermeidliche nächste Schritt, daß ihnen die trotzkistische Bande bei erster bester Gelegenheit daraus einen Strick drehen würde. Nicht umsonst hatte Stalin die Reinheit der Partei über alles gestellt! Feinden den kleinen Finger reichen, ist noch nie gut ausgegangen.

Aber dennoch: Chruschtschow hat seine giftigsten Pfeile bereits verschossen. Es dürfte ihm schwer fallen, gegen die gesunden Führungen der kommunistischen Parteien noch einmal mit den gleichen Mitteln vorzugehen, wie gegen Rákosi und die Führung der polnischen Partei. Und vor allem: Von Peking bis Paris wissen die führenden Genossen jetzt – wenn sie es nicht schon längst wußten –, mit wem sie es zu tun haben. Nicht umsonst sprach Togliatti mit solcher Hartnäckigkeit davon, daß die Kommunistische Weltbewegung jetzt polyzentrisch sei und warnte vor der Kopie dessen, was aus Moskau kommt! Und nicht umsonst wirkten die chinesischen Genossen der Hetze gegen Stalin so energisch entgegen! Und die Reaktion der KP Chinas auf das Juni-Plenum ist deutlich genug: Eine kurze Bestätigung des Empfangs der Mitteilung über das Plenum durch Judin (übrigens auch ein Positivum, daß er dorthin geschickt wurde) ohne jede Stellungnahme zu dessen Beschluß. Keine Artikel, in denen dieser Beschluß begrüßt wurde, keine Parteiversammlungen mit Zustimmungsresolutionen, sondern Schweigen bis zum heutigen Tage (27. Juli 1957)! Das allein spricht Bände! Und auch nicht zufällig betont Ho Chi Minh in allen seinen Reden, die er bis jetzt bei uns und auch in anderen Ländern gehalten hat, daß das sozialistische Lager unter Führung der SU und Volkschinas steht! (Diese Feststellung wurde übrigens erstmalig von Molotow im Jahre 1955 getroffen. Heute verstehe ich, warum.)

Noch aus einem anderen Grunde ist Chruschtschows Lage schwierig geworden: Das Hauptargument, mit dem er Molotow geschlagen hat – Wahrung der Einheit der Partei! – ist für alle Parteien, deren Spitze gesund ist, ein ausgezeichnetes Argument gegen die Chruschtschow-Leute in den eigenen Reihen. Jawohl, wir stimmen dem Beschluß der KPdSU zu und ziehen daraus die Lehre, die Einheit der Partei ebenso konsequent zu verteidigen, wie uns das Chruschtschow lehrt – das mußte der Tenor der Stellungnahmen in der CSR wie in der DDR usw. sein und war es in der Tat. In Rumänien und Bulgarien machte man die Sache noch gründlicher: Man schrieb fast wörtlich die Begründung des Schlages gegen Molotow aus der Entschließung des Juni-Plenums ab, um damit gegen rechts, gegen die Leute zu schlagen, auf die Chruschtschow seine Hoffnung setzen mußte bei kommenden Angriffen auf die Führung (Kischinevski und Konstantinescu in Rumänien). Auch die Reisen Chruschtschows in die volksdemokratischen Länder sind eine Sache, bei der er zwar seinen Zweck verfolgt und ganz sicher einige Sprengminen legt, aber andererseits nicht umhin kann, die Autorität der gegebenen Führung zu stärken. Außerdem haben die verschiedenen zweiseitigen Kontakte bereits den Erfolg gehabt, daß sich die gesunden Parteien darüber verständigten, wie weiter vorzugehen ist, um einem weiteren Vordringen der Zersetzung Einhalt zu gebieten. Alles in allem: Mag es noch Rückschläge der verschiedensten Art geben, das Ende steht dennoch schon jetzt fest: der Sozialismus hat die erste Intervention zurückgeschlagen, er hat die Trotzkisten und Bucharin-Leute erledigt, er hat den Faschismus geschlagen – er wird auch die trotzkistische Nachgeburt Chruschtschow zerquetschen! Siegen werden Lenin, Stalin, Rákosi, Molotow über Tito, Dulles, Chruschtschow, Mikojan, Kadar und Gomulka!

14. Juli Togliatti begrüßt Beschluß des Juni-Plenums der KPdSU, spricht sich aber gegen ähnliche Maßnahmen in anderen kommunistischen Parteien, gegen schematische Übernahme all dessen, was in der SU geschieht, aus (RIAS). Daraus nicht ersichtlich, gegen wen sich Togliatti wandte, gegen Rechts oder Links.

Juli *Persönliche Stellungnahme zum Juni-Plenum der KPdSU – Vorbemerkung:*

Am 11. Juli 1957 fand unsere Parteiversammlung (Grundorganisation Historiker in der Humboldt-Universität Berlin) zum Beschluß des Juni-Plenums der KPdSU statt. Gegen diesen Beschluß aufzutreten war natürlich unmöglich. Das hätte nur geheißen, den Ausschluß aus der Partei zu provozieren, und das hieße, die Partei freiwillig den von Chruschtschow Verblendeten und Verführten und den bewußt revisionistischen Kräften zu überlassen. Deshalb konnte es nur zwei Möglichkeiten geben: entweder gar nichts zu sagen, oder es Togliatti gleichzutun und den Beschluß zu akzeptieren, aber diese Akzeptanz so zu begründen, daß daraus eine Attacke gegen den modernen Revisionismus und gegen die revisionistischen Spalter der Einheit der Partei wird. Die erste Möglichkeit entfiel für mich. Ich konnte und wollte in einer solch entscheidenden Situation nicht kneifen. Also trug ich das Nachfolgende vor.

11. Juli *Parteiversammlung*

Genossinnen und Genossen: Ich möchte zum Beschluß des ZK der KPdSU als Angehöriger einer Generation sprechen, die schon vor 1933 in den Reihen der kommunistischen Jugendbewegung stand.

Für diese Generation ist mit dem Namen des Genossen Molotow sehr viel mehr verbunden als für die jüngeren Genossen, die nach 1945 zur Partei kamen. Und deshalb – und jetzt spreche ich nur für mich – hat dieser Beschluß der KPdSU neben dem Gefühl der Genugtuung darüber, daß der Angriff auf die Einheit der Partei erfolgreich abgeschlagen wurde, auch ein Gefühl tiefen Bedauerns darüber ausgelöst, daß in der Vergangenheit so verdiente und hervorragende Führer der KPdSU einen Weg gehen konnten, der die Partei gezwungen hat, sie als parteifeindliche Gruppierung zu brandmarken.

Wenn ich also nicht einstimmen könnte in einen Chor solcher Leute, die gewohnt sind, ohne überhaupt nachzudenken, abwechselnd „Hosianna" und „Kreuziget ihn!" zu rufen, so möchte ich gleichzeitig sagen, daß minde-

stens ebenso falsch wäre, sentimentale Empfindungen zum Ratgeber in politischen Fragen zu machen.
Ein gründliches Studium des Beschlusses des Juni-Plenums des ZK der KPdSU muß zu der Schlußfolgerung führen, daß – selbst wenn man davon ausgeht, daß die Haltung der Gruppe Molotow nicht feindlicher Absicht, sondern dem Unverständnis für die neuen Bedingungen, einem Konservatismus und einer Zurückgebliebenheit entspringen – die Tätigkeit dieser Gruppe einen Angriff auf die Einheit der Partei darstellt, mit dem Ziel, die Partei auf Positionen zurückzuzerren, die vom XX. Parteitag und z.T. schon früher überwunden worden waren. Das gilt für die innere, wohl noch mehr aber für die Außenpolitik der SU.
Ich möchte das an einer Frage erläutern, die mir besonders geeignet erscheint, den Konservatismus, das Nichtverstehen der neuen Bedingungen deutlich zu machen, nämlich an der Frage des Verhältnisses zu Jugoslawien. Bekanntlich wandte sich die parteifeindliche Gruppierung auch gegen die Normalisierung der Beziehungen zu Jugoslawien. Wir alle wissen, daß die Haltung der jugoslawischen Führer im Herbst vergangenen Jahres und danach der internationalen Arbeiterbewegung großen Schaden zugefügt und scharfe Kritik aller marxistisch-leninistischen Parteien hervorgerufen hat. Die jugoslawischen Führer machten sich zu den Hauptfürsprechern des „Nationalkommunismus" und des Revisionismus und unternahmen vielfältige Versuche, die führende Rolle der SU und der KPdSU im sozialistischen Lager zu leugnen und statt dessen den sogenannten jugoslawischen Weg zum Sozialismus als Vorbild für alle hinzustellen.
Bekanntlich haben auch die revisionistischen Konzeptionen Viewegs und der Genossen Behrens und Benary ihren Ursprung in Jugoslawien.
Von Jugoslawien ging der Versuch aus, die Einheit der kommunistischen Weltbewegung zu sprengen durch die Einteilung der kommunistischen und Arbeiterparteien in „stalinistische" und „nichtstalinistische", wobei die jugoslawischen Führer zum Hauptziel ihres Kampfes die

Beseitigung der sogenannten Stalinisten von der Führung aller Parteien proklamierten.
Sie unterstützten – wie Genosse Bulganin im März dieses Jahres mitteilte – sowohl vor wie nach den Oktoberereignissen in Ungarn die Konterrevolutionäre; sie verleumdeten die Hilfe der Sowjetarmee im Kampf gegen die Konterrevolution als „Intervention" und falsch.
Sie verblieben auch nach der Aussöhnung mit der SU und den volksdemokratischen Ländern in dem imperialistischen, gegen das sozialistische Lager gerichteten Balkanpakt und genießen so großes Vertrauen der USA-Imperialisten, daß die USA-Regierung im Mai dieses Jahres beschlossen hat, die „Unterstützung" Jugoslawiens durch Lieferung schwerer Waffen einschließlich Düsenkampfflugzeugen wiederaufzunehmen, während sie z.B. zäh und halsstarrig am Embargo gegen Volkschina festhalten.
Kann es irgendeine Meinungsverschiedenheit darüber geben, daß all dies dem Sozialismus schädlich ist, daß es objektiv die Aufweichungspolitik der Imperialisten unterstützt, und daß man derartige Versuche, die Einheit des sozialistischen Lagers zu untergraben, entschieden zurückweisen muß?
Nein, darüber kann es keine Meinungsverschiedenheiten geben und gab es auch keine Meinungsverschiedenheiten. Die KPdSU hat einmütig und geschlossen an führender Position all diesen Versuchen die gebührende Abfuhr erteilt. Aber welche weiteren Schlußfolgerungen sind aus all dem zu ziehen?
Molotow und seine Gruppe zogen daraus die Schlußfolgerung, man müsse gegenüber Jugoslawien und den jugoslawischen Führern wieder zur Politik von 1949, zur Politik der Ächtung und Ausstoßung zurückkehren.
Gerade darin zeigt sich der Konservatismus, das Haften an alten, überholten Vorstellungen, das Nichtbegreifen der neuen Situation, der neuen Möglichkeiten und Notwendigkeiten, die sich seit dem Ende des Zweiten Weltkrieges immer stärker herausgebildet haben.
Auf dem Empfang für die albanische Partei- und Regie-

rungsdelegation in Moskau im April d.J. erklärte der 1. Sekretär der KPdSU, Genosse Chruschtschow:
„Wir wollen Freundschaft mit dem brüderlichen jugoslawischen Volk. ... Die SU wolle freundschaftliche Beziehungen zu ganz Deutschland, nicht nur zur DDR. Warum solle sie dann nicht mindestens ebensolche Beziehungen zu Jugoslawien wünschen." (ND vom 16.4.57)
Eine solche Haltung erfordert doch durchaus nicht, daß wir unsere Wachsamkeit gegenüber möglichen Angriffen auf den Marxismus-Leninismus aufgeben!
Die Oktoberereignisse haben allen kommunistischen Parteien die große Gefahr des Nachlassens der Wachsamkeit vor Augen geführt; die Zurückweisung und Zerschlagung der Angriffe der Revisionisten hat sie ideologisch gestählt; die Zurückweisung der Angriffe auf die Einheit des sozialistischen Lagers hat dieses Lager weiter gefestigt.
Die jugoslawischen Führer wurden gezwungen, ihre Angriffe gegen die Prinzipien des Marxismus-Leninismus einzustellen. Jetzt gilt es erst recht, die Verbindungen zu Jugoslawien zu festigen, dem jugoslawischen Volke bei seinen Bemühungen um den Aufbau des Sozialismus zu helfen und maximale Anstrengungen zu unternehmen, den Prinzipien des Marxismus-Leninismus auch innerhalb Jugoslawiens und dem Bunde der Kommunisten zum Siege zu verhelfen.
Das nicht zu begreifen oder für unmöglich zu halten, heißt aber, die Veränderung des Kräfteverhältnisses und der daraus entspringenden Bedingungen nicht zu verstehen, und muß zu dem Versuch führen, die Partei auf alte, längst überholte Positionen zurückzuzerren, zu dem Versuch, den XX. Parteitag und seine Lehren rückgängig zu machen.
Das aber ist das Gegenteil dessen, was der Arbeiterbewegung nützt und was sie braucht. Genosse Togliatti erklärte zum Beschluß des Juni-Plenums des ZK der KPdSU, daß man nach dem XX. Parteitag nicht mehr nach rückwärts gehen darf, sondern vorwärtsschreiten, den Prinzipien des Marxismus-Leninismus treu bleiben,

gegen Schematismus und konservativen Geist kämpfen muß, die das Vorwärtskommen behindern.
Eben deshalb mußte der Schlag gegen die parteifeindliche Gruppe Molotow geführt werden und er mußte mit dieser Schärfe geführt werden, weil diese Gruppe dabei den Weg der Fraktionsbildung, des Angriffs auf die Parteiführung und die Einheit der Partei ging.
Darin liegt m.E. das Hauptverdienst und die Hauptlehre des Beschlusses des ZK der KPdSU: Er gibt uns das Beispiel dafür, wie kompromißlos und entschlossen die Führung der KPdSU jeden Anschlag auf die Einheit der Partei zurückschlägt, ganz gleichgültig von wem dieser Angriff erfolgt. Damit hat die KPdSU erneut der ganzen kommunistischen Weltbewegung eine große Hilfe erwiesen.
Unsere Aufgabe und Pflicht ist es, in der Verteidigung der Einheit der Partei gegen alle und jegliche Angriffe nicht hinter der KPdSU zurückzustehen. Das ist der Prüfstein für jedes Mitglied unserer Partei dafür, ob es die richtigen Lehren aus dem Beschluß des ZK der KPdSU gegen die parteifeindliche Gruppierung Molotow-Malenkow-Kaganowitsch und Schepilow gezogen hat.
Das ist nicht nur so hingesagt. Die Reaktion der westlichen Presse auf den Beschluß zeigt, daß er von dieser Seite als Signal zu neuen Angriffen auf die Führung vor allem der SED aufgefaßt wird, als Signal zu einem großangelegten Versuch, die kläglich gescheiterte Politik der „Aufweichung" zu erneuern.
Wir haben nicht den mindesten Grund, derartige Versuche zu fürchten. Sie werden in Zukunft noch kläglicher scheitern als in der Vergangenheit.

Die Westpresse zur Absetzung Molotows usw.

5. Juli 1957: Die Welt
„Der Sieg Chruschtschows beeindruckt Ost und West. Und Ulbricht?
Chruschtschow ist ein sehr realistischer Mann. Er wird wissen, was er von Ulbricht zu halten hat. Und es kann sein, daß er daraus ... für Ulbricht höchst unangenehme Konsequenzen zieht."

Das Ringen im Kreml. Leitartikel von Kurt Welkisch – bemerkenswert richtige Schlüsse, mit unverhohlener Sympathie für Chruschtschow, der als Mann mit „reformistischen Gedankengängen und Maßnahmen, die in die Zukunft weisen" gelobt wird, während seine Gegner als „rückschrittliche Kräfte der Vergangenheit" bezeichnet werden. Vom Standpunkt der Konterrevolution durchaus konsequent!

In diesem Artikel wird versucht, darzustellen, weshalb der Sieg Chruschtschows über Molotow, Kaganowitsch und Malenkow unvermeidlich war. Als Ursachen werden genannt: die Beherrschung des Parteiapparates, Chruschtschows „reumütiges" Bekenntnis zu Stalin nach der Ungarnkrise, sein erfolgreicher Kampf gegen Malenkow, der sein gefährlichster Gegner gewesen sei, weil er sich selbst als „Reformator" große Popularität zu schaffen gewußt habe. Aber Chruschtschow sei der bessere Stratege gewesen.

1953 – Schlüsselstellung als Parteichef; im Juni 1954 machtpolitisch das Rennen schon gewonnen; Dezember 1954 ließ er den Rivalen im Prozeß gegen Abakumow an seine Mitschuld bei der Ermordung Wosnessenskis erinnern, im Februar 1955 stürzte er ihn als Ministerpräsident. Jetzt nur letztes Glied in der Kette.

5. Juli Nochmals Die Welt:

„Gewinn für den Westen"

Bemerkenswert: Artikelserie: Mit Hamburger Senatoren in Leningrad: „Das ganze Land ist eine Schule", sehr sehr positiv: „Die Staatsführung kommt aus der Mitte dieses Volkes. Wir sollten dem Aberglauben aufsagen. ... Hier guter, seelenvoller, wißbegieriger russischer Mensch, dort böse kommunistische Funktionäre."

5. Juli Tagesspiegel

Folgen der Moskauer Säuberung. Zwei führende rumänische KP-Funktionäre ihrer Posten enthoben (Kischinevski und Konstantinescu). Die „Erleichterungen in Rußland ... seien, soweit bekannt wurde, von der Bevölkerung begrüßt worden. Vor den Zeitungskiosken in Moskau standen am Donnerstag lange Menschenschlangen, die mit ernsten Gesichtern verhalten diskutierten.

Der Tenor der ersten Kommentare lautete: Es war ein guter Regen, der endlich niedergegangen ist."
„Die Parolen, mit denen Chruschtschow seine langjährigen Mitarbeiter ausgebootet hat, klingen für die Moskauer zu überzeugend, als daß ein ernstlicher Widerstand in der SU von heute denkbar wäre. Entspannung auf dem Gebiet der Außenpolitik, Verbesserung der Lage der Kolchos-Bauern, mehr Konsumgüter für die Bevölkerung und eine Erweiterung der Rechte der einzelnen Unionsrepubliken – dies alles entspricht dem, was sich 200 Millionen Einwohner der Union von Herzen wünschen.
Auf der gleichen Linie liegt auch die stärkere Berücksichtigung von Nichtrussen im neugebildeten Präsidium. ..."
Wichtiger Artikel: „Das Moskauer Erdbeben und seine Folgen." Etwa in der gleichen Linie wie der „Welt"-Artikel, mit kleinen Varianten, z.B.: „Von drei Kommunisten hat Chruschtschow bei seinen machtpolitischen Plänen ... profitiert: Es sind dies Mao Tse-tung, Gomulka und Tito." (Die Herren werden sich wundern! An Mao werden sich Chruschtschow, Gomulka und Tito zu guter Letzt den Schädel einrennen!)
Die Ausführungen Chruschtschows auf dem XX. Parteitag seien „wahrscheinlich über die vereinbarten Grenzen hinausgegangen". (Ganz bestimmt sogar, wie auch seine Belgrader Flugplatzrede und so manches andere!)
Die Ungarn-Ereignisse hätten die Molotow-Gruppe ungewöhnlich gestärkt. „In einer solchen Situation hat Chruschtschow erstaunlich opportunistische Züge gezeigt, er hat ... sogar den von ihm ... heruntergerissenen Stalin zu Anfang dieses Jahres als einen hervorragenden Marxisten, Organisator des sowjetischen Staates und Feldherren gepriesen. Er ging sogar auf die Forderung der Stalinisten ein und billigte die neue Phase der antijugoslawischen Politik."
Über Chruschtschows Rede vom 22. Mai in der Stadt Lenins, „in der er den sowjetischen Bauern und Arbeitern viel mehr versprach, als dies Malenkow jemals getan hatte. ... Das war eine beispiellose Demagogie, aber

es war ein Schlag gegen die Volkstümlichkeit Malenkows. Von diesem Tage an mobilisierte Chruschtschow den ihm ergebenen Parteiapparat für die Abrechnung mit den Stalinisten Molotow, Kaganowitsch und mit dem gefährlichen Reformator Malenkow."
Weitere Entspannung der Weltlage? (Echo in der Welt)
„Der polnischen Botschaft in Paris nahestehende Persönlichkeiten äußerten sich ‚höchst befriedigt. ... Es ist ein Sieg der Chruschtschow/Mao Tse-tung-Linie' sagten sie." (!!!) Ebenso begeistert Trybuna Ludu und natürlich Tito-Leute in Belgrad.

10.-12. Juli 32. ZK-Plenum der SED zum Juni-Plenum der KPdSU.

Aus dem Bericht des Genossen Robert Naumann über die 32. ZK-Tagung der SED (Uni-Partei-Aktiv 23.7.57)

Über die Angelegenheit Molotow:
Malenkow und Molotow seien verantwortlich für Massenrepressalien gegen Kommunisten und Komsomolzen. Sie hätten die alleinige Verantwortung dafür auf Stalin abschieben wollen. Dem Plenum seien aber Materialien über ihre Tätigkeit vorgelegt worden. ... Malenkow hätte die Landwirtschaft vernachlässigt. Um sich populär zu machen, habe er die Abschaffung der Steuer für die Nebenwirtschaft als seinen Vorschlag ausgegeben. ... Er sei ein enger Freund Berijas gewesen, trage die Verantwortung für die Leningrader Affäre. ...
Kaganowitsch sei ein haltloser Mensch. ... Molotow – ein ganzes Sündenregister, u.a. habe er nichts zur Normalisierung der Beziehungen zu Jugoslawien unternommen. Er habe dagegen protestiert, daß Chruschtschow ein Telegramm an Eisenhower wegen dessen Gesundheitszustand geschickt habe.
Am 7. und 8. Juni hätten Molotow, Malenkow usw. die sofortige Einberufung einer außerordentlichen Präsidiumssitzung des ZK gefordert, weil zu dieser Zeit nicht alle Mitglieder in Moskau. Auf dieser Tagung versuchten sie, die Führung zu ändern, vor allem Chruschtschow als 1. Sekretär abzusetzen. Vorwand dazu sei die Besprechung der Reden anläßlich der Feierlichkeiten in Lenin-

grad gewesen, aber die seien bereits besprochen gewesen. Aber die Moskauer Parteiorganisation habe davon erfahren und die Einberufung eines ZK-Plenums gefordert. Schepilow habe eine besonders hinterhältige Rolle gespielt. ...

Über Polen: Als die polnische Delegation bei uns war, habe es in verschiedenen Fragen Übereinstimmung gegeben, aber nicht in allen. Die Verhandlungen mit den polnischen Genossen seien nicht einfach gewesen. Von Seiten der DDR-Delegation sei es ein Ringen um die polnischen Genossen gewesen. Die polnische Delegation habe sich vor allem dagegen gesträubt, die führende Rolle der Sowjetunion anzuerkennen, und dagegen, den USA-Imperialismus im Kommuniqué zu erwähnen.
Über die Situation in Polen: Die Lage in der PVAP sei schwer. Die Partei sei nicht einig. Das 9. Plenum sei ein gewisser Erfolg der positiven Kräfte in der Partei. Die Hauptdifferenzen in der Partei bestünden über die Einstellung zur KPdSU, über die Landwirtschaftspolitik und die Haltung zur katholischen Kirche.
Das 9. Plenum zeigte trotz gewisser Fortschritte noch keinen Ausweg, die Krise in der Partei ist noch nicht behoben.
Positiv ist, daß die extrem rechten Kräfte zurückgedrängt werden konnten. Im Gegensatz zum 8. Plenum, wo die DDR und CSR überhaupt nicht erwähnt wurden, wird in der Resolution positiv zu beiden Stellung genommen.
In der Landwirtschaft ist die Lage sehr ernst. Die LPG sind von über 10 000 auf 1 700 zurückgegangen. Die Partei hat die führende Rolle im Dorf verloren, dort führt jetzt die Bauernpartei. Die Mitglieder der LPG werden terrorisiert, sie erhalten keine Unterstützung von den MTS. Man empfiehlt ihnen, selbst Maschinen zu kaufen. Kaufen sie aber Maschinen, dann erhalten sie kein Benzin. Das alles ist das Ergebnis der Beschlüsse des 8. Plenums in Bezug auf die Landwirtschaft.
Die sogenannte Selbstverwaltung auf dem Lande, ein Hauptbestandteil des „polnischen Weges" zum Sozialismus, sieht so aus, daß in diesen Selbstverwaltungen die kapitalistischen Elemente führen. Die ideologische

Schulung ist schlecht, alle Parteischulen, auch die Parteihochschule, wurden liquidiert. Der Parteiapparat wurde reduziert, dabei die konsequenten Kommunisten entfernt.
Unsere Aufgabe besteht darin, zu helfen, indem wir das Beispiel dafür geben, wie man den Sozialismus aufbaut, welcher Weg der richtige ist.

Zu Jugoslawien: Für uns hat die Frage der Anerkennung der DDR große Bedeutung. Wir versuchen auf die jugoslawischen Genossen einzuwirken, u.a. auch mit Hilfe der rumänischen und italienischen Genossen. Die Feststellung in den Kommuniqués, daß die einseitige Anerkennung der Bundesrepublik eine Unterstützung des deutschen Militarismus darstellt, war an die Adresse Jugoslawiens gerichtet. Die jugoslawischen Genossen machen Ausflüchte, erklären: Ihr habt ja Recht, aber höhere Instanzen. ... Diese höheren Instanzen sind die Amerikaner. Die Unabhängigkeit Jugoslawiens ist also nicht so groß, wie sie manchmal dargestellt wird.
In Jugoslawien wurde jetzt eine Diskussion über die Arbeiterräte durchgeführt; anwesend waren auch ausländische Genossen, weil die jugoslawischen Genossen sich ja an die Spitze setzen wollen und durch die Diskussion über die Arbeiterräte eine bestimmte Richtung hineinbringen wollen.

Über die Beratungen mit der Delegation der KPI: Mit unseren italienischen Genossen waren wir uns in allen Fragen einig, bis auf ihre Formulierung des „besonderen italienischen Weges". Wir haben dann einen Kompromiß geschlossen und vom Weg zum Sozialismus gesprochen, der alle Eigenarten und Besonderheiten Italiens berücksichtigt.

Auf dem Plenum wurde auch erneut über die Notwendigkeit der Schaffung eines internationalen Organs gesprochen. Diese Frage soll mit den Bruderparteien weiter beraten werden.

16. Juli Leitartikel im Organ des ZK der KP Bulgariens:
„Die Einheit der Partei ist der Quell ihrer Kraft und Unbesiegbarkeit."
Sehr bemerkenswert. Gerichtet gegen die Gomulkas, d.h. die Chruschtschow-Leute in der eigenen Parteiführung. In der Begründung ist eine neue Linie erkennbar. Bisher bulgarische Partei bekannt dafür, daß sie alle Maßnahmen der KPdSU zum Leitstern ihrer eigenen Maßnahmen machte, daß sie geradezu alles kopierte, was in der SU gemacht wurde, sozusagen schon inoffiziell eine Partei, wie etwa die KP der Ukraine, im Rahmen der KPdSU war, so wie Bulgarien schon inoffiziell gewissermaßen die 17. Unionsrepublik war.
Jetzt die „Kopie" rein formal: Der Beschluß des Juni-Plenums der KPdSU Anlaß für einen äußerlich gleichartigen, inhaltlich aber entgegengesetzten Beschluß. Dabei nicht mehr Berufung auf KPdSU, sondern auf Dimitroff und die eigene Parteigeschichte (AdiA Nr. 15/57).

18. Juli „Freundschaftstreffen" in der Nähe Moskaus
Vertreter der KPdSU, der bulgarischen und albanischen Partei und der Tito-Clique. – Chruschtschow hat es eilig, das Eisen zu schmieden, solange es heiß ist und seinem „teuren Genossen" Tito wieder Eingang ins sozialistische Lager zu verschaffen! Aber diesmal dürften sich diese Bemühungen als Bumerang erweisen, weil viel mehr eine Bindung für Tito als für uns.

21. Juli Artikel der Prawda: „Das Leninsche Prinzip der friedlichen Koexistenz – die unerschütterliche Grundlage der sowjetischen Außenpolitik" (AdiA Nr. 15/57). Ein Artikel voller unglaublicher Demagogie und Verlogenheit. Ob wirklich irgend jemand, der einigermaßen selbständig zu urteilen gewohnt ist, dem Verfasser (I. Franzew – entweder Idiot oder Bandit) abnimmt, Molotow sei ein Gegner des Prinzips der Koexistenz? Mit verlogenen Phrasen versucht er die Klippe zu umschiffen, die sich daraus ergibt, daß er einerseits feststellen muß, die SU habe immer in ihrer Außenpolitik entsprechend diesem Prinzip gehandelt, andererseits aber noch niemand vergessen hat, daß seit den dreißiger Jahren der sowjetische

Außenminister Molotow (und nicht Chruschtschow oder Mikojan) hieß.

24. und 25. Juli Prawda bringt „Briefe von Veteranen der Partei an die Redaktion", in denen die „Empörung" über die „parteifeindliche Gruppierung" ausgedrückt wird. Die Chruschtschow-Bande tut alles, um ihren Sieg im ZK maximal auszunutzen und zu verankern, und scheut nicht vor den schmutzigsten Methoden des Mißbrauchs des Vertrauens parteiergebener Genossen zur Führung, vor Erpressung durch Mißbrauch der Parteidisziplin, zurück. – Aber umsonst!

17. Juli Eine Delegation der KPI unter Leitung Longos begibt sich nach Moskau.

22. Juli Neues Deutschland (Vorwärts vom 22. Juli 1957): Thorez am 21. Juli nach Leningrad ab. Duclos schon am 20. in SU abgeflogen.

Also eine Meldung, die auf eine Reise mit sozusagen dienstlichem Inhalt schließen läßt.

Neues Deutschland vom 28. Juli 1957: Thorez in Leningrad eingetroffen, zum Erholungsurlaub mit Frau und Kindern. – Bemerkenswert!

23. Juli 1957 Beginn der Verhandlungen SU-Bundesrepublik.

1.-2. August Sowjetisch-jugoslawische Besprechungen in Rumänien. Vertreter der sowjetischen Seite: Chruschtschow, Mikojan, Kuusinen, Ponomarjew u.a. (AdiA Nr. 15/57). Aus der ND-Meldung hatte man entnehmen müssen, daß die Gangster unter sich wären, da Kuusinen offenbar auf ihrer Seite steht.[1] Aber die Tatsache, daß auch Ponomarjew anwesend (wovon im ND nichts zu lesen), beweist, daß dem nicht so war.[2] Dies zusammen mit der anderen Tatsache, daß die Besprechung nicht in Jugoslawien, sondern in einem „stalinistischen" Land, ist ein positives Symptom.

4.-11. August Weltfestspiele in Moskau.

23. Juli Neues Deutschland: Chruschtschow und Bulganin kommen im August in die DDR.

1 Dies war eine Fehleinschätzung, die ich nach dem XXII. Parteitag der KPdSU korrigierte. K.G.

2 Dies ebenfalls eine Fehleinschätzung: Ponomarjew war zu Chruschtschow übergelaufen.

26. Juli Neues Deutschland: Sowjetische Handelsdelegation in Berlin.

3. August Neues Deutschland: Volkskammer am 8. August. Kundgebung zum 12. Jahrestag der Potsdamer Konferenz in Cecilienhof.

4. August Neues Deutschland
Zusammensetzung der sowjetischen Delegation: Chruschtschow und Mikojan statt Bulganin!

6. August Neues Deutschland
Zu dem Rätselraten in der Westpresse über die Veränderung der Zusammensetzung der sowjetischen Delegation: Mikojan wahrscheinlich deshalb, weil zwischen SU und DDR enge Wirtschaftsbeziehungen.

7. August Neues Deutschland
Kurzbiographien zur Ankunft Chruschtschows und Mikojans. Aus der Biographie Mikojans: „Im September 1918 wurde er von den britischen Interventen verhaftet. Im Frühjahr 1919 wurde jedoch durch einen Generalstreik der Bakuer Arbeiter die Freilassung Mikojans ... erzwungen." Eine der Anschuldigungen gegen Berija lautete: Während des Bürgerkrieges wurde er im Kaukasus von den britischen Interventen verhaftet. Er wurde wieder freigelassen, nachdem er einwilligte, als Agent des britischen Geheimdienstes „auf lange Sicht" zu arbeiten.

7.-14. August Chruschtschow und Mikojan in der DDR. Zur Delegation gehören u.a. auch Gromyko, der sowjetische Außenminister. Welche Bedeutung hat dieser Besuch? Welches ist sein Ergebnis? Gar kein Zweifel: Den Ereignissen in dieser Woche kommt die allergrößte Bedeutung zu – und zwar nicht nur den weithin sichtbaren in der DDR – sondern auch den in aller Stille in der SU vor sich gegangenen, d.h. vermutlich und aller Wahrscheinlichkeit nach vor sich gegangenen.
Die hervorstechendsten Tatsachen und Ereignisse des Besuches:
1. Nicht Bulganin, sondern Mikojan. Wie einzuschätzen? Schlecht oder gut? Zeichen für Zurückdrängung Bulganins – oder?

2. Der Besuch hat die Autorität der DDR enorm gesteigert.
3. Der Besuch hat die Autorität der Führung unserer Partei gestärkt, insbesondere die Autorität Walter Ulbrichts.
4. Der Besuch war ein harter Schlag für die Stellung Adenauers und seiner Regierung.
Also – das Gegenteil dessen, was die westlichen Politiker sich von diesem Besuch erhofften!
Aber auch das Gegenteil dessen, was Chruschtschow und sein Schützling Tito sich zum Ziel gesetzt hatten! Zweimal hatte er vergeblich seine unterirdischen Minen springen lassen, um Ulbricht zu stürzen: im Juni 1953 und im Oktober 1956 – und jetzt mußte er gar dazu beitragen, Ulbrichts Position entscheidend zu festigen – welch ein Pech und welch ein Fiasko!
Das ist ein Verdienst unserer Führung, die im Kampf gegen die hinterhältigen Anschläge der Chruschtschow-Bande zu einem großartigen Format herangewachsen ist, all deren Schach- und Winkelzüge großartig gekontert hat und in der Tat das wichtigste Zentrum der gesunden Kräfte in den europäischen Volksdemokratien im Kampf gegen die verkappten Trotzkisten darstellt.
Aber das ist auch ein Verdienst der sowjetischen Genossen, ohne deren Hilfe es nicht gelungen wäre, dieses Paar gerissener Gauner so an die Leine zu nehmen, wie es tatsächlich der Fall war. Es genügt, die Reden, die sich Chruschtschow noch in der CSR leisten konnte, mit denen zu vergleichen, die er bei uns gehalten hat, um zu erkennen, daß er unter Zensur gestellt war, daß die Reden, die er bei uns hielt, nicht mehr seine Reden, sondern das Ergebnis der kollektiven Beratung der gesamten sowjetischen Delegation waren. Besonders deutlich zeigt sich das bei der Volkskammerrede. Sie enthält nichts von seinem Stil, nichts von seinen billigen rhetorischen Mätzchen und Witzchen, sondern ist gehalten in der klaren, scharfen, sachlichen, nüchternen Sprache, die für die Verlautbarungen des sowjetischen Außenministeriums kennzeichnend ist. Es ist eher die Sprache Molotows als Chruschtschows. Aber nicht nur dem Stil, auch dem Inhalt nach war es keine Chruschtschow-

Rede, keine Rede, die der Chruschtschow-Linie nützte, sondern sie vielmehr durchkreuzte:
1. Volle Solidarität mit dem ZK der SED und mit der Regierung der DDR, ohne jeden Vorbehalt, ohne das kleinste Wörtchen der Kritik; nichts, was man ihnen vorwerfen konnte – weder Personenkult, noch Dogmatismus oder Konservatismus, im Gegenteil, man mußte ihnen bestätigen, daß sie den Marxismus-Leninismus richtig auf die Bedingungen in Deutschland angewandt hatten. Wie sauer es Chruschtschow ankam, in seiner Volkskammerrede all das zu sagen, läßt sich ahnen, wenn man das Foto im ND betrachtete. Dem Witzbold scheint buchstäblich jegliche Lust zum Scherzen vergangen zu sein!
2. Abrechnung von außergewöhnlicher Schärfe mit Adenauer. Man vergleiche das mit dem Ton der Versöhnlichkeit und des Verständnisses, den Chruschtschow bei den Verhandlungen mit Adenauer in Moskau 1955 angeschlagen hatte.
3. Überraschend gemäßigte Erwähnung der Molotow-Gruppe. Der Ausdruck „parteifeindlich" ist nicht zu finden. Man vergleiche das mit den Reden in der CSR, wo er sich grobe und gehässige Ausfälle gegen die Molotow-Gruppe und sogar wieder gegen Rákosi erlaubte. In seiner Erklärung vor der Volkskammer dagegen lag das Schwergewicht nicht auf der Verurteilung und Brandmarkung dieser Gruppe, sondern auf der Feststellung, daß die westlichen Hoffnungen auf eine Kursänderung der Politik der SU vergeblich sind. Soweit aus der Presse ersichtlich, ist das überhaupt die einzige Erwähnung der Molotow-Gruppe. Wenn man sich vor Augen hält, welche Welle gemeinster Hetze die Chruschtschow-Leute unmittelbar nach dem Juni-Plenum gegen Molotow usw. losließen, dann ist diese jetzige Zurückhaltung eine sehr vielsagende und sehr aufschlußreiche Tatsache.
Die Volkskammerrede Chruschtschows war also eine eiskalte Dusche für alle „Aufweichungs-Politiker". Das gleiche muß für die Abschlußrede am 13. August gesagt werden. Sie trägt allerdings in untergeordneten Fragen stärker den Stempel Chruschtschowscher Beredsamkeit

und Demagogie als die Volkskammerrede; vor allem zielt er hier auf Sentimentalität und Tränendrüsen („auch ich habe im Kriege Söhne verloren"), um für sich und seinen Spießgesellen Mikojan Reklame zu machen. Aber das ist völlig ungefährlich. Wer es unternommen hat, die Popularität Stalins zu liquidieren, kann nicht hoffen, selbst eine dauerhaftere Popularität als Stalin zu erwerben. Außerdem entscheidet sich das Schicksal Chruschtschows und Mikojans nicht in der DDR, sondern in der SU. Aber wichtig und wirksam für die DDR ist die ausdrückliche Vertrauenserklärung gegenüber Walter Ulbricht und Otto Grotewohl.
Kurzum: Unsere Genossen haben mit den wirklichen sowjetischen Genossen sehr erfolgreich zusammengearbeitet, um den beiden im Rahmen der offiziellen Veranstaltungen keinen Raum zu lassen, Schaden zu stiften. Der wichtigste Teil der sowjetischen Delegation war diesmal nicht jener, der im Rampenlicht stand und sich immer wieder feiern ließ, sondern der andere, unsichtbare, aber um so tätigere Teil.
Was den beiden blieb, um ihre Linie wenigstens andeutungsweise zu verfolgen, waren kleine, winzige Gelegenheitchen. Aber so klein und lächerlich sie auch waren, beide packten krampfhaft zu, um wenigstens ein paar Giftspritzer gegen die Autorität unserer Führung loszuwerden, unter der Biedermannsmaske freundschaftlicher Kritik, versteht sich.
Da ist Chruschtschows Begeisterung für den Brigadier Krebs (ND vom 11.8.), der „frisch von der Leber kritisierte". Da ist der blödsinnige Vorschlag Chruschtschows, wir sollten unsere Möbel aus Stahl statt aus Holz bauen, weil man das in Finnland auch mache! (ND vom 9.8.) Und so etwas spielte sich in der SU als Reformator des Bauwesens auf!
Und bei Mikojan der Versuch, durch eine Suggestivfrage („Macht euch der Bürokratismus noch viel zu schaffen?") Äußerungen der Unzufriedenheit hervorzulocken (ND vom 10.8.). Ob er solche Fragen auch in jugoslawischen Betrieben gestellt hat??? Und sein „wichtiger Hinweis", daß die Beseitigung von Mängeln von der gu-

ten Arbeit der Regierung abhänge (ND vom 11.8.). Ja, mit solchem kleinlichen Kram mußten sich diese beiden erfindungsreichen Helden, die gewohnt sind, die Leute, die ihnen im Wege sind, der schwersten Verbrechen zu beschuldigen, in ihren Bemühungen zur Untergrabung der Autorität unserer Führung abgeben. Waren das doch noch Zeiten, wo man einen Rákosi hinterrücks mit der Beschuldigung der Ermordung Unschuldiger fällen konnte! Aber das ist für immer vorbei, Herrschaften! Es wird Zeit, daß ihr an eure eigene Haut denkt!
Alles in allem: Der Aufenthalt Chruschtschows in der DDR wurde zu seiner größten Niederlage, seit er an der Spitze der KPdSU steht. Diese Niederlage bestätigt, daß er den Höhepunkt seiner Erfolge – trotz Juni-Plenums – bereits überschritten hat, daß die gesunden Kräfte sich international zusammengeschlossen haben und dieser Bande sehr überlegt, klug und geschickt zuerst die Hände binden, um sie bei passender Gelegenheit völlig zu zertreten.

Die dialektische Ironie der Geschichte will es, daß sich die Methoden, mit denen Chruschtschow den Titos, Gomulkas und Kadars den Weg frei machte, jetzt gegen ihn kehren.
Erstens: Die Methode, die kommunistischen Parteien vor vollendete Tatsachen zu stellen und sie so zur Zustimmung zu zwingen, „um der Einheit des sozialistischen Lagers willen" (Erklärung über Jugoslawien, Stalin, Juni-Plenum, Auflösung des Inform-Büros). Diesmal haben wir den Spieß umgedreht: Wir arrangierten die Volkskammertagung und stellten in den Mittelpunkt des Chruschtschow-Besuches mit aller Wucht die Frage des Kampfes gegen den deutschen Militarismus und Imperialismus, die Rolle der DDR als Vorposten im Kampf gegen den Imperialismus. Wir ließen damit von Anfang an gar nicht zu, daß irgendwelche anderen Fragen in den Vordergrund geschoben werden, die eine Möglichkeit gegeben hätten, irgendwelche Meinungsverschiedenheiten zu konstatieren oder sichtbar zu machen. Die Regierungserklärung des Genossen Grotewohl gab den Ton an, unsere lieben Gäste konnten gar nicht anders,

als ihre Reden auf den gleichen Ton zu stimmen. – Selbstverständlich hatten wir dabei die Unterstützung der „echten“ sowjetischen Genossen.

Zweitens: Zur Hauptmethode Chruschtschows gehört der Mißbrauch des gesunden Strebens der Massen zur Einheit. Im Namen der Herstellung der „Einheit des sozialistischen Lagers“ schmuggelte er die imperialistische Agentenbande der Tito-Clique bei uns ein, im Namen dieser „Einheit“ verwandelt er die Politik der Aktionseinheit aus einer Politik zur Stärkung der kommunistischen Parteien und der Untergrabung des Einflusses der rechtssozialistischen Agenten des Imperialismus in eine Politik, die versucht, die Massen den wahren Charakter der sozialdemokratischen Parteien vergessen zu lassen und sie als „fortschrittliche Parteien“ deklariert.

Wir haben – wie auch schon die Genossen der CSR – auch hier den Spieß umgedreht und Chruschtschow gezwungen, im Namen und im Interesse der Einheit des sozialistischen Lagers unserer Führung seine persönliche vorbehaltlose Unterstützung auszusprechen.

Drittens: Die größten Verheerungen richtete Chruschtschow mit der Auffrischung der Tito-Losung vom „besonderen nationalen Weg“ zum Sozialismus und mit der Proklamierung der Nichteinmischung usw. als Prinzip der Beziehungen zwischen sozialistischen Staaten und sogar zwischen kommunistischen Parteien an. (Daß das ZK der KPdSU diesen nur scheinbar „taktischen“ Schritt mitgemacht hat, war sein großer Sündenfall, sein Verrat am Leninismus. Daraus entsprangen dann all die anderen Übel.)

Die Dialektik der Entwicklung führt aber dahin, daß dieses Prinzip, das es anfangs der Chruschtschow-Bande erlaubte, die gesunden Kräfte der KPdSU daran zu hindern, sich dem Hochkommen Gomulkas in Polen und der Petöfi-Leute in Ungarn zu widersetzen, daß nun dieses Prinzip von den gesunden Kräften in den gesunden Parteien gegen die Versuche der Chruschtschow-Leute ins Feld geführt wird, auf die innere Entwicklung dieser Parteien Einfluß zu nehmen. Oder anders herum: die Gomulka- und Tito-Leute waren in allen volksdemokratischen Ländern dazu verurteilt, auf dem Halm zu verfaulen, solange die KPdSU die allseits anerkannte Führerin aller kommunistischen Parteien und die konsequente Verteidigerin des Marxismus-Leninismus gegen alle Verfälschungsversuche blieb, die sie unter der Führung Lenins und Stalins war. Deshalb mußte der Hauptschlag der imperialistischen Agenten innerhalb der KPdSU gerade gegen diese unbestrittene Autorität der KPdSU geführt werden, um den Titos und Gomulkas überhaupt wieder eine Betätigungsmöglichkeit innerhalb der kommunistischen Weltbewegung zu geben. Die entscheidenden Schritte auf diesem Wege waren die Belgrader Deklaration von 1955 mit der Proklamierung des Nationalkommunismus, die Diskriminierung der Vergangenheit der KPdSU unter der Flagge des Kampfes gegen die Fehler Stalins, und die Deklaration vom 30. Oktober 1956. Daß anfangs diese heimtückische Politik mit solch großem Erfolg durchgeführt werden konnte, erklärt sich aus der Tatsache, daß die Chruschtschow-Bande, an die Spitze der KPdSU gelangt, zunächst noch von der überragenden Autorität profitierte, die die KPdSU völlig zu recht unter der Führung Stalins erlangt hatte. Die Dialektik der Entwicklung kommt aber darin zum Ausdruck, daß in dem Maße, wie die Zersetzungsarbeit dieser Bande zum Erfolg führte (XX. Parteitag, Polen, Ungarn), die Voraussetzungen für weitere Erfolge, nämlich die unbestrittene Autorität der KPdSU, verloren ging, und sich die gesunden Parteien, mit der KP Chinas an der Spitze, zum Kampf gegen die Chruschtschow-Politik zusammenschlossen und weiter zusammenschließen. Die Solidarität mit der Politik der Chruschtschow-Führung ist nur noch eine äußerliche, scheinbare. In Wirklichkeit geht unter der Oberfläche z.B. der Zustimmungserklärungen zum Juni-Plenum der KPdSU der heftigste Kampf gegen die Chruschtschow-Linie in allen gesunden Parteien vor sich. Unangetastet dagegen bleibt die Solidarität und Übereinstimmung mit der Sowjetunion als führendem Land des sozialistischen Lagers und mit der KPdSU als Ganzem, mit dem Ziel, ihr zu helfen, sich von der Bande imperialistisch-trotzkistischer Agenten zu befreien.

Die Reden unserer führenden Genossen, besonders die Volkskammerrede des Genossen Grotewohl, sind ein großartiges Beispiel dafür, wie wir Chruschtschow mit seinen eigenen Schlichen in die Enge treiben (besonders die Erklärung über die „Ehrlichkeit der Deklaration vom 30. Oktober 1956"). Man kann sich nur immer wieder freuen, welch hohen Grad politischer Reife unsere führenden Genossen an den Tag legen, wie meisterhaft sie es verstehen, diese ausgekochten, mit allen Wassern der List und Hinterlist gewaschenen Burschen dahin zu dirigieren, wo wir sie haben wollten.
Viertens: Den Schlag gegen die Molotow-Gruppe führte Chruschtschow im Namen der „Einheit der Partei". Es ist bereits davon gesprochen worden, wie die verschiedenen Parteien (Rumänien, Bulgarien, CSR) darauf reagierten, den Spieß umdrehten. Daß wir Chruschtschow zwangen, die Einheit unserer Partei durch sein Bekenntnis zur Führung Walter Ulbrichts zu festigen, war ein Meisterstück.

14. August Die heutige Presse bringt das Abschlußkommuniqué. Eine Analyse bestätigt im großen und ganzen das Vorhergesagte. Allerdings ist hier deutlicher sichtbar, daß es einen Kampf gab, der mit einem Kompromiß endete. Wir waren gezwungen, Zugeständnisse zu machen, die uns nicht gefallen können. Das betrifft vor allem den letzten Abschnitt der Erklärung.
Positiv: Die Erklärung enthält alles, was notwendig zur Unterstützung der Politik von Partei und Regierung und zur Verurteilung der Adenauer-Politik. Sie enthält die Verurteilung „aller Art revisionistischer und opportunistischer Elemente" und rückt den Kampf gegen den Revisionismus an die erste Stelle vor den Kampf gegen Sektierertum und Dogmatismus.
Negativ: Diese letzte Erklärung, die selbstverständlich vor allem gegen Tito zielt, wird in echt Chruschtschowscher Manier wieder weitgehend unwirksam gemacht durch die Feststellung, die sowjetisch-jugoslawischen Verhandlungen hätten die „Einheit der sozialistischen

Länder (!), ihrer kommunistischen und Arbeiterparteien (!) und der gesamten internationalen kommunistischen Bewegung" gefestigt. Damit wird das Trojanische Pferd wieder in die Festung der kommunistischen Weltbewegung hineingeschleust!

Ferner hat sich die sowjetische Delegation, d.h. die beiden Häuptlinge, offenbar erfolgreich dagegen gesträubt, in die Erklärung hineinzuschreiben, daß die einseitige Anerkennung Westdeutschlands eine Unterstützung des Imperialismus darstellt. Bekanntlich ist diese Form der Verurteilung der Politik der Tito-Clique in den gemeinsamen Erklärungen unserer Partei und der KPI, der KPF u.a. enthalten. Es ist auf jeden Fall sehr aufschlußreich, wenn eine solche Verurteilung in einer Erklärung, die die Unterschrift Chruschtschows und Mikojans trägt, nicht enthalten ist! Schließlich ist negativ – aber nicht überraschend – die Verurteilung der Molotow-Gruppe.

Letzte Frage: Weshalb Mikojan und nicht Bulganin? Ganz klar, daß diese Tatsache nicht nebensächlich und bedeutungslos, sie kann ein Zeichen für eine Zurückdrängung Bulganins sein, das würde bedeuten, daß sie ein Zeichen für eine weitere Festigung der Positionen der imperialistischen Agenten in der KPdSU wäre.

Dagegen spricht aber vieles. *Erstens* ist nicht zu erwarten, daß die führenden Genossen der KPdSU, die wissen, was gespielt wird, das Ergebnis des Juni-Plenums tatenlos hinnehmen werden, anstatt alle Hebel in Bewegung zu setzen, eine baldige Korrektur dieser Fehlentscheidung zu erreichen.

Zweitens ist nicht zu erwarten, daß die führenden Genossen der internationalen Arbeiterbewegung nicht alle Anstrengungen unternehmen werden, der KPdSU zu helfen, diese Bande so rasch wie möglich unschädlich zu machen.

Drittens gibt es Tatsachen, die davon zeugen, daß der Juni-Sieg Chruschtschows ein Pyrrhus-Sieg war.

1. Die Partei hat die Kontrolle über Chruschtschow verstärkt. Er kann sich nicht mehr allein mit Tito auf Brioni treffen, sondern nur unter Bewachung und in Rumänien.

2. Die Partei hat ihn unter Zensur gestellt. Das beweist ein Vergleich seiner Reden im Juli in der CSR und im August in der DDR.
3. Wenn nach solchen Entscheidungen wie der des Juni-Plenums Thorez und gleichzeitig eine italienische Parteidelegation in die SU reisen, so ist völlig klar, daß es sich weder um einen Urlaub noch um eine Reise zum Studium der Errungenschaften der letzten Jahre handelt, sondern um die Besprechung der durch die Entscheidung des Juni-Plenums entstandenen Lage. Daß gerade diese Parteien zu den schärfsten Opponenten der „Entstalinisierung" gehörten, ist aller Welt bekannt.
4. Es ergibt sich also eine Lage, daß zur gleichen Zeit, in der die Häuptlinge der Tito-Politik wider Willen durch ihre Anwesenheit in der DDR die Autorität des Tito-Feindes und „Stalinisten" Ulbricht festigen müssen, in Moskau Besprechungen mit den „Stalinisten" Thorez, Duclos und Longo stattfinden, von denen Chruschtschow und sein Stellvertreter und Komplize Mikojan ausgeschlossen sind. Man darf annehmen, daß beide grossen Wert darauf gelegt hätten, gerade jetzt in Moskau statt in Berlin zu sein.
Die Tatsache, daß Bulganin in der SU blieb und statt dessen Mikojan außer Landes geschickt wurde, kann also auch ein Symptom dafür sein, daß die gesunden Kräfte trotz des Juni-Plenums – oder gerade wegen des Juni-Plenums – zum entscheidenden Schlag gegen die Chruschtschow-Leute übergegangen sind und bereits das Übergewicht erreicht haben.
Dafür spricht auch die Erklärung der italienischen Delegation, die sie nach ihrer Rückkehr in der „Unita" veröffentlichte (ND vom 13.8.). Bei oberflächlichem Lesen erscheint sie als eine Unterstützung der Chruschtschow-Linie. Aber etwas anderes ist im Interesse der Vermeidung neuer Erschütterungen und gefährlicher Komplikationen der internationalen Lage gar nicht möglich. Deshalb sind auch – selbst wenn es zuträfe, daß in der KPdSU die Entscheidung gegen Chruschtschow bereits gefallen ist – keine schroffen Veränderungen personeller Art in nächster Zeit zu erwarten.

Aber das wichtigste an der Erklärung der italienischen Delegation ist, daß seitens der italienischen Partei zum ersten Mal nach dem XX. Parteitag die SU wieder als das Zentrum des sozialistischen Lagers bezeichnet wird, nachdem sie bisher hartnäckig die These vom „polyzentrischen Charakter der kommunistischen Weltbewegung" aufrechterhalten hatte und sich auch noch im Mai bei den Verhandlungen mit unserer Partei geweigert hatte, die SU als das Zentrum des sozialistischen Lagers zu bezeichnen. Für die These von den mehreren Zentren konnte es nur eine Erklärung geben: Die italienischen Genossen wollen von vornherein den Gefahren begegnen, die sich daraus ergeben, daß die Chruschtschow-Leute die KPdSU beherrschen und ihren Kurs bestimmen. Wenn diese Erklärung zutrifft, dann bedeutet die Anerkennung der SU als das Zentrum des sozialistischen Lagers, daß sich die italienischen Genossen bei ihrem jetzigen Aufenthalt in der SU davon überzeugt haben (und dabei mitgeholfen haben), daß diese Gefahren überwunden wurden und die Lage in der KPdSU wieder normalisiert und stabilisiert ist.
Hoffen wir, daß diese Deutung zutrifft, und daß die Sowjetunion und die KPdSU ihrem großen Tag, dem 40. Jahrestag der Großen Sozialistischen Oktoberrevolution, entgegengehen können, befreit von der Schmach, an ihrer Spitze einen Agenten des Imperialismus zu dulden!

11. August „Borba" protestiert heftig gegen die Veröffentlichung eines Buches von Djilas in den USA, dessen Manuskript er noch vor seiner Inhaftierung ins Ausland geschmuggelt habe, und in dem Djilas den sozialistischen Aufbau in Jugoslawien verleumde. Die „Borba" erregt sich aus diesem Anlaß furchtbar über die feindselige Haltung der USA gegenüber dem „sozialistischen" Jugoslawien und den übrigen sozialistischen Ländern (RIAS-Meldung).
Da haben wir's! Als Djilas verurteilt wurde, fragte ich: Man darf gespannt sein, wann der nächste Artikel von ihm im Ausland erscheint! Und da ist nun nicht bloß ein Artikel, sondern gleich ein ganzes Buch! Und es erscheint just im rechten Moment, um wieder zu „beweisen", daß die USA Jugoslawien beileibe nicht als Partei-

gänger des Westens, sondern als „kommunistisches" Land betrachten und bekämpfen. Man muß schon sehr naiv sein, um ein solch plump abgekartetes Spiel, eine solche Schmierenkomödie nicht zu durchschauen! Bezeichnend übrigens, daß gerade die westlichen Nachrichtendienste eifrig bemüht sind, diesen neuesten „Konflikt" zwischen Jugoslawien und den USA an die große Glocke zu hängen. Möglicherweise wird ihn sogar Chruschtschow brauchen, um seine „Versöhnungspolitik" zu rechtfertigen. Das wäre allerdings starker Tobak, den sowjetischen Genossen solche Argumente zuzumuten!

29. September *Zwischenbilanz drei Monate nach dem Juni-Plenum*

4. Juli Neues Deutschland
„Einmütige Billigung" des Beschlusses auf den Parteiaktiva.

5. Juli Neues Deutschland
Aufhebung der Pflichtablieferung für Nebenwirtschaften.

10. Juli Neues Deutschland
Bulganin und Chruschtschow in CSR.
Neues Deutschland vom 18. Juli 1957:
Kardelj und Rankovic mit Familie in SU auf Durchreise nach Skandinavien.

20. Juli Neues Deutschland
Am 18.7. „Freundschaftstreffen" bei Moskau: Hodscha, Shiwkoff, Kardelj-Rankovic, Chruschtschow!!!

25. Juli Neues Deutschland
Chruschtschow empfängt amerikanische Touristen.

26. Juli Neues Deutschland
Perwuchin, bisher Minister für mittleren Maschinenbau, jetzt Vorsitzender des umgebildeten Wirtschaftskomitees für auswärtige Wirtschaftsbeziehungen. Sein Nachfolger der bisherige Leiter der Hauptverwaltung für Verwendung der Atomenergie, Jefim Slawski (Wer ist das, ein Chruschtschow-Mann?).
In diesem Zusammenhang sei erinnert an die merkwürdig-neugierige Frage des USA-Reporters Catledge (Prawda vom 14.5.57), der gefragt hatte, ob es stimmt, daß

Perwuchin als Minister für mittleren Maschinenbau der verantwortliche Atomminister sei, worauf Chruschtschow geantwortet hatte, das könne sein.
Vielleicht bedeutete die Frage Catledges: Wie lange wird dieser Perwuchin noch einen solch wichtigen Posten bekleiden?
Immerhin ist auch seine jetzige Funktion zwar – im Hinblick auf die Bedeutung des Atomministeriums für die Landesverteidigung und die Geheimhaltung militärischer Geheimnisse – nicht mit seiner vorigen gleichzustellen, aber dennoch sehr wichtig zur Verhinderung etwaiger Sabotageversuche in den Handelsbeziehungen mit den sozialistischen Ländern.

31. Juli Neues Deutschland
Leninorden für Generalstaatsanwalt Rudenko. Wofür? Der Justizapparat war eines der ersten Instrumente, das die Chruschtschow-Leute in die Hand bekamen.

16. August Neues Deutschland
Marschall Wassilewski warnt die USA.

21. August Neues Deutschland
Bericht über Leitartikel des „Kommunist" zu Schepilows Rolle in der Kulturpolitik. – Schepilows Rolle in der innerparteilichen Auseinandersetzung ist sehr undurchsichtig. Er war zweifellos durch Chruschtschow nach oben gekommen und ein Instrument Chruschtschows sowohl im Kampf gegen Malenkow (1955) als auch gegen Molotow. Sein plötzliches Auftauchen auf der anderen Seite ist viel wahrscheinlicher ein verzwicktes Manöver der Chruschtschow-Gruppe als ein tatsächlich vollzogener Frontwechsel.

22. August Neues Deutschland
„Maßnahmen gegen unsoziale Elemente."

28. August Neues Deutschland
ND veröffentlicht die Reden Chruschtschows zu Fragen der Kunst und Literatur. Diese Reden wurden am 13. Mai, am 19. Mai und im Juli (d.h. vor und nach dem Plenum) gehalten. Sie werden aber so gebracht, als ob es eine Rede wäre, ganz offensichtlich, damit dem Leser nicht so kraß auffällt, wie sehr sich die Reden vor dem

Plenum von der nach dem Plenum unterscheiden, ja sich geradezu widersprechen.

Vor dem Plenum über Stalin ausschließlich im Tone des XX. Parteitages, bereichert um die Note, daß er, Chruschtschow, Stalin rechtzeitig gewarnt habe. Der gleiche Trick nochmals in der Juli-Rede: Chruschtschow, der Retter des Schriftstellers Rylski vor einer „vernichtenden Kritik" – Kaganowitsch dagegen der finstere Intrigant, der eigentlich Schuld ist an Stalins falschen Entscheidungen.

Nach dem Plenum: Ausgerechnet Chruschtschow weist diejenigen zurück, wäscht ihnen den Kopf, die seine Rede auf dem XX. Parteitag so aufnahmen, wie er sie aufgenommen wissen wollte. Auf einmal findet er Worte höchsten Lobes für Stalin. Wahrlich, an unverfrorener Demagogie wird dieser Kerl nicht einmal von Goebbels und Hitler übertroffen!

Aber dieser Wechsel in der Einschätzung Stalins muß eine Ursache haben: er geht selbstverständlich nicht von ihm aus, sondern erscheint ihm notwendig und opportun im Interesse der Festigung seiner Stellung. Also müssen die Kräfte, die die wirklichen Leninisten sind, ihn mächtig unter Druck gesetzt haben, also stark sein. Wahrscheinlich spielen dabei die Delegationen ausländischer Genossen (z.B. KP Italiens) keine kleine Rolle. Im übrigen beweisen ja die Reden selbst, daß er auch unter den Intellektuellen auf Widerspruch und Widerstand gestoßen ist, denn seine Reden, so aggressiv sie auch sein mögen im Ton, sind in Wirklichkeit Verteidigungsreden. Für den Unterschied im Ton dürfte auch eine erhebliche Rolle spielen, daß er die letzte Rede vor dem Parteiaktiv hielt und dann eine Marschroute mitbekommen hatte, die ihm nicht soviel Spielraum für seine Giftpfeile ließ. Immerhin fehlten sie nicht! In der Terminologie eng an Stalin angelehnt, wettert er gegen „Buchstabengelehrte" und „Talmudisten". Der Unterschied zu Stalin besteht nur darin, daß es dieser nicht dabei bewenden ließ, sondern sich mit seinen Gegnern wirklich auseinandersetzte, auf ihre Argumente einging und sie widerlegte. Bei Chruschtschow bleibt alles allgemein

und anonym. Er spekuliert lediglich auf vorhandene Stimmungen, bringt buchstäblich keinen einzigen neuen Gedanken, und im Grunde gilt sein Angriff nicht den Buchstabengelehrten, sondern der Theorie des Marxismus. (Was soll z.B. eine solche Feststellung, er kenne Leute, die, wenn sie von den Löhnen unter den heutigen Bedingungen sprechen, Beispiele von Marxens Kapital bringen? Das kann durchaus berechtigt sein!)
Noch ein Moment muß erwähnt werden: Auf dem XX. Parteitag hörten wir, daß Stalin ein Gewaltmensch war, der sich um das gesamte ZK den Teufel scherte, daß jeder, der ihm widersprach, unter der Drohung mit dem Tode stand. Alle Übel kamen von ihm und nur von ihm.
Nach dem Juni-Plenum heißt das plötzlich anders: Jetzt ist Stalin ein im Grunde schwacher Mensch, der aber von finsteren Figuren mißbraucht wurde. Der finsterste von allen – Berija. Aber jetzt, sieh mal an, war der es nicht allein! Nein: Malenkow war sein Schatten, das Werkzeug in den Händen Berijas. Man muß sehr naiv und unerfahren sein, um da nicht stutzig zu werden. Im übrigen bleibt es auch hier bei dieser giftigen Behauptung – keinerlei Beweis, keinerlei Tatsachen!
Man kann schon jetzt vorhersehen, daß wir eines Tages erfahren werden, daß es auch Werkzeuge Malenkows gab, z.B. Suslow, Pospelow u.a. (Dies allerdings nur dann, wenn es Chruschtschow gelingen sollte, sich auch bei den nächsten innerparteilichen Auseinandersetzungen noch einmal zu halten.)
Das tollste aber ist, daß er einen solchen massiven Vorwurf (Komplize eines imperialistischen Agenten) erhebt, ohne sofort entsprechende Konsequenzen zu verlangen: Verhaftung, Prozeß! Allein diese Tatsache ist ausreichender Beweis für die Lügenhaftigkeit derartiger Vorwürfe, dafür, daß Chruschtschow sie nur braucht, um das Ansehen dieser Genossen zu untergraben.
Aber ebenso toll: diese Reden, diese opportunistische Mixtur aus grundsätzlich richtigen, aber keineswegs neuen Grundsätzen, aus Selbstbeweihräucherung zum Zwecke der Schaffung eines „Chruschtschow-Kultes", aus trotzkistischen Verleumdungen ehrlicher Revolu-

tionäre und hinterhältigen Angriffen auf die Theorie des Marxismus-Leninismus und seine Theoretiker – dieses widerwärtige Gebräu wird von allzuvielen Genossen geschluckt wie echtes Pilsener Bier! – Man sieht, was allein der Glanz der Funktion – 1. Sekretär der KPdSU – und der Plattform-„Kommunist" ausmacht.

31. August Neues Deutschland
Molotow Botschafter in der Mongolischen Volksrepublik. Gut, sehr gut! Je weiter weg von Moskau und je näher bei Peking, desto besser!

1. September Neues Deutschland
Sowjetischer Flottenbesuch in Albanien (diese Schiffe später nach Syrien). Gut, durchaus nicht Chruschtschow-Linie der Außenpolitik.

2. und 3. September *Westpresse:*
„In acht Monaten wird Chruschtschow von Shukow gestürzt sein."
Tataren-Nachricht oder ernsthafter Hintergrund? Sie kann einen ernsthaften Hintergrund haben, nämlich den, daß in dieser Richtung – Verdrängung der Partei aus ihrer führenden Rolle – gestützt auf Armee – die Pläne der Weiterentwicklung der schleichenden Konterrevolution liegen. Das sogar sehr wahrscheinlich, weil in der inneren Logik der Dinge liegend.
In diesem Zusammenhang bemerkenswert der Satz aus den Thesen der KPdSU zum 40. Jahrestag: „Wer also absichtlich oder unabsichtlich versucht, die führende Rolle der Kommunistischen Partei auf diesem oder jenem Gebiet zu schwächen, hilft den Feinden des Kommunismus."

4. September Französische Radikalsozialisten in Moskau. Empfangen von Kuusinen, Suslow, Ponomarjew.

8. September Bevan besucht Polen.

19. September Bevan bei Chruschtschow.

10. September Chruschtschow empfängt Daladier.

13. September Neuregelung der Namensgebung von Städten, Betrieben usw. Damit wird der Vorwand geschaffen für die Umbenennung von Molotowsk usw.

17. September Neues Deutschland
Ankündigung von Verhandlungen SU-USA im Oktober über Verbesserung der Kontakte usw.

18. September Neues Deutschland
Maßnahmen gegen Spekulanten in der SU, unter Hinweis auf Zunahme der Spekulation. Wo liegt die Ursache für diese Zunahme? Warenverknappung oder Ermunterung durch Lockerung der Gesetze (wie in Polen)? – Auf jeden Fall: Die Chruschtschowsche Politik hat u.a. die Zunahme der Spekulation zur Folge.

21. September Neues Deutschland
(etwa) Thesen der KPdSU zum 40. Jahrestag der Oktoberrevolution. Die Thesen zum überwiegenden Teil hocherfreulich, ein Schlag gegen die Chruschtschow-Linie. Um mit dem äußerlichsten zu beginnen: Stalin mehrfach positiv genannt (übrigens sehr geschickt im Zusammenhang mit dem Briefwechsel Churchill-Stalin).
Chruschtschow dagegen nicht ein einziges Mal, im Gegenteil sehr betont zurückgedrängt: Überall da, wo er sich in der Vergangenheit bemüht hatte, sich selbst als Initiator einer Sache in den Vordergrund zu stellen, betonten die Thesen: die Partei hat ... (z.B. Beschlüsse über Landwirtschaft, Neulandaktion usw.).
Und damit es auch die Schwerfälligeren merken, wird im Abschnitt über den Personenkult gesagt:
„Die Partei hat nicht gezögert, gegen den Kult um die Person Stalins ... anzukämpfen, ... um die Möglichkeit auszuschließen, daß sich derartige Fehler wiederholen."
Auf dieser letzten Feststellung liegt die Betonung!
Aber viel entscheidender: Die Spitze der Thesen ist von Anfang bis Ende konsequent gegen den Revisionismus als Hauptgefahr gerichtet, und zwar so deutlich, daß jeder, der nur einigermaßen zu lesen versteht, weiß, was gemeint ist: Tito, Gomulka vor allem.
Zum anderen wird Chruschtschow geohrfeigt, indem seine Darlegungen über Stalin auf dem XX. Parteitag sehr betont korrigiert werden. Nicht an einer einzigen Stelle wird eine der Maßnahmen, die unter Führung Stalins ergriffen wurden, als falsch bezeichnet. Im Gegenteil, es werden alle Maßnahmen ausdrücklich als richtig

unterstrichen (sozialistische Umgestaltung der Landwirtschaft, Kampf gegen die Kulaken usw.).
Während Chruschtschow davon faselte, Stalin habe das Land nicht genügend auf den Überfall Hitlerdeutschlands vorbereitet, die Erfolge Nazideutschlands seien die Schuld Stalins, heißt es in den Thesen:
„Der Große Vaterländische Krieg zeigte den großen Weitblick unserer Partei. ... Besonders schwere Prüfungen ... zu Beginn des Krieges ..., als die bis an die Zähne bewaffnete, über eine zweijährige Kriegserfahrung verfügende und sich auf die Wirtschaft fast ganz Europas stützende Hitlerarmee unser Land plötzlich überfiel und durch Ausnutzung zeitweiliger Vorteile unsere Truppen nötigte, schwere Rückzugskämpfe zu führen ... .
Bereits während der ersten erbitterten Schlachten brachten die Sowjettruppen Hitlers Plan eines ‚Blitzkrieges' zum Scheitern. ... Während des ganzen Krieges erläuterte die Partei seinen gerechten Charakter und seine edlen Ziele, vereinte und lenkte die Bemühungen des ganzen Volkes. Dank der Führung der Kommunistischen Partei und ihres Zentralkomitees ging das Sowjetvolk als Sieger aus dem Kriege hervor."
Im deutlichen Gegensatz zu Chruschtschow kehren die Thesen also zu der von Stalin gegebenen Analyse des Verlaufs des Vaterländischen Krieges zurück.
Ebenso demonstrativ folgen die Thesen bei der Darstellung des erfolgreichen Aufbaus des Sozialismus über weite Passagen der Rede Stalins zum Entwurf der Verfassung.
Während Chruschtschow in seinen Reden oft so tut, als sei er der Mann, der dem Land die Perspektive des Übergangs zum Kommunismus eröffnete, wird in den Thesen diese Demagogie mit einem lakonischen Satz erledigt: Nach dem Sieg über Hitlerdeutschland „erhielt das Sowjetvolk die Möglichkeit, den Aufbau des Kommunismus fortzusetzen".
Allerdings ist den Thesen auch anzumerken, daß sie das Ergebnis eines Kampfes darstellen, und daß auch der anderen Seite Zugeständnisse gemacht werden mußten: erstens in der Einreihung Jugoslawiens in die Reihe der

sozialistischen Länder, zweitens in der Verurteilung der „parteifeindlichen Gruppe" Molotows usw.

Bemerkenswert ist, daß unsere Partei – soweit ich mich erinnern kann, zum ersten Male – nicht abgewartet hat, bis die KPdSU ihre Thesen veröffentlicht hat, sondern einen ganzen Monat früher schon eigene Thesen zum 40. Jahrestag veröffentlichte. Erfreulich ist, daß die Linie, die dabei von unserer Partei verfolgt wurde (die Westpresse hatte es sehr eilig, festzustellen, die Thesen der SED bewiesen, daß wir immer noch Stalinisten seien, weil Stalin mehrfach positiv erwähnt sei, Chruschtschow dagegen gar nicht), von der KPdSU übernommen wurde (bis auf den Passus über Jugoslawien, der bei uns natürlich fehlte, da wir glücklicherweise keine Tito-Agenten in führenden Positionen haben).

Dieser Umstand – unsere Vorhutrolle in Bezug auf die Thesen und die Aufnahme der gleichen Linie in den Thesen der KPdSU – deutet auf eine sehr enge und erfolgreiche Zusammenarbeit unserer Partei mit den echten Leninisten der KPdSU hin.

Alles in allem: Die Thesen sind ein sehr wichtiges Dokument zur Einschätzung des gegenwärtigen Kräfteverhältnisses innerhalb der KPdSU.

28. September Neues Deutschland

Chruschtschow empfing Frau Roosevelt (deren antisowjetische, antikommunistische Einstellung sie auf Tagungen der UNO schon mehrfach deutlich werden ließ).

18. September Neues Deutschland

Aus der polnisch-jugoslawischen Erklärung:

„... in allen zur Debatte stehenden Fragen volle Einmütigkeit." Man erinnert sich, daß in den Besprechungen der wirklichen kommunistischen Parteien (KP Chinas usw.) mit Vertretern der polnischen Partei niemals „volle Einmütigkeit" konstatiert werden konnte, weil Gomulka seine besondere Auffassung über die Rolle der SU und der KPdSU, über die Rolle des USA-Imperialismus, über den Charakter der Oktoberereignisse in Ungarn usw. hatte.

Um für diese ganz unnatürliche Tatsache eine „natürliche" Erklärung zu finden, erfand Gomulka die „Theorie" (auf dem 9. Plenum), daß es „unmarxistisch" sei, zu erwarten, die kommunistischen Parteien müßten in allen Fragen übereinstimmen. Aber siehe da, es gibt durchaus „Kommunisten", mit denen ein Gomulka völlig übereinstimmt. Man muß sich das merken! Im übrigen diente der Besuch Gomulkas in Jugoslawien dem engeren Zusammenschluß der antileninistischen Kräfte als Gegengewicht gegen den Zusammenschluß der gesunden Kräfte in der Kommunistischen Weltbewegung und der Ausarbeitung und Koordinierung des weiteren Vorgehens.

29. September *Wo stehen wir? Wie soll es weitergehen?*

Nachdem das Juni-Plenum zum ersten Male rücksichtslos den Vorhang vor dem offenen Geheimnis des innerparteilichen Kampfes in der KPdSU wegriß und Chruschtschow als der scheinbare Sieger seine Position ungeheuer gestärkt zu haben schien, ist das auffallendste Ergebnis der Monate danach, daß dieser „Sieg" nicht zu einer Verstärkung der Linie der „Entstalinisierung" führte, sondern daß umgekehrt Chruschtschow jetzt als Vorkämpfer gegen die „Übertreibungen der Entstalinisierung" auftritt, als Verteidiger des Marxismus-Leninismus gegen die Revisionisten, ja, daß er sogar solchen „Erzstalinisten" wie Walter Ulbricht mit dem ganzen Gewicht der Autorität des Ersten Sekretärs der KPdSU bescheinigte, daß er und seine Politik die volle, uneingeschränkte Unterstützung der KPdSU und der SU besitzen.
Desgleichen sieht man Gomulka in Polen, Kadar und seine Leute in Ungarn, als Kämpfer gegen den Revisionismus, deren Hauptverfechter sie doch im Oktober und danach waren, auftreten. Ja, selbst die Tito-Leute befleißigen sich, als „Marxisten-Leninisten" aufzutreten, und vergessen zu machen, welch massive Angriffe gegen den Marxismus-Leninismus sie noch vor wenigen Monaten unternommen hatten.
Diese Harmonie und Einigkeit ist zu schön, um echt zu sein!
Diese Haltung der getarnten Konterrevolutionäre ist lediglich ein taktischer Rückzug, erzwungen durch die

Niederlage, die sie im Herbst 1956 erlitten haben, zu dem Zweck, ihre verbliebenen Positionen zu halten, die Kräfte zu reorganisieren und die Situation vorzubereiten, die ihnen einen neuen Vorstoß ermöglichen soll.
In der Tat brachte die Niederlage der Konterrevolution in Ungarn diese trotzkistischen Agenten an den Rand der Katastrophe. Schon schien es, als sei alles umsonst gewesen.
Umsonst die Liquidierung Shdanows, Dimitroffs, Berijas, Gottwalds, Bieruts, Wyschinskis.[3] Umsonst der moralische Mord an Rákosi, umsonst die Reinwaschung der Tito-Clique, umsonst der größte Coup, der Schlag gegen die unermeßliche Autorität Stalins.
Eine Zeitlang gaben diese Leute ihr Spiel offenbar schon selbst verloren, als es so schien, als könne Chruschtschow sich nicht mehr halten (Ende 1956/Anfang 1957).
In dieser Periode setzten sie alles auf die Karte des offenen Angriffs, in der Hoffnung, mit Unterstützung der offenen imperialistischen Propaganda in den Kommunistischen und Arbeiterparteien doch noch soviel Resonanz bei schwankenden Elementen zu finden, um eine innere Krise herbeiführen zu können.
Das scheiterte an der Festigkeit und dem Zusammenschluß aller gesunden Kräfte der kommunistischen Weltbewegung, mit der KP Chinas an der Spitze.
In dieser Situation hing das weitere Schicksal der trotzkistischen Verschwörer davon ab, ob es Chruschtschow gelang, den Angriffen gegen ihn standzuhalten. Aus welchen Gründen die gesunden Kräfte in der KPdSU sich nicht als stark genug erwiesen, um mit dieser Nachgeburt Trotzkis aufzuräumen, soll hier nicht untersucht werden. Die Bedrängnis Chruschtschows war auf jeden Fall so groß, daß er auf ideologischem Gebiet eine schroffe Wendung machen mußte, eben indem er sich zum Hohepriester des Marxismus-Leninismus aufwarf.
Es gelang ihm also nur, sich zu behaupten, indem er gleichzeitig die Waffe abstumpfen mußte, die ihm – und noch mehr seinen Verbündeten, Tito und Gomulka –

3 Siehe dazu den Anhang „Unverdächtige Quellen über die Rolle des Mordes zur Vorbereitung der Konterrevolution“.

am meisten geholfen hatte, Verwirrung in die kommunistischen Parteien zu tragen, die Verbreitung revisionistischer, insbesondere nationalistischer Ideen. In dieser Hinsicht sind dieser Bande die Hände gebunden, sind sie an die Kette gelegt.

Eines der wichtigsten Ergebnisse der Prüfung der abgelaufenen Monate ist also dies: Es ist möglich, vorübergehend ideologische Verwirrung in den kommunistischen Parteien zu stiften und sie auszunutzen, um Feinde des Kommunismus an die Spitze der Partei zu bringen. Aber es ist unmöglich, den Marxismus-Leninismus als theoretische Grundlage der kommunistischen Parteien durch den Revisionismus zu ersetzen. Die kommunistischen Parteien sind selbst dort, wo es Gomulka gelang, die Führung an sich zu reißen, gesund genug, um das Gift des Revisionismus nach einer vorübergehenden Lähmung wieder auszuscheiden. Auch nach der vorbedachten Zerstörung des Zentrums der internationalen Verbindungen der kommunistischen Parteien (Inform-Büro) ist der proletarische Internationalismus stärker als das Gift des Nationalismus.
Daraus ergibt sich, daß ein erneuter Versuch der ideologischen Diversion noch schneller liquidiert würde als der letzte, und zudem jene, die ihn unternähmen, hoffnungslos isolieren würde.
Die Chruschtschow-Tito-Gomulka-Bande konnte sich in dieser Situation keine größeren Ziele stellen, als die Positionen zu halten und – als wichtigstes! – das Trojanische Pferd Tito-Jugoslawien und seine Partei wieder in das sozialistische Lager hineinzubugsieren, nachdem sich die Tito-Leute um ein Haar selbst diese Möglichkeit verbaut hatten. Und das ist ja durchaus verständlich, denn es ist keine Kleinigkeit für die Imperialisten, wenn sich ihre Agenten frei und gleichberechtigt im Lager des Feindes bewegen dürfen, Zutritt zu den Beratungen z.B. des Rates für gegenseitige Wirtschaftshilfe haben, selbst Wirtschaftshilfe erhalten (die so eingesparten Dollars kann man für andere Zwecke verwenden).
Außerdem hat man so eine ganz legale Kontaktstelle für seine Agenten in den anderen kommunistischen Partei-

en, nicht zuletzt in der KPdSU. Die konspirativen Besprechungen sind vor Aufdeckungen viel sicherer, wenn sie im Rahmen von offiziellen Freundschaftsbesuchen oder Urlaubsreisen vor sich gehen. Zudem wird dadurch in allen volksdemokratischen Ländern der Kampf gegen die Diversionstätigkeit der Tito-Leute erheblich erschwert, man darf doch nicht unhöflich gegen sie sein, wo sie doch sowieso schon so empfindlich sind, da wir sie doch so lange ungerechtfertigterweise so schlecht behandelt haben, nicht wahr?

Aber die offizielle Anerkennung Jugoslawiens als zum sozialistischen Lager gehörig hat natürlich zwei Seiten: Wenn die Tito-Leute dem nicht widersprechen – und sie werden sich hüten – muß das ja Konsequenzen nach sich ziehen, z.B. den Austritt aus dem Balkanpakt und den Eintritt in den Warschauer Pakt! Z.B. die Anerkennung der DDR! Das heißt, während die Tito-Leute gegenwärtig keine Munition für weitere Angriffe bereit haben, haben wir alle Möglichkeiten, die Offensive weiterzutreiben, sie in die Enge zu treiben und vor Konsequenzen zu stellen, mit denen ihre imperialistischen Hintermänner aller Wahrscheinlichkeit nicht einverstanden sein können.

Vor allem aber ist zu fragen: Wo wollen Chruschtschow und Co. denn hin? Können sie sich damit zufrieden geben, den Status quo zu erhalten? Offensichtlich nicht. Denn erstens haben sie ihren Auftrag noch nicht erfüllt. Dieser Auftrag ist 1957 der gleiche wie 1937, den Sieg einer imperialistischen Intervention vorzubereiten. Und zweitens: Selbst um die jetzigen Positionen zu halten, müssen sie weitergehen, müssen sie der Gegenseite unmöglich machen, jemals wieder das Übergewicht zu erlangen; müssen sie sich wieder freie Hand schaffen, neue Schläge zu führen. Aber die Position Chruschtschows ist alles andere als fest. Das Mißtrauen gegen ihn ist da und es wächst. Früher oder später kann ein Beschluß des ZK erfolgen, der ihn von der Spitze der Partei beseitigt. So wie die Dinge jetzt liegen, ist er dagegen völlig machtlos. Weshalb? Weil die Partei in der Tat die führende Kraft in der SU darstellt und es keine Macht gibt, die

sich einem Beschluß des ZK entgegenstellen würde. Gibt es eine Macht, die das könnte?
Die Imperialisten meinen: Ja, die Armee. Tuchatschewski und Blücher meinten das vor 20 Jahren auch. (Vielleicht erfreuen sie sich deshalb der besonderen Sympathie Chruschtschows.)
Wer einer solchen Aussicht entgehen will, seine Position (besser gesagt, die Position seiner Gruppe) durch eine Entscheidung des ZK liquidiert zu sehen, der muß bestrebt sein, die Rolle und die Macht des ZK, d.h. der Partei, zurückzudrängen. Da aber die Partei die Unterstützung der Massen genießt, muß man dieser Macht der Massen eine reale andere Macht entgegensetzen; das könnte nur die Armee sein. Folglich werden Konterrevolutionäre unvermeidlich an den Punkt gelangen, wo sie zur Weiterführung ihrer Absichten auf einen Einsatz der Armee gegen die Partei, d.h. gegen das Volk, spekulieren müssen.
Dazu muß man aber Armeeführer haben, die bereit sind, mitzumachen, und die darüber hinaus die notwendige Popularität genießen, um einen Erfolg zu versprechen.
Offenbar hat Chruschtschow den geeigneten Mann in Shukow bereits gefunden: geeignet, weil er bereit zu sein scheint, mitzumachen, und weil er populär ist als Held des Vaterländischen Krieges. Jetzt, im Lichte dieser letzten Entwicklung wird auch deutlich, weshalb Chruschtschow in seiner Rede gegen Stalin das Märchen aufbringen mußte, die Prozesse gegen Tuchatschewski usw. hätten die Armee ihrer besten Führer beraubt. Das war absolut keine „Wiederherstellung der geschichtlichen Wahrheit", wie naive Historiker auch bei uns anzunehmen geneigt waren, sondern es war ein Programm für die Zukunft und ein Appell an die damals noch einmal Davongekommenen: Eure Zeit kommt wieder, wir werden, was damals schief ging, noch einmal, aber erfolgreicher, durchführen, denn jetzt steht an der Spitze kein Stalin mehr, sondern euer Verbündeter!
Das Zusammenspiel Chruschtschow-Armeeführung (natürlich nur, soweit es sich um Parteigänger Chrusch-

tschows handelt) hat demnach bereits folgende Etappen durchlaufen:

1. Der zu Lebzeiten Stalins in den Hintergrund getretene Shukow („in Ungnade gefallen" – in der Terminologie der Westpresse) feiert unter Chruschtschow eine glanzvolle Wiederkehr: Verteidigungsminister.

2. Chruschtschows Rehabilitierung der Verschwörer-Generale auf dem XX. Parteitag.

3. Juni-Plenum 1957: Shukow ins Präsidium des ZK gewählt.

Als nächste Etappen zu erwarten: Shukow festigt mit Chruschtschows Hilfe seine Stellung in der Armee (personelle Umbesetzungen, Übertragung von Funktionen usw.), Feldzug zur Steigerung seiner Popularität.

Nächste Etappe: Shukow wendet sich gegen Chruschtschow, unter Ausnutzung des schon vorhandenen Mißtrauens gegen ihn. Das wirkliche Ziel: Zurückdrängung der entscheidenden Rolle der Partei. – Versuche, mit Hinweis auf die Zuspitzung der Gegensätze zu den imperialistischen Ländern die oberste Entscheidung in die Hände der Armeeführung zu legen. Je nachdem, ob diese Versuche der „schleichenden Konterrevolution" erfolgreich oder nicht, Zuspitzung der Auseinandersetzung.

Prognose: Diese Pläne völlig abenteuerlich, konnten einem Napoleon in der bürgerlichen Revolution gelingen, aber nicht mehr nach 40 Jahren Sowjetmacht und bei Existenz eines sozialistischen Weltsystems.

Die Gefahr: weitere, vielleicht sogar heftige innere Auseinandersetzungen in SU unvermeidlich. Gefahr der Ausnutzung durch Imperialisten zur Auslösung des Krieges. Am Ende dann aber auf jeden Fall: das Ende des Imperialismus und aller seiner Kreaturen!

1. Oktober Neues Deutschland

Weniger Steuern für sowjetische Kolchosen.

Merkwürdig: Nimmt man die Beschlüsse der Partei und Regierung seit 1953, dann stellt man fest, daß gut zwei Drittel, wenn nicht mehr, sich mit der Landwirtschaft befassen, und daß die Ausgaben für die Landwirtschaft (vor allem in Form aller möglichen Erleichterungen steuerlicher und anderer Art) in einem Ausmaß gestie-

gen sind, daß die Industrie und die Arbeiterklasse durchaus als Stiefkinder erscheinen müssen.
Der Bauernschaft wurde immer wieder erneut gegeben – für die Arbeiterklasse aber war sehr viel weniger da. Seit Jahren wurde die Tradition der jährlich (im März) durchgeführten Preissenkungen abgebrochen. Aber diese Preissenkungen waren das wichtigste Mittel, um den Lebensstandard der Arbeiterklasse von Jahr zu Jahr fühlbar zu verbessern.
Und wie sieht es mit den Investitionen für die Industrie, vor allem mit der Proportion zwischen Investitionen in Industrie und Landwirtschaft aus? Wenn man sich das Ziel stellt, die USA zuerst auf dem Gebiet der Landwirtschaft einzuholen (und nicht auf dem Gebiet der Pro-Kopf-Produktion in Bezug auf Kohle, Stahl, Erdöl usw.), dann muß das zwangsläufig auf Kosten der lebenswichtigsten schnellstmöglichen Entwicklung der Industrie gehen, letzten Endes auch den Fortschritt der Landwirtschaft blockieren und vor allem das Land in Bezug auf die Verteidigungsfähigkeit in eine üble Lage bringen.
Dieser ganze Landwirtschaftskurs hält einer politökonomischen Analyse in keiner Weise stand, er ist ganz offensichtlich lediglich davon bestimmt, ihrem Vertreter Chruschtschow eine breite Popularität bei der immer noch zahlenmäßig stärksten Klasse der SU (87 Millionen Arbeiter und Angestellte, 113 Millionen Kollektivbauern) eine stabile Massenbasis zu sichern als Rückhalt in den unvermeidlich sich zuspitzenden innerparteilichen Auseinandersetzungen. So erweist sich jetzt, daß auch die bereits 1953 eingeleitete Kampagne zur Korrektur der wirklichen und angeblichen Fehler in der Landwirtschaftspolitik Bestandteile eines raffiniert ausgeklügelten Planes der konterrevolutionären Evolution, der schleichenden Konterrevolution waren. Das Hauptziel lag darin, die Verantwortlichen für diese Politik in den Augen der Massen zu diskreditieren (Stalin, Malenkow), um selber als der wahre „Volksfreund" den Schlag gegen sie führen zu können.
Der Gauner Chruschtschow bestätigt nur Stalins Scharfblick, wenn er vor den Schriftstellern und Künstlern er-

zählt, Stalin habe ihn als „Volkstümler" abgestempelt. Nur daß die „Volkstümler" von heute keinen offenen Kampf gegen den Marxismus führen, sondern sich selbst als Marxisten-Leninisten tarnen. Aber es kennzeichnet diese ganze Bande von Tito über Gomulka bis Chruschtschow, daß sie sich nicht auf die Arbeiterklasse, sondern auf die Bauernschaft orientiert, sich in ihr ihre soziale Basis zu schaffen sucht. Das ist eine ganz logische Weiterentwicklung der trotzkischen Auffassung und Konzeption.

Trotzki erklärte anfangs: der Sozialismus kann nicht aufgebaut werden in Rußland, denn die Bauernschaft ist eine konterrevolutionäre Kraft. Die Nachfahren Trotzkis schätzen die Bauernschaft genauso ein (sogar noch die Kollektivbauernschaft); sie ziehen daraus die Schlußfolgerung, daß man zur Vorbereitung eines konterrevolutionären Umsturzes sich in der Bauernschaft eine feste Stütze schaffen muß.

Daß Molotow, Malenkow usw. jetzt dagegen kämpfen, ist ein zusätzlicher Beweis dafür, daß sie, die bewährtesten Bolschewiken der noch lebenden Generation, die Lage genauso einschätzen. Das Schlimme ist nur, daß dieses konterrevolutionäre Gaunerspiel zu spät durchschaut wurde, daß man sich 1953 darauf einließ, die neuen Maßnahmen (September-Plenum 1953) mit einer Verurteilung der bisherigen Landwirtschaftspolitik zu verbinden und zu begründen. Damit haben sie sich selbst in eine Lage gebracht, die es dem Gauner Chruschtschow ermöglichte, nachdem er mit ihrer Hilfe seine Stellung gefestigt hatte, den Schlag gegen sie zu führen. Das Schlimmste allerdings war, daß sie die Liquidierung Berijas und dessen Abstempelung als „Erzfeind des Volkes" und „imperialistischer Agent" nicht verhinderten. Das Juni-Plenum und Chruschtschows Reden danach haben ja gezeigt, in welch skrupelloser Bedenkenlosigkeit und Hinterhältigkeit er diese Tatsache jetzt ausnützt! Aber freilich befanden sich Molotow usw. damals in einer bösen Zwangslage. Auch wenn sie wußten, daß die gegen Berija erhobenen Beschuldigungen Lügen waren – und aller Wahrscheinlichkeit nach wußten sie das (es ist durchaus möglich, daß Chruschtschow Berija nur um ein weniges zuvorgekommen ist, daß Berija gegen die Bande Chruschtschows genügend Material gesammelt hatte, um jetzt zum entscheidenden Schlag gegen die letzten Reste der trotzkistischen Verschwörung auszuholen[4] – waren ihnen die Hände gebunden. Nachdem Chruschtschow und seine Leute den ersten Schlag geführt hatten, war die Frage: Aufruf zum offenen Kampf, d.h. in einer gespannten internationalen Lage das Risiko eines Bürgerkrieges, – oder „Zusammenarbeit" mit dem Banditen, in der Hoffnung, ihn auf kaltem Wege wieder aus seinen Positionen herausdrücken zu können. Stalin hätte ohne Schwanken die erste Lösung gewählt. Molotow usw. wählten die zweite, und was wir seitdem als Frucht dieser Entscheidung erlebt haben, ist die eindeutige Bestätigung der alten Weisheit: den Anfängen wehren! Dennoch, die Geschichte dreht sich vorwärts, den „Volkstümlern" bleibt letzten Endes keine Chance, die Marxisten werden sie 1957 nicht schlechter zu Boden schlagen als Lenin zu Beginn der Arbeiterbewegung in Rußland! Heute erhalten wir die Meldung, daß das trotzkistische Dreckblatt „Po Prostu" in Polen verboten wurde und konterrevolutionäre Demonstrationen von Studenten zerstreut wurden! Und das im Lande Gomulkas nach einem Jahr seines „glorreichen" Wirkens. Das ist ein großer Sieg der marxistischen Kräfte in Polen, eine schwere Schlappe nicht nur des polnischen, sondern aller „Gomulkas". Es geht vorwärts!

11. Oktober KP Italiens

Prof. Raggioneri am 11. Oktober 1957 (Besuch in der DDR): „Für ‚italienischen Weg zum Sozialismus' – keine Konzession an ‚Nationalkommunismus'".

Togliatti hat in seinen Reden in der letzten Zeit betont, daß es nicht genügt, davon zu sprechen, daß es zwei deutsche Staaten gibt, sondern daß man die Rolle der Deutschen Demokratischen Republik als des einzigen

4 Dies war damals meine Meinung. Nach allem, was inzwischen über Berijas Rolle bekannt wurde, war sie nicht richtig. Aber die völlige Klärung seiner tatsächlichen Rolle steht noch aus.

demokratischen, friedliebenden deutschen Staates hervorheben, daß man die DDR unterstützen muß in ihrem Kampf (sehr wichtig! Vgl. die jugoslawische Begründung für die diplomatische Anerkennung der DDR).
Raggioneris Einschätzung Bevans (der vor kurzem so freundschaftliche Aussprachen mit Gomulka und Chruschtschow hatte): „Bevan ist der Hauptakteur bei den Bemühungen, der Sozialdemokratie in Westeuropa zu einem Wiederaufstieg zu verhelfen. Er war der Regisseur des letzten Parteitages der italienischen Sozialisten, wo die Vereinigung mit Saragat beschlossen werden sollte."

7. Oktober *Zum Chruschtschow-Interview mit James Reston am 7. Oktober 1957:*
Im großen und ganzen sehr viel ausgezeichnete Darlegungen. In diese – wie üblich – einige kaum erkennbare Giftpillen eingepackt. Das, was an diesem Interview richtig, ist die Darlegung der Politik der Partei. Das, was daran Giftpille, ist Chruschtschows Erzeugnis.
Giftpillen:
1. Die Ausführungen über den Wegfall der Unterdrükkungsinstitutionen im Stadium des Kommunismus. Man traut seinen Augen kaum, daß diese von Stalin längst widerlegten trotzkistischen „Theorien" so offen und unverhohlen wieder aufgewärmt werden. Angesichts des erreichten Stadiums des Übergangs zum Kommunismus kommt derartigen Bemerkungen nicht nur theoretische Bedeutung zu.
2. Chruschtschows Bemerkung über einen angeblich bei uns in der DDR „ausgebrochenen Konflikt". Das ist schon beinahe eine verräterische „Fehlleistung", die erkennen läßt, daß auch er zu denen gehört, die den Ausbruch eines Konfliktes erwartet hatten. Im übrigen ein kläglicher Versuch, etwas davon zurückzunehmen, was er zur Stärkung der Autorität der DDR unfreiwillig und widerwillig beigetragen hat.
3. Die Reklame für sich selbst in den Bemerkungen über die Folgen der Veröffentlichung des Interviews in den USA. – Diese Reklame dient der Festigung seiner Position gegenüber den Angriffen der echten Leninisten, soll ihn als denjenigen zeigen, den die Imperialisten hassen

und verleumden. Dabei lieben sie ihn doch so! Und das mit Grund.

4. Einschläferung der Wachsamkeit: „Wir glauben daran, daß die USA-Führer die Koexistenz anerkennen. Wir hoffen auf die sowjetisch-amerikanischen Verhandlungen." Dagegen Stalin: Der Frieden wird erhalten werden, wenn die Völker für ihn kämpfen! – Chruschtschow wiegt seit Jahren die Massen in der Illusion, mit freundlichem Lächeln könnten die Imperialisten von Raubtieren zu Vegetariern erzogen werden. Darin steckt System!

5. In der gleichen Richtung die Bemerkungen über die Menschen, die „ruhig schlafen" sollen. Wer die Wachsamkeit der Menschen zu fürchten hat, kann sich allerdings nichts sehnlicher wünschen, als daß sie arglos und ahnungslos schlafen! Wer wirklich die Massen mobilisieren will, der spricht jetzt nicht vom ruhigen Schlaf, sondern davon, daß kein Mensch ruhig schlafen kann, solange es noch einen starken und mächtigen Imperialismus gibt. Das tat Stalin! Es zeigt sich immer deutlicher, welchen Hintergrund die These des XX. Parteitages von der Vermeidbarkeit von Kriegen hatte. Was an dieser These richtig, hat Stalin längst vorher ausgesprochen. Was aber gleichzeitig notwendig zu sagen, nämlich, daß man den Imperialismus beseitigen muß, wenn man die Kriegsursachen beseitigen will, hat der XX. Parteitag unter den Tisch fallen lassen.

Gerade dadurch wurde die Kriegsgefahr außerordentlich erhöht (Ägypten, Syrien).

6. Die Bemerkung, die Haltung der USA zur geplanten USA-Reise Shukows hat „einen außerordentlich schlechten Eindruck" gemacht. Ins Deutsche übersetzt heißt das: Kinder, ihr habt mir da allerhand Schwierigkeiten eingebrockt, denn ich brauche, um mich meiner Kritiker erwehren zu können, handgreifliche Erfolge meiner „Entspannungspolitik". Also nehmt in Zukunft darauf etwas mehr Rücksicht!

15. Oktober Jugoslawien nimmt endlich diplomatische Beziehungen zur DDR auf.

16. Oktober Neues Deutschland

„Erklärung des jugoslawischen Außenministeriums zur Aufnahme diplomatischer Beziehungen mit der DDR“

„Die Völker Jugoslawiens, die aus den Erfahrungen der Vergangenheit, besonders aus den zwei Weltkriegen, eine Lehre gezogen haben, sind dringend daran interessiert, die Deutschlandfrage in demokratischer Weise gelöst zu sehen, in einer Weise, die der Sache des Friedens keinen Schaden zufügt.

Es ist eine Tatsache, daß die Teilung Deutschlands durch einen Beschluß der Großmächte gegen Ende des Krieges zur Bildung von zwei deutschen Staaten führte, die sich im Verlauf der Entwicklung auch formell konstituierten. Im Laufe der Jahre ist durch die Existenz von zwei deutschen Staaten eine Situation geschaffen worden, in der jede von außen aufgedrängte Lösung der deutschen Frage unausbleiblich ernste Verwirrung innerhalb Deutschlands selbst heraufbeschwören würde. Solche Verwirrungen würden zweifellos ernsthafte internationale Rückwirkungen und Komplikationen verursachen. Natürlich tragen die äußeren Kräfte, namentlich die Großmächte, ebenfalls große Verantwortung für die Lösung der deutschen Frage. In der heutigen Situation jedoch können sie bei der Lösung lediglich helfen, während die Hauptrolle den beiden deutschen Staaten, dem deutschen Volk zukommt. Von der Wichtigkeit und dem Realismus dieses Verhaltens überzeugt, hat Jugoslawien seit langem die Notwendigkeit hervorgehoben, zwischen den beiden deutschen Staaten Kontakte herzustellen und zu entwickeln, welche die innere Spannung in diesem Lande mindern, und die Sache der friedlichen Vereinigung Deutschlands voranzutreiben.

Solch ein Standpunkt führt logischerweise zu dem Schluß, daß es für die friedliche Lösung der deutschen Frage nützlich wäre, wenn dritte Länder beide deutschen Staaten anerkennen und wenn sie mit ihnen gleichermaßen normale zwischenstaatliche Beziehungen herstellen. Davon ausgehend, hat die Regierung der Föderativen

Volksrepublik Jugoslawien beschlossen, die Regierung der Deutschen Demokratischen Republik formell anzuerkennen, deren Existenz sie bereits de facto anerkannte, und zu ihr reguläre diplomatische Beziehungen anzubahnen. Die Aufnahme diplomatischer Beziehungen mit der Deutschen Demokratischen Republik ist von der jugoslawischen Regierung seit langem in Erwägung gezogen worden. In jüngster Zeit ist eine Entwicklung hinsichtlich einer realistischeren Politik in den Beziehungen zwischen der Bundesrepublik Deutschland und osteuropäischen Ländern festzustellen. Die Regierung der Föderativen Volksrepublik Jugoslawien hat auch diese Umstände in Erwägung gezogen, als sie ihren Standpunkt prinzipiell konkretisierte.

Die jugoslawische Regierung ist überzeugt, daß der von ihr unternommene Schritt zur Förderung der internationalen Beziehungen beiträgt. Er trägt zur Abschwächung des kalten Krieges bei, der augenblicklich um Deutschland herum geführt wird, und dient deshalb auch der allgemeinen Minderung der zwischen Ost und West bestehenden Spannung. Es steht fest, daß die Lösung von Fragen der europäischen Sicherheit in dieser Richtung angestrebt werden sollte – einer Sicherheit, in der beide Teile Deutschlands ebenfalls eine bedeutende Rolle spielen sollen.

Es ist der Wunsch der jugoslawischen Regierung, im Geiste ihrer Politik der Nichtbeteiligung an Blöcken und der aktiven Koexistenz gute Beziehungen mit beiden deutschen Staaten zu entwickeln; sie glaubt, daß dies gleichzeitig zur Vereinigung Deutschlands beiträgt. Mit der Deutschen Bundesrepublik unterhält die jugoslawische Regierung bereits seit langer Zeit diplomatische Beziehungen. Sie hat hervorgehoben, daß diese Beziehungen sich erfolgreich zu beiderseitiger Befriedigung entwickeln, trotz gelegentlicher Differenzen hinsichtlich bestimmter internationaler Probleme. Es bestehen alle Voraussetzungen für die weitere, erweiterte Zusammenarbeit auf wirtschaftlichem, kulturellem und politischem Gebiet zwischen den beiden Ländern. Andererseits glaubt die jugoslawische Regierung, daß zwischen Jugoslawien und der Deutschen Demokratischen Republik gute und fruchtbringende Beziehungen geschaffen werden, die für beide Länder nützlich sind."

1. Natürlich kein Beweis für eine echte Rückkehr der Tito-Leute zu den Prinzipien des proletarischen Internationalismus. Darüber läßt ihre einfach schändliche und unerhörte Erklärung, die von Fälschungen strotzt und eine einzige Entschuldigung gegenüber den imperialistischen Mächten darstellt, keinen Zweifel. Vielmehr ein weiteres Manöver zur Festigung der Stellung Chruschtschows, das die Angriffe gegen seine Politik gegenüber Jugoslawien zum Schweigen bringen soll.
2. Dessen ungeachtet ein Schritt, der uns nützt und dem Imperialismus schadet. Das kennzeichnet die Situation: Die Chruschtschow-Leute sind in der Defensive, ihre Stellung ist erschüttert. Sie müssen, um ihre bereits erreichten Erfolge zu halten, Beweise dafür bringen, daß ihre Politik das sozialistische Lager stärkt. Bestätigung der alten Weisheit: ein Schädling kann sich vor sofortiger Entlarvung nur dadurch schützen, daß er nicht nur schadet, sondern auch nützt. Die Dummheit dieser Leute ist, daß sie nicht erkennen, daß eine Sache, die die gesetzmäßige Entwicklung für sich hat, durch das, was sie ihr schaden, nicht umgebracht werden kann, aber durch das, was sie notgedrungen an nützlichen Dingen tun, doppelte Kräfte gewinnt. Sie haben von Dialektik keine Ahnung. Der größte Witz: Ihr Tarnmantel: Kampf gegen den Personenkult. Und dabei bilden sie sich ein, sie könnten eine Bewegung der Millionenmassen der Völker dadurch aufhalten, daß sich einige Titos und Chruschtschows an die Spitze einiger kommunistischer Parteien gesetzt haben!

18. Oktober In Anwendung der Hallstein-Doktrin beschloß die Regierung der BRD den Abbruch der diplomatischen Beziehungen zu Jugoslawien.

16.-19. Oktober *33. ZK-Plenum der SED.*
Aus der Diskussion des 33. Plenums

Ziller:
Über die Schwierigkeiten in der wirtschaftlichen Entwicklung. Planziffern nicht erreicht, Verluste (im ersten Halbjahr 1957):
Selbstkostensenkung 2,93% statt 4% = Verlust von 154 Millionen. Keine Senkung der Zirkulationskosten im Handel, Kostenüberschreitung von 20 Millionen. Unproduktiver Lohnaufwand (Wartezeiten usw.) 13 Millionen. Vertragsstrafen usw. für zentral geleitete Industrie – 133 Millionen (statt 110 für das ganze Jahr). Über das Problem richtiger Normen u.a.

Selbmann:
Teilweise zugespitzte Polemik mit Walter Ulbricht über die Reorganisation der Leitung der Volkswirtschaft. Macht besonders auf Schwierigkeiten der Materialversorgung aufmerksam und auf die Notwendigkeit der Sicherung des notwendigen wissenschaftlichen Nachwuchses für die Industrie. Zahlen zum Vergleich Westdeutschland-DDR:
Im Schwermaschinenbau in der DDR auf 274 Produktionsarbeiter, 1 Hochschulingenieur;
Im Maschinenbau der BRD auf 99 Produktionsarbeiter 1 Hochschulingenieur (1955).
Im Ganzen anscheinend in Opposition gegen die geplante Verlagerung der Verantwortung nach unten im vorgesehenen Ausmaß.

Hanna Wolf:
Gewohnt temperamentvoll gegen „weichen Kurs". (Beispiel Rösky-Wengels) Gut. (Über Chruschtschow scheint sie noch nicht im Klaren. Oder?)

Wandel:
Selbstkritische Stellung zu den Schwächen seiner Arbeit. (Kampf auf ideologischem Gebiet, z.B. Lukacs, Schriftsteller, nicht prinzipiell genug geführt. Zu viel individuelle „Seelsorge", zu wenig kollektive Aussprachen.) Zitiert Brecht, einer derer, die im ganzen die klar-

ste Stellung bezogen, der sagte: „Man soll die Macht nicht mißbrauchen, vergeßt aber nie, sie zu gebrauchen!"

Anton Ackermann kam „im Mai 1956 zu uns mit einer verzweifelten Erklärung, daß in der DEFA alles außer Rand und Band sei, es gebe eine vollkommene Ablehnung jeder staatlichen Einmischung, es gebe eine grenzenlose kleinbürgerliche Anarchie. Alle Regisseure seien davon erfaßt. Es entstand die ernste Frage, daß die Produktion gefährdet wurde."

Zum Festival in Moskau (sehr bezeichnend):
„... daß von fünf der Filme, die wir nach Moskau zum Festival gebracht haben, zunächst drei abgelehnt wurden, weil die internationale Jury nicht gerade so zusammengesetzt war, daß sie in jeder Hinsicht klare Entscheidungen sicherstellte. Einer der zunächst abgelehnten Filme, nämlich ‚Zwischenfall in Benderath', wurde dann doch mit einer silbernen Medaille ausgezeichnet. Die Filme wurden abgelehnt, weil sie Angriffe auf Westdeutschland, also ‚ein fremdes Land', auf die Amerikaner und anderes mehr enthielten."

Mewis:
Scharf und grundsätzlich wie immer. Verlangt, daß die Meinungsverschiedenheiten offen ausgesprochen werden. Wie immer, wenn er auftritt, wird klar (zumindest klarer), welche Fronten es gibt.
Gegen Selbmann und dessen Hemmung bei der Übertragung größerer Rechte an die Bezirke (Artikel an die Einheit sollte geändert werden). Kampf um Ausbau Rostocks. Offenbar Selbmann zunächst auch nicht einverstanden. Hört mehr auf Fachleute, als mit den Genossen sich zu beraten. Polemik gegen den Vorwurf, die Bezirke erstrebten „Autonomie". „Ich sage, Autonomie gibt es zur Zeit in der Herrschaft der Ministerien. Da ist die Unabhängigkeit vorhanden. Von da kommt das Durcheinander." (Wer von beiden recht hat, ist ohne gründliche Kenntnis schwer zu entscheiden. Mewis betont ebenfalls die Notwendigkeit der zentralen Planung und Leitung. Die Differenzen scheinen sich nicht aus grundsätzlichen politischen Meinungsverschiedenheiten zu

ergeben, sondern aus der verschiedenen Sicht, die sich aus dem jeweiligen Arbeitsbereich ergibt, plus einem bei beiden stark ausgeprägten Selbstbewußtsein.)

Über Differenzen in der Schulfrage mit Wandel, wegen dessen zögernder Haltung. Mewis betont seine außerordentliche Hochachtung vor Wandels menschlichen Qualitäten und seinen Einsatz in der Partei und der Arbeiterbewegung. „Aber ich muß sagen, seit einiger Zeit bin ich mit ihm in gewissen Fragen nicht einverstanden." Frage: „Ist er müde geworden oder hat er ideologische Schwankungen?"

Mewis über die sozialistische Perspektive der Landwirtschaft: „Die Bedingungen sind im Norden der Republik wesentlich günstiger für den schnellen Übergang zum Sozialismus als im Süden."

(Zwischenruf Matern: Tatsächlich?)

Bezeichnende Antwort für Mewis:

„Ja. Und warum sind sie günstiger? – Weil die Auseinandersetzung dort weiter ist. ... Wenn man an die materiellen Voraussetzungen denkt, auf die sich Fred Oelßner immer stützt, dann ist die Geschichte umgekehrt."

(Hier werden alte Differenzen sichtbar.)

Über die Notwendigkeit, den Genossenschaften vor allem die Möglichkeit zu geben, die Viehzucht zu entwikkeln: „Darum begrüße ich den Vorschlag des Genossen Ulbricht, daß wir die Möglichkeit geben, aus dem Wald das Holz herauszuholen, auch wenn die Leute von der Forstwirtschaft schreien: Hilfe! Hilfe! und im Landwirtschaftsministerium gesagt wird, das ist Raubbau. Die sollten sich lieber darüber Gedanken machen, wie wir z.B. mehr Kartoffelkraut in Faserplatten umwandeln."

Er wird anscheinend durch einen Zwischenruf unterbrochen, er halte ja ein zweites Referat. (Er hat aber nicht länger gesprochen, als z.B. Wandel, und kürzer als die nächsten, Grüneberg, Rodenberg, oder gar Dahlem, der wirklich ein zweites, allerdings sehr praktizistisches Referat gehalten hat.)

Mewis: „Entschuldigt, ich habe hier kein Referat gehalten, sondern ich habe meine Meinung gesagt. Ich bin gerne bereit, einfach abzubrechen."

(Otto Grotewohl: Du mußt das richtig verstehen. Wir müssen das so aufteilen, daß alle Genossen drankommen:)
Mewis: „Das geht gar nicht: Aber ich bin damit einverstanden, mich kurz zu fassen."
Als letztes über das Saßnitzer Öl, das besser sei als das norwegische, aber keinen Absatz finde, weil die Hauptverwaltung Fisch dagegen.

Rodenberg:
Sehr gut, über die Aufweichungserscheinungen bei den Kulturschaffenden, parteilich, konsequent.
Einverstanden mit Referat usw., besonders aber auch mit Mewis, der forderte, die Meinungsverschiedenheiten auszusprechen. Stellt die gleiche Forderung. Betont, daß die Schwierigkeiten bei uns in den nächsten Jahren nicht abnehmen, sondern sich neue Schwierigkeiten ergeben werden. Für das Recht der Partei, von den Kulturschaffenden zu fordern, die Forderung des Tages zu unterstützen. Hält den Dichtern Erich Weinert vor und den jungen Becher (worauf der alte Becher sich prompt und zu recht getroffen fühlt, denn er war gemeint). Wo die Agitationsliteratur fehlt, hinkt die Literatur.
Gegen die „Psychologie des Gläubigertums vor der Partei": „Warum hilft mir die Partei nicht genug? Warum erkennt sie mich nicht genug an? Warum hilft sie mir nicht? Warum führt sie mich nicht jeden Tag? Warum ist sie so schlecht zu mir? Anstatt zu sagen, was schulde ich der Partei."
Und dann sagt Rodenberg: „Kein Mensch ist gezwungen, in die Partei einzutreten. Jeder einzelne ist freiwillig eingetreten." Voraussetzung sei Unterwerfung unter die Statuten. „Es gibt aber heute zweierlei Disziplinen in unserer Partei. Es gibt Unterwerfung unter die Statuten der Partei und Nichtunterwerfung. ... Es gibt auch Menschen, die glauben, sie wären allein in der Partei, oder für jeden gäbe es eine besondere Partei, oder sie stünden über der Partei. Das ist doch ein Nonsens. Das muß man doch allmählich wieder klarkriegen. Ich glaube, daß es notwendig ist, wieder die einfache Sprache unserer Partei zu entwickeln. Mit dieser Sprache haben

wir gelebt und gekämpft. Das war eine gute Sprache, und wir haben schon manchmal eine Sprache, die wirkt sich besser in einem buddhistischen Mönchskloster aus als in einer revolutionären Partei."
(Die gute Sprache, das war die vor dem XX. Parteitag!)
Die Rolle der Schriftsteller früher: „Wenn etwas Neues kam, ließen sie sich nicht halten, dazu Stellung zu nehmen. Aber seitdem es so gekommen ist, daß die Schriftsteller des Petöfi-Clubs dieses Recht für sich in Anspruch nahmen, sich als Warner fühlend, eine Publizität der Zerstörung der Partei begannen, ist das schwierig geworden. Wie macht man es richtig? Auch das kann uns nur unsere Partei sagen. Es ist ja so, daß wir das alles schon gehabt haben." (Nämlich das richtige Verhalten der Schriftsteller)
(Becher: „Auch seit 1945! Das muß man geruhen zu lesen!") (Dieser eingebildete, beleidigte „Olympier"!)
Dazu Rodenberg sehr richtig: „... Die Hauptfrage ist, wie steht es mit der Liquidierung der Pause?" (Rodenberg offenbar einer der wenigen „Wissenden") Noch viele andere gute Bemerkungen zu verschiedenen Fragen.
Nicht in Ordnung seine Bemerkungen über die Bekämpfung des Wirtschaftswundermythos, denn bei ihm kommt die Sache so heraus, weil es in Westdeutschland tatsächlich ein Wirtschaftswunder gibt, müssen wir den Leuten erzählen, wie es dagegen in Italien, Frankreich, der Türkei aussieht!

Dahlem:
Nichts zu den brennenden Fragen! Interessant Zahlen über Abwanderung von Studenten und Schülern nach Westdeutschland.
Westdeutsche Zahl: 14% ihrer Studenten aus der DDR.
Studienjahr 1955/56: 651 Studenten nach Westdeutschland = 1,52%.
Studienjahr 1956/57: 343 Studenten nach Westdeutschland = 0,76%.
(Zumeist Abiturienten, die bei uns nicht zugelassen wurden.)

Hilde Benjamin:
Über „Aufweichungserscheinungen" im Justizwesen. „Mißverstandene Vorstellungen, ... liberale Prozeßführung, ... Zugeständnisse an eine Freiheit der Verteidigung, ... die mit den Interessen unseres Staates und mit der notwendigen Parteilichkeit nicht zu vereinbaren sind."
(Kunststück, bei den „Vorbildern" in Polen und dem Geschrei über „Verletzungen der sozialistischen Gesetzlichkeit", das vom XX. Parteitag seinen Ausgang nahm!)
Sehr bezeichnend dafür, was uns die Arbeit so erschwerte: „ ... eine Bemerkung (Chruschtschows), die ich geradezu als befreiend empfand", nämlich: ‚Aber eine Miliz müssen wir behalten; denn es gibt auch noch Diebe und Gauner!' "
Wie groß muß die Verwirrung und die Unsicherheit gewesen sein, wenn die Feststellung solcher Selbstverständlichkeiten, solcher Banalitäten als „befreiend" empfunden werden kann!

Kurt Barthel (Kuba):
Sehr gut, hat mich mit ihm in vielem versöhnt. Politisch richtig, klug, absolut gesund proletarisch, sprachlich ein Genuß. Über sich selbst:
„Vor etwas mehr als einem Jahr war ich selber noch mit von der Partie" (wegen der Verhaftung Harichs und der dazu gegebenen Verlautbarung). Über das angeblich falsche „Umgehen" mit Prof. Mayer.
Über die angebliche Angst, seine Meinung zu sagen: „Wir Genossen haben doch Angst gehabt ... vor den Vorwürfen der Intoleranz und der Inobjektivität. ..."
Über den Vorwurf, sich mit Lukacs zu befassen, hieße, sich in die inneren Angelegenheiten der ungarischen Partei einzumischen. „Heißt es etwa Einmischung in die inneren Angelegenheiten Ungarns, wenn gefordert wird, sich mit einigen reformistischen Ansichten Lukacs öffentlich auseinanderzusetzen, die er selbst vor mehr als Jahresfrist in seiner Einmischung in unsere Angelegenheiten hierzulande verbreitet hat?" Kuba fordert mit recht von allen, die dem Lukacs-Artikel heftig applaudierten, sich öffentlich zu revidieren oder aber ihren

Standpunkt zu erklären. Gegen die Forderung, um sich mit Lukacs auseinanderzusetzen, dessen ganzes Werk zu studieren.
Definition von „Liberalist": „Unter ‚Liberalisten' verstehe ich die, die sich an dem sogenannten Donnerstagskreis beteiligten und noch einige andere, die zu vorsichtig waren, dorthin zu gehen, im Geiste aber in diesen Reihen mitmarschierten."
„Wir haben alle das Recht, ja, die Pflicht, die jungen Schriftsteller, die durch skrupellose Verräter einen verwerflichen Weg geführt wurden, zurückzureißen. Ich sage Kahlau und den anderen: Denkt an die Jahre des Anfangs! Verlaßt die sterile Atmosphäre der Existenzialistenkeller, die ihr auf dem Kongreß junger Künstler so heftig gefordert habt."
Darstellung der DDR noch nicht adäquat. „Herr Heym schrie mich an: ‚Na' – und ‚offen gesagt' – das ist nichts? Das ist natürlich etwas. Aber adäquat?"
Gegenüber Maximilian Scheer (anders als zu Heym) – sehr achtungsvoll und freundschaftlich.
Über „Halbgewalkte". Diesen stellt er Menschen gegenüber, „die schon fast solche Menschen geworden sind, welche sich nicht an der Großartigkeit ihres individuellen Werkes berauschen und beruhigen, sondern die sich am Mangelhaften des kollektiven Werkes beunruhigen. Wenn das kollektive Werk Mängel aufweist, kann das individuelle Werk von uns nicht gar so großartig sein."

Kurt Hager:
Über das Eindringen und die Erscheinungsformen bürgerlicher Ideologie. Mit angedeuteter Selbstkritik und Selbstverteidigung. Etwas ausführlicher über Bloch und seinen Kreis und deren Forderung nach dem „menschlicheren Sozialismus". Zwerenz, ehem. Bloch-Schüler und jetziger Überläufer zum Feind.
Interessant, daß auch im Präsidialrat des Kulturbundes Auseinandersetzung mit Havemann, der dort im Fall Harich die Schuld auf die Partei schieben wollte, man hätte Harich anders behandeln müssen. Walter Ulbricht erhob gegen Hager den Vorwurf, daß er im Präsidialrat nicht genügend gekämpft habe.

Interessantes über die unbedingte Ausrichtung der katholischen Streitkräfte (Jesuitenorden) auf die absolute Unterstützung der amerikanischen Politik (damit wollte Lukacs die „friedliche Koexistenz" exerzieren). – Zurückweichen bei uns vor dem Angriff der Kirche. (Vorwort Walter Ulbrichts aus „Erde, Weltall, Mensch" ersetzt durch – Hollitscher!)

Norden:
Über den Kampf gegen die westdeutschen Monopole. Norden spricht von 14 Großkonzernen: Krupp, Haniel, Mannesmann, Klöckner, Siemens, Kali, Flick, Thyssen, Hoesch, IG Farben, AEG, drei Großbanken.
Die Forderung nach deren Enteignung „wäre keine sozialistische Forderung". Vermassung nicht bei uns, sondern bei ihnen.
Über die Mängel in der Versorgung und die Verantwortung des Ministers für Handel und Versorgung (Staatssekretär Dressel). Anordnungen, die der Politik der Partei zuwiderlaufen und die Bevölkerung gegen uns aufbringen. Unerlaubte Preiserhöhungen, bei gleichzeitiger Qualitätsminderung. Falsche Informationen an das ZK, Schönfärberei. – Aus seinen Ausführungen geht hervor, daß die Partei einen internen Informationsdienst herausgibt.
S. 153 Druckfehler: Bernard Koenen. – Muß aber offenbar Wilhelm Koenen heißen.

Lene Berg:
Enttäuschend, schülerhaft, über das Niveau von 1945 noch nicht hinausgekommen. Erschütternd in ihrer Naivität: Klagt über die mangelhaften Kenntnisse der zum Gesellschaftswissenschaftlichen Institut delegierten Genossen: „Genossen erkannten nicht klar die Ursachen für die derzeitigen Erscheinungen des Revisionismus in der internationalen Arbeiterbewegung und bei uns selbst. Es gab sogar Antworten einzelner Genossen, die im XX. Parteitag die Ursache für diese Erscheinungen sahen." (!!!) Ja, ja, manchmal sehen die kleinen Genossen sogar klarer als ein Leiter eines solchen Instituts! Dort geht es offenbar noch immer nach der Devise

zu, „daß nicht sein kann, was nicht sein darf". Da wird es wohl noch einige Zeit dauern, bis der schöpferische Marxismus in diesem Institut sich heimisch fühlen kann!

Willi Bredel:
Erschütternd, weil hier in aller Deutlichkeit sichtbar, was durch Chruschtschow ausgelöst, was Kommunisten wie Fadejew in den Selbstmord trieb. Dabei ist Bredel anscheinend auch noch nicht hinter die Lösung der Angelegenheit gekommen, sondern scheint wirklich zu glauben, daß die Vorwürfe gegen Stalin zu Recht erhoben werden.
Stellt fest, daß unter Schriftstellern und Künstlern und in ihrer Beziehung zur Partei und zum Staat ein ungesundes Klima. Sagt, er habe die Dinge überwunden.
„Aber ich habe ... in der ersten Hälfte des Vorjahres an den bekannt gewordenen Tatsachen (? K.G.) schwer zu tragen gehabt. Einige meiner Jugendgenossen und Jugendfreunde sind tragische Opfer dieser Vorkommnisse geworden, und viele andere Unglückliche habe ich gut gekannt. ... Ich sprach davon, ... daß mir die tragischen Fehler des Genossen Stalin sehr zu Herzen gingen; ich weiß von anderen, daß sie sogar mit Selbstmordgedanken umgingen." Obwohl er die Beschuldigungen gegen Stalin für bare Münze nimmt, ist er kein wilder „Antistalinist" geworden:
„ ... Ich bin allen denen, die damals lauthals über den sogenannten Stalinismus wetterten, entgegengetreten. ... Denn das war damals schon unschwer zu erkennen: Viele schrieen gegen den Stalinismus und meinten den Marxismus-Leninismus. ..."
Sehr gut zur Kennzeichnung der Position mancher Schriftsteller das Beispiel von Sieyès. „Als die Jakobiner die politische Macht ergriffen, verstummte er. Er saß im Konvent und sagte nie ein Wort. Erst als Robespierre, Saint Just und die Jakobiner gestürzt wurden, trat er wieder politisch hervor und wurde Mitglied des Direktoriums. Einmal wurde er gefragt: ‚Wo waren Sie eigentlich während der revolutionären Jakobinerherrschaft?'

Sieyès antwortete: ‚Ich habe gelebt! Und, wie Sie sehen, überlebt!'"
Daran Bredels Bemerkung: „Bei nicht wenigen Intellektuellen in der Republik und auch bei einigen Schriftstellern und ihnen nahestehenden Persönlichkeiten kann man mitunter das Gefühl haben, auch sie halten unseren Arbeiter- und Bauernstaat für eine vorübergehende Angelegenheit und verhalten sich deshalb so wie dieser Sieyès. Sie möchten unseren Arbeiter- und Bauernstaat überleben. Sie warten auf sein Ende. Nun, ... sie werden den Sozialismus bestimmt nicht überleben."
Sehr zu Recht aber warnt er vor Anti-Intellektuellen-Stimmung.
Über tolle Zustände in der Akademie der Künste: „Kantorowicz, nicht Mitglied der Akademie, erhielt als Leiter des Heinrich-Mann-Archivs der Akademie weit mehr als 100 000 Mark Honorar. Für jeden Band der Werke Heinrich Manns, die er neu herausgab, erhielt er vom Aufbau-Verlag, ohne daß die Akademie davon wußte, nochmals 5 000 Mark Honorar. (Seine Tätigkeit dabei bestand lediglich darin, ein Vorwort oder Nachwort zu schreiben.)
„Jene Typen vom Schlage Kantorowicz, die für unsere Republik nur Gift und Galle hatten und haben, genierten sich durchaus nicht, so tief wie nur möglich in den Geldsäckel unseres Arbeiter- und Bauernstaates zu greifen und sich die Taschen zu füllen. ... Wie Hans Marchwitza einmal sarkastisch sagte: Diese Leute sind nur mit dem Bauch und mit dem Arsch bei uns!"

Becher:
Hat den Dreh gefunden zu seiner Entschuldigung: Er hat sein eigenes Gedicht nicht ernst genug genommen! Bleibt sich im übrigen treu: beginnt mit sich – d.h. mit seinem Gedicht, und endet damit. Findet allerdings eine treffende Formulierung: „... nach den Ereignissen, wie sie nach dem XX. Parteitag über uns hereingebrochen sind". (Jede Schilderung dieser Ereignisse, soweit sie von den Tatsachen ausgeht, muß einfach den Zusammenhang zwischen dem XX. Parteitag und diesen Ereignissen feststellen!)

Und gleich danach: „Genosse Chruschtschow hat mit herzlichem (!) Verständnis (!) davon gesprochen, daß gerade die Schriftsteller, die am meisten mit der Partei und der Arbeit des Genossen Stalin verbunden waren, am schwersten an der Kritik zu leiden hatten. ..." (Nein, der hat tatsächlich auch noch nicht die geringste Ahnung, was da wirklich gespielt wurde!)

Paul Verner:
Zum Zustand an der Kultur-Front. Kritisiert, daß einzelne Genossen, besonders Hager, nicht genügend über ihre eigene Verantwortung und ihre Haltung in der Vergangenheit gesprochen haben.
Pro Wandel, dafür, nicht nur Wandels Verantwortung zu betonen, sondern auch die seiner Mitarbeiter und des Sekretariats des ZK. Auch von Ziller ist er nicht befriedigt, vermißt, daß er nicht über die Aufgaben der Partei bei der Lösung der Wirtschaftsfragen gesprochen hätte.
Zu Hager: Vorwurf, er habe nach seiner Rückkehr aus Polen (vor dem 30. Plenum) die Meinung vertreten, „daß der polnische Oktober, die polnische Linie der Massen – ich will mich sehr vorsichtig und korrekt ausdrücken – zumindest wichtige positive Lehren für uns vermitteln ...".
Genosse Hager trat damals gegen die im Grunde sehr richtige und klassenbewußte Meinung jener Arbeiterkampfgruppen auf, die bei der veterinärmedizinischen Fakultät aufmarschiert waren. ... Man sah im Grunde genommen nicht die Absichten der Feinde, sondern die angeblich nicht gerechtfertigte Stellungnahme der Kampfgruppenmitglieder."
Unser Kurs war nicht „hart", sondern richtig!

Dressel:
Verteidigung gegen die Vorwürfe, die vor allem von Norden gegen Ministerium Handel und Versorgung erhoben. Stellt dabei einiges klar, daß nicht nur Handel und Versorgung für Versorgungslage verantwortlich usw. Dabei auch die Feststellungen Fred Oelßners in der Einheit vom 12. Dezember 1956. Dazu Walter Ulbricht: „Daß der Genosse Oelßner die Theorie falsch ange-

wandt hat, das ist eine Frage, mit der wir uns beschäftigen müssen." – Aber die falsche Politik des Ministeriums habe nichts mit dieser Theorie zu schaffen. (Hatte Oelßner die Theorie wirklich falsch angewandt?)
Dressel geht auch auf die Tätigkeit der zentralen Preiskommission ein, deren Preisregulierung (Abschaffung der Subventionen bei Eisen, Stahl, Aluminium und Holz) zu Preiserhöhungen geführt habe. Beispiel Ofenrohr von 50 Pfennigen auf 1,05 Mark.

Kurt Hager:
Antwort auf Verner. Offenbar war Hager auf dem 29. Plenum hart kritisiert worden. („Denn es ist keine Kleinigkeit, wenn man einem Genossen im Plenum sagt, daß er nicht zu kämpfen verstehe.")
Nachdem Hager aus Polen zurückkam, gab es im Sekretariat Auseinandersetzungen über seine Einschätzung.
„Erstens war ich der Meinung, daß die Offenheit, mit der die Partei drüben über die Schwierigkeiten in der Wirtschaftslage gesprochen hat, richtig war. Zweitens war ich der Meinung, daß die PVAP eine gute Resonanz in der Arbeiterklasse hat. Drittens war ich der Meinung, daß sich in Polen im Parteiaktiv eine große kämpferische Bereitschaft zeigte. Das hat mich ungemein beeindruckt. Viertens war ich der Meinung, daß wir alles tun müßten, um unsere freundschaftliche Zusammenarbeit und Verbundenheit mit den polnischen Genossen aufrechtzuerhalten. ... Aber ich habe ... nicht genügend oder viel zu wenig begriffen, was es bedeutet, diesen kleinbürgerlichen revisionistischen Stimmungen nachzugeben, die besonders in der Intelligenz auftreten. Ich habe sehr wohl begriffen, daß man den antisowjetischen, antisemitischen Stimmungen usw. nicht nachgeben darf. Aber diese Flut von kleinbürgerlichen Strömungen, die besonders unter der studentischen Jugend aufgetreten sind, habe ich ganz offensichtlich unterschätzt."
Er habe nie den „polnischen Weg" befürwortet und nie die Politik unserer Partei abgelehnt, aber in Einzelfragen der polnischen Situation eine andere Meinung gehabt. Über seine Meinung, der Einsatz der Kampfgruppen ge-

gen die Studenten sei nicht nötig. Über seinen ungenügenden Kampf gegen Bloch.
Spricht zuletzt von dem großen Druck, unter dem er steht – einerseits Kritik des ZK auf fast jedem Plenum, andererseits Professoren und führende Leute, die sagen, sie seien mit dem und dem nicht einverstanden. „Wenn das Zentralkomitee der Meinung ist, daß meine Arbeit schlecht war, dann muß das Zentralkomitee daraus die Schlußfolgerungen ziehen."

Schlußwort Walter Ulbrichts:
Ausgezeichnet, lebendig, klug abgewogen, wie selten eine vorbereitete Rede oder ein Referat.
Das Positive der Aussprache: Es wurde offen gesprochen, aber noch nicht alles ausgesprochen, deshalb kein Schlußwort möglich. Die Aussprache muß weitergehen. „Bisher waren manche Genossen der Meinung, daß man sozusagen mit dem Regenschirm unter der ganzen Sache wegkommen und eine Selbstkritik umgehen kann. Die jetzige Sitzung ... hat gezeigt, daß das mit dem Regenschirm nicht geht." Positiv zu Becher und anderen, die sich selbst und der Partei geholfen haben.
Neue Arbeitsweise: den Grundorganisationen größere Verantwortung, sie aber auch mehr als bisher respektieren! Im Betrieb von wichtigen Dingen nicht nur die Betriebsleitung, sondern auch den Parteisekretär informieren! – Beispiel Diskussion in BPO Verlag „Wirtschaft" über Behrens: Anfangs keine Einmischung, sondern die Genossen sollen sich selbst einen Standpunkt erarbeiten. Es soll von oben nicht kommandiert und reglementiert werden. Beispiel Suhl (Entfernung eines Schulleiters durch ZK und Volksbildungsministerium rückgängig gemacht!)
Über den XX. Parteitag: Nicht nur immer betonen, daß der XX. Parteitag große Auseinandersetzungen hervorrief, sondern die positive Bilanz der Entwicklung seit dem XX. Parteitag aufzeigen. „Da kommt eine ausgezeichnete und sehr schöne Bilanz heraus."
Dabei auch die polnisch-jugoslawische Erklärung über Oder-Neiße-Grenze und die Anerkennung der DDR als

„politische Fakten von internationaler Bedeutung" angeführt.

Über Polen: Adenauer habe sich verspekuliert. „Das konterrevolutionäre Zentrum, auf das er spekuliert hat, das in der Gegend von ‚Po Prostu' liegt (eine bemerkenswert unscharfe geographische Begrenzung! KG.), das ist inzwischen aus der PVAP ausgeschlossen worden. ... Die polnische Arbeiterpartei und die Arbeiterklasse sind genügend wachsam. Sie haben eben dieser Gruppe einen ganz massiven Schlag versetzt. Wir machen das etwas einfacher und ein bißchen schneller, aber das sind die nationalen Besonderheiten. Uns genügt es, wenn jetzt die Sache mit der ‚Po Prostu' in Ordnung gebracht wurde."

Zur Sache an der veterinärmedizinischen Fakultät: „Da wir merkten, was da gespielt wird, ordneten wir an, daß dem Rektor der Universität durch einen Offizier der Volkspolizei in Uniform mitgeteilt wird, daß diese Versammlung verboten sei. ... Man hat mich dann gefragt: Wie kannst du anordnen, daß ein Offizier in Uniform in die Universität geht?

Ich sagte: Bitte, warum soll ein Polizeioffizier in Zivil gehen? Was ist denn los? Wenn jemand feindliche Demonstrationen organisiert, von denen man weiß, was am Ende herauskommt, dann hat die Staatsmacht so aufzutreten, wie sich das gehört. Die Kampfgruppen sind so aufgetreten und sie sind richtig aufgetreten. ... Denn wenn wir das nicht so gemacht hätten, dann hätten hinterher die Genossen Selbstkritik geübt. Aber was hätte der Gegner wahrscheinlich inzwischen mit ihnen gemacht? Von der Selbstkritik kann man nicht leben, besonders nachdem man sich den Hals gebrochen hat. Manche sind dann nicht mehr in der Lage dazu. Davor haben wir sie bewahrt."

Manche im Staatssekretariat (Dahlem?) wollten an der Vet.-Med. nur ideologische Mittel anwenden.

„Wir haben gesagt: Bitte, sollen alle hingehen und geduldig politische Überzeugungsarbeit leisten! Gut, sollen die Genossen das machen, wenn sie in der Einbildung leben, sie könnten das allein mit Überzeugung machen. Wir werden inzwischen noch einige andere Sicherungen treffen. Das ist besser, da wir den Überzeugungskünsten einiger Genossen nicht ganz vertrauen! – Das ist keine Unterschätzung ihrer Fähigkeiten, Menschen zu überzeugen, sondern es geht um etwas ganz anderes. In dieser Fakultät der Humboldt-Universität saß die amerikanische Agentur, die von Westberlin geleitet wurde. ... Kämpft doch einmal nur ideologisch gegen die Agenturen in Westberlin! Soll uns das doch einmal jemand vormachen! Darum gingen die Meinungsverschiedenheiten."

Feindliche Gruppen nicht nur bei den Schriftstellern.

Die Schwankungen genährt durch bestimmte Formulierungen aus der internationalen Presse. „Plötzlich konnte man hören, und zwar in der Parteihochschule, im Institut für Gesellschaftswissenschaften des ZK über ‚die Linie der Massen'. ... Dort wurde erklärt, man müsse jetzt diskutieren über die Formulierungen, die aus der italienischen Parteipresse erkenntlich waren, die Fragen des Polyzentrismus. ... Wir haben uns große Mühe gegeben, herauszubekommen, woher das alles kam. Das war schwer. ... Das Geheimnis bleibt also: wie ist das überall herumgewandert? Anscheinend gab es auch Genossen des zentralen Apparates, die solche Auffassungen zumindest genährt haben."

Walter Ulbricht im Gegensatz zu Paul Verner gegenüber Hager sehr mild, Hauptverantwortung bei Wandel! Hager hatte kurze Zeit Unklarheiten, dann wurden Auseinandersetzungen geführt, dann hat er richtig gekämpft. Er war nicht Hauptvertreter dieser Auffassungen.

„Die Einschätzung der konterrevolutionären Gruppierungen hat sich als eine sehr komplizierte Frage erwiesen. Warum? Weil es offenkundige Meinungen gab, daß man den Beweis für diese Entwicklung der konterrevolutionären Gruppierungen erst bringt, wenn das Unglück geschehen ist, wenn die konterrevolutionäre Handlung zu Ergebnissen geführt hat."

So auch bei Bloch.

„Wenn wir rechtzeitig die Diskussion führen, dann werden wir viele retten und bewahren können. Wenn wir

aber nur diplomatische Gespräche führen, dann werden selbstverständlich die Betreffenden denken: das ist doch gar nicht so verkehrt, wie sie sagen, und sie werden auf ihrer Auffassung beharren.
Genosse Becher kann sich nicht beschweren, daß wir mit ihm nicht offen gesprochen haben."
Gegen die Auffassung, daß man mit Schriftstellern anders sprechen muß.
Dann zu Wandel. Seinen Gesprächen mit den Schriftstellern fehlte die klare prinzipielle Diskussion.
Wandel sollte über einen Brief eines Schauspielers mit feindlichen Auffassungen in der betreffenden Parteiorganisation sprechen, spricht aber statt dessen nur persönlich mit ihm. (Wandel behauptet, er habe dem Sekretär der BPO gesagt, das solle in der BPO besprochen werden. Walter Ulbricht sagt, daß das nicht stimmt.)
Kritisiert die Unentschlossenheit, die darin zum Ausdruck kommt. Als weiteres Beispiel: Vier Wochen kein grundsätzlicher Artikel im ND zur Desertion Kantorowiczs, „weil inzwischen Genosse Wandel sich überlegt hat: vielleicht gibt man dieser ganzen Sache eine zu große Bedeutung. Aber das entscheidet nicht der Genosse Wandel, das entscheidet das Politbüro. Man muß mit dieser Unentschlossenheit aufhören."
Kollektivität der Führung heißt nicht, daß alle gut Freund miteinander, sondern volle Übereinstimmung in der Lösung der Kampfaufgaben.
Auseinandersetzung Ulbricht-Wandel über Jugendweihe. Ulbricht entsprechend den Beschlüssen für besondere Betonung der naturwissenschaftlichen und sozialistischen Erziehung, Wandel von der wüsten Kampagne der Kirche beeindruckt.
„Genosse Wandel hat als Konkurrenz zu ‚Weltall-Erde-Mensch' ein Buch ‚Unser Deutschland' herausgegeben. Ich hatte keine Ahnung davon, das Manuskript haben wir nicht gesehen. ... Genosse Wandel hat das auch gewußt, daß wir damit nicht einverstanden sind, und deswegen ist das so geschickt gemacht worden, daß man das Buch erst sah, als es fertig ausgedruckt war. Inzwischen ist, wie ich gehört habe, auf Grund des Gegen-

drucks von uns beschlossen worden, daß man das Buch im Buchhandel verkauft und nicht in der Jugendweihe ausgibt. ... Auf unseren Druck hin wurde ‚Weltall-Erde-Mensch' weiter gedruckt. Im Umdrehen war aber eine solche Atmosphäre geschaffen worden, daß im Jugendverlag ‚Neues Leben' festgelegt wurde, das Vorwort von Ulbricht zu streichen. Warum?
Weil die Kirche protestiert hat! ...
Wenn ein Sekretär anderer Meinung ist, so soll er das vorlegen und sagen. Wenn er weiß, daß wir anderer Meinung sind, soll er Auseinandersetzungen führen, aber nicht hinten herum eine solche Politik machen."
Für die Parteiarbeit: „Fähige Genossen mit größerer Initiative in die Leitung nehmen, weniger auf Repräsentation Wert legen!"

Aus dem Referat Materns: Über Jugoslawien
„Wir haben auf der Parteilinie den jugoslawischen Genossen mitgeteilt, daß die diplomatische Anerkennung des militaristischen Westdeutschlands durch Jugoslawien und die Nichtanerkennung der Deutschen Demokratischen Republik unhaltbar ist.
Im Juli wurden in Moskau die Verhandlungen über den Aufbau eines Aluminiumkombinats in Jugoslawien noch einmal geführt mit dem Ziel, eine Terminverschiebung vorzunehmen. Bei diesen Verhandlungen fanden die von unseren Vertretern gemachten Ausführungen, daß die DDR interessiert sei, das Objekt auf der Basis völliger Gleichberechtigung durchzuführen, volle Zustimmung der jugoslawischen Seite. Die Frage der Normalisierung der Beziehungen würde der DDR gestatten, die Beteiligung an dem Aufbau dieses Kombinats als ein Beispiel der Zusammenarbeit zwischen sozialistischen Ländern der Bevölkerung zu erklären. (Ausgezeichnet! K.G.) Die Verhandlungen über die Präzisierung der Fristen zum Aufbau des Kombinats nahmen einen erfolgreichen Verlauf.
Wir haben mit großer Aufmerksamkeit die Beratungen zwischen den polnischen und jugoslawischen Partei- und Regierungsdelegationen verfolgt und erblicken in der durch beide Seiten getroffenen Feststellung über die

Oder-Neiße-Friedensgrenze eine treffende Antwort auf die freche, chauvinistische, aggressive Kampagne der westdeutschen Revanchisten gegen die Volksrepublik Polen."
Auch Titos Erklärung über die Existenz von zwei deutschen Staaten wird begrüßt.
„Die Beziehungen zwischen DDR und Jugoslawien haben sich laufend verbessert und normalisieren sich völlig."
Ja, da kann man wirklich sagen, daß wir die Belgrader Herrschaften in ihrer eigenen Falle gefangen haben! Nun sitzen sie zwischen zwei Stühlen und wissen nicht mehr, wie sie aus der Patsche herauskommen sollen, ohne sich völlig zu demaskieren und vor aller Welt zu diskreditieren. Die Zeiten, da ein Tito sich als „Schiedsrichter über die beiden Blocks" aufspielen konnte, sind vorbei! Jetzt muß man nur den Druck ständig vergrößern, z.B. in Bezug auf ihre Zugehörigkeit zum Balkan-Pakt, um sie für die Amis ständig wertloser zu machen und den Kommunisten im Lande ständig größere Hilfe zu leisten!

20. Oktober *Brief an einen sowjetischen Freund*
Berlin, den 20. Oktober 1957
Lieber Genosse M.!
... Zuallererst: Die heißesten Kampfesgrüße zum 40. Jahrestag der Großen Sozialistischen Oktoberrevolution!
Wie nie zuvor ist dieser Tag ein Weltfeiertag der schon befreiten und der noch um ihre Befreiung kämpfenden Völker. Und stärker als je gilt unsere bewundernde Begeisterung der russischen Arbeiterklasse und den Bolschewiki, die das vollbrachten, was das Schwerste zu vollbringen ist: den ersten Durchbruch durch die Front des Weltimperialismus, und die Verteidigung der so geschaffenen Basis der Weltrevolution gegen alle Anstürme und hinterhältigen Verschwörungen der Imperialisten und ihrer Handlanger und Agenten.
Nur mit Abscheu und Empörung kann man auf jene blicken, die sich auch „Kommunisten" nennen und die Oktoberrevolution und deren Schöpfung, die Sowjetmacht, in den Augen der Volksmassen anzuschwärzen suchen, ja sich sogar dazu versteigen, den großen, einmaligen Oktober des Jahres 1917 einem „Oktober des

menschlichen Sozialismus" des Jahres 1956 gegenüberzustellen!
Zum zweiten: Unsere allerherzlichsten Glückwünsche zum Start des ersten Sputnik, des roten Mondes!
Über die wissenschaftliche und politische Bedeutung dieser Großtat des sozialistischen Menschen ist schon so viel Gutes und Treffendes gesagt worden, daß es schwerfällt, dem noch irgend etwas hinzuzufügen. Aber ich möchte doch sagen – der Sputnik – das ist vom ersten Tage seines Lebens an der Liebling aller fortschrittlichen Menschen der Welt geworden, und wenn das Radio seine Stimme aus dem Weltenraum in unser Zimmer trägt, dann klopft uns das Herz voller Stolz und Begeisterung, ganz so, als ob wir selbst ihn in den Raum geschossen hätten. Da, ihr Herren in Washington und Bonn, hört ihn euch an, unseren roten Stern – was er mit seinen Funkzeichen verkündet, das ist euer Grabgeläute! Erinnert euch, ihr Herren: die am 3. Oktober 1957 als erste den Vorstoß in den Weltraum unternahmen und euch im Wettlauf der höchsten Technik und Wissenschaft besiegten – die haben vor 40 Jahren noch nicht einmal ein Auto bauen können, als ihr schon über eine für damalige Begriffe großartige Automobilindustrie verfügt habt! Mögt ihr euch noch so abmühen, mögt ihr Atom- und Wasserstoffbomben stapeln, mögt ihr noch auf eure Agenten in unseren Reihen rechnen und versuchen, uns von innen her „aufzuweichen" –, das alles ist ganz vergeblich und umsonst – das 20. Jahrhundert ist und bleibt das Jahrhundert des Roten Oktobers, des Sieges der Weltrevolution!
Ich denke auch daran, wie großartig die Sowjetwissenschaft die Worte Stalins vom 9. Februar 1946 gerechtfertigt hat, als er davon sprach, daß „unsere Gelehrten, wenn wir ihnen die erforderliche Unterstützung leisten, es verstehen werden, die Leistungen der Wissenschaft außerhalb unseres Landes nicht nur einzuholen, sondern auch in nächster Zeit zu übertreffen."
Welche Freude würden Iljitsch und Stalin empfinden, wenn sie diesen 4. Oktober 1957 miterlebt hätten!

Es grüßt Sie herzlich Ihr K.G.

Unverdächtige Quellen über die Rolle des Mordes zur Vorbereitung der Konterrevolution

1.

Im Artikel „Die geheime Armee" des kanadischen Captains D.J. Goodspeed, erschienen in der „Allgemeinen Militärrundschau", Oktober 1957, werden die „Lehren" aus der Niederschlagung des konterrevolutionären Aufstandes in Ungarn 1956 gezogen. In der deutschsprachigen Zusammenfassung der Hauptthesen des Aufsatzes ist auf den Seiten 338/339 zu lesen:

„Die Ereignisse in Ungarn beleuchten klar die Probleme, die jede Volkserhebung aufwirft. Eine Regierung kann durch eine Revolution oder einen Bürgerkrieg oder einen Staatsstreich gestürzt werden. ... Der Staatsstreich muß dem Wunsch der Bevölkerung entsprechen und darf nicht die Gegnerschaft der Armee riskieren. Er braucht eine eingehende Vorbereitung. ... Man kann bei dem Vorgang drei Phasen unterscheiden: die vorbereitende Phase vom ersten Komplott bis zu den ersten Schüssen, dann die Phase des Angriffs, bis die Macht in neue Hände übergegangen ist und schließlich die Phase der Konsolidierung.

Die Vorbereitung: Diese Phase ist gewiß die gefährlichste und auch die schwierigste. Sie kennt kaum feste Regeln, doch weist sie einige allgemeingültige Grundsätze auf: zunächst die Herstellung der Übereinstimmung mit der Öffentlichkeit gegen die Regierung, indem gewisse gut ausgewählte Maßnahmen der Regierung im schlechtesten Licht dargestellt werden; *man führt ein oder zwei Ermordungen durch*; ...."

2.

Das „Neue Deutschland" vom 17.6.1975 zitiert zwei USA-Zeitschriften über Praktiken der CIA:

„Die USA-Wochenzeitschrift ‚Newsweek' berichtet in ihrer jüngsten Ausgabe, daß zu den verschiedenen CIA-Mordvorhaben gegen den cubanischen Ministerpräsi-

denten Fidel Castro auch die Verwendung vergifteter Zigarren gehörte. Die medizinischen Geheimdienstexperten hätten 1960 bereits eine ganze Kiste davon präpariert. Jedoch habe sich dieses Komplott nicht verwirklichen lassen.
Die ‚Chicago Tribune' hatte am Wochenende enthüllt, daß die CIA auch den ehemaligen französischen Staatspräsidenten de Gaulle wegen seiner ‚sehr kritischen Einstellung' zur USA-Aggression in Indochina und zur NATO ‚ausschalten' wollte."

3.
Das „Neue Deutschland" vom 4.4.1979 berichtet: „Die CIA experimentierte mit ‚unverdächtigen Todesarten'. Der USA-Geheimdienst CIA hat in den 50er Jahren mit ‚unverdächtigen Todesarten' zur Beseitigung unliebsamer Politiker experimentiert. Es war beabsichtigt, die CIA-Morde wie ‚natürliche Todesfälle' mit den Symptomen von Krebs oder Herzattacken erscheinen zu lassen. Das geht aus den CIA-Akten hervor, deren Herausgabe vom Washingtoner Büro für Attentatsinformationen gerichtlich erzwungen worden war."

Als ich auf der Antifa-Schule in der Sowjetunion (1943-1947) in den Materialien der heute nur noch als „Schauprozesse" bezeichneten Gerichtsverhandlungen las, daß Gorki und andere von Ärzten durch falsche Behandlung todkuriert worden seien, hielt ich das in der Tat für eine unglaubwürdige Konstruktion der Anklage. Aber damals wußte ich noch nichts von der Tatsache, daß auch die Medizin und die Mediziner ihre Rolle spielten, nicht nur bei Hofintrigen an feudalen Fürstenhäusern, sondern auch im Klassenkampf, wie die obigen Beispiele belegen.
Damals konnte ich auch nicht voraussehen, was mich nachträglich davon überzeugen würde, daß die damaligen Prozeß-Feststellungen über die medizinische Ermordung unbequemer Persönlichkeiten verdienen, nicht einfach als stalinistische Erfindungen vom Tisch gewischt zu werden, nämlich die Serie von „plötzlichen und unerwarteten" Todesfällen, durch die merkwürdigerweise

gerade jene kommunistischen Führer „ausgeschaltet" wurden, die den Imperialisten, aber auch der neuen Moskauer Führung besonders im Wege standen: Gottwald 1953, Bierut 1956, Thorez 1964 und kurz danach, ebenfalls 1964, Togliatti.
Die Umstände ihres Todes sind mysteriös und bis heute ungeklärt. Gemeinsam ist ihnen jedoch, daß der Tod die Genannten ereilte, als sie die Sowjetunion besuchten oder gerade von einem solchen Besuch zurückgekehrt waren.

Dazu die folgende Zusammenstellung von Daten:

14. Januar 53 Neues Deutschland
Wiedergabe eines Prawda-Artikels zur „Entlarvung einer terroristischen Ärztegruppe" in der Sowjetunion. Den großenteils jüdischen Ärzten wird vorgeworfen, in Verbindung mit dem amerikanischen Spionagedienst und der internationalen jüdischen bürgerlich-nationalistischen Organisation „Joint" gestanden und sowjetische Funktionäre wie Shdanow und Schtscherbakow ermordet zu haben.

5. März 53 Tod Stalins. Verschiedene Quellen behaupten, seinem Tod sei von Medizinern nachgeholfen worden. So schreibt Viktor Alexandrow (Das Leben des Nikita Chruschtschow, München 1958, S. 69): Eine französische Zeitung, France-Soir, beauftragte „einen medizinischen Sachverständigen, ... diese Bulletins (der Moskauer Ärzte, K.G.) zu analysieren. Das Urteil dieses Arztes war eindeutig: Die Behandlungsmethoden für Stalin konnten den schlimmen Ausgang seiner Krankheit nur noch beschleunigen."

14. März 53 *Klement Gottwald* gestorben. Offizielle Erklärung: Er starb an den Folgen einer Erkältung, die er sich in Moskau bei den Trauerfeierlichkeiten für Stalin zugezogen habe.

4. April 53 Verlautbarung in Moskau: Die Beschuldigungen gegen die Ärztegruppe unbegründet, eine Provokation.

6. April 53 Prawda-Leitartikel: „Die sowjetische sozialistische Gesetzlichkeit ist unantastbar." Bekanntgabe der Namen

der rehabilitierten Ärzte. An erster Stelle: *W.Ch. Wassilenko.*

22. November 54 *A.J. Wyschinski* (Hauptankläger in den Moskauer Prozessen, Vertreter der UdSSR in der UNO) in New York „plötzlich verstorben" (71 Jahre).

12. März 56 *Boleslaw Bierut*, Generalsekretär der PVAP, „an Herzmuskelinfarkt" in Moskau, wo er am XX. Parteitag teilnahm, gestorben. Das Gutachten der Ärztekommission über die Todesursache trägt als erstes die Unterschrift von *W. Wassilenko.*

11. Juli 64 *Maurice Thorez* an Bord des sowjetischen Schiffes „Litwa" an Herzschlag „plötzlich verstorben". (Thorez war auf dem XX. Parteitag der einzige, der in seiner Ansprache mit Nachdruck die Verdienste Stalins hervorgehoben hatte.)

21. August 64 *Palmiro Togliatti*, auf dem Wege zu einer wichtigen Konferenz auf der Krim kurz nach seiner Ankunft in Jalta „unerwartet und plötzlich gestorben", obwohl bei bester Gesundheit.

Die KP Italiens veröffentlichte kurz nach Togliattis Tod ein Memorandum Togliattis, das als sein Vermächtnis in die Geschichte der Kommunistischen Bewegung einging. In einer Erklärung zu Togliattis Memorandum schrieben die italienischen Genossen: „Auch seine letzte Schrift bezeugt, daß sich Genosse Togliatti bis zum letzten Augenblick mit Kraft und Klarheit der Arbeit widmete. Nichts läßt das Eintreten der schrecklichen Krankheit vorausahnen, die Genossen Togliatti daran hinderte, noch einmal, wie er geplant hatte, sein Memorandum zu überprüfen."

Das Memorandum selbst ist eine einzige Polemik gegen die Chruschtschowsche Politik. Die Beratung in Jalta sollte die von Chruschtschow geplante Weltkonferenz der kommunistischen Parteien, die Ende 1964 stattfinden sollte, vorbereiten. Auf dieser Konferenz wollte Chruschtschow durchsetzen, daß der von ihm für die Sowjetunion vollzogene Bruch mit China von allen kommunistischen Parteien nachvollzogen würde. Thorez und Togliatti waren die einflußreichsten, angesehensten und entschiedensten Gegner dieser Absicht. In seinem Memorandum nahm Togliatti, ungeachtet einer nachdrücklichen Kritik an der KP Chinas, entschieden gegen jeden Versuch Stellung, diese Partei aus den Reihen der kommunistischen Parteien auszuschließen: „Man kann sich nicht vorstellen, daß aus dieser Einheit China und die chinesischen Kommunisten ausgeschlossen werden könnten." Deshalb sei die überhastete Einberufung einer Weltkonferenz verfehlt.

Es kam denn auch nicht zu dieser Konferenz, denn:

16. Oktober 64 Ein Plenum des ZK der KPdSU setzt Chruschtschow als 1. Sekretär der Partei ab!

Seit diesem Zeitpunkt ist – bis zum Machtantritt Gorbatschows – kein führender kommunistischer Politiker mehr in der Sowjetunion „plötzlich und unerwartet" gestorben. Seit Gorbatschow allerdings wird die Sowjetunion nicht nur von einer nicht abreißenden Serie merkwürdigster Unglücksfälle heimgesucht, sondern es ereignen sich auch wieder „plötzliche und unerwartete" Todesfälle, diesmal aber „nur" bei sowjetischen Persönlichkeiten:

12. November 87 Armeegeneral *Waleri Belikow*, Oberkommandierender der Gruppe der sowjetischen Streitkräfte in Deutschland, Kandidat des Zentralkomitees der KPdSU und Abgeordneter des Obersten Sowjets der UdSSR (61), „ist am Donnerstag in Wünsdorf an akutem Herzversagen verstorben". (ND v. 14./15.11.87)

14 November 87 „Der Erste Sekretär des ZK der KP Litauens, *Petras Grishkevicius*, ist am Sonnabend im 64. Lebensjahr plötzlich verstorben." (ND v. 16.11.87)

4. Oktober 88 „Das ZK der KPdSU, das Präsidium des Obersten Sowjets und der Ministerrat der UdSSR haben am Dienstag in tiefer Trauer bekanntgegeben, daß der *Generaldirektor von TASS, Sergej Lossew*, Mitglied der Zentralen Revisionskommission der KPdSU und Deputierter des Obersten Sowjets, im Alter von 61 Jahren unerwartet gestorben ist." (ND vom 5.10.88)

K.G. Oktober 1988

Personenverzeichnis

Verzeichnis der wichtigsten Ereignisse

1955

1956

1957

Dr. Kurt Gossweiler

Geboren 5.11.1917 in Stuttgart; 1928 Übersiedlung mit der Mutter nach Berlin.

Seit 1931 in kommunistischen Jugendorganisationen, zuerst SSB (Sozialistischer Schülerbund), dann KJVD (Kommunistischer Jugendverband Deutschlands) – in der Illegalität.

1939 eingezogen zum RAD, ab Oktober Wehrmacht.

1943 zur Roten Armee übergegangen.

Oktober 1943 bis Juli 1947 Antifa-Schule in Taliza, zuerst als Kursant, dann als Assistent.

1947 bis 1955 Mitarbeiter der Bezirksleitung Berlin der SED.

1955 bis 1958 Aspirant (Doktorand) an der Humboldt-Universität Berlin.

1958 bis 1970 Wissenschaftlicher Mitarbeiter der Sektion Geschichte der Humboldt-Universität.

1970 bis 1983 (bis zur Emeritierung) Wissenschaftlicher Mitarbeiter am Zentralinstitut für Geschichte der Akademie der Wissenschaften der DDR.

1964 Promotion mit Dissertation: „Die Röhm-Affäre 1934".

1971 Habilitation mit Buch: „Großbanken, Industriemonopole, Staat".

1988 Dr. h.c. der Humboldt-Universität.

Weitere Veröffentlichungen u.a.

1982: „Kapital, Reichswehr und NSDAP 1919 - 1924"

1983: „Die Röhm-Affäre"

1986: „Aufsätze zum Faschismus"

1997: „Wider den Revisionismus"

Mitherausgeber von: Faschismus-Forschung, 1980.

Hauptforschungsrichtungen

Faschismus-Forschung; seit 1956/57 parallel dazu: Forschungen zum Revisionismus in der Kommunistischen Bewegung.